DOCTRINA
— conforme a la —
PIEDAD
un premier de doctrina Reformada

DOCTRINA
—conforme a la—
PIEDAD
un premier de doctrina Reformada

Ronald Hanko

Jenison, Michigan

© 2022 Reformed Free Publishing Association

Todos los derechos reservados
Impreso en los Estados Unidos de América
Ninguna parte de esta publicación puede ser reproducida, almacenada en un sistema de recuperación, o transmitida en cualquier forma o por cualquier medio (electrónico, mecánico, fotocopiado, grabación o de otro tipo) sin el permiso previo por escrito del editor. La única excepción son las citas breves en las reseñas impresas.

A menos que sea especificado, todas las citas bíblicas fueron tomadas de la versión Reina Valera 1960.

Los credos reformados y ecuménicos son encontrados en The Confessions
and the Church Order of the Protestant Reformed Churches [Las confesiones y el orden eclesiástico de las Iglesias Reformadas Protestantes] (Grandville, MI: Protestant Reformed Churches in America, 2005)

La Confesión de Fe de Westminster y su Catecismo Mayor y Menor son encontrados en Westminster Confession of Faith [La Confesion de Fe de Westminster] (Glasgow: Free Presbyterian Publications, 1994)

Reformed Free Publishing Association
1894 Georgetown Center Drive
Jenison MI 49428
616-457-5970
www.rfpa.org
mail@rfpa.org

Diseño de la cubierta por Luis Leyva
Diseño de interiores por Emma Araceli Sandoval Brito

ISBN: 978-1-944 555-93-1 (paper back)
ISBN: 978-1-944 555-94-8 (ebook)
LCCN: 2021944745

DEDICADO
—a mis padres—

Herman y Wilma Hanko, quienes me enseñaron
estas doctrinas a una edad muy joven y quienes
instaron en mi un amor por las doctrinas de la
Biblia a través de su enseñanza y
por su testimonio vivo.

– 1 Timoteo 6:3-5 –

Si alguno enseña otra cosa, y no se conforma a las sanas palabras de nuestro Señor Cristo Jesús, y a la doctrina que es conforme a la piedad, está envanecido, nada sabe, y delira acerca de cuestiones y contiendas de palabras, de las cuales nacen envidias, pleitos, blasfemias, malas sospechas, disputas necias de hombres corruptos de entendimiento y privados de la verdad, que toman la piedad como fuente de ganancia; apártate de los tales.

Contenido

Prólogo
Prefacio
Introducción: La Importancia de la doctrina

DIOS Y SU PALABRA

La revelación	26
La revelación general	27
La Palabra de Dios	29
La Escritura	31
La suficiencia de la Escritura	32
La inspiración de la Escritura	34
La inspiración plenaria de la Escritura	35
La inspiración verbal de la Escritura	37
La inspiración orgánica de la Escritura	39
La infalibilidad de la Escritura	40
La autoridad de la Escritura	42
La Interpretación de la Escritura	43
La unidad de la Escritura	45
La perspicuidad de la Escritura	47
Versiones de la Biblia	48
Conocer a Dios	50
Los nombres de Dios	51
El nombre *Jehovah*	53
El nombre *Dios*	54
El nombre *Jehovah de los ejércitos*	56
El nombre *Padre*	57
La soberanía de Dios	59
La responsabilidad humana	60
Los atributos de Dios	62
La santidad de Dios	63
La unidad de Dios	65
La inmutabilidad de Dios	67
La espiritualidad de Dios	68
La autosuficiencia de Dios	70

La omnipresencia de Dios	71
El amor de Dios	73
La gracia de Dios	74
Gracia y salvación	76
La misericordia de Dios	77
La justicia de Dios	79
La sabiduría de Dios	80
La trascendencia de Dios	82
La simplicidad o perfección de Dios	84
La Trinidad	85
La importancia de la Trinidad	87
La Trinidad y la familia	88
El pacto	90
El pacto perpetuo	91
Un pacto	93
El pacto de gracia	94
La promesa del pacto	96
La predestinación	97
La elección incondicional	99
La reprobación	100
Los decretos de Dios	102
Los decretos todo-abarcantes de Dios	103
Los decretos eficaces de Dios	105
Los decretos incondicionales de Dios	106
Los decretos sabios de Dios	108
La voluntad de Dios	110
La voluntad de preceptos y la voluntad de decretos de Dios	111

EL HOMBRE Y SU MUNDO

Ángeles	114
Demonios	115
Creación en seis días	117
Evolucionismo	118
Evolucionismo teísta	120
La teoría de la creación del día-era	121

La Providencia de Dios 123
Preservación y Providencia 125
Gobierno y Providencia 126
La Providencia todo-abarcante de Dios 128
Providencia y la "Gracia Común" 129
La Providencia y la restricción del pecado 130
La creación del hombre 132
El hombre a la imagen de Dios 134
La relación de Adán con la raza humana 135
Mérito 137
El primer paraíso 138
Dos árboles 140
La mentira del diablo 141
El árbol del conocimiento del bien y del mal 143
El árbol de la vida 144
La caída del hombre 146
El pecado y sus consecuencias 147
El Pecado Original 149
Depravación total 150
El así llamado libre albedrío del hombre 152

CRISTO Y SU OBRA

Los nombres de nuestro Salvador 156
El nombre *Jesús* 157
El nombre *Cristo* 159
El nombre *Señor* 160
El nombre *Unigénito Hijo de Dios* 162
El nombre *Hijo del Hombre* 163
El nombre de *Emmanuel* 165
Un nombre sobre todo nombre 166
La *verdadera* naturaleza humana de Cristo 168
La naturaleza humana *completa* de Cristo 169
La naturaleza humana *sin pecado* de Cristo 170
La *debilitada* naturaleza humana de Cristo 172
Las tentaciones de Cristo 173
La naturaleza humana *central* de Cristo 175

La generación eterna de Cristo 176
El nacimiento virginal de Cristo 178
La unión de las dos naturalezas de Cristo 179
La unión inseparable de las dos
  naturalezas de Cristo 181
La unión personal de las dos
  naturalezas de Cristo 182
La distinción entre las dos
  naturalezas de Cristo 184
El pacto de Dios en Cristo 185
Los tres Oficios de Cristo 187
Cristo, nuestro profeta principal 188
Cristo, nuestro único sumo sacerdote 190
Cristo, nuestro rey eterno 191
Los estados de Cristo:
  su humillación y exaltación 193
El humilde nacimiento de Cristo 194
La vida de sufrimiento de Cristo 196
La muerte de Cristo en la cruz 197
Expiación limitada 199
El descenso de Cristo al infierno 200
El entierro de Cristo 202
La resurrección de Cristo 203
La ascensión de Cristo al cielo 205
Cristo sentado a la diestra de Dios 206
La segunda venida de Cristo 208

EL PACTO Y LA SALVACIÓN

La naturaleza del pacto 212
El pacto con Adán 213
El pacto con Noé 215
El pacto con Abraham 216
El pacto y la tierra prometida 217
El pacto con Israel 219
Un pueblo de Dios 220
La ley y el pacto 222

La función de la ley en el pacto 224
El pacto con David 225
El nuevo pacto 227
El antiguo y nuevo pacto comparados 228
La consumación del Pacto 230
Los pactos resumidos 231
El orden de salvación 233
Gracia irresistible 234
Regeneración 236
Llamamiento 237
Llamamiento y predicación 239
Llamamiento, no oferta 241
La esencia de la Fe 242
Fe y conocimiento 244
Fe y confianza 245
Justificación 247
Justificación por fe 248
Justificación y elección 250
La justificación y la expiación 251
Adopción 253
Paz 254
Conversión 256
Santificación 257
Santidad 259
La antítesis 260
Preservación 262
La perseverancia de los Santos 263
Santos 265
Glorificación 266

LA IGLESIA Y LOS SACRAMENTOS
La iglesia 270
Congregación y cuerpo 271
Los nombres de la iglesia 273
Otros nombres para la iglesia 274
Israel y la iglesia 276

La iglesia y el reino	277
La iglesia militante	279
La iglesia Triunfante	280
La iglesia que no ha nacido	282
La elección de la iglesia	284
La santidad de la iglesia	285
La catolicidad de la iglesia	287
La iglesia apostólica	289
La unidad de la Iglesia	290
La iglesia en el Antiguo y Nuevo Testamento	292
Los oficios en la Iglesia	293
El oficio de Anciano	295
El oficio de Diácono	297
El oficio de Pastor y Maestro	298
Gobierno eclesiástico	300
La verdadera iglesia	301
Las marcas de la verdadera iglesia	303
El evangelio	305
La predicación	306
Cristo y la predicación	308
La necesidad de la disciplina cristiana	310
El modo de la disciplina cristiana	311
Los sacramentos	313
Dos sacramentos	314
El símbolo del bautismo	316
La señal y la realidad del bautismo	318
El significado del bautismo	319
El modo del bautismo	321
Los bautismos del Eunuco Etíope y de Jesús	322
El bautismo de infantes en el Nuevo Testamento	324
Bautismo familiar	326
El bautismo y la entrada en el reino	327
El bautismo y la circuncisión	329
Los incrédulos y el pacto	331
Fe y bautismo	332
Arrepentimiento y bautismo	334

Discipulando y bautizando a las naciones 335
La Cena del Señor 337
La Presencia de Cristo en la Cena del Señor 338
El pan y el vino en la Cena del Señor 340
Autoexamen y la Cena del Señor 341

EL REGRESO DE CRISTO Y LAS ULTIMAS COSAS

Los últimos días 344
Diferentes venidas de Cristo 345
El regreso de Cristo 347
Una venida final de Cristo 349
Las señales de la venida de Cristo 350
El rapto 352
La venida repentina e inesperada de Jesús 354
La pronta venida de Jesús 355
La maravilla de la venida de Cristo 357
El milenio 358
El Premilenialismo y
  el Dispensacionalismo comparados 360
Los errores del Premilenialismo 362
Los errores del Dispensacionalismo 363
Más errores del Dispensacionalismo 365
Postmilenialismo 367
Los errores del Postmilenialismo 368
Amilenialismo 370
Literalismo y Apocalipsis 20 372
Una resurrección 373
La muerte 375
La necesidad de nuestra resurrección 377
El cuerpo de la resurrección 379
La maravilla de la resurrección 380
La inmortalidad del alma 382
El estado intermedio 383
La gran tribulación 385
El Anticristo 387

El juicio	388
Un sólo juicio final	390
El propósito del juicio	391
El infierno	393
El castigo eterno	394
El cielo	396
Los cielos nuevos y la tierra nueva	397
La gloria celestial	399

– Prólogo –

Uno de los desafíos que se encuentran en la obra misionera es presentar el Evangelio y la verdad de la Palabra de Dios de manera clara y sencilla, exponer las doctrinas de la Escritura a fondo, pero brevemente. Vivimos en una época en la que muchos que confiesan a Cristo vagan en confusión, son pobres en conocimiento de las Escrituras y son desviados por cada viento de doctrina que sopla a través de la iglesia. Gran parte del conocimiento de la fe que una vez fue entregado a los santos ha sido perdido por aquellos que deben tenerlo. Un misionero de hoy también debe dirigir la Palabra a aquellos que no conocen a Cristo y no han escuchado el evangelio auténtico. Él debe hablar a los cristianos que profesan acerca de la fe y llamar a los incrédulos al arrepentimiento y a la fe en Cristo.

En un momento en que la lectura de material sólido ha disminuido y los lapsos de atención son cortos, estas limitaciones de los lectores establecen ante el pastor o el misionero una tarea difícil. Los materiales que son sólidos en la doctrina, que abordan estas dificultades y son verdaderamente útiles, son difíciles de encontrar. En la década de 1940, el reverendo Herman Hoeksema respondió a la necesidad de mensajes cortos con sus sermones de radio, algunos de los cuales fueron compilados más tarde en forma de libro. Su *Maravilla de la Gracia* [Wonder of Grace] es un excelente ejemplo de esto. Otro libro, escrito por el reverendo Ronald Hanko y el reverendo Ronald Cammenga y titulado *Salvo por gracia* [Saved by Grace], desarrolla más ampliamente la soberanía de Dios y los cinco puntos del calvinismo de las Escrituras.

Doctrina conforme a la piedad continúa en la línea de tales esfuerzos para explicar la doctrina de una manera simplificada. El libro del reverendo Hanko es el fruto de mucho trabajo diligente que se ha llevado a cabo en el campo misionero. Él desarrolló la mayoría de los artículos encontrados en esta obra durante varios años como pastor misionero en Irlanda del Norte, donde la fe reformada una vez floreció entre las iglesias presbiterianas.

Cada exposición breve pero exhaustiva es completa en sí misma y establece un concepto doctrinal básico. Al mismo tiempo, el autor desarrolla la línea de la fe reformada en su unidad en cada artículo consecutivo. Esto da a estos estudios doctrinales un carácter doble. Cada artículo, o varios juntos, pueden presentarse como un breve desarrollo de una verdad o doctrina específica, proporcionando material para responder preguntas específicas que a menudo son hechas. Al mismo tiempo, el desarrollo de los artículos, siguiendo la línea del pensamiento doctrinal reformado, permite que la obra sea considerada como un todo. En este último aspecto, *Doctrina conforme a la piedad* bien puede servir como un manual básico de doctrina reformada o dogmática.

Este enfoque hace que el material sea adecuado no sólo para el trabajo misionero reformado, sino también para el estudio y la discusión en la congregación local o en la educación cristiana. El libro en su totalidad puede servir como material para el estudio de grupo o la discusión. Los Artículos individuales se pueden utilizar tópicamente también. Aquellos llamados a enseñar en diversas capacidades — ya sean ancianos, padres, maestros o líderes de sociedades bíblicas —, encontrarán aquí materiales doctrinalmente sólidos para ayudarlos en su preparación.

La lectura de estos artículos equipará al creyente para estar listo a dar una respuesta de la esperanza que hay en él. Para quien encuentra el carácter pesado de un texto dogmático algo desalentador, este material cubre el alcance de la doctrina Reformada de una manera que lleva al lector a las Escrituras y a seguir estudiando.

Limitar cada artículo a una o dos páginas impresas en las que los contenidos son exhaustivos y completos es un formato difícil de llevar a cabo. No es un pequeño logro que el reverendo Hanko haya hecho esto tan eficazmente. Llevando la verdad a la vida y al caminar del cristiano, el autor también nos ha proporcionado un devocional útil. Al combinar la fe y la práctica, la doctrina y la vida, la verdad y la aplicación, los artículos instruyen en el conocimiento y edifican para un caminar piadoso. Por lo tanto, el título del libro está bien elegido.

Que el Señor continúe usando el fruto de estas labores en la causa de su reino y gloria.

Reverendo Thomas Miersma

–Prefacio–

Este libro tiene su origen en una serie de aproximadamente doscientos artículos escritos para una hoja de estudio que se distribuyó durante un período de ocho años como parte de una obra misionera en el Reino Unido. La recepción de esos artículos, así como los estímulos recibidos de muchos lectores, son la ocasión para reunir los artículos en forma de libro.

Algunos de los artículos originales no han sido incluidos, pero se han añadido unos cincuenta artículos nuevos para llenar lagunas en el tema. La mayoría de los artículos originales han sido revisados, y algunos han sido completamente reescritos.

El libro sigue las divisiones habituales de la teología reformada, y las seis secciones principales de *Doctrina conforme a la piedad* son las seis divisiones de la teología sistemática, a pesar de que no se utilizan los nombres tradicionales para esas divisiones.

Cuando los artículos fueron escritos originalmente para el evangelismo misionero, ellos fueron tan simplemente escritos cómo fue posible, se proporcionó abundante prueba de las Escrituras, y se hizo un esfuerzo para mostrar cómo las doctrinas de las Escrituras se aplican a la vida. Todo esto se conserva, creyendo que puede ser de mayor utilidad para enseñar la fe reformada en el campo misionero y en las iglesias.

Los artículos también son muy breves con la esperanza de que se anime a los que saben algo de la fe reformada a leer más. Tengo la convicción de que una de las cosas que ha contribuido al declive de las iglesias reformadas en los Estados Unidos, y en otros lugares, es la falta de lectura por parte del pueblo de Dios. Confío en que estos artículos, fácilmente leíble, alentarán un estudio más profundo de las doctrinas de la gracia y de la soberanía de Dios en la salvación.

Que Dios bendiga estos esfuerzos y los use para bien.

Reverendo Ronald Hanko

−Introducción−

La Importancia de la doctrina

La doctrina ya no es muy estimada hoy en día. En muchas Iglesias Evangélicas hay tanta ignorancia de la doctrina que aún lo básico del cristianismo ya no se entiende bien. Aún en las iglesias que permanecen fieles en su enseñanza y predicación, muchas veces hay poco interés en aprender y entender la doctrina. Los jóvenes, por lo general, se aburren de ella, y sus ancianos se contentan con un entendimiento superficial de las doctrinas de la fe Reformada.

Muchas veces el síntoma de esta falta de doctrina es una agitación constante hacia más predicación y enseñanza "práctica" junto con un énfasis en la liturgia y en las otras partes del culto hasta que el sermón casi se elimina. Por la parte de los pastores mismos, se encuentra cada vez menos exposición bíblica y cada vez más ilustración, narración de cuentos y entretenimiento.

Sintomático de la indiferencia doctrinal en las vidas privadas del pueblo de Dios es una falta total de interés en leer buenos libros y revistas Reformadas. En algunos casos son comprados, pero no leídos, en otros casos no hay interés suficiente ni para comprarlos. Si acaso se hace alguna lectura, es sólo superficial, muchas veces de la variedad "de superación personal". No se lee casi nada de substancia, y la mayoría considera a un libro de doctrina demasiado profundo, aunque sus padres y abuelos que tenían mucho menos educación no sólo leían este tipo de teología sino también lo leían mucho y bien.

Si la Iglesia y las vidas del pueblo de Dios van a ser rescatadas de la superficialidad, el descenso y todos los problemas eclesiásticos que ahora nos molestan, debe haber un regreso a la doctrina. Para prueba solo tenemos que mirar atrás hacia la gran Reforma del siglo XVI. Sobre todo, la Reforma era un regreso a la doctrina −a las doctrinas de justificación solo por fe, de gracia soberana, de la Iglesia, y de los sacramentos —. Sin un interés en, o un regreso a la doctrina, no podemos esperar renacimiento ni renovación en la Iglesia.

En II Timoteo 3:16-17 la Palabra de Dios nos dice que la escritura es útil para muchas cosas, pero primero para enseñar doctrina. De hecho, si primero no nos enseñase doctrina, no sería útil para reprender ni para corregir ni para instruir en justicia. Para todo esto, la doctrina no solo es primero, sino también fundacional.

La Escritura enfatiza la importancia de la doctrina en otras maneras. Aprendemos de Juan 17:3 que conocer a Dios y a Cristo Jesús es vida eterna. No hay nada más importante que eso. La doctrina, propiamente enseñada, entendida, y creída, es el conocimiento de Dios y de Su Hijo. La Escritura no enseña nada diferente. "Escudriñad las Escrituras", dice Jesús, "porque … ellas son las que dan testimonio de mí" (Jn. 5:39).

Demos, pues, atención a la doctrina. No sólo es el deber de los teólogos sino también de cada uno que quiere vida eterna. No pongamos al lado la doctrina por cosas más "prácticas", sino entendamos que la doctrina reprende, corrige, y enseña el camino de justicia. Sobre todo, nos lleva cara a cara con el mismo Dios vivo, en quien vivimos y nos movemos y tenemos todo nuestro ser. Estar sin doctrina es estar sin Dios.

—*parte 1*—
DIOS Y
SU PALABRA

La revelación

Una de las obras más maravillosas de Dios es su revelación a nosotros. El mismo hecho de revelarse a sí mismo es una obra grande y maravillosa. Él es suficiente en sí mismo, y no tiene necesidad de nadie ni nada fuera de sí mismo, y aun así elige revelarse en todas las obras de sus manos.

Aún más maravilloso es el hecho que Dios se revela *a sí mismo* a nosotros. Somos sólo criaturas, la obra de sus manos, menos que polvo ante él. él es el Todopoderoso, el infinito y eterno Dios, a quien no se puede comprender. Y aun así él se hace notorio y hace notoria su gloria a nosotros.

Especialmente cuando nos acordamos que él es, según 1 Timoteo 6:16, a quien ninguno de los hombres ha visto ni puede ver, puro Espíritu y perpetuamente invisible ante nuestros ojos, nos damos cuenta de que la revelación es un milagro. Que él, quien es tan grande, hablara en un idioma humano y en una manera que aún los más simples de nosotros puede entender es casi increíble. Calvino hablaba del "balbuceo" de Dios como un padre balbucea a su hijo pequeño. Éste es el milagro de la revelación.

Claro, una parte de ese milagro es que Dios se hace conocido a *pecadores* quienes han cerrado sus mentes y corazones a él. En esto vemos la conexión entre el milagro de la revelación y el milagro de la gracia y nos damos cuenta de que la revelación tiene su último fin en la salvación del pueblo de Dios.

Esto nos lleva a las diferentes maneras en las que Dios se revela a sí mismo. La Confesión de Fe Belga, basado en el Salmo 19, habla de dos medios, a través de la creación y a través de la Escritura[1], pero hay otros medios también. Dios también se revela a sí mismo en la historia, la cual realmente es "su historia", en la conciencia de todo hombre y en el Antiguo Testamento directamente por sueños, visiones, ángeles y otros medios.

---
[1] Confesión de Fe Belga, Articulo 2.

PARTE 1: DIOS Y SU PALABRA

La revelación de Dios en la creación se describe en el 2º artículo de la Confesión Belga como un "hermoso libro".[2] Tal como la obra de un maestro pintor o escultor revela algo del artista, así también las obras de Dios revelan algo de él. No obstante, la revelación, incluso la revelación de Dios en la historia y en la conciencia del hombre, es un libro aterrador para el pecador no salvado. El pecador no salvado no puede leer en esta revelación nada más que ira y juicio, y por eso corrompe esa revelación y la repudia (Rom. 1:25).

Sólo en las Escrituras Dios se revela a sí mismo a través de Cristo Jesús como Salvador de su pueblo. Por esta razón pensamos especialmente en las Escrituras cuando pensamos en la revelación.

Habiendo conocido a Dios por las Escrituras, también podemos beneficiarnos de la revelación de Dios en la creación y la historia. Como sugirió Calvino, las Escrituras son los anteojos por los cuales podemos leer en la creación algo del amor y de la gracia de Dios. La Escritura nos enseña a ver en los amaneceres y en los lirios, en las semillas y en las montañas, evidencias del gran Dios de nuestra salvación y de su gracia.

Aprendamos a leer este "hermoso libro" de la creación, pero no nos olvidemos del libro más importante, la Palabra de Dios en las Escrituras. Ahí aprendemos a conocer a aquel que tan agraciadamente se reveló a sí mismo a nosotros en su Hijo.

La revelación general

La "Revelación general" es el término más usado para referirse a como Dios se hace conocido a sí mismo en la creación, la conciencia y la historia. El término se usa en distinción de la "revelación especial", la revelación salvífica de Dios a través de Cristo Jesús en las Escrituras.

La revelación general es referida en un numero de pasajes, pero más claramente en Romanos 1:18-32. Este pasaje habla de cómo Dios se hace conocido en las cosas de la creación (vv. 20, 25) y en la conciencia del hombre (v. 19, noten las palabras *les es*).

---

[2] Ídem.

Sin embargo, la revelación general no tiene ningún poder salvador. Ni siquiera es un tipo de gracia, aunque algunos hablan de ella como un ejemplo de la así llamada gracia común. Al contrario, como Romanos 1 deja tan claro, esta revelación general es una revelación de la *ira* de Dios y sólo sirve para dejar sin excusa a los impíos. (vv. 18, 20).

Ciertamente, pues, la revelación general no proporciona otra forma de salvación. La idea que los impíos puedan ser salvos por una respuesta moral a esta revelación general no se funda en las Escrituras y es sólo una forma más de salvación por obras y de humanismo religioso.

Esta idea que la revelación general tenga valor salvífico está plenamente contradicha por el mismo Romanos 1. Los impíos no ven las "cosas invisibles de él, su eterno poder y deidad" (Rom. 1:20). También hay un aspecto *interno* de esta manifestación de Dios. El versículo 19 dice que lo que se puede conocer de Dios "les es" manifiesto.

Esto tiene implicaciones importantes. La manifestación de Dios en las cosas hechas es la razón por la cual nadie podrá declarar en el día del juicio que no conocía a Dios. Para Romanos 1, no hay tal cosa como un ateo. Por eso, los impíos que ni siquiera oyeron el evangelio podrán ser y serán condenados en el día del juicio como resultado de esta manifestación.

No obstante, el único resultado de esta manifestación de Dios, para los impíos, es que ellos rechazan el glorificar a Dios, siguen siendo desagradecidos y cambian la gloria de Dios, que les es manifiesta, en imágenes de cosas corruptibles (vv. 21-25).

Dicho de manera simple, eso significa que la idolatría de los impíos no es una búsqueda de Dios, al cual ellos no conocen, ni un intento, aunque sea débil, de encontrarlo. Mas bien es un alejamiento del verdadero Dios, *a quien ellos sí conocen*.

No están, según Romanos 1, buscando la verdad, sino ocultándola (v. 25). Sus filosofías y religiones no representan un pequeño principio de verdad o amor de la verdad, sino de verdad rechazada y convertida en mentiras. Para confirmar esto, la Escritura también hace claro que la salvación es sólo a través de la predicación del evangelio (Rom. 1:16 y 10:14, 17;

1 Cor. 1:18, 21). Ahí y sólo ahí, Cristo es revelado como el mero poder y sabiduría de Dios para salvación, tanto así que sin el evangelio normalmente no hay esperanza de salvación.

Así pues, la revelación general sólo sirve para aumentar la culpa de los que no oyen ni creen el evangelio. Enseñar otra cosa es negar la sangre de Cristo Jesús y su obediencia perfecta como el único modo de salvación y es difamar a él y a su cruz.

La Palabra de Dios

Dios es tan grande que nosotros no podemos conocerle a menos que él se revele a sí mismo a nosotros. Él es tan grande que nosotros no podemos verlo ni tocarlo (1 Tim. 6:16), por eso él se revela a nosotros como nuestro Señor y Salvador por medio de su Palabra. Nosotros no debemos estar sorprendidos por eso ya que el habla es el principal medio de comunicación entre nosotros, quienes fuimos creados a su imagen.

Sin embargo, que Dios hable a los hombres es un milagro. Es un milagro, en primer lugar, que el Dios infinito y eterno pueda hablar de sí mismo y de su eterna gloria en nuestro limitado e imperfecto lenguaje y hacer que podamos conocer algo verdadero acerca de Él. Es Dios a quien conocemos y con quien tenemos comunión a través de su Palabra.

En segundo lugar, el hablar de Dios al hombre es un milagro porque, igual que con el lenguaje humano, aquel hablar de Dios hacia nosotros es más que sólo un medio de comunicación. Es el medio por el cual tenemos comunión con Dios, lo conocemos y lo amamos. Como el hombre conoce y ama sobre todas las cosas la voz de su amada esposa, nosotros conocemos y amamos a Dios a través de oír su voz (Cnt. 2:14).

En tercer lugar, la revelación de Dios de sí mismo a través de su Palabra es un milagro porque la Palabra no es sólo un sonido en el aire, tampoco una mancha sobre el papel, sino que es viva y permanente (1 P. 1:23). Es una palabra que nosotros no sólo escuchamos y leemos, sino que toma forma visible y llega a ser una revelación tangible del Dios vivo e invisible (1 Jn. 1:1) para que, aunque Dios sea eternamente invisible, nosotros si lo vemos en la persona de Cristo, la Palabra hecha carne.

Finalmente, la Palabra es un milagro porque es un acto de la mayor condescendencia y misericordia posible que Dios hable a nosotros. Ya que caímos en pecado ¿no sería más digno que él se alejara y se escondiera de nosotros? Aun así, el habla, y habla de paz.

Que Dios hable misericordiosamente como nuestro Padre y Salvador sólo es posible debido a la inseparable relación entre la Palabra hecha carne y la Palabra escrita, leída y predicada. Ninguna puede existir sin la otra. Solo a través de la Palabra escrita conocemos la Palabra viva; no hay otra posibilidad, independientemente de lo que reclamen aquellos que hablan de revelaciones directas. La Palabra escrita tampoco puede ser entendida y recibida a menos que uno también la conozca y reciba a través de la Palabra viva hecha carne.

Hay errores que deben ser evitados en ambos lados. Por un lado, debemos evitar toda conversación de conocer y creer en Cristo aparte de las Escrituras, como si, ahora que la Biblia es completa, podemos tener comunión con él, oírlo y verlo aparte de esas Escrituras. Por otro lado, nunca debemos olvidar que leer las Escrituras y no encontrar a Cristo en ellas (Jn. 5:39-40) es leerlas sin entendimiento y en vano.

Así que las Escrituras no deben de ser dudadas u olvidadas, ellas han sido dadas a nosotros en forma escrita y preservadas en esa forma por Dios desde los primeros tiempos. Es sólo por medio de esas Escrituras en donde Dios se complace en hacerse conocido y a través de nuestro Señor Cristo Jesús. "Ellas," dice Jesús, "son las que dan testimonio de mí" (v.39). Atendamos con más diligencia las cosas que hemos oído (He. 2:1).

PARTE 1: DIOS Y SU PALABRA

La Escritura

¿Por qué necesitamos la Palabra de Dios en forma escrita? ¿No se ha revelado Dios a sí mismo en otros tiempos y lugares de diferentes maneras y se ha dado a conocer a su pueblo? ¿No dio él su Palabra antes de que fuera escrita? ¿No es una forma de idolatría, por lo tanto, sugerir que la Palabra de Dios escrita es la única palabra a la que debemos poner atención, la única regla de nuestra fe y vida?

La razón fundamental por la que nosotros no tenemos, ni deberíamos querer, la Palabra de Dios en cualquier otra forma que no sea la forma escrita en la cual él la ha dado es "porque todos los hombres son de suyo mentirosos y más vanos que la misma vanidad".[3] La Palabra escrita de Dios se mantiene como un testimonio contra todo su esfuerzo de negar, tergiversar y corromper lo que él ha dicho a ellos.

Esto no quiere decir que los hombres ya no siguen haciendo caso omiso, tergiversando, desobedeciendo y rehusándose a escuchar la Palabra como está infaliblemente escrita para nosotros en las Escrituras, pero este registro escrito los deja sin excusa.

Al final ellos no podrán realmente negar que la creación como es contada en Génesis 1 y confirmada a través de la Escritura es la historia de la creación divina en seis días. Tampoco podrán negar que la Escritura enseña que la mujer debe mantenerse en silencio en la iglesia. Ellos podrán decir que esta enseñanza está fuera de tiempo y culturalmente condicionada, pero lo que dice la Palabra es claro. Negando esto, ellos no sólo pierden la Palabra de Dios, sino también la vida eterna (Ap. 22:18-19).

Además del hecho que todo hombre es pecador y corrompe la Palabra de Dios para sus propios fines, somos por naturaleza tan corruptos y depravados que no hubiéramos entendido el mensaje de Dios correctamente si él nos hubiera dejado sólo su Palabra hablada, ya sea a través de ángeles, profetas o directamente. Nosotros seguramente hubiéramos malentendido y corrompido la Palabra hablada.

Nosotros no podríamos ni recordar lo que Dios ha dicho

---

[3] Confesión Belga, Artículo 7.

si él no nos hubiera dejado su Palabra de forma escrita. ¿Quién de nosotros recuerda perfectamente el sermón que escuchó el domingo pasado? ¿O quién puede tener certeza absoluta de que escuchó y recuerda correctamente? Pregunte a dos testigos de lo que alguien ha dicho y casi siempre usted obtendrá dos versiones diferentes de lo que se ha dicho.

También hay muchas cosas que Dios ha dicho que nos incomodan—cosas que no nos gusta considerar u oír—. Siempre está la posibilidad de que nosotros las saquemos de nuestra mente y las olvidemos, como hacemos tan a menudo, o que nuestro oír de ellas sea coloreado o interpretado por nuestra debilidad y pecado. Que el hombre haga esto incluso con la Palabra escrita es prueba de lo que ellos y nosotros ciertamente haríamos con la Palabra hablada.

En su voluntad y misericordia, por lo tanto, Dios nos ha dado su Palabra escrita, para que no podamos decir que nunca la escuchamos o que la escuchamos incorrectamente. Nosotros debemos, entonces, tener la más alta consideración por la Palabra escrita y no buscar en ninguna otra parte el conocimiento de Dios y su voluntad.

La suficiencia de la Escritura

¿Has pensado alguna vez que tu fe sería mucho más fuerte y que tu vida más santa si hubieras podido caminar con Jesús como lo hicieron los apóstoles —si hubieras podido ver sus milagros, escuchar sus enseñanzas y seguirlo alrededor de Galilea y Judea—? Pedro nos dice no debemos pensar así cuando él llama a la Escritura "la palabra profética más segura" (2 Pe. 1:19). Nosotros tenemos algo mejor y más seguro que lo que tenían los apóstoles, quienes vieron con sus "propios ojos su majestad" (v. 16). ¡Piensa en eso! ¿Puedes imaginar una declaración más poderosa del valor y suficiencia de la Escritura?

Veamos lo que Pedro dice. En 2 Pedro 1:16-18 él está hablando de la transfiguración de Cristo. No mucho antes de su muerte él fue "transfigurado" en una montaña en Galilea. Tu encontrarás la historia en Mateo 17:1-8, Marcos 9:2-8 y Lucas

PARTE 1: DIOS Y SU PALABRA

9:28-39. Los tres discípulos que estaban ahí—Pedro, Jacobo y Juan—no sólo vieron a Jesús, Moisés y Elías, sino que ellos también escucharon la voz de Dios mismo testificando de Jesús. Es más, ellos vieron a Jesús en su gloria celestial, como lo veremos cuando él venga nuevamente. Es por eso que Pedro habla en el versículo 16 de dar a conocer su "poder y venida". ¿Qué puede ser mejor que eso?

Pedro sabía que nosotros podríamos pensar de esta manera. Él sabía que nosotros nos preguntaríamos, "¿Y qué con nosotros? ¿Cómo podemos saber y estar seguros? Nosotros no lo vimos. Nosotros no somos 'testigos oculares de su majestad'". Pedro responde esas preguntas incluso antes de que fueran hechas cuando nos dice que la Escritura es *la palabra profética más segura*. Es más segura que ser un testigo. Eso es parte de lo que llamamos *suficiencia* de la Escritura. En la Escritura encontramos todo lo necesario para nuestra fe y vida.

Pero ¿Sabes por qué la Escritura es la palabra más segura? Pedro explica eso, también, al hablar acerca de la inspiración de la Escritura: "nunca la profecía fue traída por voluntad humana, sino que los santos hombres de Dios hablaron siendo inspirados por el Espíritu Santo" (2 P. 1:21). En otras palabras, la Escritura no fue escrita porque los autores de varios libros querían escribirla. Ellos no fueron quienes, finalmente, decidieron qué y cómo escribir. En todas sus remembranzas, consulta de fuentes, planeación, escritura, y edición, el Espíritu Santo fue quien los "llevó". Eso es lo que la palabra traducida "inspirados" realmente significa. ¡Ellos fueron movidos! El real autor de la Escritura es el Espíritu Santo.

El resultado es que la Escritura es una luz brillando en la oscuridad. Este mundo es la tierra de la sombra de muerte, una tierra oscurecida por la ira de Dios (Is. 9:2, 19). La Escritura nos dice que no habrá noche en el nuevo cielo y la nueva tierra, pero en esta tierra no hay día. Desde un punto de vista espiritual, en este mundo todo es oscuridad. Sólo hay, eternamente, noche. Y alrededor de nosotros la oscuridad se va haciendo más profunda en estos últimos días. En aquella oscuridad la luz de la Escritura brilla, y hasta que Cristo, el lucero de la mañana, se levante, será la única luz que tenemos.

Pongamos atención, por lo tanto, a la Biblia. Esta luz no brilla cuando está cubierta o encerrada. Léela diariamente. Estúdiala con la oración de que Dios hará que esa luz brille en tu corazón. Medita en esas preciosas verdades. Síguela como la luz que ilumina la senda de tu vida.

La inspiración de la Escritura

En algunas maneras, la doctrina de la inspiración divina de la Escritura es la más importante de todas las doctrinas. Cualquier otra doctrina y toda instrucción sobre piedad y santidad viene de la Escritura. Sin la Escritura no podemos conocer de Dios ni de Cristo Jesús a quien él envió, a quien conocer es vida eterna. Todo lo que Dios revela de sí mismo en Cristo está ahí. Sin la Escritura no podemos saber cómo agradar a Dios. La Escritura es nuestra única guía para la santidad. Si la Escritura no es inspirada por Dios, lo perdemos todo.

La doctrina de la inspiración es enseñada en 2 Timoteo 3:15-17. Ahí Dios dice de su Palabra que es "Soplada por Dios" (las palabras *inspirada por Dios* son la traducción de una palabra griega que significa "soplada por Dios"). Esta es una manera muy llamativa de decir que la Escritura es la obra del Espíritu de Dios ("soplar" y "Espíritu" son la misma palabra en griego), y que la Escritura es, por lo tanto, el mero discurso de la propia boca de Dios.

Ya que la Escritura es la respiración de Dios, ella debe ser perfecta y sin error. Hablar en contra de la Escritura es hablar en contra de Dios mismo. Cuando leemos la Biblia, oímos la dulce voz de Dios y olemos el dulce soplo de aquel cuyos labios son "como lirios que destilan mirra fragante" (Cnt. 5:13). ¿Quién se atreve, entonces, a ser crítico?

La Escritura, en 2 Timoteo 3, no sólo enseña la inspiración, sino que también enseña la inspiración *plenaria*. La palabra *plenaria* significa "llena" o "completa" y se refiere a la inspiración de la Escritura en todas sus partes, en todos los diferentes tipos de literatura que contiene y en todos los asuntos

PARTE 1: DIOS Y SU PALABRA

a los que se refiere. No sólo en sus doctrinas sino también en geografía, historia, ciencia, cultura y vida, ella es soplada por Dios y por eso perfecta e infalible. Incluso su gramática es soplada por Dios, esa es la razón por la cual debemos insistir en una traducción cuidadosa de la Escritura y no estar satisfechos con algo menos que eso.

Debido a que la Escritura es completamente inspirada, ella es útil en cuatro aspectos: enseñar, redargüir, corregir e instruir en justicia (vv. 15-17). Sin entrar en detalle de cada uno de ellos, noten que hay una hermosa plenitud ahí. Las Escrituras son útiles para *todo* lo que necesitamos para la salvación. Ellas nos muestran el camino de la salvación (el significado básico de *enseñar*). Ellas traen a nosotros el convencimiento de pecado (*redarguyen*), sin lo cual nunca reconoceríamos nuestra necesidad de Cristo y su cruz. Ellas nos mantienen en el camino por medio de la *corrección*, restaurándonos cuando estamos débiles o errantes. Ellas también nos disciplinan en el camino (la palabra instrucción es la misma palabra que es traducida como "disciplina" en Efesios 6:4). Ellas nos guían a la madurez espiritual, perfección y gloria en Cristo. ¡No se necesita nada más en la vida cristiana! Las Escrituras son útiles para hacernos "sabios para la salvación por la fe que es en Cristo Jesús" (v. 15).

¿Qué más podemos pedir? Recibamos, entonces, la Escritura inspirada por Dios y usémosla como corresponde.

La inspiración plenaria de la Escritura

La palabra *plenaria* significa "completa". Cuando hablamos de inspiración plenaria, entonces, enfatizamos el hecho de que la Escritura es completamente inspirada.

Es una verdad que necesita ser enfatizada hoy debido a que hay muchos quienes, diciendo creer en la inspiración de la Escritura, niegan que *toda* la Escritura sea inspirada. Quizás ellos no aceptan la historia de la creación en Génesis 1-3, o lo que Pablo dice del lugar de la mujer en la iglesia, o el testimonio de Romanos 9 sobre la soberanía, la doble predestinación. Quizás ellos piensan que la Escritura es inerrante en materia de doctrina y salvación, pero no en materia de geografía, historia natural, ciencia e historia. Ellos no creen que *toda* la Escritura es inspirada.

En contra de tales afirmaciones, nosotros creemos en la inspiración plenaria, lo que quiere decir varias cosas:

Primero, inspiración plenaria significa que todos los libros de la Escritura (y no otros) son inspirados por Dios. No hay ninguno que tenga menor autoridad o que se necesite menos que los otros.

Segundo, significa que la Escritura es inspirada en los diferentes tipos de estilo literario en los cuales fue escrita. Historia, poesía, epístolas, profecías: todas son "inspiradas por Dios y útil" (2 Tim. 3:16).

Tercero, inspiración plenaria significa que la Escritura es inspirada también en materia de ciencia, historia natural, historia y geografía. De hecho, hay algunos extraordinarios ejemplos de esto. La Escritura siempre ha afirmado, por ejemplo, que la tierra es redonda, incluso cuando el hombre no creía que fuera así (Is. 40:22). Ella enseña el ciclo del agua antes que fuera entendido por la ciencia (Sal. 104:5-13). La creencia que Dios es el inspirador de la Escritura y el gran Creador hace inaceptable alguna posibilidad de que la Escritura pueda ser incorrecta, incluso en sus pequeños y más insignificantes detalles.

Cuarto, significa que la Escritura es totalmente inspirada en todo lo que incumbe a nuestra vida. No hay mandamiento y requerimiento en la Escritura que esté fuera de tiempo o culturalmente condicionado. Aunque haya sido dada a través de hombres, toda la Escritura viene del Dios eterno y no puede ponerse a un lado como si no tuviera aplicación para nosotros.

Quinto, la inspiración plenaria significa que incluso la gramática, el vocabulario y la sintaxis son inspiradas. Ella hace una diferencia en que Dios dijo simiente y no simientes en Génesis 17:7 (ver Gál. 3:16). Ella hace una gran diferencia en que somos justificados por fe o a través de la fe, pero no debido a la fe. Cada letra, cada palabra y cada oración es importante y debe ser cuidadosamente traducida. Debido a la inspiración plenaria no aceptamos paráfrasis de la Escritura, tampoco las

PARTE 1: DIOS Y SU PALABRA

versiones que buscan un punto medio entre una traducción exacta y paráfrasis, como la Nueva Versión Internacional (NVI).

Nuestra fe en la inspiración plenaria es probada cuando ya sea que aceptamos esta enseñanza de los labios para afuera o recibimos la Escritura como la inspirada e infalible Palabra de Dios en todas las cosas, sin dudas, sin ponerla de lado, sino sometiéndonos, obedeciendo y creyendo en todas las cosas que Dios ha dicho y hecho aun cuando todo el mundo esté contra nosotros.

La inspiración verbal de la Escritura

La doctrina de la inspiración verbal está íntimamente relacionada con la doctrina de la inspiración plenaria. Esta enfatiza que las *palabras* de la Escritura son inspiradas por Dios. La Escritura no es sólo la Palabra de Dios, sino también es las *palabras* de Dios.

Nuevamente enseñamos y enfatizamos esto en contra de aquellos que piadosamente afirman que la Escritura es inspirada en sus enseñanzas y doctrinas, pero no en palabras y detalles. Tal enseñanza es, por supuesto, simplemente una locura, ya que es imposible que la Escritura sea la inspirada Palabra de Dios en sus enseñanzas y pensamientos si las palabras en las cuales aquellas enseñanzas son dadas nos son ellas mismas inspiradas e infalibles.

La creencia en la inspiración verbal hace que nosotros, como cristianos de habla Inglesa, seamos fuertes defensores de la versión del Rey Santiago (King James o Autorized). Una importante característica de esta versión, encontrada en pocas versiones modernas, es que ella pone en cursivas aquellas palabras que *no son* encontradas en los originales del hebreo y griego, mostrando lo mejor posible a aquellos que no pueden leer hebreo o griego cuales son las palabras de la Escritura. Puede ser necesario agregar palabras para obtener una traducción competente en inglés o en algún otro idioma, pero aquellos que leen deben saber que las palabras en cursivas fueron agregadas por hombres y no, de hecho, habladas por Dios.

La doctrina de la inspiración verbal se encuentra en

pasajes de la Escritura tales como Salmos 12:6, Proverbios 30:5 y Apocalipsis 22:18-19; también hay otros pasajes de la Escritura que se refieren a las *palabras* que Dios ha hablado y causado que sean escritas (Sal. 50:17; Sal. 119:130).

Hay notables ejemplos en la Escritura de la importancia de esta doctrina—las palabras exactas habladas por Dios son importantes—. En algunos casos las selecciones de palabras crean enormes diferencias.

Si Génesis 17:7 dijera *simientes* y no *simiente*, sólo la diferencia entre singular y plural, no podría ser una profecía sobre Cristo (ver Gál. 3:16). Esta referencia a Cristo se pierde completamente en algunas versiones modernas las cuales traducen la palabra en Genesis 17:7 como "descendientes".

A veces las palabras en el idioma original hacen difícil entender el pasaje, como en hebreos 11:11. La Escritura dice que Sara recibió fuerza para concebir simiente (RVA). La palabra griega es ordinariamente usada para el masculino y es traducida comúnmente como "engendrar" o "generar". Ya que esa es la palabra que usa la Escritura, nuestra única obligación es entender por qué la Escritura usa aquella palabra, y no cambiar el pasaje, como lo hace la NVI, para ponerlo en línea con nuestra forma de pensar. La NVI dice que Abraham fue capacitado para ser padre, aun cuando Abraham no es mencionado en el versículo. Tales cambios, así hay muchos en la NVI, son una negación de la inspiración verbal.

Hay muchos más ejemplos de lo mismo, pero el punto para nosotros es que necesitamos escuchar cuidadosamente lo que Dios dice. Estar satisfecho con haber obtenido lo esencial del texto, la importancia general de lo que Dios está diciendo, no es suficiente. Debemos estar seguros de que lo hemos oído, creído y obedecido exactamente y en detalle. Si él ha tomado el cuidado de revelarse, hablándonos por medio de la Palabra escrita, ¿quiénes somos nosotros para no tener cuidado al oír, obedecer y creer que cada palabra de Dios es pura? (Sal. 12:6).

La inspiración orgánica de la Escritura

Hay muchos que tropiezan en el hecho de que la Escritura fue dada a través del hombre. Debido a que esto es así, ellos piensan que hay un elemento humano en la Escritura y no pueden creer la verdad que la Escritura es total y completamente la Palabra de Dios, sin error—que no hay contradicción, imperfección, faltas ni nada en la Escritura que pueda ser atribuido a ideas humanas.

No negamos que la Escritura fue dada a través del hombre. Pero es tan poco importante que, en doce de sesenta y seis libros de la Biblia, ni siquiera conocemos quien fue el escritor humano. Incluso donde si conocemos al autor, aun así, la verdad de la inspiración orgánica se mantiene.

Inspiración orgánica significa que la inspiración de un libro comenzó mucho antes de que cualquier libro fuera escrito. Tomando el libro de Eclesiastés como un ejemplo, la inspiración orgánica significa que Dios comenzó el trabajo de inspiración de ese libro no al mover a Salomón a escribirlo (2 P. 1:21), sino al preparar todas las circunstancias bajo las cuales Salomón escribiría, y al preparar a Salomón mismo como autor.

Dios comenzó la inspiración de Eclesiastés cuando, cientos o miles de años antes, él fijó las circunstancias de la historia de forma que todas las cosas en Israel y entre las naciones fueran tal como Salomón debía encontrarlas para escribir el libro. Dios comenzó la inspiración de Eclesiastés cuando, cientos de años antes, él estableció la nación judía y las doce tribus, una de las cuales fue la tribu de Judá, que luego incluyó la familia de Isaí. Dios estaba preparando todo para aquel libro cuando David se transformó en rey y estableció la dinastía para que Salomón fuera rey después de él. Dios estaba preparando todo para el libro cuando David vio a Betsabé bañándose y cometió adulterio con ella y cometió el asesinato de su marido para casarse con ella.

Dios fijó todas las circunstancias de la vida de Salomón de tal manera que él no fuera sólo el hombre más sabio de la historia, exceptuando a Cristo, sino también uno que cayó en uno de los pecados más graves. Es así que el libro de Eclesiastés, cuando fue escrito, fue el testimonio del arrepentimiento de Salomón y de la vanidad de la vida sin Dios.

En última instancia, por supuesto, la doctrina de la inspiración orgánica nos lleva hacia los consejos de la eternidad y al hecho de que no hay nada que ocurra, a lo largo de la historia del mundo, que no haya sido soberanamente preordenado por Dios y traído a existencia a través de su soberano e irresistible poder. No más que nosotros, trazando nuestra salvación hasta el decreto eterno de Dios, podemos clamar ser los autores de nuestra salvación, incluso cuando nos hemos arrepentido, creído y obedecido, Salomón podría clamar ser el real autor de Eclesiastés, aunque él escribió las palabras y las escribió usando su propia experiencia. Es el eternamente decretante y soberano Dios y su Espíritu quien, a través de la Palabra viviente, es el autor de nuestra salvación y del libro por el cual la salvación es revelada a nosotros. ¡Qué gran Dios! ¡Qué libro maravilloso!

La infalibilidad de la Escritura

Ya que la Escritura es la Palabra de Dios, es también perfecta. Encontrar errores en la Escritura es encontrar errores en Dios. Aceptar la Escritura como algo menos que infalible es negar la inmutabilidad y soberanía de Dios.

Juan 10:35 enseña claramente la infalibilidad de la Escritura. En aquel versículo Jesús dice "la Escritura no puede ser quebrantada". él usa el singular, *Escritura*, para mostrar que la Biblia es la *única* Palabra de Dios, aunque fue dada a través de muchos hombres y en distintos tiempos. Porque es *única*, cualquier intento de falsear la Escritura es un intento de destruirla. Nadie puede quitar partes de ella o negar que ella es siempre verdad sin dejar una estela de destrucción.

Es interesante que Jesús no sólo dice que no podemos quebrantar la Escritura, sino que ella *no puede* ser quebrantada. él quiere decir que todos los esfuerzos del hombre de encontrar errores en la Escritura son en vano. Ellos están, cuando encuentran faltas en la Escritura, consultando contra Dios y

PARTE 1: DIOS Y SU PALABRA

contra su Ungido, y el que mora en los cielos se ríe de ellos (Sal. 2:2-4). Ellos, no la Escritura, son quebrantados en la inquebrantable Palabra de Dios cuando claman encontrar falta en las palabras o enseñanzas de la Escritura, por tales esfuerzos ellos estarán bajo el juicio de Dios.

El contexto de Juan 10:35 es importante, también, donde Jesús cita el Antiguo Testamento para soportar su declaración de que él es Dios. Él usa el Salmo 82:6, el cual llama dioses a los gobernadores terrenales. él dice que, si ellos pueden ser llamados dioses, entonces seguramente él, quien es santificado y enviado por el padre al mundo, no puede ser acusado de blasfemia cuando dice "Hijo de Dios soy". Sin entrar a la cuestión de cómo los gobernadores pueden ser llamados dioses, tenemos que notar que esta es una declaración extraordinaria. Nosotros no nos atreveríamos a decirlo si no estuviera en la Escritura, e incluso así nosotros podríamos encontrarlo difícil de entender. Jesús asume que esa declaración debe ser verdadera y una guía infalible simplemente porque se encuentra en la Escritura. Sólo la forma en que él cita y usa la Escritura es una gran lección para nosotros sobre este tema, "La Escritura no puede ser quebrantada".

Es significativo, también, que Jesús se refiere a estas palabras del salmo 82 como "ley". él quiere decir que toda la Escritura, debido a que ella es la infalible Palabra de Dios, es la regla divina para toda nuestra vida. No hay nada en la Escritura más que la voluntad de Dios para nosotros, tampoco hay ningún consejo que necesitemos que no se encuentre en la Escritura. Historia, poemas, profecías, cartas—todas son la *ley* de Dios para nosotros—. Esto es quizá el punto más importante de todo. No es suficiente simplemente decir que la Escritura es infalible e inerrante. Nosotros debemos inclinarnos hacia ella, someternos a sus enseñanzas en cada punto y recibirla como siervos dispuestos y obedientes de Dios. De otra forma, nuestra confesión de la inspiración e infalibilidad es mera hipocresía.

¿Crees que la Biblia es infalible? Entonces hazte la siguiente pregunta: ¿Es la Escritura la *ley* de Dios para mí en todo lo que creo y hago?

La autoridad de la Escritura

Ya que la Escritura es la inspirada e infalible Palabra de Dios, tiene suprema autoridad. No existe autoridad humana que sea más grande, ninguna regla humana que pueda sustituir esta regla y ninguna enseñanza humana puede contradecir lo que ella enseña.

Ella tiene autoridad en todo tipo de enseñanza [doctrina]. Esto está implícito en 2 Timoteo 3:16, donde la enseñanza [doctrina] es mencionada primero. En este pasaje la autoridad de la Escritura no es lo enfatizado sino su utilidad. Debemos entender, sin embargo, que la Escritura es útil debido a que ella tiene autoridad: su enseñanza es siempre la "última palabra" en cualquier materia, especialmente en materia de doctrina.

Tiene la misma autoridad en todos los asuntos de práctica y vida Cristiana. El hecho de que haya sido escrita miles de años atrás, en diferentes culturas y para diferentes personas, no hace diferencia alguna. Debido a que es la Palabra de Dios mismo, quien conoce el final desde el principio y quien no cambia, las circunstancias cambiantes de la vida en este mundo no destruyen la autoridad de cualquier cosa que la Escritura diga.

El hecho de que Pablo haya escrito sobre el rol de la mujer en la casa y la iglesia en una cultura diferente de la nuestra no quiere decir que lo que él dijo sea inválido. No es Pablo quien lo dijo, sino Dios mismo.

De hecho, es una razón de asombro para aquellos que creen en la inspiración de la Escritura el ver cuán a menudo la Escritura, como la Palabra del Dios eterno, anticipa las falsas enseñanzas y prácticas de hoy. Un buen ejemplo de esto se encuentra en 2 Pedro 3:1-7, donde la teoría de la evolución es socavada y destruida por el repudio que hace la escritura del uniformitarianismo, la presunción de que todas las cosas continúan igual desde el comienzo de los tiempos.

La autoridad de la Escritura es suprema incluso en materia de historia, geografía, ciencia, o cualquier otra disciplina académica, siempre y cuando ella dice algo en esos asuntos. No sólo tiene autoridad en el área de la teología y la vida cristiana. Su autoridad es tan grande que el creyente debe aceptarla incluso ante la oposición de la ciencia.

Debemos entender que la autoridad de la Escritura es la autoridad de Dios mismo. Decir que la Escritura es la Palabra de Dios es decir que ella tiene toda autoridad. Negarla es negar a Dios; contradecirla es contradecir a Dios mismo.

Nadie puede decir que acepta la autoridad de la Escritura en un punto y la rechaza en otro. No puede decir que acepta lo que dice acerca de Jesús, pero no lo que dice acerca de la creación. Todo es la Palabra de Dios, y toda ella es coronada con la autoridad de Dios. Dios y su discurso no pueden ser aceptados o rechazados a voluntad. Su Palabra no puede ser quebrantada (Jn. 10:35).

Una cosa es confesar la autoridad de la Escritura; sin embargo, otra cosa es inclinarse a ella. En cada aspecto de nuestra vida Cristiana, nuestra sumisión a la Escritura es probada. No es fácil someterse a los mandamientos de la Escritura cuando ellos cruzan nuestra voluntad, o a la enseñanza de la Escritura cuando ella va en contra de toda inclinación carnal, como usualmente lo hace.

Sólo obedecemos por gracia. Dios, quien dio la Escritura, también nos da la gracia necesaria. Con Agustín decimos "Da lo que Tú mandes, y manda lo que Tú quieras".[4]

La Interpretación de la Escritura

Ya que la Escritura es la Palabra de Dios y el Espíritu Santo su autor, nadie tiene el derecho de interpretarla. La gente suele hablar como si ellos tuvieran ese derecho. Ellos hablan de "mi interpretación" o de alguien más. Eso está mal (2 P. 1:20). Incluso en la controversia siempre hay sólo una interpretación de la Escritura, y esa es la propia interpretación de la Escritura de sí misma. Esa interpretación es la propia de Dios, no del hombre.

---

[4] *The Confessions of St. Augustine [Las Confesiones de Agustín]*, trans. E. B. Pusey, ed. and condensed David Otis Fuller from Book X (Grand Rapids, MI: Zondervan Publishing House Christian Life Library Selection series), Pag. 122.

Uno de los grandes principios de la Reforma fue el principio que dice que la Escritura se interpreta a sí misma. Aunque esto nos parezca extraño, debe ser así, sólo el autor mismo, el Espíritu Santo de Dios, tiene el derecho y el poder de decirnos el significado. Mi propia interpretación no es nada. Sólo la interpretación de Dios importa.

Esto es enseñado en 2 Pedro 1:20-21, donde claramente se afirma que la Escritura no es de interpretación privada. Esta afirmación parece estar un poco fuera de lugar a primera vista, porque el énfasis no está en la interpretación, sino en la inspiración. Sin embargo, la doctrina de la inspiración, como es enseñada en esos versículos, tiene esto como su aplicación: nadie sino Dios mismo, quien inspiró la Palabra, tiene el derecho de interpretarla.

El Espíritu Santo interpreta la Escritura, pero no de una forma mística—revelando misteriosa y secretamente el significado de la Escritura a nosotros por una revelación privada—. Está mal decir "Dios me mostró", "Dios me dijo" o me "Dios me reveló" tal cosa. Eso, también, es negar la Escritura, no sólo su suficiencia, como ya hemos visto, sino que también su inspiración. La persona que dice esas cosas está diciendo que él tiene una interpretación de la Escritura que Dios le ha dado privadamente, separada de la Escritura misma. La correcta interpretación de la Escritura es dada cuando Escritura es comparada con Escritura.

Por ejemplo, si deseamos determinar el significado de una palabra en la Escritura, quizás la palabra bautismo, debemos mirar los diferentes pasajes en los cuales la palabra es usada y el contexto de cada pasaje para así determinar que significa la palabra en la Escritura y cómo la Escritura la usa. La correcta interpretación de la Escritura, por lo tanto, requiere un cuidadoso estudio para que podamos aprender de ella misma lo que quiere decir. La persona que piensa que puede ir a un pasaje de la Escritura y entenderlo sin estudio es muy necia y orgullosa.

Debemos ser cuidadosos, por lo tanto, de no imponer nuestras ideas a la Escritura, sino humildemente y en oración recibir lo que ella dice. Aprender la correcta interpretación de la Escritura requiere gracia, sumisión y oración.

No hay nadie, ni siquiera los ministros del evangelio, que pueda afirmar estar sobre la Escritura. Cada interpretación, cada credo, cada sermón, puede ser y debe ser sujeta al riguroso escrutinio a la luz de lo que dice la Palabra de Dios, exactamente porque nadie tiene el derecho privado de interpretar la Escritura. Por esta razón, incluso la predicación de los apóstoles estaba sujeta a un cuidadoso examen y crítica (Hch. 17:10-11). Incluso aquella predicación, así como cualquier otra, debe conformarse a la interpretación del Espíritu de su propia Palabra.

Que Dios nos de la gracia necesaria—mucha gracia—para buscar y encontrar la única interpretación y que le prestemos atención (He. 2:1).

La unidad de la Escritura

Ya que la Escritura es la Palabra de Dios y tiene un autor, ella también es una. Dios no habla con sesenta y seis voces diferentes. él no puede, porque él mismo es uno en poder, en propósito, y en ser. Debido a que él es uno, su Palabra y revelación también es una.

Que la Escritura es una es de suma importancia. Por esta razón la Escritura no se puede contradecir o estar dispareja consigo misma. Un libro no puede diferir de otro, ni el Antiguo Testamento del Nuevo. La Escritura no puede enseñar una cosa en el Antiguo Testamento y algo opuesto en el Nuevo, ni un autor humano puede diferir de otro.

Está mal, por lo tanto, hablar de la "teología de Pablo", como algunos hacen, sugiriendo que difiere de la teología de Jesús o la teología de Pedro. Nadie puede sugerir que Jesús tuvo una visión diferente de Moisés, Pablo o Juan sobre algunas cosas, tales como el divorcio o el lugar de la mujer en la iglesia.

La doctrina de la unidad de la Escritura es especialmente importante contra el dispensacionalismo, el cual no ve unidad entre el Antiguo y el Nuevo Testamento, entre Israel y la Iglesia. Incluso la enseñanza de los bautistas de que el pacto con Israel es un pacto fundamentalmente diferente al pacto de

Dios con la iglesia es una negación de la unidad de la Escritura. La Escritura es un libro y no puede enseñar dos o más pactos diferentes y en conflicto.

Si la Escritura es una, no puede haber revelaciones diferentes, diferentes pactos, diferentes pueblos de Dios o diferentes formas de salvación. Nuestra objeción a la enseñanza del dispensacionalismo y del bautismo de creyentes, por lo tanto, no está sólo basada en los pasajes que desaprueban esas enseñanzas específicas de estos grupos sino también en los pasajes que enseñan que la Escritura es una y no puede ser quebrantada (Jn. 10:35).

La noción de que el Antiguo Testamento no es autoritativo para los creyentes del Nuevo Testamento, excepto cuando su enseñanza es confirmada en el Nuevo Testamento, es una negación de la unidad de la Escritura. Lo que está escrito en el Antiguo Testamento también fue escrito para nosotros los creyentes del Nuevo (1 Cor. 10:11).

La unidad de la Escritura, como Jesús nos recuerda en Juan 10:35, está en sí mismo. Toda ella es, desde el principio hasta el final, la revelación de Cristo Jesús como Salvador y de la gracia de Dios que es revelada en él. Como Spurgeon dijo "Donde sea que cortes la Escritura, ella fluye con ella la sangre del Cordero".[5] Encontrar a Cristo en cada pasaje debe ser nuestro objetivo y al hacerlo así, ciertamente encontraremos que la Escritura habla con una voz.

La doctrina de la unidad de la Escritura no solo es importante para la defensa contra otras enseñanzas sino también para nuestro estudio de la Escritura. Si la Escritura es una, ningún pasaje puede ser estudiado, leído o incluso citado aislado del resto de la Palabra. Nada de lo que pensemos o digamos de la Palabra de Dios puede contradecir algo más. Esto significa, por supuesto, que debemos estar ocupados con la Escritura para que la conozcamos desde el principio hasta el final y estemos rigurosamente familiarizados con su enseñanza.

La doctrina de la unidad de la Escritura significa, entonces, que la Escritura es importante y necesaria, que

---

[5] El lugar de la cita en los escritos de Charles Haddon Spurgeon no es conocida

ninguna parte puede dejarse de lado. Debemos conocer, leer, estudiar, aprender y poner atención a toda ella. ¿Lo haces?

La perspicuidad de la Escritura

Quizás ya hayas escuchado hablar de la perspicuidad de la Escritura y te hayas sorprendido con lo que ello significa. Significa que la Escritura es clara y fácilmente entendida.

La perspicuidad es parte del milagro de la Escritura, especialmente porque la Escritura revela a Dios. Él, el Dios infinito y eterno, no sólo desea revelarse a nosotros, sino que lo hace claramente, es una gran maravilla.

No negamos, por supuesto, que hay pasajes difíciles en la Escritura, incluso hay libros difíciles. La Biblia misma nos enseña esto (Sal. 78:2; 2 P. 3:16). Sin embargo, creemos que cada doctrina de la fe, y todas las cosas necesarias para la gloria de Dios y nuestra salvación, son claramente enseñadas.

El Salmo 119:105 enseña la perspicuidad: "Lámpara es a mis pies tu palabra, Y lumbrera a mi camino". La Escritura no podría ser llamada luz si ella no fuera clara, este versículo dice que es una luz para nuestro *camino*, esto es, para toda nuestra vida. Es una guía segura y confiable que nos lleva por todos los caminos de nuestra vida hasta la gloria.

Ya que la Escritura es clara, ella puede ser entendida incluso por quienes no tienen mayor educación y por los niños. No puede, por lo tanto, ser alejada de ellos. Ella debe ser traducida al lenguaje de cada persona a quien el evangelio llega de forma que ellos puedan leerla y tener esa luz con ellos siempre.

Hay muchas cosas que debemos entender, sin embargo, sobre la perspicuidad de la Escritura, para no caer en el error.

Primero, debido hay que hay pasajes difíciles, debemos interpretar tales pasajes a la luz de los pasajes que hablan más claramente. Ninguna interpretación de un pasaje difícil, por ejemplo, puede contradecir cualquier doctrina importante de la Escritura, o cualquier regla para vivir una vida agradecida que es claramente enseñada.

Segundo, la Escritura sólo es clara para los creyentes. La incredulidad no puede entender la Escritura, debido a que las cosas que están en la Escritura son las cosas de Dios, y ellas son espiritualmente discernidas (1 Cor. 2:14). Debemos recordar esto cuando hablamos con alguien que niega verdades tan importantes en la Escritura como la divinidad de nuestro Señor Cristo Jesús. Cuando tales personas no pueden ver en la Escritura que Jesús es Dios no debemos comenzar a dudar de que la Escritura enseñe claramente esa importante verdad. El problema no está en la Escritura. El problema está en la mente y el corazón de la persona. Antes de que alguien pueda entender cualquier cosa que la Escritura enseñe, su corazón debe ser abierto y su mente iluminada por el Espíritu Santo. Sin aquello, los versículos, la lógica y los argumentos son inútiles.

Ya que la Escritura es la clara luz de la revelación de Dios, debemos seguir esa luz. La advertencia y la promesa de 1 Juan 1:6-7 son para nosotros: "Si decimos que tenemos comunión con él, y andamos en tinieblas, mentimos, y no practicamos la verdad; pero si andamos en luz, como él está en luz, tenemos comunión unos con otros, y la sangre de Cristo Jesús su Hijo nos limpia de todo pecado".

Versiones de la Biblia

Ha habido tal proliferación de versiones bíblicas, especialmente en los últimos tiempos, que ya casi no se reconoce la Palabra de Dios cuando se lee. Esta producción constante de nuevas versiones no es una cuestión menor. Si la Escritura es realmente la Palabra de Dios todo-suficiente e inspirada, es muy importante que usemos una buena versión de la Biblia.

Antes de recomendar una versión en particular, tenga en cuenta que la proliferación de versiones modernas es una de las maneras en que la Biblia ha sido muy efectivamente quitada del pueblo de Dios. Debido a que hay tantas versiones diferentes en uso, un pasaje puede ya no sonar familiar cuando se cita o predica. Los niños tampoco aprenden y memorizan fácilmente la Escritura, ya que se les está enseñando desde tantas versiones

PARTE 1: DIOS Y SU PALABRA

diferentes. Ellos escuchan una versión en casa, otra en la escuela, otra en la iglesia, y todavía otras en sus reuniones y estudios bíblicos, y ellos no recuerdan ninguna.

También es muy revelador que las muchas y variadas versiones han surgido en una era de modernismo, apostasía y duda, no durante una época en la que la iglesia era fuerte y fiel a la Palabra de Dios. Esto en sí mismo es una buena razón para sospechar de estas versiones. Muchas de ellas no son traducciones verdaderas en absoluto, pero son paráfrasis, como La Biblia Viviente, o una combinación entre una paráfrasis y una traducción, como la NIV.

Es probablemente obvio en este momento que la única versión en inglés que recomendaríamos es la versión del Rey Santiago (KJV por sus siglas en inglés), la cual es llamada la Versión Autorizada en Gran Bretaña. La recomendaríamos por muchas razones, la más importante es que se trata de una traducción precisa y fiel de las Escrituras del hebreo y griego. Es tal el caso que el inglés de la KJV de 1611 no es realmente el inglés de la era del 1600, como a veces se le adjudica, más bien es "inglés bíblico", el resultado de los esfuerzos de los traductores de ser lo más fiel posible al griego y hebreo original. Un ejemplo de traducción precisa en la KJV es su práctica de poner en *cursiva* todas las palabras que no se encuentran en el griego o hebreo original.

En defensa de la KJV, no es cierto que las versiones modernas se basan en mejores manuscritos desconocidos para los traductores de la KJV. Ellos sabían de otros manuscritos, a pesar de que no tenían todos los que han sido descubiertos desde entonces. Estos otros manuscritos, aunque algunos de ellos son muy antiguos, también son muy corruptos, teniendo en ellos miles de cambios y omisiones únicas. La mayoría de los manuscritos (80-90%), sin embargo, apoyan lo que a veces se llama el "Texto Recibido", el texto en el que se basa la KJV.

La necesidad de una traducción buena, fiel y precisa como la KJV se expresa en las palabras de sus traductores: "La traducción es la que abre la ventana, para dejar entrar la luz; que rompe la cáscara, para que podamos comer la semilla;

que deja a un lado el velo, para que podamos mirar el lugar más santo; que quita la cubierta del pozo, para que podamos venir al agua". [6] Seamos, pues, fieles a la Palabra de Dios como él en su providencia y gracia nos la ha dado, y estemos satisfechos con nada menos que la Palabra de Dios.

Conocer a Dios

La totalidad de la religión cristiana es conocer a Dios. Conocerlo es el propósito del cristianismo, su más alto objetivo y esfuerzo y su mayor bendición. Como Jesús dice en Juan 17:3, esto es la vida eterna.

Este conocimiento de Dios es el único conocimiento verdadero. Ni siquiera podemos conocernos a nosotros mismos sin él, o aparte de él. Eso es cierto no sólo porque somos pecadores cuyos corazones son engañosos y corruptos (Jer. 17:9), sino también porque somos creados por Dios para vivir en relación con él (Sal. 30:5). Aparte de él no podemos saber quién y qué somos *nosotros*.

Incluso nuestras acciones son juzgadas en relación con Dios. Uno no puede saber si sus acciones y palabras son buenas o malas, excepto comparándolas con la norma de la santidad perfecta de Dios. Eso explica por qué quedan pocos estándares morales en la sociedad actual. La mayoría, incluso de aquellos que tienen alguna clase de religión, no conocen a Dios. Ignorantes de él, no tienen un estándar moral.

Conocer a Dios no es simplemente tener una cabeza llena de doctrinas o de hechos acerca de Dios, incluso si estos son hechos y verdades bíblicas. Esto no quiere decir que las doctrinas y enseñanzas de la Escritura concernientes a Dios no sean importantes. El conocimiento es parte de la fe, y sin él la fe no es nada. Uno no puede pretender creer en un Dios del que no sabe nada. Sin embargo, el conocimiento de Dios, es más — mucho más de lo que es posible que uno sepa intelectualmente

---

[6] De la sección "Translation Necessary [Traducción Necesaria]", originalmente en el prefacio de la versión de la Biblia del Rey Santiago (Autorizada), 1611. Citado aquí del folleto con deletreo moderno "The Translations to the Reader [la traducción al lector]" (Londres: Trinitarian Bible Society, 1998), pág. 12.

lo que la Escritura enseña acerca de Dios, y que uno haya sido enseñado, tal vez de niño, la doctrina de Dios tal como se encuentra en las Escrituras, y aun así no conocerlo—.

El conocimiento de Dios es también algo *experiencial*. Dios es tan grande, que uno no puede conocerlo simplemente por la actividad de la mente o por el esfuerzo intelectual. Uno debe haberlo encontrado a él, oído a él, caminado con él, y conocido a él como un hombre conoce a su amigo. En efecto, cuando la Escritura habla de conocer a Dios, la palabra conocer es sinónimo de amor. Así como la Escritura habla de un hombre que conoce a su esposa para describir las intimidades amorosas del matrimonio, así la Escritura habla de conocer a Dios. No amarlo es no conocerlo —no verdaderamente—.

Conocer a Dios, por lo tanto, es deleitarse en él, disfrutarlo y obedecerlo. Tan maravilloso es él en gracia, misericordia y majestad que es imposible que alguien que no lo disfruta y lo ama diga que conoce a Dios. Esa persona, aunque sepa muy bien lo que la Biblia dice acerca de Dios, lo está rechazando, dándole la espalda, odiándolo y demostrando que realmente no conoce a Dios en absoluto. Su mente está cegada y su corazón endurecido.

¿Conoces a Dios en ese verdadero sentido de la palabra? ¿Demuestras cada día de nuevo que él es tu mayor deleite y tesoro? ¿Lo amas a él y a su gloria con todo tu corazón y fuerza? ¿Lo disfrutas y lo obedeces?

Los nombres de Dios

Una de las formas en que Dios se revela a si mismo a nosotros es por sus nombres. Es por eso que nos ha dado tantos nombres diferentes en la Escritura. Esos nombres son muchos porque Dios es grandioso y su gloria sin fin. Cada nombre dice algo sobre él, pero todos ellos todavía no pueden describir sus infinitas alabanzas.

Cuando estudiamos estos nombres, debemos recordar que los nombres de Dios son diferentes de los nuestros. Nuestros nombres son sólo etiquetas que se pueden cambiar; y si se cambian, no cambian quién y qué somos.

Los nombres de Dios nos muestran quién y qué es. Son tan inmutables como Dios mismo. Abusar y hacer mal uso de esos nombres, como algunos lo hacen en su forma de hablar, es abusar de Dios mismo. Esa es la razón por la que Dios no dará por inocente a la persona que usa sus nombres *en vano*, como si estos estuvieran vacíos de significado y santidad.

Es un gran pecado hacer mal uso de los nombres de Dios. Ese pecado está prohibido y amenazado con castigo en el tercer mandamiento (Ex. 20:7), pero lo que debemos recordar es que es un pecado igualmente grande no usar los nombres de Dios en absoluto. Una persona puede ser condenada por tomar el nombre de Dios en vano. También puede ser condenado por no nombrar el nombre de Dios.

El tercer mandamiento, como los diez mandamientos, no sólo prohíbe algo; también requiere algo. Requiere el uso santo, reverente y glorificador de los nombres de Dios. Debemos aprender a usar los nombres de Dios, no al azar, sino por lo que nos dicen acerca de Dios.

En la oración a menudo usamos los nombres de Dios al azar, dirigiéndonos a él con cualquier nombre que aparecen en nuestras mentes mientras oramos. Esa no es la manera en que la Biblia nos enseña a orar. Allí los nombres de Dios se utilizan con cuidado, y un nombre particular se utiliza para enfatizar alguna verdad importante acerca de Dios que está relacionada con la petición que una persona está haciendo o la alabanza y el agradecimiento que está trayendo.

Podríamos, por ejemplo, usar el nombre *Jehovah* al dirigirnos a Dios si estamos implorando las promesas de su pacto en nombre de nuestros hijos. ¡Qué mejor nombre usar en ese momento! O podríamos usar el nombre De Santo si confesamos nuestros pecados y realmente deseamos humillarnos ante Dios en arrepentimiento por ellos.

Los judíos estaban equivocados cuando no usaban el nombre de Jehovah por temor a su santidad y perfección. Dios nos ha dado sus nombres para que podamos usarlos para hablar con él y acerca de él. No hablar con él y de él es vivir como si no hubiera Dios, negarlo y rechazarlo. Eso no lo podemos hacer.

PARTE 1: DIOS Y SU PALABRA

Nuestro llamamiento es usar los nombres de Dios, usarlos con reverencia y temor santo, y usarlos para alabarlo, orar a él, hablarle, y honrarlo. Entonces, y sólo entonces, estamos viviendo en obediencia a él y usando bien sus nombres.
¿Sabe sus nombres? ¿Los usas?

El nombre *Jehovah*

El nombre *Jehovah* es uno de los nombres más importantes de Dios. Es este nombre el que se traduce como LORD en la KJV. También es parte del nombre *Jesús*. El Je- de la palabra Jesús es una abreviatura del nombre *Jehovah*, al igual que es la misma abreviatura en muchos otros nombres del Antiguo Testamento (Eli-AS, JO-sue, JO-safat, y JE-didias).

Dios reveló el nombre *Jehovah* a Moisés e Israel como la prueba de que recordaba su pacto y libraría a su pueblo de la esclavitud en Egipto (Ex. 3:11-15). En ese momento también reveló el significado de su nombre *Jehovah*: "Y respondió Dios a Moisés: YO SOY EL QUE SOY. Y dijo: Así dirás a los hijos de Israel: YO SOY me envió a vosotros" (Ex. 3:14).

El nombre *Jehovah*, por lo tanto, revela la inmutabilidad o invariabilidad de Dios. Las cosas creadas no sólo son, sino que también *han sido* y *serán*. Ellas cambian, pero con Dios no hay pasado, presente ni futuro, por más difícil que eso sea para nosotros entenderlo. Todas las cosas están eternamente delante de él, y con él el paso de los años y milenios no tiene sentido y no trae ningún cambio. Es difícil para nosotros incluso concebir esto, porque estamos cambiando constantemente y vivimos en medio del cambio: "El cambio y decadencia en todo lo que veo en derredor".[7] Sin embargo, esto es para nosotros otra indicación de que él es Dios, porque si pudiéramos comprenderlo o entenderlo plenamente, el no sería mayor que nuestras propias mentes diminutas.

Como muestra Éxodo 3, el nombre *Jehovah* revela a Dios especialmente como el inmutable en relación con su pueblo.

---

[7] Estrofa 2 del himno número 335, "Abide in me [Permanece en mi]", Trinity Hymnal (Philadelphia: Great Commission Publication, 1974).

Habla de su inmutabilidad no como una idea abstracta, sino de la inmutabilidad de su amor, de su misericordia, de sus promesas, de su gracia y de su deseo de salvar y bendecir a los suyos.

El nombre nos recuerda que el pueblo de Dios le pertenece inmutablemente y desde la eternidad. Ellos no *llegan* a pertenecer a él, sino que le han pertenecido desde antes que las montañas tuvieran su nacimiento o antes que hubiera él formado la tierra y el mundo (Sal. 90:2). Por lo tanto, a través de todo el tiempo y en la eternidad, él será la morada de ellos.

El nombre *Jehovah* es, por encima de todos los demás nombres, el nombre por el cual Dios se revela a sí mismo como el Dios del pacto. Esto también es evidente en éxodo 3, porque es al recordar y guardar su pacto que Dios revela tanto el nombre *Jehovah* como su significado.

Por lo tanto, en la medida en que el nombre *Jehovah* habla de la inmutabilidad de Dios, nos muestra que él es fiel. La fidelidad de Dios es su inmutabilidad en relación con su propio pueblo del pacto a quien ama y a quien ha elegido. Él Nunca los abandona ni los olvida, pero los ama con un amor eterno. En ese amor él los trae a sí mismo.

Que los que conocen su fidelidad usen el nombre *Jehovah* con frecuencia y con gozo. De hecho, no hay un nombre mayor.

El nombre *Dios*

El nombre *Dios* es el nombre más comúnmente utilizado del Todopoderoso en la Escritura. Es un nombre que habla de su soberanía, de su tri-unidad y de sus infinitas perfecciones.

También es parte de muchos nombres del Antiguo Testamento, tales como EL-ias, EL-iseo, Dani-EL, Natana-EL, EL-i, en cada uno de los cuales El- o *-el* es una forma abreviada del nombre Dios (*Elohim* en hebreo). Es parte de esos nombres porque muchas de las personas cuyo nombre incluía el nombre de Dios lo utilizaron de alguna manera para mostrar algo de su gloria como Dios.

El nombre *Elohim* en hebreo es en realidad un plural (literalmente "Dioses"). Esto no significa que haya más de un Dios,

PARTE 1: DIOS Y SU PALABRA

ni indica que la religión del pueblo de Dios era originalmente el politeísmo, la adoración de muchos dioses. Más bien, se refiere al hecho de que Dios es más de una persona (véase Gén. 1:26, donde Dios habla de sí mismo como "nosotros") y a sus múltiples e infinitas perfecciones y glorias (Él es muchos en gloria, poder y majestad, aunque sólo uno en ser).

El nombre *Dios*, por lo tanto, es lo que se llama en teología "un plural de excelencia" o "un plural de majestad". Nos enseña que él es Dios, que no hay nadie como él ni ninguno aparte de él, y que él solo es digno de adoración, alabanza y obediencia. No es de extrañar que este nombre sea el más utilizado en las Escrituras.

Es este nombre también el que lo distingue de los ídolos de los paganos. Es Dios contra los paganos y sus ídolos, y que estos ídolos son llamados "dioses" sólo sirve al final para dejar claro que no son nada y que él es verdaderamente Dios, porque no pueden ver, oír, hablar, actuar o salvar (Sal.115:4-8). Aquellos que hacen tales dioses son como los dioses que ellos hacen.

Dios es Dios también en relación con su pueblo. A ellos él les revela especialmente la excelencia de su gracia y misericordia soberana y la majestad de su poder y amor. La forma plural del nombre hebreo debe recordar a cada creyente las infinitas razones que tiene para alabar y adorar a este gran Dios. Debemos usar el nombre *Dios* para hablar con él y sobre él siempre que queramos enfatizar estas cosas. Cuando estamos preocupados por los impíos o desanimados debido a la persecución y otros sufrimientos, debemos recordar que él es Dios. Cuando lo estamos adorando, este nombre es el más apropiado. Cuando deseamos recordarnos de las tres personas que forman parte de la Divinidad, usamos este nombre. En cualquier ocasión que necesitemos conocer su majestad, poder y gloria infinita, este nombre debe estar en nuestros labios y en nuestras mentes.

Entonces, no abusemos, pero usemos apropiadamente este gran nombre.

El nombre *Jehovah de los ejércitos*

El nombre *Jehovah de los ejércitos* (1 Sam. 1:3; Sal. 24:10; Is. 1:9; Hag. 1:2) o Dios *de los ejércitos* (Sal. 80:7), o incluso *Jehovah Dios de los ejércitos* (Sal. 59:5; Sal. 80:4; Jer. 5:14; Jer. 15:16) es una combinación de varios nombres de Dios con una referencia añadida a los "ejércitos". Es un nombre que habla de la soberanía de Dios en relación con todas sus criaturas, incluidos los hombres y los ángeles.

Los ejércitos a los que se hace referencia son las multitudes de cosas creadas, incluida la creación bruta: el sol, la luna y las estrellas, y la tierra misma y su plenitud (Gén. 2:1; Deut. 4:19; Neh. 9:6; Sal. 33:6). Estos ejércitos también incluyen todos los rangos y los millares de millares de ángeles (Gén. 32:2; 1 R. 22:19; Lc. 2:13) así como las huestes de la oscuridad y el infierno. También incluyen los miles de millones de hombres que viven en la tierra y todas sus obras y poderío (Dan. 8:10-11; Ef. 6:12).

Que Dios es el Dios de los ejércitos significa que todas las criaturas son sus siervos y deben, voluntaria o involuntariamente, hacer su voluntad en el cielo, en la tierra y en el infierno. El nombre *Jehovah de los ejércitos*, por lo tanto, es un nombre que habla de la soberanía y el propósito de Dios a medida que logra ese propósito a través de sus criaturas. No sólo está por encima de todos ellos, sino que también los utiliza a todos para llevar a cabo su voluntad y para llevar a cabo su propósito eterno. Ninguno puede resistirse o cuestionarlo (Dan. 4:35).

Que todas las criaturas sean descritas como las huestes de Dios significa que marchan en armonía, como un gran ejército, para cumplir su voluntad. Cada criatura debe servirle individualmente, voluntaria o involuntariamente, y todos trabajan juntos como un vasto y poderoso ejército para hacer lo que él ha propuesto y planeado.

El nombre *Jehovah de los Ejércitos* también revela la ira y la justicia de Dios, porque habla de él como un Dios de guerra y batalla (2 Cron. 20:15; Sal. 24:8; 13:4). Por sus poderosos ejércitos ejecuta el juicio, la justicia y la rectitud, destruyendo a sus enemigos y salvando a su pueblo.

Lo que es tan notable sobre el nombre *Jehovah de los ejércitos* es que Satanás y sus huestes y los impíos son todos parte de este poderoso ejército de Dios. No actúan independientemente de él. Lo más notable de todo es que ellos mismos son los medios en su mano todopoderosa por el cual él logra su juicio y destrucción eterna. Incluso cuando se rebelan contra él, sólo pueden hacer lo que él ha intencionado (Hch. 4:28). Esa es la razón por la que se ríe de ellos cuando ellos se rebelan (Sal. 2:4). ¡Qué gran Dios él es!

Por lo tanto, los muchos pasajes de la Escritura que utilizan este nombre hacen hincapié en estas verdades, y lo hacen en las circunstancias particulares en las que el pueblo de Dios se encontraba y necesitaba que se les recordara estas verdades. En Hageo, por ejemplo, Dios usó el nombre *Jehovah de los ejércitos* una y otra vez para recordarles que era soberano en relación con los enemigos que trataban de impedir que reconstruyeran el templo. También era soberano en relación con las cosas de la creación, en particular la plata y el oro que carecían para hacer el templo tan hermoso como el de Salomón (Hag. 2:1-9). Él nos recuerda lo mismo.

Recordemos, entonces, que este soberano *Jehovah de los ejércitos* es nuestro señor bondadoso, y así marchemos voluntariamente en su servicio.

El nombre *Padre*

El nombre *Padre* es para el pueblo de Dios uno de sus nombres más preciados, porque este habla de su amor eterno por ellos. Es un nombre que enfatiza la relación del pacto de Dios con su pueblo por medio de Cristo Jesús. Es el nombre, por lo tanto, que se les enseña a ellos, por encima de todos los demás nombres, para utilizarlo en comunión con él (Mt 6:9).

El nombre *Padre* es su nombre no sólo en relación con su pueblo, sino también su nombre en la Trinidad. En no llega a ser un Padre cuando nos adopta. Eso sería una negación de su inmutabilidad. Él es *eternamente* Un Padre como Primera Persona de la Trinidad.

Esa paternidad eterna de Dios en la Trinidad tiene su contraparte en su amor eterno por nosotros, sus hijos. En la eternidad nos escogió y puso su amor paternal sobre nosotros. Desde la eternidad es el Padre de su pueblo. Increíble, ¿no?

Sin embargo, el nombre Padre rara vez fue utilizado por el pueblo de Dios en el Antiguo Testamento (Sal. 68:5; Sal. 103:13; Is. 9:6; 63:16). ¿Por qué fue eso?

La razón por la que el pueblo de Dios tan rara vez hablaba de él y a él como Padre está en la raíz de la diferencia entre el Antiguo y el Nuevo Testamento. La diferencia entre los dos no es, por supuesto, una cuestión de principios, sino que tiene que ver con el hecho de que el Antiguo Testamento fue el tiempo de la promesa y el Nuevo Testamento el tiempo del cumplimiento.

Es la venida de Cristo en la carne lo que hace toda la diferencia con respecto al nombre Padre. Por medio de Cristo, Dios se acerca a nosotros y mora con nosotros en el santo templo que es el cuerpo de Cristo (Jn. 2:19-21). Por medio de Cristo nos revela la maravilla de su amor y nos trae la plenitud de la salvación.

Tal vez podamos entender esto mejor si pensamos en términos de que Dios nos adopte para ser Sus hijos. En el Antiguo Testamento, también, los creyentes eran hijos de Dios, pero por promesa. Habían sido elegidos para ser hijos de Dios e incluso se les había hablado de su amor por ellos. Habían sido separados de las naciones y formados como su propia familia, pero Dios todavía vivía detrás del velo y se les revelaba sólo por tipos y sombras.

Sólo en el Nuevo Testamento se elimina el velo y se nos da libre acceso al trono y a la presencia de Dios (Heb. 10:19-22). Sólo en el Nuevo Testamento Dios se acerca tanto a nosotros como para ser un hueso y una carne en Cristo (Ef. 5:29-30). Sólo en el Nuevo Testamento somos liberados de la esclavitud de los elementos de este mundo y ya no tratados como siervos (Gal. 4:1-5). Sólo en el Nuevo Testamento, por lo tanto, tenemos, por el Espíritu de Jesús resucitado y exaltado, la audacia de clamar incesantemente en cada idioma y en cada tierra, "Abba, Padre" (Gal. 4:6-7).

Eso no quiere decir que los creyentes en el Antiguo Testamento no tuvieran nada, sino sólo decir que lo que tenemos en los tiempos del Nuevo Testamento es mejor. Lo que se prometió a los santos del Antiguo Testamento se cumple en el Nuevo para nosotros. Que nunca olvidemos esto.

La soberanía de Dios

Casi todos los cristianos dicen creer en la soberanía de Dios. En muchos casos, sin embargo, esto es solo de labios para afuera.

Que Dios es soberano significa muy simplemente que él es *Dios*. Significa, como A. W. Pink señaló en su maravilloso libro *La Soberanía de Dios*,[8] que Dios, como Dios, hace lo que sea su voluntad, cuando sea su voluntad. Significa que él tiene el control total de todas las cosas que son y que suceden.

Dios es soberano en la creación. Es el Creador soberano de todas las cosas en el cielo y en la tierra. Ellas no tienen existencia aparte de él y sólo existen para su bien. El evolucionismo es una negación de la soberanía de Dios en la medida en que pone a Dios fuera de su creación y establece al azar ciego y al despropósito en su lugar.

Dios es soberano también como el Dios de la providencia. Él lleva a cabo todo lo que sucede en la creación y controla y dirige todo a sus propios fines soberanos. No sólo las cosas buenas, sino las cosas malas —enfermedad, dolor, muerte, guerra, huracanes, hambrunas, terremotos y otros supuestos desastres naturales— provienen de él y son utilizadas por él.

Esto es negado por aquellos que hablan de estas cosas como la obra de la "Madre Naturaleza", por aquellos que piensan que las cosas malas provienen del diablo y no de Dios, y por aquellos que piensan que *ellos* pueden cambiar las cosas

---

[8] Arthur W. Pink, *The Sovereignty of God [Las soberanía de Dios]* (Grand Rapids, MI: Baker Book House, 1970).

por medio de sus oraciones. Dios es Dios. Sólo él tiene el control, y nada acontece aparte de él.

Dios es soberano también sobre ángeles y demonios. De esto la Escritura testifica claramente. Satanás no podía hacer nada contra Job sin el permiso de Dios (Job 1:12; Job 2:6). Es Dios quien ata y suelta a Satanás (Ap. 20:1-2, 7), y Satanás es responsable ante Dios por toda su iniquidad y será juzgado por Dios (vv. 14-15).

Dios también es soberano en salvación y condenación. Como veremos, es él quien elige a algunos para la salvación y no a otros (Rom. 9:21; Ef. 1:4). Es él quien envió a su Hijo a morir por unos y no por otros (Jn. 10:15, 26; Jn. 17:2). El da fe a unos y no a otros (Ef. 2:8-10). él es el que abre corazones (Hch. 16:14), el que obra en nosotros así el querer como el hacer por su propia voluntad (Fil. 2:12-13). Incluso nuestras buenas obras son preordenadas por él (Ef. 2:10).

Dios es soberano también sobre el pecado. No sólo decreta eternamente el pecado (Hch. 2:23; Hch. 4:27-28), pero también manda, gobierna y usa el pecado para su propio propósito. La soberanía de Dios significa que, *de* él, *por* él y *para* él son todas las cosas (Rom. 11:36). Debe ser así, o él no es Dios. Debe ser así, para que solo él reciba honor, gloria, poder y dominio ahora y para siempre.

Sólo la fe puede recibir esta verdad. Incluso los corazones de los creyentes a veces se resisten a él, porque es el fin de todo orgullo, toda autosuficiencia, toda dependencia de uno mismo, de otras criaturas, y de toda ayuda y sabiduría humana. Pero la fe, habiendo creído, encuentra consuelo en esta verdad, porque la fe dice: "Porque este Dios es Dios nuestro eternamente y para siempre; Él nos guiará aún más allá de la muerte" (Sal. 48:14).

La responsabilidad humana

Algunos piensan que hay un conflicto entre la soberanía de Dios y la responsabilidad humana. Si Dios controla y dirige todas las cosas, si ha decretado eternamente todas las cosas, incluso el pecado, y lleva todas las cosas a cabo, entonces el

PARTE 1: DIOS Y SU PALABRA

hombre no puede ser responsable de lo que hace. Puede decir: "Dios lo causó. Lo decretó. No podría ser de otra manera. No tengo la culpa".

Nosotros creemos en la soberanía absoluta de Dios, pero creemos al mismo tiempo que el hombre es responsable de sus acciones, sus pensamientos y sus motivos. En efecto, todas las objeciones que los hombres plantean contra la soberanía de Dios son realmente inútiles, porque la Escritura testifica que Dios es soberano y que *juzgará* a los hombres por su iniquidad y no escuchará sus quejas. Contará incluso sus quejas como pecado (Rom. 9:20).

Puede ser cierto en las relaciones humanas que una persona causa que algo suceda y, por lo tanto, es responsable. Puede causar que algo pase a través de la agencia de otros y, sin embargo, asumir la responsabilidad principal. De hecho, puede que yo no haya apretado el gatillo, pero sea responsable, sin embargo, de un asesinato porque lo planeé y lo diseñé.

No es así con Dios. Aunque tal vez no podamos explicar la relación exacta entre la soberanía de Dios y la responsabilidad del hombre, sin embargo, es el caso de que Dios es soberano y el hombre es responsable. Dios es tan grande que sólo él es capaz de decretar y controlar todas las cosas sin ser responsable de las malas acciones de los hombres y los demonios.

Uno de los mejores ejemplos de esto se encuentra en 2 Samuel 24:1 y 1 Crónicas 21:1. El segundo pasaje atribuye el pecado de David de numerar al pueblo a Satanás. Satanás movió a David para numerar al pueblo. Sin embargo, como muestra 2 Samuel 24:1, Dios también estaba detrás de ese pecado. Él Movió a David a cometerlo. Esto es un recordatorio de que Dios no sólo permite el pecado, sino que lo lleva a cabo con regularidad, y que Dios usa y controla incluso a Satanás al hacer esto. Sin embargo, cuando se enfrenta al pecado, David no dice: "Dios me hizo hacerlo", o "El diablo me hizo hacerlo", pero él asume toda la responsabilidad y dice: "He pecado" (2 Sam. 24:17; 1 Cron. 21:17).

El ejemplo supremo es la crucifixión de Cristo. Hechos 2:23 nos dice que Cristo fue entregado a la muerte por el predeterminado consejo y el conocimiento de Dios. El decreto de Dios y el conocimiento previo de todas las cosas llevaron a Cristo a la cruz. Hechos 4:26-28 nos dice que aquellos que crucificaron a Cristo sólo hicieron lo que Dios en su decreto había preordenado que se iba a hacer. ¿No fueron ellos entonces los que crucificaron a Cristo? ¿Podrían decir que ellos no tienen culpa en el asunto? No podían. Hechos 2:23 nos dice que sus manos seguían siendo manos inicuas, y que fueron ellos quienes crucificaron y asesinaron a Cristo. La soberanía de Dios no destruyó su responsabilidad.

¿Tomas tú la responsabilidad de tus pecados? Ya sea que lo hagas ahora o no, lo harás en el día del juicio. La soberanía de Dios no te excusará. Sólo Cristo puede salvarte de la ira de Dios.

Los atributos de Dios

La mayor debilidad en la iglesia hoy en día es la falta del conocimiento de Dios. Muchos son como los samaritanos de los que Jesús dijo: "Vosotros adoráis lo que no sabéis" (Jn. 4:22).

Juan 17:3 muestra la importancia de *conocer* a Dios: "Y esta es la vida eterna: que te *conozcan* a ti, el único Dios verdadero, y a Cristo Jesús, a quien has enviado". ¿Qué podría ser más importante que eso?

Sin embargo, la palabra de profecía es verdadera hoy en día: "Mi pueblo fue destruido, porque le faltó conocimiento" (Os. 4:6). Era el conocimiento de *Dios* que el pueblo de Dios carecía en los días de esa profecía. El versículo 1 lo deja claro: "no hay verdad, ni misericordia, ni conocimiento de Dios en la tierra". ¡Qué tan verdadero también hoy!

En los días de Oseas, la iglesia había rechazado el conocimiento. Especialmente sus líderes espirituales, los sacerdotes, habían rechazado y olvidado la ley de Dios. Así que Dios amenazó que el olvidaría a sus hijos y convertiría la gloria de ellos en vergüenza (vv. 6-7). ¡Si tan solo la iglesia de hoy escuchara esa Palabra de Dios y viera que Dios también está trayendo estos juicios sobre ella! ¡Si tan solo la iglesia volviera al Señor y fuera sanada!

PARTE 1: DIOS Y SU PALABRA

Pensando en estas cosas, ahora comenzamos a escribir sobre los atributos de Dios. Por ellos especialmente, lo conocemos a él, a quien conocer es la vida eterna.

Los atributos son características personales, como el color de los ojos, el tipo de personalidad y cosas similares. Los atributos de Dios son su unidad, su espiritualidad, su soberanía, su gracia, su bondad y todas las otras palabras que se utilizan en la Escritura para decirnos quién es él. Cuando hablamos de los atributos de Dios, por lo tanto, lo estamos describiendo a él y a su gloria y las cosas que él revela de sí mismo en su Palabra. A través de estos atributos sabemos quién y qué es él.

Nunca debemos pensar que los atributos de Dios son sólo una cuestión de debate y discusión teológica. Son de vital importancia para nosotros. Las Escrituras lo muestran por las diferentes palabras que utiliza para describir los atributos de Dios.

En Salmos 89:5 la Escritura habla de los atributos de Dios como sus *maravillas*. Sus atributos, en otras palabras, nos revelan lo grande y maravilloso que es Dios y nos hacen estar ante él con asombro y admiración.

Salmo 78:4 llama a los atributos de Dios sus *alabanzas*. De esta palabra aprendemos la razón de la revelación de sus atributos: que lo alabáramos y adoráramos para siempre. Si la iglesia de hoy no honra a Dios como debería, esto es sólo porque no lo conoce como debería.

El Salmo 78 también dice que es a través de este conocimiento de los atributos de Dios que las generaciones venideras pondrán su esperanza en Dios y no olvidarán sus obras, sino que guardarán sus mandamientos (vv. 4–8). Que Dios conceda esas generaciones a la iglesia al restaurar en las iglesias el conocimiento de Dios y especialmente de sus atributos.

La santidad de Dios

Uno de los atributos más importantes de Dios es su santidad. A menudo él es llamado en las Escrituras él Santo, especialmente en la profecía de Isaías. Su santidad es muy importante para nosotros. Sin ella, nadie puede ver a Dios (Heb. 12:14). Debemos ser como él si alguna vez vamos a verlo. Debemos ser como él especialmente en santidad.

¿Qué es la santidad de Dios?

La idea básica de la santidad es la separación —ser puesto aparte—. Los sacerdotes del Antiguo Testamento eran santos —*separados* de todos los demás israelitas en vida y llamado. Jerusalén era una ciudad santa porque estaba apartada de todas las demás ciudades del mundo. Nuestro llamado a ser santos incluye la *separación* de los inicuos y sus acciones (2 Corintios 6:14-18).

Jesús también es santo. Según Hebreos 7:26, esto significa que él está "separado de los pecadores". No hay pecado en él, tampoco ninguna posibilidad de pecado. Negar su santidad es negar aquello en lo que toda nuestra salvación descansa.

La santidad de Dios significa que él es " el Alto y Sublime, el que habita la eternidad" (Is. 57:15). Está *separado* en gloria de todos los demás, "que habita en luz inaccesible; a quien ninguno de los hombres ha visto ni puede ver " (1 Ti. 6:16). Que jamás olvidemos esto.

Esa santidad él la ha revelado en su santo nombre (Sal. 111:9). Éste está separado de todos los demás nombres. Debemos mantenerlo separado al no usarlo blasfema o irreverentemente. Cuántas veces se olvida hoy en día, no sólo en el habla cotidiana, sino incluso en la oración.

La Palabra de Dios también es santa (Rom. 1:2) sólo porque *es* su Palabra. Ella debe ser separada en nuestros pensamientos y en nuestro uso de ella de todas las palabras y sabiduría de los hombres.

El día del Señor es un día santo. Eso significa que está separado de todos los demás días. También debe santificarse para la gloria de Dios y para la gloria del Señor Cristo Jesús, a quien ahora pertenece por el derecho de resurrección.

Hay dos lados de esta separación: la separación *de* algo y la separación *para* algo.

La santidad de Dios significa que él está separado *de* todo pecado, demasiado puro de ojos para contemplar el mal

PARTE 1: DIOS Y SU PALABRA

(Hab. 1:13). Dios no tiene placer en la iniquidad, ni el mal puede morar con él (Sal. 5:4). De esta manera, el no sólo está separado de todo mal, sino que también se resiste a ello y lo destruye, revelando su gloria en todas partes. Su santidad también significa que él está consagrado y dedicado *para* sí mismo y *para* su propia gloria (Is. 42:8).

Si queremos ser santos, no sólo debemos estar separados del pecado, sino también estar separados para Dios. Solo el separar a un borracho de su borrachera no es hacerlo santo. Él también debe estar separado o consagrado a Dios. Así que tenemos que estar consagrados a Dios en todo. Solo entonces seremos santos como él es santo (1 P. 1:16). Sólo entonces lo veremos y moraremos con él.

La unidad de Dios

"Oye, Israel: Jehová nuestro Dios, Jehová uno es". En su contexto, estas palabras de Deuteronomio 6:4 muestran la importancia fundamental de la unidad de Dios.

Este texto muestra que la unidad de Dios está en el corazón de todo lo que Dios manda en su ley, y de ello depende todo lo que está escrito en la ley y en los profetas (Mt. 22:35-40; Lc. 10:25-28). Realmente no hay otra ley que esta: Dios es uno.

Que Dios es uno es el fundamento de todo nuestro llamado como pueblo de Dios (Deut. 6:5). Esta es la verdad que debe colgarse en las entradas de nuestras casas para que esté siempre a la mano y siempre ante nuestros ojos (vv. 8-9). Debe ser el corazón de lo que enseñamos a nuestros hijos, la esencia de todo nuestro discurso, nuestro principio rector, el tema de nuestras meditaciones y el fundamento de nuestras oraciones (v. 7). Esto es la fuente de toda bendición (vv. 10-11) y la piedra angular de nuestra justicia ante Dios (v. 25). Olvidar la unidad de Dios es olvidar y abandonar al Señor que nos sacó de la esclavitud (v. 12).

¿Por qué es tan importante la unidad de Dios?

Primero, es parte de la verdad de la Trinidad, y por lo tanto parte de la verdad que este Dios es el *verdadero* Dios. Él es tres personas, pero una. Adorar y servir a cualquier otro, además de este Dios, que es tres en uno, es pasar del verdadero Dios a los ídolos. Toda nuestra esperanza y salvación depende de eso. Escuchen 1 Corintios 8:5-6: " Pues, aunque haya algunos que se llamen dioses, sea en el cielo, o en la tierra (como hay muchos dioses y muchos señores), para nosotros, sin embargo, sólo hay un Dios, el Padre, del cual proceden todas las cosas, y nosotros somos para él; y un Señor, Cristo Jesús, por medio del cual son todas las cosas, y nosotros por medio de él".

Segundo, la unidad de Dios también significa que él es el único Dios. No hay otro. Nada, ni nadie, puede ni siquiera ser comparado con él (Is. 40:18).

Esta es la razón por la que la unidad de Dios es una verdad que gobierna toda nuestra vida. Debido a que él solo es Dios, no hay otro para que nosotros amemos, adoremos, sirvamos y obedezcamos. A él sólo podemos conocer, honrar y temer. Sólo a él nos sometemos. Sólo en él confiamos. De él, y de ningún otro, buscamos todas las cosas, y sólo a él oramos.

Eso es lo que quiere decir la Palabra de Dios en 1 Corintios 8: 5-6. Estamos en él y *sólo* por él. En el trabajo, en el juego, en casa, en la escuela, en la iglesia, despierto y dormido, comiendo, pensando, hablando, orando, caminando para siempre y para toda la eternidad no hay para nosotros, sino un Dios. Cualquier otra cosa es idolatría.

Esto debe ser así para todos los hombres, porque este único Dios los creó y les da vida, aliento y todas las cosas (Hch. 17:25). Es así, por gracia, para los creyentes, porque este Dios incomparable se ha hecho su único Salvador, liberándolos del orgullo y del pecado, y abriendo sus ojos para ver que él solo es Dios.

Pensando en la unidad de Dios, Moisés dice: "Y amarás a Jehová tu Dios de todo tu corazón, y de toda tu alma, y con todas tus fuerzas" (Deut. 6:5). ¿Lo haces?

PARTE 1: DIOS Y SU PALABRA

La inmutabilidad de Dios

A menudo pensamos en la inmutabilidad o la invariabilidad de Dios al final de un año y al comienzo de otro. Muchas cosas suceden en el mundo cada año, y todas traen cambios a nuestras vidas. Hay un cambio económico, social y político constante. Cada día trae noticias de grandes cambios que afectan a todas nuestras vidas. El mundo en el que vivimos es apenas reconocible como el mismo mundo en el que nacieron nuestros abuelos.

Los cambios políticos y la guerra han redibujado los límites de las naciones, destruido naciones y creado naciones. Hemos pasado de la era del oscurantismo a la era espacial, aunque es dudoso que la era espacial sea, de hecho, menos oscura que las edades que la precedieron. Tal vez sea aún más oscura porque vivimos mucho más cerca del final de todas las cosas.

Incluso en la iglesia ha habido cambios. Los años que pasan no sólo han traído la gran Reforma de la iglesia, sino la pérdida de casi todo lo que la Reforma ganó. El amor de muchos se ha enfriado; la iniquidad abunda (Mt. 24:10-12). Cada vez más la iglesia fiel parece ser una "ciudad asolada" (Is. 1:8). Las cosas, al menos por el momento, no son un buen augurio para la iglesia de Cristo Jesús.

En nuestras familias, también, muchos de nosotros experimentamos grandes cambios, no todos agradables. Para algunos, un nuevo año trae felicidad y salud, matrimonio e hijos, éxito y bienestar. Pero para otros sólo trae pérdida y problemas, sufrimiento y dolor. Algunos de nosotros todavía lloramos a los seres queridos que han muerto en los últimos años. Algunos han soportado pruebas graves.

¿Qué traerá otro año? ¿Otra década? ¿Otro siglo?

Nadie lo sabe, aunque muchos se creen profetas. Sólo de esto podemos estar seguros: que mientras el mundo dure, los años cambiantes traen aún más cambio y decadencia, porque el mundo en el que vivimos sigue siendo el mismo viejo mundo de pecado, oscuridad y muerte.

Pero Dios no cambia. Eso es lo que significa su inmutabilidad. Él *no puede* cambiar. Él es Jehovah que no cambia (Mal. 3:6), el "Padre de las luces, en el cual no hay mudanza, ni sombra de variación " (Stg. 1:17). Confesamos esto, diciendo: "Desde el siglo y hasta el siglo, tú eres Dios" (Sal. 90:2).

Dios no ha cambiado su propósito y plan para todas las cosas. El inmutablemente quiere la salvación de su pueblo. Él tampoco ha cambiado en poder para que ya no sea el Todopoderoso, el Dios soberano del cielo y de la tierra. Todavía controla y dirige todas las cosas (Sal. 115:3), incluyendo todo lo que nos pasa. Sobre todo, nunca ha cambiado en su amor y gracia. No nos ha olvidado ni abandonado, aun cuando nos parezca ser así. Especialmente de eso podemos estar seguros, porque nuestro Señor Jesús, aquel a través del cual nuestro Dios inmutable se revela a sí mismo, es " el mismo ayer, y hoy, y por los siglos" (Heb. 13:8). En él, la inmutabilidad de Dios es la seguridad de que todas las cosas obrarán para nuestro bien (Rem 8, 28) y de que la buena obra de gracia terminará a su debido tiempo (Fil. 1:6).

¿No es maravillosamente reconfortante saber que nuestro Dios no cambia? En él, a través del Jesús inmutable, descansamos.

La espiritualidad de Dios

Todo lo que el Nuevo Testamento enseña acerca de la adoración de Dios se basa en la verdad de que Dios es un Espíritu. En Juan 4:24 Jesús dice: " Dios es Espíritu; y los que le adoran, en espíritu y en verdad es necesario que adoren". ¿Qué significa eso y por qué es tan importante? ¿Por qué la espiritualidad de Dios es fundamental para nuestra adoración como individuos y como iglesias?

En la adoración de Dios, la espiritualidad de Dios significa especialmente que es invisible. No sólo él no es visto, sino que es tan grande y tan glorioso que no puede ser visto. Así como nuestros ojos mortales no pueden mirar al sol, así ningún hombre puede contemplar la gloria de Dios y vivir (1 Tim. 6:16; noten las palabras "ni puede ver").

PARTE 1: DIOS Y SU PALABRA

Todo lo que veremos de Dios es su gloria en el rostro de Cristo Jesús, en quien mora toda la gloria de la Trinidad corporalmente (2 Co. 4:6; Col. 2:9). "El que me ha visto a mí, ha visto al Padre", dice Jesús en Juan 14:9.

Esto es crucial para la adoración de Dios.

Primero, debido a que Dios es un Espíritu, no puede ser adorado con imágenes de ningún tipo, ni hecho a mano o concebido en el corazón y la mente del hombre. ¿Quién puede hacer una imagen del Dios invisible? ¿Y cómo, si se hace tal imagen, será nada menos que una mentira?

Si esto es cierto, toda doctrina falsa, toda palabra mal hablada sobre Dios, es también una "imagen hecha" que no le llega ni a los talones de su gloria. ¡Tengamos cuidado, entonces, de lo que decimos y pensamos de Dios en nuestra adoración!

Segundo, debido a que Dios es un Espíritu, debe ser adorado sólo en y a través de la Palabra, porque es donde se revela a sí mismo y a su gloria. Esto es lo que Jesús quiere decir cuando dice: "los que le adoran … en verdad es necesario que adoren" (Jn. 4:24).

La verdad debe ser el contenido de nuestra adoración, pero también debe ser la regla para nuestra adoración. La verdad de la Escritura regula tanto lo *que* hacemos en la adoración y *como* lo hacemos. Debe de ser así. ¿Cómo puede el hombre decidir el contenido y la forma de adorar a un Dios a quien nunca ha visto? ¿Cómo puede saber lo que es apropiado?

Tercero, porque Dios es un Espíritu, él debe ser adorado desde el corazón y no por meros ritos externos. "Adorar *en espíritu*" en Juan 4:24 no significa "por medio del Espíritu Santo", sino "con nuestro espíritu". Es lo opuesto a todo lo que es exterior y carnal.

¡Cuántas veces todo esto se olvida hoy! Todo tipo de cosas sustituyen a la verdad en la adoración. En lugar de la adoración espiritual se encuentra la mera formalidad externa o una exhibición nauseabunda de cosas carnales que es poco más que entretenimiento mundano. Tales cosas no pueden ser agradables a Dios.

Un ejemplo de adoración desagradable para Dios es la adoración a través de imágenes y retratos. Dios los aborrece.

Estos no representan a aquel a quien ningún hombre ha visto, y el uso de ellos produce una adoración basada en la vista y el tacto, una adoración que no coincide con la espiritualidad de Dios, que es invisible e intocable.

Oren, entonces, para que el Padre, por el poder de su gracia soberana, enseñe a muchos que él es Espíritu y pueda encontrar a muchos verdaderos adoradores para que lo adoren en espíritu y verdad en estos días de idolatría y negligencia.

La autosuficiencia de Dios

Una de las verdades más humildes que nos enseña la Biblia es que Dios es independiente y autosuficiente. No necesita nada fuera de sí mismo. No sólo todas las cosas son suyas, los millares de bestias en los montes y todo lo demás, sino que no le agregan nada. Si él nunca hubiera creado nada, él seguiría siendo completo y glorioso.

Eso es lo que quiere decir la Palabra de Dios en Romanos 11:34-36: "Porque ¿quién entendió la mente del Señor? ¿O quién fue su consejero? ¿O quién le dio a él primero, para que le fuese recompensado? Porque de él, y por él, y para él, son todas las cosas. A él sea la gloria por los siglos. Amén".

Ningún hombre puede saber todo lo que está en la mente omnisciente de Dios, y debido a que Dios es omnisciente, nadie puede decirle nada que él no sepa perfecta y eternamente. Él no necesita que le informemos, ni siquiera en la oración.

Nadie puede dar nada a Dios. Incluso cuando "damos" gracias, alabanza y gloria, no añadimos nada a su gloria. La salvación de toda la iglesia no añade nada a su gloria, sino que es sólo una revelación de la gloria que ya tiene en sí mismo. Es la fuente, los medios y el fin de todas las cosas.

Más que cualquier otra cosa, el gran nombre *Jehovah* revela la autosuficiencia de Dios. Según ese nombre, él es el YO SOY, el todo en todos.

Esta verdad es especialmente importante en nuestra salvación. Muchos tienen la idea de que Dios no puede ser un Dios misericordioso, un Dios de amor y gracia, sin nosotros. Nos necesita, así piensan, para ser un Dios de amor y misericordia. Algunos incluso dirían que no puede ser un Dios de amor a menos que ame a todos los hombres y muestre gracia a todos. Eso es una negación de la autosuficiencia de Dios. Si nunca hubiéramos sido creados, él seguiría siendo el Dios de toda gracia, un Dios de perfecto amor. Habiéndonos creado y visto caer en el pecado, su gloria como un Dios de gracia, amoroso y misericordioso no sería menos si no salvara a nadie en absoluto.

Esta es una verdad que nos hace humildes. Que magnifica la gracia y la misericordia que Dios muestra, aunque sea sólo para algunos. ¡Qué gran Dios es!

Pero hay más. El otro lado de la independencia de Dios es nuestra dependencia, que no tenemos nada de nosotros mismos, no podemos hacer nada de nosotros mismos y no somos nada aparte de él. ¡Qué necios somos cuando buscamos vivir separados de él! Qué fatuos somos cuando no lo buscamos a él y le rogamos por todo lo necesario para el cuerpo y el alma.

Confesemos no sólo en palabra, sino también con hechos, la autosuficiencia de Dios y nuestra dependencia confiando en él para todas las cosas y ensalzando la maravilla de su gracia y misericordia mostrada a tales como nosotros.

La omnipresencia de Dios

Conocer a Dios es la vida eterna. También es la gran diferencia entre una vida de santidad y una vida de pecado, entre una vida llena de paz espiritual y una vida como las olas turbulentas del mar que no pueden descansar (Is. 57:20-21).

Una parte importante del conocimiento de Dios que da vida es el conocimiento de su omnipresencia. Como omnipresente, Dios trasciende todas las limitaciones del lugar y del espacio. La distancia y el lugar no tienen sentido para él. Él está en todas partes, el Dios que llena todas las cosas y sin embargo no está contenido por ellas. El habla de esto en Jeremías 23:23-24: "¿Soy yo Dios de cerca solamente, dice Jehová, y no Dios desde muy lejos? ¿Se ocultará alguno, dice Jehová, en escondrijos que yo no lo vea? ¿No lleno yo, dice Jehová, el cielo y la tierra?".

¡Qué verdad para nuestras vidas! ¿Qué podría tener mayor poder para la santidad, la humildad y el temor piadoso que el conocimiento de que Dios está presente donde sea que vayamos y hagamos lo que hagamos?

Muchos piensan que pueden ocultar sus malas acciones. Y de hecho los esconden de otros hombres a puerta cerrada, bajo la oscuridad y en secreto. Pero Dios sabe lo que hacen. Él está allí incluso mientras ellos hacen su iniquidad: "Los ojos de Jehová están en todo lugar, Mirando a los malos y a los buenos". (Prov. 15:3).

Qué necedad, entonces, que alguien piense que ha escapado de la detección del pecado porque no hubo testigos. Qué fatuos somos cuando, como Israel en el Monte Sinaí, pecamos en la misma presencia de Dios. Él siempre está presente, atestigua de cada hecho, palabra y pensamiento. Es el juez omnipresente.

Sin embargo, también es un consuelo —para aquellos que se arrepienten y creen— saber que Dios está en todas partes. Él está presente para ellos en un sentido muy especial. Está cerca de los que son de un corazón quebrantado y de un espíritu contrito, de los que lo invocan en verdad (Sal. 34:18; Sal. 145:18). Está presente como su Padre y Salvador. Escucha sus gritos, ve sus corazones rotos y los sana y los salva.

Dios está cerca de su pueblo, también, en sus pruebas y tentaciones: "En toda angustia de ellos él fue angustiado, y el ángel de su faz los salvó; en su amor y en su clemencia los redimió, y los trajo, y los levantó todos los días de la antigüedad" (Is. 63:9). Hoy en día no es diferente.

En Cristo, Dios está cerca de su pueblo. Cristo es Immanuel, Dios con nosotros, una revelación salvadora de la omnipresencia de Dios. En Cristo y a través de él, Dios está para siempre con nosotros como nuestro Dios, Salvador y Padre.

¿Estás al tanto de la omnipresencia de Dios? ¿El conocimiento de su presencia te aparta del pecado y produce en ti la santificación del corazón y de la vida? ¿Dices: "No importa a dónde me lleve mi camino, 'Aun allí me guiará tu mano, Y me asirá tu diestra'" (Sal. 139:10)?

PARTE 1: DIOS Y SU PALABRA

El amor de Dios

El amor de Dios, tristemente, es objeto de mucho debate entre los cristianos. Las preguntas sobre si Dios ama a todos y quiere salvar a todos son respondidas de manera muy diferente. Estas preguntas son importantes. Tienen que ver con la predestinación, el amor eterno de Dios por algunos, y con la muerte de Cristo, la gran revelación del amor de Dios.

No es nuestro propósito aquí tratar con pasajes como Juan 3:16 y el significado de la palabra *mundo* en ese versículo. Si alguien está interesado en una explicación de este pasaje, le sugerimos que lea el folleto "Por tanto amó Dios el mundo..." por Homer C. Hoeksema,[9] o la explicación dada en el apéndice de *La soberanía de Dios* de Pink.[10] Aquí queremos mostrar que la respuesta a todas las preguntas sobre el amor de Dios se puede encontrar al entender que es el amor de Dios.

El amor de Dios, sobre todo, es su amor por sí mismo, su propia gloria y su propia santidad. Primero Juan 4:16 indica esto cuando nos dice que Dios es amor. En sí mismo como Padre, Hijo y Espíritu Santo, Dios es el epítome de todo amor. Para ser un Dios de amor, no nos necesita, ni su gloria como el Dios del amor está incompleta sin nosotros. De la eternidad a la eternidad él *es* amor, en y por sí mismo, en la Trinidad.

La Escritura define este amor como "el vínculo perfecto" (Col. 3:14). Es más que un mero sentimiento o una emoción. Es el vínculo que existe entre las tres personas perfectas de la santa Trinidad.

Porque Dios ama su propia gloria (Is. 42:8; Ez. 39:25), y debido a que el amor es el vínculo de la perfección, Dios no puede amar a los hombres excepto en Cristo Jesús y por medio de él. Esa es la razón por la que la elección, el amor eterno de Dios para algunos, está "en Cristo". Sólo en él somos perfectos.

---

[9] Homer C. Hoeksema, "God So Loved the World...[Por tanto amó Dios al Mundo...]" este panfleto está disponible con el publicador, el Comité de Evangelismo, Crete Protestant Reformed Church, 1777 E. Richton Rd., Crete, IL 60417, www.prccrete.org.
[10] Apéndice III, "el significado de 'Kosmos' en Juan 3:16" en Sovereignty of God [La soberanía de Dios] (Baker Book House edition).

Es también por eso que la palabra mundo en Juan 3:16 no puede referirse a cada persona (véanse Jn. 17:9; 1 Jn. 4:7-9, y la palabra *nosotros* en este último pasaje). Dios no puede establecer un vínculo de perfección con los que están fuera de Cristo.

Salmo 5:4 es una prueba más de que Dios no puede amarnos fuera de Cristo: "No Porque tú no eres un Dios que se complace en la maldad; El malo no habitará junto a ti". No hay vínculo de perfección posible entre Dios y el mal. Aquellos a quienes ama deben ser elegidos y redimidos en Cristo para ser los objetos del amor de Dios.

El otro lado de esto es que Dios odia el pecado y al pecador (Sal.5:5-6). Esto es muy difícil de decir, pero la alternativa es la blasfemia. Decir que Dios ama a los hombres sin salvarlos de su iniquidad y pecado es decir que el Dios santo y justo ama el pecado. ¿Quién se atreve a pensar algo así?

Tampoco olvidemos que esta comprensión del amor de Dios es donde descansa el deleite y la alegría de los creyentes. Significa que Dios salvará a su pueblo de todos sus pecados y los hará perfectos. Su amor es el vínculo de la perfección. Significa que el los llevará a su comunión y los hará partícipes de la naturaleza divina. Su amor los hará perfectos. "Dios es amor; y el que permanece en amor, permanece en Dios, y Dios en él" (1 Jn. 4:16). ¡Qué bendición y dicha!

La gracia de Dios

¿Qué es gracia? Hablamos a menudo de gracia soberana o de gracia salvadora, pero ¿realmente sabemos lo que es la gracia?

Es evidente que algunos no lo saben. Hablan de "gracia común", sugiriendo que Dios es misericordioso con todos. Si realmente supieran lo que es la gracia, no pensarían que la gracia es común. Otros se quejan de que Dios no puede ser misericordioso si no salvara a todos o al menos les diera a todos una oportunidad. Si supieran lo que es la gracia, no tendrían esos pensamientos.

Tal vez no sepamos tan bien que es lo que es la gracia como creemos que lo sabemos. ¿Sabemos que la gracia es un

PARTE 1: DIOS Y SU PALABRA

atributo de Dios? ¿Sabemos que Dios es misericordioso en sí mismo y sería misericordioso incluso si nunca hubiéramos sido creados, incluso si nadie hubiera sido salvado? Incluso en estas condiciones, la gracia sería un atributo de Dios, una de sus bellezas. Seguiría siendo misericordioso, aunque no fuéramos los objetos y receptores de su gracia.

A eso nos referimos cuando decimos que la gracia es un atributo de Dios. La gracia no sólo caracteriza el trato de Dios para con nosotros. Pertenece a lo que él es, y él no puede dejar de ser misericordioso como tampoco no puede dejar de ser Dios Todopoderoso.

A menudo definimos la gracia como "favor inmerecido". Aunque eso no es incorrecto, no es una definición completa de la gracia. Esa definición describe sólo lo que la gracia de Dios es para nosotros y enfatiza que su gracia salvadora es soberana y libre, que no se la debe a nadie. No nos dice qué es la gracia como atributo de Dios.

Como lo sugiere la definición habitual de gracia, es el favor de Dios; por lo tanto, cuando decimos que la gracia es un atributo de Dios, queremos decir que Dios es favorable a sí mismo. Eso es, por supuesto, simplemente decir que Dios se ama a sí mismo primero y desea su propia gloria por encima de todas las cosas, algo que la Escritura enseña claramente.

La palabra gracia también tiene el significado de belleza o tener gracia, especialmente una gracia o belleza interior que es evidente en toda conducta y habla de una persona. De esa manera hablamos de personas que son agraciadas, o de que su discurso o conducta es agraciada (Prov. 11:16; Col. 4:6). La Escritura misma habla de ciertas personas que encuentran gracia o favor (son bellas) ante los ojos de Dios (Gén. 6:8; Lc. 1:30).

Cuando decimos que Dios es lleno de gracia, queremos decir que, en toda su gloria, es hermoso y encantador más allá de todo lo demás, y que la belleza de su propia pureza interior y gloria brilla en todas sus acciones y discursos. De esa manera él encuentra favor ante sus propios ojos. Como tres personas en un solo Dios, se ama a sí mismo y a sus propias obras sobre todo y considera su propia obra incomparablemente hermosa.

Esto es lo que la gracia es como un atributo de Dios.

Esto trae humildad ¿no es así, pensar que Dios no nos necesita para que tenga gracia? Siempre tiene favor en sí mismo, y lo tendrá incluso si no hubiera salvado a nadie. Por lo tanto, que él salve, es una gran maravilla y algo por lo que quizá nunca dejaremos de darle gracias.

Gracia y salvación

Hemos visto lo que es la gracia como un atributo de Dios. También debemos decir algo acerca de la gracia que Dios muestra al salvarnos.

Siguiendo con la idea de que la gracia es una belleza interior o belleza que brilla en todo lo que una persona es y hace, que causa que otros lo miren con favor, podemos decir que la gracia de Dios tal como se revela en nuestra salvación es el don de su propia belleza para nosotros, para que seamos como él y así encontremos favor ante sus ojos. Esa belleza de Dios, que concede a su pueblo cuando los salva, se hace evidente en la conducta y el discurso de ellos. Es imposible que quien ha recibido la gracia no refleje algo de la belleza de Dios.

Esta es una de las razones por las que la enseñanza de la gracia común debe ser rechazada. Es un pensamiento repulsivo que los inicuos e incrédulos puedan encontrar favor ante la vista de Dios o tener algo de su propia belleza. Tampoco podría ser, entonces, que Dios los juzgara y los enviara al infierno, porque estaría enviando a alguien que había recibido algo de su propia belleza al lugar de las tinieblas eternas.

Hay otras muchas características de la gracia salvadora de Dios que deben mencionarse. Ellas también muestran por qué la gracia no puede ser común.

Primero, la gracia no es sólo una actitud de Dios, sino un *don*. Esto está implícito en lo que ya hemos dicho, pero necesita énfasis. La Escritura habla a menudo de Dios dando gracia (Sal. 84:11; Prov. 3:34; Stg. 4:6; 1 P. 5:5). Hablamos de la gracia como un don de Dios cuando queremos enfatizar la libertad y el carácter inmerecido de la gracia, pero no debemos olvidar que es algo realmente dado cuando Dios nos la muestra a nosotros, y no sólo una actitud de su parte.

Segundo, la gracia es un *poder*. Eso es realmente lo mismo que decir que es la gracia de Dios. Los pensamientos de Dios, los atributos de Dios y las Palabras de Dios no son como los nuestros, impotentes, sino siempre llenos del poder del Todopoderoso. Esa es otra razón por la que Dios no puede tener gracia para con todos.

Su gracia no puede ser en vano, no puede estar sin poder para salvar y liberar, no puede fallar. Sugerir que esto puede pasar es negar que Dios es Dios.

Tercero, la gracia es salvífica. Nunca una vez la Escritura habla de ningún otro tipo de gracia a los hombres. Así como la elección es particular y la expiación es particular, por lo que la gracia predeterminada y comprada por Cristo también debe ser particular, mostrada salvíficamente sólo para algunos.

Que encontremos gracia ante la vista de Dios es asombroso, especialmente cuando tomamos esto como queriendo decir que él nos encuentra agraciados y hermosos. Esto sólo puede suceder porque nos ve en Cristo y por la obra de Cristo. Cristo es hermoso como el Hijo unigénito de Dios, el mejor de diez mil en su perfecta obediencia y devoción a Dios, y sólo en él encontramos el favor de Dios.

La misericordia de Dios

Usualmente pensamos en la misericordia de Dios en relación con nosotros mismos, ya que necesitamos esa misericordia. Lo pensamos especialmente en términos de piedad. Dios es misericordioso con nosotros cuando se compadece de nosotros y nos libera de la miseria y la maldad de nuestros pecados (Prov. 16:6).

Sin embargo, hay algo más acerca de la misericordia. Nunca olvidaremos que la misericordia es un atributo de Dios, algo que caracteriza a su propio ser y que nunca está sin él. Eso implica que Dios sería misericordioso incluso si nunca existiéramos como los objetos de su misericordia. Sería misericordioso si todos los hombres se perdieran eternamente y ninguno fuera salvado. Sería misericordioso si nunca mostrara misericordia a nadie. Es misericordioso en sí mismo (Lc. 6:36).

Eso nos recuerda, también, lo equivocado que es para los hombres decir que Dios no puede ser misericordioso, amoroso, bondadoso y favorable si no salva a todos. No necesita salvar a nadie para ser misericordioso. No necesita a ninguna criatura para ser un Dios de misericordia (Ef. 2:4). Es independiente, autosuficiente y no necesita nada. Él es Dios.

¿Qué es la misericordia como atributo de Dios? Hay varias cosas que debemos notar al responder a esta pregunta.

Debemos darnos cuenta de que incluso en relación con nosotros mismos, la misericordia es mucho más que el deseo de liberar a alguien. Es, sobre todo, el deseo de ver a alguien feliz y bendecido. La lástima que uno siente por aquellos que están pereciendo y el deseo de liberarlos son muy secundarios a esto. Eso nos ayuda a ver que la misericordia de Dios es, en primer lugar, el deseo de que él mismo sea bendecido por encima de todo y para siempre. Él no está pereciendo ni en necesidad, y nunca es el objeto de la piedad; sin embargo, desea su propia bendición y gloria eternas. Esa es su misericordia como atributo de su propio ser (Ex.34:6).

Sólo cuando Dios determina mostrarnos misericordia, su deseo de bendecir incluye piedad, compasión y deseo de salvar, porque estamos perdidos y pereciendo y los objetos apropiados de su piedad (Stg. 5:11). Sin embargo, al mostrarnos tanta piedad, su deseo último es la gloria y la bendición de su propio nombre y ser. Por lo tanto, no sólo nos salva en su misericordia, sino que también nos toma para estar con él y disfrutar de él para siempre.

Como atributo, la misericordia de Dios también es poderosa. No es, como algunos sugieren, un mero sentimiento inconsciente de piedad por parte de Dios, que él siente hacia todos, pero que no puede o no está dispuesto a cumplir en todos los casos. Al igual que los otros atributos de Dios, la misericordia es soberana, todopoderosa, inmutable y eterna, y por lo tanto nunca falla cuando Dios la muestra, como él lo hace, a algunos

PARTE 1: DIOS Y SU PALABRA

de la raza humana (Ef. 2:4-5; Ti. 3:5; 1 P. 1:3). La misericordia de Dios no puede ser un sentimiento vacío e incumplido. No deja que los objetos de su misericordia se vayan al infierno después de todo. Debido a que la misericordia es la misericordia de Dios y un atributo todopoderoso de su propio ser divino, no creemos que la misericordia de Dios sea "común" en el sentido de que Dios es misericordioso con todos.

Estamos agradecidos, sin embargo, más allá de todo lo que podamos decir, porque la misericordia que Dios nos muestra, especialmente porque sabemos que es totalmente inmerecida y no mostrada a todos. Que Dios se compadece y bendiga a tales como nosotros está más allá de la realidad, y, sin embargo, esto es fervientemente creído por todos los suyos.

La justicia de Dios

Al igual que su gracia, misericordia y amor, la justicia de Dios es un atributo "comunicable", lo que significa que nos lo da como don, para que nosotros también seamos justos. Que Dios nos dé de sus propios atributos y así nos haga como él es una gran maravilla. Aún más maravilloso es que nos da estos dones a nosotros que somos pecadores (Rom. 4:5).

Entre todos los dones de Dios, no hay ninguno tan importante como su justicia. Cuando nos da este don, lo da porque no tenemos justicia en absoluto por nosotros mismos, y sin justicia estamos a la espera de ser condenados por él. Cuando nos da el don de su propia justicia, estamos ante él justificados, inocentes y sin ninguna posibilidad de condenación.

¿Sabes que la justificación es el don de la propia justicia de Dios? Es el don de una justicia que no se encuentra en este mundo, que viene en cambio del cielo, y por lo tanto es, como Lutero dijo a menudo, una justicia alienígena (Rom. 3:21). Esta justicia Dios la obtiene para nosotros a través del sufrimiento y la muerte de su propio Hijo, y nos la da por medio de la obra del Espíritu Santo y de la fe (Hab. 2:4; Rom. 1:17; Rom. 3:22-26).

La maravilla es que esta justicia es toda de Dios. Eso necesita énfasis ya que tantos evangélicos hoy abandonan la doctrina reformada de la justificación gratuita y por gracia y enseñan una justificación por la fe y las obras, una doctrina que no es muy diferente de la enseñanza del catolicismo romano. La verdad es que Dios no sólo proporciona la justicia —su propia—, sino que también la gana y la obtiene en la persona de su Hijo. No hacemos nada para ganarlo ni obtenerlo (Rom. 3:24). Incluso la fe a través de la cual se nos da esa justicia, para que se convierta en nuestra justicia, no es una obra nuestra, sino un don de Dios (Ef. 2:8-10). No hay obras en la justificación, sino las propias obras de Dios en la eternidad, en Cristo y en el Espíritu (Rom. 11:6).

Sin embargo, Dios no es justo solo para que él pueda tener algo que darnos. Él no tiene necesidad de que seamos justos. Él es justo en sí mismo (Sal. 11:7; Sal. 116:5; Dan. 9:7; Jn. 17:25; 16:5).

¿Qué significa que Dios es justo? La justicia es la conformidad con la ley, pero ¿a qué ley se conforma Dios? ¿A qué estándar es el medido? La respuesta es que él mismo es el estándar de lo que es bueno y malo (Sal. 35:24). Su perfección es el estándar al que deben conformarse todas sus criaturas y al que también él se conforma en todas sus palabras y obras. Nunca puede ser acusado de injusticia (Rom. 9:14). Nunca se puede encontrar ninguna falla con una sola palabra o una sola acción de Dios (Sal. 19:9; Rom. 9:20). Lo que él hace es justo, porque él lo hace. Esa es su justicia.

Que Dios nos haga justos significa que él causa por una maravilla de la sola gracia que nos conformemos al estándar de su propia perfección. Lo hizo cuando envió a su Hijo a sufrir por nuestros pecados y al ganar para nosotros su propio favor. Las gracias sean para él.

La sabiduría de Dios

Dios es sabio. Nosotros creemos eso y, aun así, cuán a menudo lo perdemos de vista. Por lo tanto, vale la pena recordarnos a nosotros mismos lo que la Escritura enseña acerca de la sabiduría de Dios.

PARTE 1: DIOS Y SU PALABRA

Para nosotros, la sabiduría es saber cómo hacer todo para la gloria de Dios. La mayoría de las personas saben cómo hacer las cosas para ellos mismos o para su propio beneficio, pero no saben cómo hacerlas para la gloria de Dios. Tienen conocimiento, pero no tienen sabiduría. Ellos son los necios que han dicho en sus corazones que no hay Dios (Sal. 14:1).

La sabiduría es un don de Dios. Solamente él nos puede enseñar cómo hacer todas las cosas para su gloria. Su Palabra es la fuente de toda sabiduría, y su Espíritu el maestro, pues no podemos aprender nada hasta que el Espíritu cambie nuestros corazones.

Dios promete sabiduría a todo el que la pida. él dice que no retendrá su sabiduría de cualquiera que la pida en fe (Stg. 1:5-6). Así que, entonces, no hay excusa para la necedad. Puede que nos haga falta conocimiento debido a la juventud o a la poca educación, pero si nos hace falta sabiduría no tenemos excusa. La falta de sabiduría viene porque no buscamos a Dios.

Tampoco hay excusa para quejarnos acerca de cómo Dios lidia con nosotros. él no sólo nos dice en su Palabra que él es completamente sabio, sino que también nos promete la sabiduría para entender y usar ese conocimiento para su gloria, al someternos a él en nuestras aflicciones, al adorarlo por su bondad, y al confiar en su misericordia.

También mostramos esa sabiduría que Dios nos ha dado al vivir para su gloria y no para nosotros mismos. Por gracia mostramos que ya no somos necios sino sabios, discerniendo la voluntad de Dios y buscando su honor en todo lo que hacemos. Aun y cuando encontramos en nosotros la necedad del pecado y una carencia de verdadera sabiduría, mostramos que él nos ha dado sabiduría al buscarlo a él como la fuente de la sabiduría que necesitamos y al confiar en que él la dará libremente y no la retendrá de nosotros.

La sabiduría no sólo es un don, sino un atributo de Dios. Como atributo, la sabiduría es el conocimiento que Dios tiene de todas las cosas y su maravillosa habilidad de hacer todas las cosas para su propia gloria. Él no sólo sabe las cosas como van aconteciendo y luego determina cómo usarlas, sino que él sabe todas las cosas eternamente y, por lo tanto, en su sabiduría, ha decretado y preordenado todas las cosas de tal manera que manifiesten la gloria de su justicia y de su gracia.

Debido a que Dios hace todas las cosas en su sabiduría para su propia gloria, podemos estar seguros de que, aún las cosas "malas" que nos suceden no nos separarán de su amor, sino que serán buenas para nosotros. En su sabiduría, Dios sabe eternamente cómo es que todas las cosas son para su gloria, incluso nuestros problemas. En su sabiduría él nos envía todas las cosas para nuestro bien y para su gloria. Su sabiduría nos da razón para confiar en él y para creer que él es nuestro padre.

¡Qué atributo para nuestras vidas! Es cuando nos olvidamos de la sabiduría de Dios que empezamos a cuestionar como él obra con nosotros. Cuando no recordamos que él es sabio, nos quejamos y murmuramos de sus caminos para con nosotros, especialmente cuando esos caminos son difíciles. Su sabiduría es nuestra seguridad de que todas las cosas obran para nuestro bien y que no tenemos nada que temer y nada de que quejarnos.

La trascendencia de Dios

Otro atributo de Dios es su trascendencia. Este atributo, como muchos otros, nos recuerda que él y sólo él es Dios. Su trascendencia significa que él está sobre todo, y que no hay nada ni nadie a su lado o igual a él.

Dios está *por encima* de la creación. Debe estarlo, ya que él es el Creador. Así como un artista es mayor que cualquiera de sus propias obras, así Dios es más grande que sus obras. Por lo tanto, la trascendencia de Dios es la respuesta al panteísmo, el cual identifica a Dios con la creación. Es esta enseñanza maligna que está a la raíz de mucho del pensamiento moderno, especialmente el pensamiento del movimiento de la Nueva Era y de otros grupos ambientalistas, para quienes las cosas de la creación son el todo.

Dios está también por encima del tiempo y el espacio. Su eternidad es su trascendencia en relación con el tiempo, y

PARTE 1: DIOS Y SU PALABRA

su omnipresencia es su trascendencia en relación al espacio. El tiempo es algo que él hizo, no algo a lo que él esté sujeto. Esto es algo difícil para nosotros de comprender, ya que nos vemos forzados a hablar de él en el presente, en el pasado y en el futuro, pero en realidad él es eternamente el YO SOY —en relación con el pasado tanto como con el presente y el futuro—. No hay tiempo con él. Tampoco él está contenido por el universo. Toda su vasta extensión y las miríadas de criaturas son la obra de sus manos. Él está presente en él y con él, pero permanece siempre por encima de éste.

También es trascendente en relación a nosotros. Es por esta razón que nunca podremos comprender totalmente sus obras o sus caminos. Siempre sus caminos y sus pensamientos son más altos que los nuestros, y debemos creer en él sin entenderlo a él en su totalidad (Is. 55:8-9). Sus obras son más grandes de lo que podemos buscar. Sus caminos van más allá del conocimiento. Su gloria es inescrutable. Sus atributos son incontables, sus alabanzas sin fin, su honor de la eternidad hasta la eternidad.

Y, aun así, el creyente no se afana por la trascendencia de Dios, porque, aun en su trascendencia, Dios no está lejano (Jer. 23:23) sino que se acerca, haciéndose conocido a la fe de su pueblo y revelando todo su amor y bondad. Su pueblo ama su trascendencia, porque les recuerda que aquel de cuyas manos reciben todas las cosas es el Dios vivo y verdadero a quien nada se compara. Ellos encuentran en su trascendencia una razón para depender de él y confiar en él y para construir su fe y esperanza sobre él. Aun y cuando él les envía cosas que no son agradables y que les dan sufrimiento y problema, aun así, dicen: "Mi carne y mi corazón desfallecen; más la roca de mi corazón y mi porción es Dios para siempre" (Sal. 73:26).

Sólo Dios es capaz. Sólo Dios es grande. Solamente Dios trasciende nuestros pensamientos y palabras y obras. Por lo tanto, sólo él es digno de nuestra confianza.

La simplicidad o perfección de Dios

En los libros de teología, algunas veces leerás acerca de un atributo llamado la simplicidad de Dios. La palabra es confusa y, como no se encuentra en la Biblia, pudiera ser mejor usar una palabra diferente —posiblemente perfección—. La simplicidad de Dios es parte de su unicidad; él es *uno* en todos sus atributos y obras. No hay desarmonía, no hay conflicto, no hay contradicción entre sus obras o atributos. Todos ellos son uno. Dios es perfecto y sin debilidades o defectos de ninguna forma.

La perfección de Dios es enseñada especialmente en aquellos pasajes que dicen que Dios *es* amor, *es* verdad y *es* luz (1 Jn. 1:5, 1 Jn. 4:8, 1 Jn. 5:6). Que él *sea* luz significa que no hay espacio en él para la oscuridad. Que él *sea* amor significa que no hay posibilidad, ni nada en él, que ponga en riesgo su amor. Esto también significa que sus atributos no son en realidad características separadas. Son como las facetas de un diamante que no se pueden separar unas de otras. Cada una brilla y destella con su propia gloria, pero todas juntas hacen una joya preciosa. Separarlas es destruirlas.

Considera la misericordia de Dios. No sólo es la compasión que él siente por nosotros en la miseria y esclavitud de nuestros pecados, sino también el poder por medio del cual él nos libra de esa miseria. No es un simple deseo de ayudarnos, sino la ayuda que en realidad él brinda. Su misericordia y omnipotencia son perfectamente una, nunca separadas, nunca en conflicto.

Piensa también en el amor de Dios. La perfección o simplicidad de Dios significa que su amor no puede ser separado de su justicia, su eternidad, su omnipotencia o de cualquier otro de sus atributos.

El amor de Dios siempre es justo, nunca se revela excepto de un modo que sea perfectamente justo. En otras palabras, él nunca ama a alguien excepto que sea de un modo en que pueda cumplir las demandas de su propia justicia al enviar a Cristo a morir en el lugar de ellos.

PARTE 1: DIOS Y SU PALABRA

El amor de Dios siempre es eterno. No hay tal cosa como un amor de Dios que sólo sea para el presente y no desde la eternidad y hasta la eternidad. A aquellos que ama los ha amado desde siempre y siempre los amará. Así también su amor es omnipotente (todopoderoso). Éste, nunca es un sentimiento vacío, sino que es un poder que nos hace objetos apropiados de su amor.

La perfección de Dios es una de las razones por las que creemos que Dios no ama a todos ni muestra gracia hacia todos. Esto sería decir que hay un amor o gracia de Dios que está separado de su todopoderoso poder. Sería decir que hay un amor o gracia de Dios en conflicto con su justicia, su santidad, su rectitud, porque él estaría mostrando amor a aquellos que no son y nunca serán justos y santos en Cristo.

¡Qué bendición para los creyentes es conocer la verdad acerca de la perfección de Dios! Conocerla es darse cuenta de que su misericordia nunca es en vano, su gracia nunca es no correspondida, y su amor nunca es desperdiciado.

La Trinidad

La doctrina Bíblica de la Trinidad es la más importante y además una de las menos apreciadas de todas las doctrinas de la Biblia. Aunque la mayor parte de creyentes entienden que esta doctrina separa al cristianismo de todas las religiones paganas y de las sectas del mundo, ellos no ven en ella su valor. Parece que para ellos tiene poca conexión con sus vidas o su seguridad.

Nosotros deseamos mostrar especialmente que la doctrina de la Trinidad es del mayor valor posible para los creyentes. Conocer al Padre, al Hijo, y al Espíritu Santo es conocer a Dios. Y conocer a Dios es tener vida eterna (Jn. 17:3).

Creer en la Trinidad no es Tri-teísmo, creer en tres dioses. Sectas como los Testigos de Jehovah y falsas religiones como el islam dicen que los cristianos creemos en tres dioses. Ellos están equivocados. Nosotros creemos que el Señor nuestro Dios, el Señor *uno* es (Dt. 6:4). La palabra *Trinidad* enfatiza esto. Significa "Tri-Unidad".

Siguiendo la enseñanza de la Escritura, nosotros también creemos que en Dios hay tres *Personas*: el Padre, el Hijo, y el Espíritu Santo. Más aún, ellos son tres personas reales —personalidades distintas e individuales con diferentes nombres, Padre, Hijo, y Espíritu Santo (nombres que reflejan sus características personales)—.

Muchos quienes afirman creer en la Trinidad actualmente niegan que el Padre, el Hijo, y el Espíritu Santo sean personas reales. Algunos, por ejemplo, hablan del Espíritu Santo no como una persona, pero meramente como un poder que puede ser manipulado y usado. Otros enseñan una doctrina de la "unicidad" que suena Bíblica, pero es en realidad una negación de la Trinidad. De acuerdo a esta falsa enseñanza, el Padre, el Hijo, y el Espíritu Santo son solamente diferentes oficios, nombres, o maneras en las cuales el único Dios se revela asimismo. Esta enseñanza fue condenada en la historia temprana de la Iglesia del Nuevo Testamento. Fue llamado monarquianismo y sabelianismo.

En contraste, la Biblia adscribe al Hijo, al Espíritu Santo, y al Padre todas las características de las personas reales, mientras enfatiza que todos ellos son un Dios. Ellos no son meramente nombres o poderes u obras de Dios. Si ellos no son personas reales, todo lo que creemos acerca de Cristo Jesús es sin valor alguno, y no tenemos persona alguna en la Trinidad para venir conforme a nuestra semejanza en nuestra carne pecaminosa, para estar en nuestro lugar, para tomar nuestros pecados como los suyos propios, para morir por nosotros y hacer redención por nosotros, y para representarnos ante el Padre. Tampoco tenemos a la persona del Espíritu Santo para vivir en nuestros corazones y para traernos en una estrecha relación personal con Dios. Por lo tanto, nuestra confesión de la Trinidad es la confesión del Salmo 48:14: "Porque este Dios es Dios nuestro eternamente y para siempre; él nos guiará aún más allá de la muerte".

PARTE 1: DIOS Y SU PALABRA

La importancia de la Trinidad

A menudo la importancia de la doctrina Bíblica de la Trinidad es poco apreciada por aquellos que creen en ella. Ellos saben que esta doctrina es la que separa al cristianismo de todas las religiones paganas y de las sectas del mundo, más que cualquier otra, pero no ven lo importante que es para ellos personalmente. Parece una doctrina abstracta y que tiene poco que ver con la vida o la seguridad [de la salvación]. Sin embargo, esta doctrina es muy importante, incluso para tales asuntos prácticos como la vida familiar.

Considere, primeramente, que la doctrina de la Trinidad nos enseña que este Dios Trino es el único Dios verdadero. Ella hace esto al enseñarnos que él está más allá de nuestro entendimiento. Nos hace preguntar juntamente con Job, ¿Descubrirás tú los secretos de Dios? ¿Llegarás tú a la perfección del Todopoderoso?" (Job 11:7). Dios es Dios; si nosotros podríamos completamente y exhaustivamente entenderlo, él no sería mayor que nuestras mentes finitas. ¡Él no sería Dios en absoluto, sino un ídolo fabricado por nuestras mentes y corazones!

En este sentido la doctrina de la Trinidad es la fuente de todo verdadero arrepentimiento, humildad, reverencia y adoración. Recordándonos que Dios es Dios, quien nos trae a nuestras rodillas ante él de modo que digamos con Job, "De oídas te había oído; Mas ahora mis ojos te ven. Por tanto, me aborrezco, Y me arrepiento en polvo y ceniza" (Job 42:5-6).

En segundo lugar, la doctrina de la Trinidad nos enseña que Dios es toda nuestra salvación, y toda nuestra esperanza. Todo aquello que necesitamos está en Él. Él es el Padre, nuestro Padre, por el amor de Su Hijo Cristo Jesús. Él es el unigénito Hijo, nuestro Hermano Mayor. Él es el Espíritu Santo, que vine y va como el viento, y que puede estar en nuestros corazones y trabajar ahí con irresistible poder aun antes que nosotros sepamos de su presencia.

Cuando nosotros necesitamos conocer el amor de Dios, nosotros pensamos en él y oramos a él como hijos a un

Padre. Cuando nosotros pensamos que no hay quien conoce de nuestras necesidades y entienda de nuestras pruebas, él nos recuerda que Su Hijo ha venido en semejanza de carne y él ha sido tocado con el sentimiento de nuestras enfermedades (Heb. 4:15) —que Su Hijo es de hecho nuestro Hermano Mayor—. Cuando sentimos estar lejos de Dios y de toda paz, Su Espíritu testifica con nuestro espíritu que somos hijos de Dios.

En los problemas y los sufrimientos, en la soledad y lamento, en el gozo y la obediencia, nosotros descubrimos que él es nuestro Dios, no un dios quien está lejos como el dios del islam, pero el Dios quien está cerca, como un Padre, como un Hijo, y como un Espíritu Santo. Él es nuestro Dios a quien amamos y en quien nosotros podemos con seguridad poner nuestra confianza.

No hay Dios más que Él, y no hay otro merecedor de nuestra reverencia y alabanza.

La Trinidad y la familia

Nada enseña la importancia de la doctrina Bíblica de la Trinidad tanto como su conexión a la vida familiar. Es el fundamento de la familia y de nuestros diversos llamados en la familia.

¡Entendámoslo! La confesión de que Dios es un Dios Trino es la confesión de que él es un Dios *familiar*. En la Trinidad Dios se revela asimismo como un Padre, un Hijo y un Espíritu Santo. Por lo tanto, en la Trinidad, Dios es una familia. En esa familia, él vive una vida de perfecta amistad, perfecta armonía y perfecto amor.

Esta es la razón por la que la Palabra de Dios habla a menudo de familias (Sal. 68:6, 107:41). Esta es la razón de que Dios salve a familias (Jer. 31:1, Am. 3:2, Hch. 16:31-34). La familia es siempre un reflejo de Su propia gloria como el Dios Trino.

Esto tiene muchas implicaciones prácticas. Por un lado, explica la deterioración de la familia y de los valores familiares de hoy en día. Ya que, al ser creados para ser un reflejo de la propia vida trinitaria familiar de Dios, la familia no puede prosperar aparte de él.

PARTE 1: DIOS Y SU PALABRA

Además, la Trinidad es donde nosotros aprendemos de cómo vivir como familias. Que nosotros vamos a Dios para aprender de la vida familiar no solo significa que nosotros vamos a su Palabra en la Biblia. También significa que vamos a él como Padre para aprender a ser padres (y madres) de nuestros hijos. Significa que nosotros traemos a nuestros hijos a su santo Hijo Jesús para que aprendan sus llamados como hijos. Significa que nosotros vamos a él como Espíritu Santo para aprender acerca de paz, unidad, amor, compañerismo, y todas las otras bendiciones de la vida familiar. Solo el Espíritu Santo puede enseñarnos estas cosas. Él es la fuente de estas bendiciones en la Deidad y en nuestras familias.

La Biblia en si misma dibuja este paralelo en el Salmo 103:13, "Como el padre se compadece de los hijos, Se compadece Jehová de los que le temen". El mismo paralelo es trazado en Efesios 6:1-4, y Colosenses 3:18-21. La obediencia de los hijos, la sumisión de las esposas, el amor de los esposos y la misericordia de los padres no es "correcta" y "ajustada" y "agradable" solo porque es lo que Dios manda, pero porque él es el Padre de nuestro Señor Cristo Jesús (Ef. 1:5), el amado Hijo y primogénito de cada criatura (Col. 1:13, 15), y porque él es un Espíritu (Ef. 4:4).

Lo que es verdad para la familia es verdad para la iglesia. La iglesia es llamada una *familia* o *comunidad* (Gál. 6:10, Ef. 2:19, 3:15). La iglesia es construida sobre las familias (Hch. 5:42, 20:20) y, con sus oficiales, toma la forma de familia. (1 Cor. 4:15, Gál. 4:19, 1 Tim. 5:1-2). De hecho, la iglesia es la familia de Dios, reconociendo a Dios como Padre y sometiéndose al gobierno de Cristo el Hermano Mayor, y viviendo en la casa de Dios (2 Co. 6:18, Hb. 2:13). Por lo tanto, la iglesia también debe aprender acerca de la vida familiar de ella de su Dios familiar; Padre, Hijo, y Espíritu Santo.

Por lo tanto, la cosa más importante para nuestras familias, y para la familia más grande de la iglesia, es conocer a Dios y conocerle como él se revela a sí mismo en la Trinidad. ¡Que Dios nos conceda este conocimiento!

El pacto

El Pacto de Dios es algo de lo que la Escritura habla a menudo. ¿Cuál es ese pacto? ¿Por qué la Escritura se refiere a ello tan a menudo? Estas preguntas requieren una respuesta.

Primero que nada, deberíamos recordar que el pacto es el pacto *de Dios*. Eso significa que es un pacto que Dios tiene en sí mismo y con él mismo. Cuando él hace un pacto con nosotros, entonces, esto es solamente una revelación de algo que él tiene aun sin nosotros.

Esto, por supuesto, es verdad de todo lo que Dios revela. Cualquier cosa que él revela a nosotros es una revelación de sí mismo; Su ser, Su gloria, Su poder, y Sus obras. Esto es un pensamiento que trae mucha humildad. En referencia al pacto, esto significa que Dios no nos necesita para que él sea un Dios de pacto. él es un Dios de pacto en sí mismo.

Nosotros creemos que el pacto de Dios es la relación entre las tres personas de la Santa Trinidad: el Padre, el Hijo, y el Espíritu Santo. Nosotros estaremos mostrando que el pacto es una relación o vínculo. Si eso es verdad, es, desde el principio, el vínculo que hace a las tres personas de la trinidad un solo Dios.

Hay pasajes Escriturales que describen esta relación entre las tres personas de la Divinidad en la Trinidad. Proverbios 8:22-31 es uno de esos pasajes. El "Yo" en estos versículos, identificado como la "sabiduría" en el verso 12, es el Hijo (comparar con 1 Co. 1:24). Él es descrito en el verso 30 en relación con el Padre como estando con él y siendo "su delicia de día en día, Teniendo solaz delante de él en todo tiempo". Ese es el pacto de Dios como existe eternamente en Dios mismo entre el Padre, el Hijo, y el Espíritu Santo.

Otros pasajes que describen esta relación son Juan 10:15 "así como el Padre me conoce, y yo conozco al Padre; y pongo mi vida por las ovejas", y 1 Corintios 2:10 "el Espíritu todo lo escudriña, aun lo profundo de Dios ". ¡Qué vida de bendición tiene Dios consigo mismo!

Cuando Dios establece Su pacto con nosotros, él nos

toma dentro de esa relación y nos hace parte de él. él nos toma dentro de Su propia familia y llega a ser nuestro Padre a través de Cristo Jesús y el Espíritu Santo. ¡Qué maravilla!

La Biblia habla acerca de esto en 2 Pedro 1:4, el cual dice que somos hechos partícipes de la naturaleza divina. Esto es la realización del pacto de Dios con nosotros, algo tan maravilloso que ni siquiera nos atreveríamos a pensar en ello si la Biblia no lo dijera. Jesús habló también de él en Juan 17:23: "Yo en ellos, y tú en mí, para que sean perfectos en unidad, para que el mundo conozca que tú me enviaste, y que los has amado a ellos como también a mí me has amado".

En esa bendita relación somos tomados cuando Dios establece su pacto con nosotros. En esa relación nosotros recibimos toda su plenitud y gracia sobre gracia (Jn 1:16). Así él habita en nosotros y camina en nosotros y es nuestro Dios para siempre jamás (2 Co. 6:16). Vivir separados de él, por consiguiente, es realmente muerte (Sal. 73:27). El conocerle es vida eterna (Jn. 17:3).

Sin embargo, nunca debemos olvidar que él no nos necesita para ser un Dios de pacto. Su pacto con nosotros es siempre un pacto de gracia —un puro e inmerecido favor—.

El pacto perpetuo

La Escritura a menudo habla del hecho de que el pacto de Dios es perpetuo. Es *desde* la eternidad porque ésta es la relación entre las tres Personas de la santa Trinidad. Sin embargo, es también *hasta* la eternidad porque Dios nos toma dentro de esa bendita relación trinitaria y nos hace partícipes de la naturaleza divina (2 Pe. 1:4). Esa relación de compañerismo y amor nunca terminará. Dios será nuestro Dios por siempre y para siempre, y nosotros seremos siempre su pueblo (Ap. 21:3).

Creyendo esto, nosotros *no* vemos el pacto de Dios como un acuerdo o contrato como es enseñado a menudo. No es un acuerdo entre las tres Personas de la Trinidad el traer salvación al pueblo de Dios, tampoco es un acuerdo entre Dios y su pueblo en Adán, o en Cristo.

El pacto no puede ser un "acuerdo".

Un acuerdo o contrato no es perpetuo. Cuando sus términos —cualquiera que estos sean— hayan sido cumplidos, el pacto por sí mismo es terminado y puede ser descartado. Puede ser un asunto de curiosidad histórica pero no continúa en vigor.

Por decirlo de una manera diferente, un acuerdo o contrato es solamente el medio para un fin. Una botella de medicina es también un medio (un camino) para renovar la salud. Cuando nosotros estamos sanos nuevamente, ya no necesitamos la medicina y la podemos descartar. Si el pacto es solo un *medio* para salvación, es decir, un pacto para proveer salvación, entonces ya no necesitaríamos el pacto una vez que hayamos obtenido la salvación.

Sin embargo, ya que la Escritura nos dice que el pacto es perpetuo, no puede finalizar o llegar a ser innecesario. No es el *medio* sino el *fin* (objetivo) en sí mismo. No es el camino para la salvación sino la *salvación en sí mismo*. No es un contrato que cuando los términos son cumplidos desaparecerá, sino una bendita relación que continuará para siempre —una relación entre Dios y Su pueblo en Cristo—.

¿No es acaso la esencia de la salvación la relación que Dios establece con Su pueblo en Cristo? ¿No habla Apocalipsis 21:3 acerca de la más alta gloria de la salvación cuando promete el día en el cual Dios será nuestro Dios y nosotros Su pueblo? Esto, es lo que creemos, es el pacto de Dios. Y ese pacto es perpetuo.

"Vida *eterna*", —Jesús dice en Juan 17:3—, "es conocer a Dios y a Cristo Jesús a quien has enviado". Eso también, es el pacto perpetuo de Dios con su pueblo. En verdad no puede haber nada más maravilloso. Aun las calles de oro no pueden compararse con esto. El pacto perpetuo, y solo este, es la gloria de la salvación, del cielo, y de la vida eterna.

No obstante, no todos lo disfrutarán. Solo ellos, quienes hayan creído en Cristo Jesús verán a Dios y le conocerán, porque él es el camino ante la presencia del Padre. Es por eso que Juan 17:3 habla no solo de conocer a Dios, pero también de conocer a Cristo Jesús.

PARTE 1: DIOS Y SU PALABRA

Un pacto

Si el pacto de Dios es perpetuo, y la Escritura a menudo dice que lo es, entonces solo puede haber un pacto. Un pacto temporal puede ser remplazado, pero el pacto de Dios no es temporal.

También, si el pacto es inquebrantable, entonces solo puede haber un pacto. De que es inquebrantable la Escritura lo testifica en Jueces 2:1, Salmos 89:34, Jeremías 33:20-21 y muchos otros pasajes. Por lo tanto, es también el único pacto.

Si el pacto es el pacto de Dios, y si el pacto de Dios es la relación existente entre las tres Personas de la Trinidad, entonces, también, el pacto debe ser uno porque Dios es uno.

Nosotros sostenemos un pacto en contra del dispensacionalismo con sus muchos pactos. Y nosotros enseñamos un pacto en contra de la posición Bautista, la cual hace distinción entre el viejo pacto y el nuevo pacto, al menos en cuanto a lo concerniente a la señal del pacto. Nosotros también rechazamos la antigua enseñanza de que hay un "pacto de obras" con Adán distinto y separado.

Los muchos pasajes Escriturales que hablan de un pacto perpetuo (en singular) prueban esto. Referimos a nuestros lectores a dichos pasajes como Génesis 17:7, 2 Samuel 23:5, Salmo 105:8-10, Isaías 55:3, Ezequiel 16:60-62 y Hebreos 13:20.

Pero ¿Qué de aquellos pasajes que hablan de un pacto en plural (Rom. 9:4, Gál. 4:24 y otros)? ¿Y qué de los pasajes que hablan de un viejo y nuevo pacto (Jer. 31:31-33, Heb. 8:6-13)?

A menos que estemos dispuestos de aceptar la idea de que la Biblia puede contradecirse por sí misma (y que por lo tanto Dios puede contradecirse así mismo), nosotros debemos reconciliar estos pasajes con aquellos que enseñan un pacto. La Escritura nos ayuda hacer eso por medio del lenguaje que utiliza.

La Escritura habla de Dios *haciendo memoria* de su pacto (Lev. 26:42, Lc. 1:72), *dando* su pacto (Núm. 25:12, Hch. 7:80), *declarándolo* (Deut. 4:13), *guardándolo* (1 Re. 8:23). Estas expresiones nos ayudan a ver que cuando Dios establece su pacto o hace un pacto, él no está descartando el viejo pacto y trayendo uno enteramente nuevo, pero más bien dando solamente una *nueva revelación* de su *único pacto de gracia*. En ese sentido solamente existe el viejo y nuevo pacto, o más de un pacto.

Este único pacto no puede ser nunca, cualquier otra cosa, más que un pacto de gracia. No existe otra base en la cual nosotros podamos vivir en una relación con Dios excepto por su favor inmerecido hacia nosotros. Incluso Adán, aunque él con su obediencia podría continuar disfrutando una relación de pacto con Dios, no estaba en esa relación por méritos.

Rechazamos, por lo tanto, la enseñanza que dice que el pacto con Adán era un pacto de obras en base a méritos, y no en gracia. Nosotros principalmente rechazamos la idea de que en ese pacto Adán podría haber merecido vida eterna por su obediencia.

Lucas 17:10 destruye toda posibilidad de mérito alguno cuando dice; "Así también vosotros, cuando hayáis hecho todo lo que se os ha ordenado, decid: "Siervos inútiles [inmerecidos] somos; hemos hecho sólo lo que debíamos haber hecho." El pacto perpetuo de Dios es todo por gracia.

El pacto de gracia

Si el pacto de Dios es una relación o vínculo entre Dios y su pueblo, entonces puede ser solamente un pacto de *gracia*.

Que debemos vivir en una relación de amistad, compañerismo y amor con el Dios viviente tiene que ser un *favor inmerecido* hacia nosotros por parte de Dios. Es casi impensable que Dios deba morar con *nosotros* y ser nuestro Dios, pero él promete, no obstante, a nosotros como pecadores, "Habitaré y andaré entre ellos, Y seré su Dios, Y ellos serán mi pueblo" (2 Co. 6:16). ¡Qué maravilla!

Lo que es verdad para nosotros era también verdad para Adán. ¿Quién se atrevería decir que la creación de Adán como alguien que conoció y amó a Dios era otra cosa sino un favor

PARTE 1: DIOS Y SU PALABRA

inmerecido? Ciertamente no estaba basado en el mérito de Adán, porque hasta que él fue creado en tal alta posición, ante Dios él no tenía ninguna oportunidad de mérito, como hemos aprendido de Lucas 17:10: "Así también vosotros, cuando hayáis hecho todo lo que os ha sido ordenado, decid: Siervos inútiles somos, pues lo que debíamos hacer, hicimos".

Nosotros rechazamos, por lo tanto, cualquier conversación de un pacto de obras sobre la base de méritos. No nos negamos hablar del pacto de obras como una descripción del pacto de Dios con Adán, aunque nosotros distinguiríamos muy cuidadosamente tal conversación. Debe ser claramente entendido, si nosotros vamos a hablar de un pacto de obras, que este no sea *otro* pacto sino una revelación del único pacto de Dios; como también de la obediencia y las buenas obras de Adán las cuales no eran la base o razón para el pacto, sino solamente el camino en el cual Adán continuaba disfrutando ese pacto.

Esta es solo otra manera de decir que el pacto es hecho y mantenido por Dios solamente sin la ayuda o cooperación del hombre. Es decir, que el pacto nunca depende del hombre, aunque él tenga deberes y responsabilidades en el pacto.

Quizás una analogía pueda ayudar. Nosotros sabemos que debemos comer para vivir, pero también reconocemos que nuestra vida no *depende* de los alimentos y bebidas. Ni recibimos nuestra *vida* de los alimentos y bebidas. Nuestra vida depende de Dios, de quien recibimos vida a cada momento. Los alimentos y las bebidas son solamente los *medios*, no la *razón* para vivir. Así también es el pacto. La obediencia es solamente el medio por el cual nosotros disfrutamos las bendiciones y privilegios del pacto de Dios, pero nunca es la razón del pacto.

Porque el pacto es por gracia, es un pacto seguro y perpetuo, que no puede ser quebrantado. Aunque Adán fue infiel y nosotros en él, Dios permanece fiel, él nunca quebranta su pacto o altera lo que ha salido de sus labios (Sal. 89:34). ¡Grande es Su fidelidad! Solo a él sea la gloria como el Dios de pacto.

La promesa del pacto

Uno de los aspectos más valiosos del Pacto de Dios es la promesa mediante la cual él nos da a conocer su pacto. En esa promesa muestra que su pacto es realmente un pacto de gracia. Con esa promesa, él multiplica la misericordia y añade gracia a la gracia.

Esa promesa se encuentra repetidamente en las Escrituras y es una especie de fórmula del pacto. Con pequeños cambios de palabras, es esta la Palabra de Dios: "Yo seré vuestro Dios y vosotros seréis mi pueblo" (Gén. 17:7-8; Deut. 7:6; 2 Co. 6:16; 21:3).

Uno no podría imaginar una promesa más grande que esa o algo mejor que tener a Dios como nuestro Dios, conocerlo, amarlo y tener comunión con él. Sin embargo, Dios añade gracia a la gracia y bendición a la bendición, porque esa no es toda la promesa del pacto.

En misericordia Dios añade a esto la promesa de que también será el Dios de nuestros *hijos*. Aunque nosotros mismos no merecemos nada de él, no sólo nos promete la salvación, sino que también lo promete a nuestros hijos. ¡Qué gracia indescriptible!

Esa Palabra de Dios con respecto a los hijos de los creyentes es parte de la promesa del pacto, tanto en el Antiguo como en el Nuevo Testamento. Se encuentra primero en Génesis 17:7-8 al comienzo de la interacción de Dios con Abraham. Se encuentra de nuevo al comienzo de la historia de la iglesia del Nuevo Testamento en Hechos 2:39.

Debemos entender que esta promesa nunca fue, y nunca será, una garantía de que Dios salvará a cada uno de nuestros hijos. Siempre están Esaús y Caínes en las familias del pueblo de Dios, para su gran dolor. La promesa de Dios es que continuará su pacto con su pueblo y sus familias, y que ellos —con sus familias y en sus generaciones—, no serán cortados.

Esta es la promesa que es conmemorada y simbolizada cuando los bebés de los creyentes son bautizados. Esta es la promesa que motiva toda instrucción y disciplina de pacto y da

PARTE 1: DIOS Y SU PALABRA

la seguridad de que éstas serán efectivas. Es la promesa por la cual Dios nos muestra cuán grande es su gracia.

También enfatizaríamos que es una *promesa*, un voto jurado por Dios que no cambia y que no miente. Eso es algo a lo que los padres deben aferrarse a través de todas las pruebas y tribulaciones al criar una familia. Es una razón para que continúen orando cuando un hijo o hija es rebelde y desobediente.

Que Dios, por esta más preciada de todas las promesas, muestre a muchos la gracia y fidelidad de su pacto (Sal. 25:14).

La predestinación

Una doctrina que a menudo da una gran dificultad a la gente es la doctrina de la predestinación. La dificultad radica en el hecho de que no hay otra doctrina en la Escritura que tan claramente demuestra que Dios es Dios y que nos obliga a humillarnos delante de él y reconocer su grandeza. Esa humildad es muy difícil a causa de nuestro corazón orgulloso y pecador, ya que en nuestro orgullo necio siempre deseamos ser los capitanes de nuestro propio destino.

La predestinación, como la palabra lo indica, significa que Dios eternamente ha determinado el destino final de Sus criaturas racionales, pensantes y volitivas, incluidos tanto hombres como ángeles, caídos y no-caídos. él hizo esto en Su eterno consejo antes de la creación del mundo (el prefijo *pre-* de la palabra *predestinación* significa "antes"). En la eternidad Dios eligió a algunos para el cielo y rechazo a otros. Es la elección soberana y eterna de Dios, y no las decisiones propias del hombre que determinan el destino final del hombre.

Hay muchas objeciones en contra de esta doctrina. Se dice que ella hace a los hombres meras marionetas en relación a Dios; que esto es muy duro y tiránico por parte de Dios, especialmente en la determinación de enviar algunas personas al infierno eternamente; que hace a Dios el autor del pecado; y otras tantas más. Sin embargo, la Escritura claramente enseña la predestinación en todos sus sentidos.

La palabra en español *predestinación* es utilizada cuatro veces, Romanos 8:29 y 30 y Efesios 1:5, 11 —justo donde esperaríamos encontrar mención de esta doctrina—. La palabra griega traducida como *predestinar* significa "marcar de antemano", y es utilizada en otros dos pasajes (Hch. 4:28, 1 Co. 2:7), pero en uno de ellos es traducida diferente. También la idea de la predestinación se encuentra en otros muchos pasajes, quizás en ningún otro lugar tan claramente como en Romanos capítulo 9: 11-13: "(pues no habían aún nacido, ni habían hecho aún ni bien ni mal, para que el propósito de Dios conforme a la elección permaneciese, no por las obras sino por el que llama), se le dijo: El mayor servirá al menor. Como está escrito: A Jacob amé, más a Esaú aborrecí".

Incluso los ángeles y los demonios están predestinados por Dios. Esto es claro en 1 Timoteo 5:21 donde habla de sus *ángeles escogidos* y Judas 1:6 que habla de los ángeles caídos que están "bajo oscuridad, en prisiones *eternas*, para el juicio del gran día". Como sucede con los ángeles, sucede con los hombres: algunos son escogidos para la vida eterna y el cielo, lo que en la Biblia se refiere como *elección*, y otros son pasados por alto o rechazados, algunas veces referido como *reprobación*.

Muchos aceptarán que la Biblia enseña la elección, pero a ellos no les gusta la doctrina del rechazo, o reprobación. Que la elección y la reprobación van juntos, es claro ya que no podemos hablar de que unos son elegidos sin implicar por lo menos que existen aquellos que *no* fueron elegidos por Dios para vida eterna. No ser escogido es lo mismo que ser rechazado o reprobado, incluso si esas mismas palabras no son utilizadas. La Escritura, como veremos, enseña claramente tanto la elección como la reprobación. Ambos son actos soberanos y eternos de Dios y demuestran que Él "hace según su voluntad en el ejército del cielo, y en los habitantes de la tierra, y no hay quien detenga su mano, y le diga: ¿Qué haces?" (Dn. 4:35).

PARTE 1: DIOS Y SU PALABRA

La elección incondicional

Después de haber escrito sobre la predestinación deseamos ahora escribir más sobre la maravillosa doctrina bíblica de la elección. La elección es el lado hermoso de la doctrina sobrecogedora de la predestinación.

Es imposible negar que la Biblia enseñe la elección ya que con frecuencia la Biblia habla de ella. La cuestión, por lo tanto, no es si existe tal elección sino más bien qué es y cuándo sucede.

Creemos que la elección es el acto soberano de Dios de escoger a algunos para salvación y vida eterna, y creemos que Dios hizo esta elección en la eternidad. Él no elige en el tiempo en respuesta a lo que los hombres hacen, sino más bien él ha escogido a algunas personas para vida eterna desde "antes de la fundación del mundo" (Rom. 9: 10-13; Ef. 1: 3-6).

Para ver que esta doctrina de la elección no es algo para ser odiada y negada, debemos darnos cuenta de que la elección no es sólo una elección que Dios hace, sino también es una revelación de su *amor* eterno e inmutable. La Biblia no sólo nos dice *que* Dios eligió a algunos, sino que también nos cuenta *por qué* los eligió. Al hacerlo, la Escritura nos da un vistazo, por así decirlo, del corazón de Dios. Dios escogió a algunas personas para vida eterna simplemente porque las *amaba*.

Este amor de Dios es eterno. él siempre ha amado a su pueblo.

Este amor de Dios es incondicional. No es una respuesta a lo que los hombres hacen. Dios no los ama porque ellos lo amaron primero a él. *Él* fue el primero en amar y él ama desde la eternidad (1 Jn 4:19). Este amor de Dios es soberano y poderoso. Este nunca va sin llevarse a cabo, sino que por la muerte de Cristo Jesús obtiene completa salvación para todos aquellos por quienes Cristo murió (Jn 3:16).

Nosotros creemos que la palabra *presciencia* en la Escritura se refiere a este amor de Dios. No se refiere solo a ver hacia el futuro, sino al amor de Dios antes del tiempo.

• *UN PREMIER DE DOCTRINA REFORMADA*

La palabra conocer, que es parte de la palabra presciencia, es utilizada en otros lugares en la Biblia para describir el amor íntimo como lo es el amor de un marido por su esposa y de una esposa por su esposo (Gén. 4:1,25). Esta es la manera en que Dios "conoce previamente" a su pueblo (Gén. 18:19). Él no sólo conoce quiénes son, pero él los ama profunda, tierna e íntimamente a través de Cristo Jesús y esto desde la eternidad.

¡Qué motivo de agradecimiento! El amor de Dios es increíble bajo la sombra de la cruz de Jesús y a la luz de lo que él hizo por pecadores perdidos. Cuánto más sorprendente es el amor de Dios cuando recordamos que eternamente, inmutablemente y sin condiciones él amó a los suyos. Es de hecho un amor que "excede a todo conocimiento" tanto en anchura, longitud, altura y profundidad y el cual no se puede medir (Ef. 3:17-19).

La reprobación

Todos los calvinistas creen que Dios en su gracia ha escogido a algunos para salvación—*elección*—. Algunos también creen que Dios ha rechazado eternamente a otros—*reprobación*—. Aunque hay una diferencia de énfasis. Algunos utilizan un lenguaje más fuerte diciendo que Dios destina a algunos a la destrucción; otros prefieren un lenguaje más pasivo, limitándose a decir solo que Dios eternamente "pasa por alto a algunos" o que "determina dejarlos en sus pecados". En cualquier caso, la referencia es a la reprobación.

La elección y la reprobación juntos son llamados "doble predestinación". Las confesiones Reformadas enseñan claramente una doble predestinación como tal. Los Cánones de Dordt, que son originalmente los cinco puntos del calvinismo lo enseñan,[11] al igual que la Confesión de Fe de Westminster.[12]

¿Enseña la *Biblia* la reprobación? Considere los siguientes pasajes: Romanos 9:10-13 dice que antes de que nacieran Jacob y Esaú, Dios reveló que odiaba a uno de ellos. Romanos 9:21-22 llama a algunas personas "Vasos hechos para deshonra"

---
[11] Los Cánones De Dordt, capitulo 1 artículos 15-18.
[12] Confesión de fe de Westminster capítulo 3, sección 7.

y "vasos de ira preparados para destrucción". 1 Pedro 2:6-8 dice que algunos fueron *destinados* a tropezar a través de la desobediencia. Judas 1:4 habla de hombres *ordenados* para condenación. Judas 1:6 incluso enseña reprobación en referencia a los ángeles caídos (demonios).

Tenga en cuenta también el lenguaje fuerte en estos pasajes que utiliza la Escritura. Si algo la Biblia apoya es la enseñanza de que Dios, en efecto, determina y destina a algunas personas a la destrucción en lugar de sólo eternamente pasarlos por alto o dejarlos en sus pecados. Sin embargo, en todo caso, la Biblia enseña claramente una destrucción predestinada.

Nos gustaría hacer hincapié en dos cosas al hablar de la reprobación: primero, que esto no hace a Dios autor del pecado ni absuelve a los malos de la rendición de cuentas por sus pecados ante él; en segundo lugar, que Dios si tiene un propósito en la reprobación de personas.

La gran diferencia entre la elección y la reprobación es esto: Dios, porque él ha escogido soberanamente a su pueblo desde la eternidad y ha determinado todas las cosas necesarias para su salvación, él se lleva todo el crédito—toda la gloria de la salvación de ellos—para él mismo. Aunque él es igualmente soberano en la reprobación, él no toma ningún crédito. En este sentido, la elección y la reprobación no son iguales. Dios es el autor de la salvación a causa de la elección, pero él no es el autor del pecado debido a la reprobación.

En Romanos 9:17-20 incluso la sugerencia de que Dios está equivocado en hallar alguna culpa en los pecadores es llamada altercar "con Dios". De ello se desprende, también, que los malos son plenamente responsables por sus pecados. Esto es claro en Hechos 2:23, que no sólo nos dice que el pecado de crucificar a Cristo fue preordenado por Dios, sino que también se hizo por "manos de inicuos".

Todo esto no implica que la reprobación es arbitraria. No es cierto que Dios eternamente rechaza algunas personas sin razón alguna. Romanos 9:22-23 nos da dos razones: para que Dios pueda dar a conocer su ira y poder, y para que dé a conocer las riquezas de su gloria en los vasos de misericordia.

Incluso la reprobación sirve al propósito de Dios de mostrar su misericordia a Su pueblo, como está claro en la crucifixión de Cristo (Hch. 4:24-28).

Aunque encontramos la reprobación como una doctrina difícil para la carne, sin embargo, creemos que debe enseñarse de manera que los hombres puedan temblar ante la ira y el poder de Dios y estar en asombro ante su gran misericordia (Is. 43:4). ¡Oh, que muchos tiemblen y estén en admiración hoy en día!

Los decretos de Dios

¿Cree usted que Dios ha predeterminado *todas* las cosas? Si él no lo ha hecho, ¿Por qué suceden las cosas? Deseamos considerar estas cuestiones en los próximos temas.

Queremos mostrar que la Biblia enseña la determinación de Dios sobre todas las cosas. Lo hace al hablar de los *decretos* de Dios.

Los decretos de Dios son su soberana y eterna determinación acerca de todas las cosas que son, que han sido, y que serán —en la creación, en la historia, y en la salvación—. La Biblia utiliza las siguientes palabras para hablarnos acerca de estos decretos eternos:

Su *consejo* (Sal. 73:24; Ef. 1:11), enfatiza que estas son las deliberaciones y los propósitos completos de las tres Personas de la Trinidad.

Su *propósito* (Is. 14:24-27; Ef. 3:11), demuestra que sus decretos no son arbitrarios, sino que todos tienen su gloria como meta final.

Su *buena voluntad* (Is. 44:28; Lc. 12:32), enfatiza que los decretos de Dios no dependen de nada ni de nadie sino de Dios mismo, ni siquiera en las acciones previstas de los hombres o de las otras criaturas. Sus decretos son libres e independientes. Dios decreta todas las cosas porque le agradó hacerlo.

Su *voluntad* (Rom. 1:10; Ef. 1:5), demuestra que sus decretos no son meramente al azar, sino más bien son los pensamientos del corazón del Dios vivo.

PARTE 1: DIOS Y SU PALABRA

Su *determinación* (Is. 19:17; Lc. 22:22), enfatiza la importante verdad de que sus decretos son fijos e inmutables.

Su *decreto* (Sal. 2:7), nos recuerda que Dios determina todas las cosas como el gran Rey, el soberano Creador y Señor del cielo y de la tierra.

Sólo ver el número de palabras utilizadas en la Escritura para describir los decretos de Dios demuestran que importantes son estos. Conocerlos es especialmente importante si queremos tener alguna esperanza o paz en este mundo turbulento y de maldad.

Creer que Dios ha predeterminado o preordenado todas las cosas es el mayor consuelo que cualquiera puede tener. Pues podemos saber que todas las cosas no ocurren por casualidad o por azar, sino por la determinación de quien es todo sabio y bueno. Por lo tanto, no necesitamos llegar a la conclusión de que hay otro poder—un poder del mal—que determina gran parte de lo que sucede en nuestras vidas y en la historia. Eso nos dejaría sin esperanza o paz alguna.

Para tener consuelo en la verdad de que Dios ha determinado todas las cosas, no obstante, una persona tiene que estar convencido de que Dios es sabio y bueno, y él debe conocer la gracia y la misericordia de Dios. Esto es sólo posible a través de la fe en Cristo Jesús. Él es el poder y la sabiduría de Dios (1 Cor. 1:24). El conocer a Dios a través de él es estar seguro de que Dios es bueno.

Los decretos todo-abarcantes de Dios

La Escritura a menudo habla de los decretos de Dios, los cuales son su soberana y eterna determinación acerca de todas las cosas que son, que han sido, y que serán en la creación, en la historia, y en la salvación.

Pero, ¿Estos decretos predeterminan todo? La Escritura enseña claramente que Dios ha predeterminado todas las cosas. Él ha decretado lo siguiente:
- La tierra y sus fundamentos (Prov. 8:29).
- El mar y sus límites (Job 38:8-11).

- La lluvia (Job 28:26).
- El sol, la luna y las estrellas (Sal. 148:3-6).
- Los tiempos y las épocas de la historia (Is. 46:9,10).
- Los límites físicos y étnicos de las naciones (Hch. 17:26).
- Nuestro nacimiento y carácter (Sal. 139:15,16).
- Nuestra forma de vida (Jer. 10:23), incluso nuestros pensamientos y palabras (Prov. 16:1).
- El poder y la autoridad de los hombres, incluso la de los hombres impíos (Ex. 9:16).
- La maldad de los hombres (1 P. 2:8), incluyendo la maldad de los que crucificaron a Cristo (Hch. 4:24-28).
- La venida del reino del anticristo (Ap. 17:17).
- La condenación de los hombres impíos (Mt. 26:24,25; Rom 9:22).
- El juicio de los ángeles caídos (Jud. 1:6).
- El fin de todas las cosas (Is. 46:10).
- El nacimiento (Sal. 2:7,8), vida (Lc. 22:22), y muerte (Ap. 13:8) de Cristo.
- Cada parte de la salvación, incluyendo el llamado (Rom. 8:28), la fe de los que creen (Hch. 13:48), la justificación (Rom. 8:30), la adopción (Ef. 1:5), la santidad y las buenas obras (Ef. 1:3, 4; Ef. 2:10), y la herencia en gloria (Ef. 1:11).
- Todas las cosas en el cielo, en la tierra y en el infierno (Sal. 135:6-12).

No debería de ser difícil para un creyente el aceptar esto. Sea lo que pueda significar para los demás, para el creyente significa que ni los hombres impíos, ni el diablo, sino Dios, es quien está en control de todas las cosas.

Eso significa que nada pasa al azar —sobre todo que nada le ocurre al pueblo de Dios que no esté ya ordenado por su Padre celestial—. Todas las cosas, a los que aman a Dios, les ayudan a bien, porque su Padre ha decretado todas ellas.

La ignorancia de la soberana y eterna determinación de Dios concerniente a todas las cosas es la razón por la que vemos el desfallecimiento de "los hombres por el temor y la expectación de las cosas que sobrevendrán en la tierra" (Lc. 21:26). Sin el Dios soberano y decretante éstos están sin esperanza (Ef. 2:12).

Confesemos ante el mundo que "Nuestro Dios está en los cielos; Todo lo que quiso ha hecho"(Sal. 115:3).

Los decretos eficaces de Dios

Los decretos de Dios no son un plan sobre papel escondido en un nido de paloma en algún lugar del cielo, sino la voluntad viva y poderosa de Dios. Sus decretos no son algo que Dios consulta de vez en cuando para ver qué era lo que él planeaba hacer, sino que son los pensamientos de su propia mente inmutable, que es la fuente y causa de todo lo que sucede.

Cuando la voluntad de Dios desea algo —y el de hecho desea todas las cosas— entonces lo que él ha deseado debe suceder y sucede porque él lo deseó. La Escritura es muy clara al respecto. En Isaías 46:9-10 Dios dice: "porque yo soy Dios, y no hay otro Dios, y nada hay semejante a mí, que anuncio lo por venir desde el principio, y desde la antigüedad lo que aún no era hecho; que digo: Mi consejo permanecerá, y haré todo lo que quiero". En Salmos 73:23-28 Asaf habla de ser guiado por el consejo de Dios, no porque él sepa lo que está en la voluntad de Dios de antemano y luego lo sigue, sino porque ese consejo ha determinado toda su vida y todas sus circunstancias.

Hechos 2:23 enfatiza esta misma verdad en relación con la muerte de Cristo. Dice que fue *entregado* en las manos inicuas de sus enemigos por *"el determinado consejo y anticipado conocimiento de Dios"*. Lo que fue cierto de la muerte de Cristo también es cierto para que obtengamos una herencia de Dios. La obtenemos, "siendo predestinados de acuerdo con el propósito de aquel que *hace todas las cosas según el designio de su voluntad"*(Ef. 1:11).

Nadie, por lo tanto, puede jamás frustrar o cambiar la voluntad de Dios. Hay quienes piensan que pueden. Algunos piensan que pueden cambiar la mente y la voluntad de Dios a través de la oración, ya sea orando a menudo o consiguiendo suficientes personas para orar. Otros piensan que pueden manipular a Dios y hacer que él haga la voluntad de ellos mediante trucos religiosos sin sentido, pero no es así. La voluntad de Dios es todopoderosa e inmutable.

De esto, también, la Escritura testifica claramente. En Daniel 4:35 Nabucodonosor, un rey impío, se ve obligado a reconocer que nadie puede decirle a Dios: "¿Qué haces?" Romanos 9:19-20 nos dice que nada puede resistir su voluntad.

Dios es soberano incluso en los actos de sus pensantes y dispuestas criaturas: hombres y ángeles. Proverbios 16:9 nos dice que, aunque planeemos nuestro camino, el Señor dirige nuestros pasos. Las disposiciones del corazón y la respuesta de la lengua también son de él (v. 1). Incluso el corazón del rey está en la mano de Dios, y él lo inclina a sus propios propósitos (Prov. 21:1).

Que el decreto de Dios sea todopoderoso e inmutable es de gran consuelo para los que creen. Es la razón, por encima de todas las demás, por la que su salvación es segura. La voluntad de ellos puede cambiar y sus mentes fallar, pero la voluntad y la mente de Dios nunca cambian. Esta es la razón por la que ellos creen que todas las cosas obran para el bien de ellos (Rom. 8:28). Dios ha decretado soberana e inmutablemente todas las cosas, y al decretar su salvación, él no será frustrado ni vencido por ángeles, principados o poderes o cosas presentes o cosas por venir o vida o muerte o cualquier criatura (Rom. 8:38-39).

De él, por él, y para él son todas las cosas. ¡Qué gran Dios y Salvador es él!

Los decretos incondicionales de Dios

Cuando hablamos de los decretos de Dios y especialmente de la predestinación, es importante para nosotros ver que los decretos de Dios incluyendo los decretos de la elección y la reprobación, son incondicionales. De hecho, el segundo de los cinco puntos del calvinismo se describe como "la elección incondicional".

¿Qué quiere decir esto?

Significa que Dios en sus decretos no depende de ninguna criatura: Su voluntad —no la del hombre— es suprema. Los decretos de Dios como hemos visto, son su voluntad, y su voluntad es su decisión en relación a todas las cosas. Que los decretos de Dios son incondicionales significa que sus decisiones son antes que todas las demás decisiones de los hombres y de los ángeles, y que él no espera por las decisiones de los hombres.

Que los decretos de Dios son incondicionales significa especialmente que en todo lo que Dios ha decretado él no espera en los hombres para tomar sus decisiones, ya que él no puede ser, ni nunca será, interferido. Poniéndolo muy simple, la decisión del hombre no es la razón de la decisión de Dios, pero la decisión de Dios es la razón de la decisión del hombre. Si no fuera así, el hombre, no Dios, sería soberano, y la voluntad del hombre, no la voluntad de Dios, sería suprema.

El decreto incondicional de Dios es negado por aquellos que creen en el libre albedrío del hombre. Ellos insisten en que en la salvación es la decisión del hombre, no la de Dios, lo que realmente importa. Dios no puede o nunca hará nada, dicen ellos, hasta que los hombres hayan hecho su decisión a favor o en contra de Cristo y del evangelio. Esto es una negación flagrante de la soberanía de Dios, y no puede de ninguna manera ser reconciliada con esa doctrina. Hace a Dios —al Dios vivo, dependiente de sus criaturas para las decisiones de él.

Por lo tanto, la elección se convierte en la reacción de Dios en el tiempo a las decisiones de los hombres. Esta falsa enseñanza dice que Dios elige a aquellos que primero le escogieron a él, y que él ama a los que lo aman primero. Esto no sólo contradice la Escritura, que enseña que nosotros le amamos porque él nos amó primero (1 Jn 4:10), pero también niega que la elección sea eterna e incondicional y que el Dios de la elección sea Soberano. Según dichas enseñanzas, Dios es poco diferente a los dioses de los paganos, que, como sus creadores, sólo puede reaccionar a los hombres y a sus hechos.

Otros al darse cuenta que la elección es eterna, se enfocan en la presciencia de Dios y dicen que Dios miró a través del tiempo, y de antemano conoció y previó quienes creerían y luego los escogió por lo que harían. Tal elección hace también dependiente a Dios del hombre, y poco diferente de un adivino.

La Escritura enseña que los decretos de Dios son incondicionales. Romanos 9:15-16 dice que Dios tiene misericordia de quien él quiere, y no en aquellos que aceptan su misericordia, y por lo tanto la salvación "no depende del que quiere [elige], ni del que corre [obra]". Efesios 1:5 enseña que Dios escoge a las personas sólo por el puro afecto de Su voluntad —en un español llano, simplemente porque él los quería, no porque ellos lo querían a él—.

Cuán agradecidos debemos estar de que los decretos de Dios son soberanos e incondicionales y que por lo tanto no dependen de nuestras voluntades frágiles y cambiantes.

Los decretos sabios de Dios

Que Dios es sabio es la clara enseñanza de la Escritura, pero el pueblo de Dios a menudo olvida esto, especialmente cuando están sufriendo o cuando las cosas no van bien para ellos. Entonces es difícil ver la sabiduría de Dios, y uno debe en esos momentos creer sin ver.

En sabiduría Dios ha decretado todo. Esa es la razón de porque todas las cosas trabajan en conjunto. Ellas no ocurren al azar y de forma independiente de otras cosas, sino todas las cosas que ocurren y trabajan juntas encajan como las piezas de una máquina bien aceitada y en buenas condiciones.

Lo hacen porque Dios es sabio. Él sabe cómo hacer que todas las cosas funcionen en perfecta armonía de acuerdo con su propio propósito eterno. Tiene que ser así, porque todas las cosas deben servir a la gloria y honra de Dios, lo cual es su propósito más alto.

Incluido en este propósito, no obstante, está nuestra salvación, porque hay pocas cosas que traen tanta gloria y honor a él como la revelación de su gracia en la salvación de su pueblo. Así, a través de la sabiduría de Dios, todas las cosas ayudan a bien a los que le aman y que son llamados conforme a su propósito (Rom. 8:28).

Esto es lo que debemos creer en nuestros problemas y aflicciones. No sólo debemos ver que hay un propósito en todas las cosas—un propósito que normalmente no podemos discernir—pero también debemos creer en este propósito para

PARTE 1: DIOS Y SU PALABRA

ser sabios y útiles.

Si creemos esto, no nos quejaremos o tendremos miedo, preocupación o desánimo por lo que nos ocurre. Nuestro Dios es sabio y sabe mucho mejor que nosotros lo que es mejor para nosotros, y lo que es necesario para nuestra salvación. De hecho, si conocemos por la fe de la sabiduría de Dios, al final seremos agradecidos por todo lo que nos pasa, incluso por los problemas. Al final, nos daremos cuenta de que el valle de Baca—lo que nos parecía un lugar seco y desértico—de hecho, era un pozo lleno de agua viva y de la gracia de Dios (Sal. 84:6).

Como dice una de las versificaciones del Salmo 131, el conocimiento de la sabiduría de Dios enseña paz:

> No altivo es mi corazón,
> No sublime es mi orgullo;
> No busco conocer las cosas
> Que la sabiduría de Dios ha negado.
>
> Con confianza filial, oh Señor,
> En Ti tranquilamente descansaré,
> Contento como un niño
> Sobre el pecho de su madre.
>
> Vosotros, pueblo de Dios,
> Sólo en él confíen;
> Desde ahora y para siempre
> Su sabiduría sea su guía.[13]

---

[13] Salterio 366, en "The Psalter with Doctrinal Standards, Liturgy, Church Order, and Added Chorale Section [El Salterio con Estándares Doctrinales, Liturgia, Orden Eclesiástico, Sección coral agregada] (Grand Rapids, MI: Eerdmans Publishing Company,1998).

La voluntad de Dios

A veces en la Escritura los decretos de Dios son descritos como su *voluntad*. Esta Palabra nos dice que los decretos de Dios no son un plan muerto que Dios ha almacenado en algún lugar en el cielo, sino son la misma *mente* de Dios. Cuando nosotros hablamos de sus decretos, en realidad estamos hablando de *él*.

Esto es extremadamente importante. Pues significa, por un lado, que los decretos de Dios manifiestan todos los atributos de Dios mismo. Sus decretos, como él mismo es, son eternos, inmutables, perfectos y soberanamente libres.

Esto necesita ser enfatizado ya que hay muchos que enseñan que Dios quiere (su voluntad desea) que todos los hombres sean salvos, pero que su salvación ahora depende de la decisión de ellos. La voluntad de Dios, en ese caso, no sería soberana.

Otros enseñan que Dios tiene dos voluntades, la primera de las cuales es eterna, inmutable, y soberana (irresistible); la segunda de ellas es cambiante, resistible, y temporal, contradiciendo así la primera voluntad de Dios. Ellos dicen que Dios elige eternamente a *algunos* para salvación en Cristo Jesús, es decir, él quiere su salvación. No obstante, así es dicho, Dios también *quiere* la salvación de todos los hombres, porque él expresa en la predicación del evangelio un deseo (voluntad) de que todos los hombres sean salvos.

De acuerdo con esta doctrina, Dios quiere (en el evangelio) y no quiere (en la predestinación) la salvación de algunos. Y en la medida en que Dios quiere la salvación de todos los hombres en la predicación, ese querer nunca es cumplido, es sólo un querer de aquí y ahora y no para la eternidad, y es incompleto y no realizado.

Nosotros nos oponemos a esta enseñanza porque expresa que la voluntad de Dios, y por ende Dios mismo, es incompleta, no realizada, cambiante y resistible (no soberano), y temporal. Dice que hay contradicción (imperfección) en Dios. Incluso enseña que él no es uno, sino dos, ya que él tiene dos

PARTE 1: DIOS Y SU PALABRA

pensamientos acerca de las cosas. Todo esto niega que Dios es realmente Dios.

La Escritura enseña que Dios tiene una sola voluntad, y que Él lleva a cabo todo lo que quiere. El Salmo 115:3 y el Salmo 135:5-6 claramente enseña esto. Ambos salmos lo enseñan en el contexto de algunas declaraciones poderosas acerca de la idolatría. Decir que Dios no hace todo lo que él quiere —que su voluntad puede permanecer incompleta e insatisfecha— es decir que él no es Dios y por consiguiente así cometer el pecado de la idolatría. Esto es lo que estos salmos enseñan.

¿Qué cree usted? ¿Usted dice que Dios es de dos pensamientos en relación a los hombres y su salvación? ¿Se atreve a decir que la voluntad de Dios no es más fuerte que la suya y que él puede verse frustrado en lo que quiere?

¿No es más bíblico y mucho más reconfortante creer que "Nuestro Dios está en los cielos; Todo lo que quiso ha hecho"? Él es, después de todo, Dios.

La voluntad de preceptos y la voluntad de decretos de Dios

Hemos defendido la verdad de que Dios tiene una sola voluntad acerca de la salvación y la condenación. Él no puede querer (en el evangelio) y no querer (en la predestinación) la salvación de los hombres.

Hay, sin embargo, que hacer una distinción legítima que se hizo en el tema de la voluntad de Dios. La Escritura utiliza la palabra *voluntad* para referirse no sólo a los decretos de Dios, sino también a sus preceptos. Sus preceptos, también, son Su voluntad para nuestras vidas, aunque en un sentido diferente.

En sus decretos Dios quiere que ocurran ciertas cosas para nuestras vidas en el sentido de que él soberanamente las *determina*. En su ley también quiere ciertas cosas para nosotros, pero en el sentido de que él las *ordena*. Efesios 1:5 habla de su *voluntad de decreto*, en Mateo 7:21 de su *voluntad de precepto*. Sus decretos revelan lo que se propone hacer mientras que sus preceptos revelan lo que el hombre debe hacer. Su voluntad

• *UN PREMIER DE DOCTRINA REFORMADA*

de decreto incluye todo lo que Dios ha preordenado y que siempre acontecerá. Su voluntad de precepto revela todo lo que el hombre debe ser y hacer.

Esta distinción se utiliza a veces en defensa de la idea de que Dios tiene dos voluntades contradictorias: que él ordena (quiere) que todos los que oigan el evangelio crean en Cristo Jesús mientras al mismo tiempo ha decretado (quiso) que algunos no crean. Esto, creemos, es estar jugando con las palabras ya que el mandato y el decreto son dos cosas diferentes, aunque la palabra *voluntad* se utiliza para referirse a ambos. En el caso del decreto, la palabra *voluntad* se refiere a lo que Dios ha determinado eternamente. En el caso de su mandato, se refiere a lo que es aceptable y agradable ante él. Estas dos no son la misma cosa y, aun así, no existe conflicto entre ellas. Puede ser cierto que Dios manda lo que él no ha decretado, pero aun así no hay conflicto alguno. ¿Por qué? Debido a que el precepto no es una palabra vacía sino más bien algo que Dios usa para cumplir su decreto.

Para decirlo más claramente, cuando Dios le ordena a alguien creer, esa orden, o bien lo atrae irresistiblemente a Cristo en la fe salvadora (Jn. 6:44), o lo endurece en incredulidad (Rom. 9:18; 2 Co. 2:15-16), cumpliendo así con lo que Dios tiene decretado. Por lo tanto, no existe conflicto en absoluto.

Tampoco hay ningún conflicto en la práctica. Cuando alguien se enfrenta a las exigencias del Evangelio, sólo tenemos que saber que la fe es lo que Dios requiere de nosotros. Debemos creer o pereceremos. Lo que Dios ha decretado no es nuestra preocupación y no puede ser nuestra preocupación cuando seamos enfrentados con sus justos preceptos. Nosotros vivimos por sus preceptos, no por sus decretos.

En la búsqueda de consuelo y seguridad, estamos entonces preocupados con el decreto de Dios. Luego debemos ver que la fe y la obediencia son los frutos del decreto de la elección de Dios, viendo en la fe, el arrepentimiento y la santidad la prueba de nuestra elección.

parte 2
EL HOMBRE Y SU MUNDO

Ángeles

La Biblia dice menos sobre los ángeles que lo que dice sobre el cielo. Esto no es una falla en la Escritura. Todo lo que necesitamos saber para la salvación nos *es* dado. Lo que sólo satisfaría nuestra curiosidad no se nos dice. Al hablar de ángeles, por lo tanto, debemos evitar la especulación y contentarnos con aprender que los ángeles tienen un lugar en nuestras vidas y en nuestra salvación.

Sabemos que los ángeles son espíritus y que el cielo es su hogar. También sabemos por la Escritura los nombres de dos ángeles, Gabriel y Miguel. Hay diferentes tipos de ángeles: arcángeles, querubines y serafines, por ejemplo, e incluso diferentes rangos de ángeles, como sugiere la palabra *arcángel* (ángel principal) (ver Col. 1:16). La Escritura también implica que diferentes ángeles tienen diferentes tareas. Miguel es un príncipe, capitán y guerrero (Dan. 12: 1; Jud. 9; Ap. 12:7). Gabriel siempre aparece como mensajero (Lc. 1:19, 26), los serafines son ángeles que adoran en la presencia de Dios (Is. 6:1-4), y los querubines, guardianes de la gloria y el honor de Dios (Gen. 3:24; Ex.25:18-22; Ez. 10:1-20).

La Escritura también nos informa que hay muchos ángeles. Hebreos 12:22 habla de una innumerable compañía de ángeles. Sin embargo, algunos ángeles cayeron con Satanás (Ap. 12:4). La caída de algunos ángeles, como en el caso de los hombres, sucede de acuerdo con el decreto de elección y reprobación de Dios. Por lo tanto, leemos no sólo de los ángeles elegidos (1 Tim. 5:21), sino también de aquellos que permanecen en cadenas eternas hasta el juicio del último día (Jud. 6). Los ángeles elegidos, como enseña Hebreos 12:22, también tendrán parte en la gloria de los cielos nuevos y la tierra nueva. Los ángeles caídos, junto con los hombres malvados, serán enviados al infierno (Jud. 6; Ap. 20:10).

Más allá de estas cosas sabemos poco. Lo que sí sabemos, sin embargo, es muy reconfortante. Todo lo que la Biblia dice acerca de los ángeles se puede resumir en las palabras de

Hebreos 1:14: "¿No son todos espíritus ministradores, enviados para servicio a favor de los que serán herederos de la salvación?" ¡Qué maravillosa verdad!

La función principal de los ángeles, por lo tanto, es ser los siervos de Dios para ayudar al pueblo de Dios y proteger su salvación (Dan. 10:13-14; Dan. 12:1; Ap. 12:7-10). Por eso, los ángeles estuvieron presentes en todos los grandes eventos de nuestra redención: el nacimiento de Cristo (Lc. 2:9-14), sus tentaciones en el desierto (Mt 4:11), su agonía en Getsemaní (Lc. 22:43), su resurrección (Lc. 24:4-7) y su ascensión (Hch. 1:10-11). También estarán presentes cuando él venga otra vez para llevar a su pueblo hacia sí mismo (2 Tes. 1:7).

El profundo interés de los ángeles en nuestra salvación y gloria final también se describe en 1 Pedro 1:12. Allí, la Palabra dice que ellos desean ver las cosas que fueron dichas por los profetas acerca de los sufrimientos de Cristo y la gloria que seguiría. Qué hermoso testimonio de su preocupación por nuestra salvación. Qué consuelo, entonces, creer en los ángeles.

No necesitamos que nuestros ojos se abran como los del sirviente de Eliseo para "ver" a estos espíritus ministradores, y sus caballos y carros de fuego alrededor nuestro (2 R. 6:17). Aunque no podemos verlos, sabemos que están allí. Dios nos lo dice en su Palabra.

Demonios

Acerca de los demonios hay tantas preguntas que no pueden ser respondidas con la Escritura, como hay tales preguntas sobre los ángeles. Lo que necesitamos saber se nos da en la Escritura.

Sabemos que los demonios son todos ángeles caídos. En muchos pasajes, Satanás y sus demonios todavía se llaman ángeles (2 Cor. 11:14; Jud. 6; Ap. 12: 7-9). Tanto 2 Pedro 2:4 como Judas 1:6 dicen que, a través de su pecado, "no guardaron su dignidad"; Una clara referencia a su caída. Isaías 14:4-23 sugiere que el pecado de Satanás fue el orgullo y la rebelión contra Dios.

El pasaje en Isaías es una profecía contra el rey de Babilonia, pero generalmente se toma para referirse también a Satanás, ya que él era el poder detrás del rey de Babilonia, y dado que gran parte de la profecía en Isaías 14 se aplica más claramente a él que al rey de Babilonia, si esta interpretación del pasaje es correcta, entonces Isaías 14 también nos da el nombre que Satanás tenía antes de su caída: "Lucero, hijo de la mañana".

Sabemos que la caída de Satanás tuvo lugar antes que la caída del hombre, ya que Satanás fue el principal instrumento de la caída del hombre (Jn. 8:44). Apocalipsis 12:4, que generalmente se entiende como una referencia a la caída de Satanás y sus ángeles, sugiere que muchos ángeles cayeron con él. Sin embargo, es difícil saber si el versículo enseña que un tercio literal de los ángeles cayó con Satanás pues muchos números en el libro de Apocalipsis son simbólicos.

También sabemos que los demonios tienen un gran poder. Satanás mismo es llamado el *príncipe* y el *dios* de este mundo (Jn. 12:31; 2 Cor. 4:4). Su poder es tan grande que no podemos resistirlo con nuestras propias fuerzas (Ef. 6:11 ss.). Se le compara en 1 Pedro 5:8 con un león rugiente que acecha buscando a quién devorar.

El poder de Satanás es, especialmente, el poder de la mentira, el engaño y la tentación (Jn. 8:44; Ap. 13:14; Mt. 4:1 ss.). A través de estos medios, él mantiene cautivos a los hijos de este mundo (2 Cor. 4:4) y es el gran enemigo de los creyentes y de la iglesia. Sus propios nombres se refieren a este poder. *Satanás* significa "adversario" o "acusador", y *diablo* significa "calumniador". Debido a sus mentiras y calumnias, también es conocido como *Apolión*, "destructor" (Ap. 9:11). Por sus mentiras asesinó a nuestros primeros padres (Jn. 8:44) y continúa asesinando a hombres y mujeres hoy.

Es importante que los cristianos se den cuenta que Satanás, a pesar de su poder, puede y debe ser resistido por gracia, y que entonces el huirá. Santiago 4:7 nos dice esto, y las tentaciones de Jesús nos dan muchas instrucciones sobre cómo debemos resistirlo: conociendo y confesando la Palabra de Dios,

PARTE 2: EL HOMBRE Y SU MUNDO

orando y ayunando (véase también el v.8). También debemos saber que, aunque Satanás tiene un gran poder, está bajo el control y la dirección soberana de Dios (Mt. 12:29; Ap. 20:2) y será arrojado con todos los demás obradores de iniquidad a los fuegos eternos del infierno (Ap. 20:10). Por lo tanto, como Lutero escribió en el himno "Castillo fuerte es nuestro Dios", " ¡Que muestre su vigor Satán, y su furor! Dañarnos no podrá, Pues condenado es ya".[14]

Lo que sabemos de los demonios se nos dice para que, revestidos con la armadura de Dios, podamos enfrentarnos a todos sus dardos ardientes. Hagámoslo y no temblemos.

Creación en seis días

La mayoría de la gente de hoy no cree que la historia de la creación contada en Génesis 1-3 sea cierta. Esto no es sorprendente. Lo sorprendente es que algunos *cristianos* piensan que no importa si crees en el relato de Génesis 1-3 o en las teorías de los evolucionistas. Nosotros creemos que es esencial aceptar el relato bíblico de la creación como historia literal. La Biblia muestra por qué.

Por una razón, si tú niegas que Génesis 1-3 es verdadero, realmente has negado que la Biblia sea la Palabra de Dios inspirada e infalible de principio a fin. Has negado 2 Timoteo 3:16: "Toda la Escritura es inspirada por Dios".

No sólo eso, sino que también has negado otras partes de la Escritura, y al hacerlo has hecho mentiroso tanto a Dios como a nuestro Señor Cristo Jesús. Considera esto. En el cuarto mandamiento de la ley, Dios dice: "Seis días trabajarás, y harás toda tu obra; más el séptimo día es reposo para Jehová tu Dios... Porque en seis días hizo Jehová los cielos y la tierra, el mar, y todas las cosas que en ellos hay, y reposó en el séptimo día" (Ex. 20:9-11). ¿No sabía Dios de lo que estaba hablando?

Si crees que el hombre "evolucionó", entonces considera lo que Jesús dice en Mateo 19:4-5: "¿No habéis leído [en Gén. 1:27 y Gén. 2:24] que el que los hizo al principio, varón y hembra

---

[14] Tercera estrofa "Escudo Fuerte es Nuestro Dios".

los hizo, y dijo: Por esto el hombre dejará padre y madre, y se unirá a su mujer, y los dos serán una sola carne?" Obviamente, Jesús creía que los dos primeros capítulos del Génesis eran ciertos. ¿No deberíamos creer en ellos también?

Si crees que el hombre evolucionó y que nunca hubo una persona real llamada Adán, tampoco podrás creer en la caída y el pecado original como se enseña en pasajes como Romanos 5, que dicen que el primer hombre, Adán, fue un hombre de verdad, que cayó y por quien el pecado y la muerte llegaron a toda la raza humana. Negar la verdad de Génesis 1-3 es negar que haya habido tal hombre y no tener explicación para el pecado y la muerte. Aún más, si no creemos que haya habido un verdadero primer Adán, ¿cómo creeremos en Cristo como el "último Adán" (1 Cor. 15:45, 47) y en la salvación a través de él?

Es imposible negar el relato de la creación del Génesis y todavía creer en Cristo como Salvador. Cristo no sólo es el último Adán, sino que la historia de la creación y la caída es la razón por la que lo necesitamos. Negar al primer hombre significa negar la caída en pecado, el pecado original derivado de Adán, y la necesidad de Cristo. Él, seguramente no vino y murió simplemente para arreglar algunas cosas que salieron mal en el desarrollo evolutivo del hombre.

La diferencia entre creacionismo y evolucionismo *sí* importa. Es importante incluso en creer para la salvación, aunque eso no quiere decir que no haya cristianos que hayan sido engañados y mal enseñados. Asegurémonos, entonces, de creer en la creación, en el Creador, en la Palabra que enseña la creación, y en Cristo quien es tanto Creador (Jn. 1:3) como Salvador de aquellos que, por la gracia de Dios, conocen su gran necesidad y que la conocen gracias a la historia de la creación.

Evolucionismo

A menudo se sugiere que la teoría de la evolución, la darwiniana u otra, es científica y que cuando entra en conflicto con el relato bíblico de la creación, es la última la que debe ceder. La evolución es un hecho, es lo que se dice, pero la historia de la creación es solo una cuestión de creencia religiosa. Eso es una mentira.

Los principios básicos del evolucionismo no son hechos científicos en absoluto, sino asuntos de creencia. El evolucionismo es una religión tanto como la creencia en la Biblia y lo que enseña sobre los orígenes de este mundo. De hecho, la evolución es la religión de aquellos que quieren explicar este mundo sin Dios, que desean sacarlo de su mundo, como Creador y como Dios de la providencia.

El evolucionismo, por lo tanto, es realmente ateísmo, una religión que niega a Dios y su lugar sobre la creación. Es un intento del hombre incrédulo por explicar todas las cosas sin Dios. Por esta razón, tampoco puede haber punto medio entre la Escritura y la enseñanza de la falsamente llamada "ciencia evolutiva" (1 Tim. 6:20).

Un ejemplo de uno de estos "hechos" de la evolución, que no es un hecho ni está probado científicamente, es el principio del uniformismo: que todas las cosas sucedan de acuerdo con leyes naturales fijas, que nunca cambian. Si el uniformismo no es cierto, tampoco lo es el evolucionismo. Tampoco los científicos tienen ninguna manera de demostrar que el evolucionismo es verdadero. Sólo alguien que haya vivido desde el principio hasta ahora, como lo ha hecho Dios, podría probar que estas llamadas "leyes naturales" no han cambiado.

La Biblia nos muestra que el principio del uniformismo está mal. El uniformismo dice que todas las cosas han continuado igual desde el principio, sea cuando este haya sido. Dice que la tasa de descomposición radiactiva, la acumulación de sedimentos, la formación de fósiles, la erosión y esas cosas siempre se han llevado a cabo de acuerdo con leyes naturales fijas. La Biblia, en 2 Pedro 3:3-7, muestra claramente que esto no es así. Previendo el desarrollo de estas teorías incrédulas, el Espíritu Santo escribió en esos versículos que todas las cosas *no* han sido iguales. Antes del diluvio hubo un mundo completamente diferente, un mundo que pereció en el gran diluvio y ya no existe. Dios mismo intervino con un diluvio universal y cambió la naturaleza misma del mundo, como lo hará una vez más cuando llegue el fin. Las teorías "científicas" de los hombres, por lo tanto, son útiles sólo en el tiempo posterior al diluvio y no pueden decirnos nada sobre el mundo antes del diluvio.

Sin embargo, no buscamos probar el creacionismo. El relato bíblico de la creación en seis días no es un asunto de prueba, sino de fe en Dios: "Por la *fe* entendemos haber sido constituido el universo por la palabra de Dios, de modo que lo que se ve fue hecho de lo que no se veía." (Heb. 11:3). El evolucionismo es *incredulidad*. La fe escucha y obedece a Dios antes que al hombre.

Evolucionismo teísta

Desde Darwin, ha habido intentos, de parte de cristianos mal aconsejados, por unir el evolucionismo y la Biblia encontrando algún punto medio entre los dos. Todos estos intentos de transigencias son llamados "evolucionismo teísta". A continuación, se presentan algunos ejemplos del evolucionismo teísta.

La *teoría de la brecha* inserta los miles de millones de años requeridos por la evolución y sus procesos de desarrollo en una supuesta "brecha" entre Génesis 1:1 y Génesis 1:2. Las "evidencias" de la evolución, entonces, serían los restos de un primer mundo que pereció. Sin embargo, no hay la menor pista en la Escritura de un mundo así.

La teoría del *periodo* o *día-era* se basa en la noción de que los días de Génesis 1 y 2 fueron en realidad largos períodos de tiempo. Sin embargo, este intento se responde fácilmente con referencia a Éxodo 20:8-11, lo que deja en claro que los días de Génesis 1 y nuestros días de 24 horas fueron los mismos.

La *teoría del mito* afirma que los capítulos 1-3 del Génesis no son historia, sino poesía, mito o algún tipo de modelo de enseñanza del que se puede aprender la verdad, pero que no debe tomarse como un hecho. La dificultad con esta teoría es que Jesús y los apóstoles aceptaron la historia de la creación como literal (Mt. 19:4; Rom. 5:12; 1 Cor. 15:45-47).

Todas estas teorías fallan a la luz del claro testimonio de la Escritura sobre la creación en seis días ordinarios y sobre la historicidad de los primeros capítulos del Génesis.

Dios mismo habla en Éxodo 20:8-11 de la creación en seis días ordinarios, días como aquellos en los que hacemos nuestro trabajo. Jesús y Pablo creían en un verdadero Adán histórico, el primer hombre creado por Dios, y no un producto de la evolución (Mt. 19: 4-6; 1 Cor. 15:45). Pedro era un creacionista (2 Pe. 3:5). También lo fue Juan (1 Jn. 3:12).

¿Nos atreveremos a decir que Dios no sabía de qué estaba hablando cuando dio la ley? ¿Estaba Jesús diciendo tonterías cuando empleó la creación de Adán y Eva como modelo para el matrimonio? ¿Mintió Pablo cuando llamó a Adán el "primer hombre"?

Por lo tanto, la noción de que nuestra creencia en el origen del mundo no importa es una mentira. Así como lo es la idea de que podemos creer en el evolucionismo sin que eso afecte al resto de nuestra fe, especialmente nuestra fe en Cristo como Salvador. La veracidad de Jesús y de Dios mismo están en juego.

Sin embargo, en el debate sobre el evolucionismo, no solo están en juego la veracidad de Dios y la veracidad de los escritores humanos de la Escritura, sino también la doctrina de la Escritura misma. La Escritura, a lo largo de sus páginas, dan testimonio de la veracidad histórica de Génesis 1–11. O la Escritura es verdadera y todo hombre es mentiroso, o los hombres dicen la verdad cuando proponen sus teorías, y la Escritura es culpable de mentiras y engaños. ¿Cuál crees que es más probable?

La teoría de la creación del día-era

La *teoría del día-era*, a veces llamada *teoría del período* (que los días de Génesis 1 eran en realidad largos períodos de tiempo o edades) es sólo un intento de reconciliar el evolucionismo y la Escritura. Lidiaremos con esto para mostrar cuán fácilmente se pueden refutar estos intentos. También queremos mostrar que es a través del estudio cuidadoso de la Escritura que tales ideas son refutadas. La escritura, interpretándose a sí misma, es nuestra guía segura y cierta.

Si alguien estudia el uso de la palabra *día* en la Escritura, descubrirá rápidamente dos cosas. Tal estudio mostrará que la palabra *día*, en la Biblia, puede referirse a un período de tiempo mucho más largo (2 Pe. 3:8-10). No puede haber ninguna duda acerca de eso.

Sin embargo, estudios posteriores mostrarán que la palabra *día* nunca se refiere a un largo período de tiempo cuando se usa con los números ordinales (primero, segundo, tercero, etc.). Con números ordinales, la palabra *día*, en la Escritura, siempre se refiere a un *día* ordinario, un día de 24 horas. Ya que se usa la palabra día con números ordinales en Génesis 1, debe referirse a días ordinarios. Así, la Escritura se interpreta a sí misma.

Dios mismo establece que estos fueron días ordinarios, primero en Génesis 1 al hablar de la mañana y la tarde, y luego en Éxodo 20:11, donde los días de la creación se convierten en el patrón perpetuo para nuestro uso de los días de la semana. Los días de Génesis 1, dice Dios, fueron días como aquellos en los que hacemos nuestro trabajo. Un estudio adicional mostrará que "tarde y mañana", cuando se usan juntos, *siempre* significa una cosa en la Escritura: un día como los que experimentamos todos los días de nuestras vidas. Nuevamente, la Escritura se interpreta a sí misma.

Hay una advertencia en esto para cada estudiante de la Biblia. Es decir, debemos llegar a la Escritura y escuchar lo que dice la Escritura. No debemos traer nuestras propias interpretaciones a la Escritura y forzarlas para que encajen en la Palabra de Dios. Nuestro deber no es dar nuestra propia interpretación de la Escritura, sino estudiar la Escritura y compararlas cuidadosamente para que puedan interpretarse a sí mismas. Entonces debemos creer y someternos a su enseñanza.

El evolucionismo teísta es una negativa a escuchar lo que dicen la Escritura, no sólo en Génesis 1-3, sino en todos los otros pasajes que interpretan y arrojan luz sobre estos tres capítulos. El evolucionismo teísta es un rechazo a escuchar lo que el Espíritu dice como autor de Génesis 1-3 y como intérprete soberano de estos capítulos y de toda la Escritura.

El problema no es solo creacionismo versus evolucionismo, sino la inspiración, autoridad y suficiencia de la Escritura. Esto siempre es así y es la razón por la cual cualquier intento de combinar el evolucionismo con la Escritura resulta en la pérdida de la verdad de la Escritura por los, así llamados, hechos científicos y por las teorías del evolucionismo incrédulo.

Como alguien dijo una vez: "Si tuviera que elegir entre Dios diciendo que a Jonás se lo tragó una ballena, o un científico diciendo que es imposible que un pez se trague a un hombre, elegiría lo primero". Dios es verdadero y todo hombre mentiroso. Lo que él dice acerca de la creación no puede ser incorrecto.

La Providencia de Dios

La palabra *providencia* no se encuentra en la Biblia. Es usada como un nombre para la enseñanza bíblica de que Dios es el omnipresente Gobernante de toda la creación.

Como soberano Gobernante de la creación, Dios cuida y provee para las necesidades de todas sus criaturas. Note que la palabra *proveer* se encuentra en la palabra providencia. Sin embargo, la providencia no solo se refiere a este proveer, sino también al control, dirección y uso que Dios hace de todas las cosas para sus propios propósitos. "Y él hace según su voluntad en el ejército del cielo, y en los habitantes de la tierra, y no hay quien detenga su mano, y le diga: ¿Qué haces?" (Dan. 4:35). Esto también es su providencia.

Providencia significa que nada sucede porque sí. No hay tal cosa como azar o suerte (Mt. 10:29-30). Todas las cosas son obra de Dios. Aún los hechos pecaminosos de los hombres malvados y la actividad del diablo están completamente bajo el control de Dios (Ex. 4:21; 1 Sam. 2:25; 2 Sam. 16:10; 2 Sam. 24:1; 1 R. 22:19-22; Sal. 139:1-16; Prov. 16:1, 4, 9; Prov. 21:1; Is. 10:15; Is. 45:7; Is. 63:17; Jer. 10:23; Dan. 4:17; Amos 3:6; Matt. 8:31; Hch. 2:23; Hch. 17:28; Rom. 9:18). Aun así, Dios es tan grande que no es responsable de ninguna de las impiedades que el hombre hace. Verdaderamente sus caminos no son nuestros caminos, ni sus pensamientos nuestros pensamientos (Is. 55:8).

Cuando la Escritura habla de la providencia de Dios, muy frecuentemente habla de su "mano" (Sal. 109:27; 1 P. 5:6). Es por su mano que él provee para sus criaturas y les da vida y aliento. Es con su mano que él guía y dirige el curso de todas las cosas de tal manera que sirven para su propio maravilloso propósito. Su mano es su poder omnipotente y soberano.

Algunas veces incluso los hombres se han descrito como la mano de Dios cuando él los usa para cumplir sus propósitos (Sal. 17:13-14) o cuando son los instrumentos de su propósito (Gén. 49:24; Sal. 17:13: Is. 10:15). Y, lo que, es más, estos hombres son incapaces de cuestionar los tratos de Dios (Is. 45:9), aún y cuando son los instrumentos que Dios usa.

Debe haber un terror indescriptible en este pensamiento para el impío, porque sin importar qué hagan y dónde vayan, están en las manos de Dios y no pueden hacer nada fuera de aquel que es su Juez y Verdugo. Por la misma razón, para los creyentes hay consuelo sin fin en la providencia de Dios, ya que la mano que los sostiene es la mano de su Padre (Jn. 10:28-29), quien los ha amado eternamente y quien soberana y agraciadamente cuida de ellos. La Escritura incluso habla de ellos como *esculpidos* en las manos de Dios (Is. 49:16).

Entonces, sabiendo que él es su Padre celestial, los creyentes aprenden de esta doctrina de la providencia que su Padre es todopoderoso. Él es capaz de hacer todas las cosas necesarias para su salvación. Él controla todas las circunstancias de su vida, incluyendo las cosas que parecen estar contra ellos. La enfermedad, la muerte, la pobreza, la aflicción y la persecución no llegan por azar, sino que todas están bajo el soberano control de aquel que ama a su pueblo y que dio a su Hijo unigénito por ellos. Ciertamente, entonces, todas las cosas ayudan a bien a aquellos que aman a Dios (Rom. 8:28), y nada los puede separar del amor de Dios en Cristo Jesús (v. 39).

PARTE 2: EL HOMBRE Y SU MUNDO

Preservación y Providencia

Un aspecto de la providencia de Dios es referido como "preservación". Con esto queremos decir que es Dios quien da vida y existencia a todas sus criaturas y quien "preserva" sus vidas. No lo hace solamente con la creación en general —bestias y aves, planetas y estrellas, pasto y árboles— sino también con los hombres, los ángeles y aún los demonios (Sal. 104:10-24; Lc. 8:26-33). En él todas las criaturas viven y se mueven y tienen su ser (Hch. 17:28).

Esta es una gran verdad. Esto significa que nada existe a menos que Dios esté constantemente presente con y en ello por su omnipotente poder, y que él esté siempre sosteniéndolo. Las cosas no existen por ellas mismas. Esto es verdad tanto de la silla en la que estoy sentado al escribir esto, así como del sol y la luna en sus órbitas.

Esto también significa que el orden y la armonía de la creación no son el resultado de las así llamadas leyes naturales, sino que son el resultado de la omnipresencia de Dios (que él está en todas partes) y su omnipotente poder. La primavera, el verano, el otoño y el invierno no vienen cada año en el mismo orden debido a las "leyes naturales", sino porque Dios fielmente las envía. Los planetas no obedecen a las leyes naturales al mantenerse en sus órbitas, sino que obedecen a Dios, quien los guía y dirige.

Esta obra de Dios en la creación es uno de los medios por los cuales él da testimonio de sí mismo a todas las personas (Hch. 17:24-28; Rom. 1:18-20). No hay nadie que sea capaz de decirle a Dios en el día del juicio, "No te conocí". Por lo que no habrá excusa, aún y cuando este testimonio de Dios, en la creación, no sea una revelación de *salvación* para los hombres.

Al vivir en medio de tal testimonio del poder y la fidelidad de Dios, es vergonzoso que los hombres no le alaben (Rom; 1:21). Esto es especialmente verdad porque Dios también los preserva y provee para ellos. En lugar de glorificarle y ser agradecidos, ellos se van a la idolatría y la inmundicia, como Pablo señala en Romanos 1.

Por lo tanto, la idolatría no es buscar a Dios, sino darle la espalda, y es una evidencia al mismo tiempo de que aún los paganos saben algo del Dios verdadero. Al rechazarlo, Dios los entregó al más grotesco de los pecados, especialmente al pecado de la homosexualidad (vv. 24-27). Pero aún esto es evidencia de que lo conocen.

Estos viles pecados son sólo el castigo por la ingratitud de tales hombres. Al actuar como bestias, que no conocen a Dios, se han hecho peores que bestias cuando Dios les entrega a pecados que ni siquiera las bestias cometen.

La presencia de Dios y su poder preservador en la creación son, para el creyente, un testimonio maravilloso del Dios que conoce y ama en Cristo. Aquel que sabe que vive, se mueve y tiene su ser en Dios, nunca tendrá miedo de nada, y siempre estará agradecido, no solo porque Dios preserva y protege su vida espiritual, sino también porque Dios le da, día con día, vida y aliento y todas las cosas (Hch. 17:25). Él morirá en paz en la confianza de que aquél que da la vida y la preserva, también la quita, y de que Dios es el Padre fiel de su pueblo, aún en la muerte.

Gobierno y Providencia

Otro aspecto de la providencia de Dios es *su gobierno y dominio sobre todas las cosas*. Que Dios domina es claro en la Escritura (Sal. 2:2-4). Como el Gobernante de todas las cosas y como el Dios de la providencia, él es el "bienaventurado y solo Soberano, Rey de reyes, y Señor de señores" (1 Tim. 6:15).

Ese dominio providencial de Dios es:

Todo-abarcante. No hay nada, ni siquiera Satanás o el pecado, sobre lo cual Dios no gobierne soberanamente (Job 1:12; 2:6).

Soberano. Dios no solamente gobierna todas las cosas, sino que las domina de tal manera que éstas deben hacer su voluntad y servir a su propósito. En el caso de los hombres, los ángeles y los demonios, su dominio no está en riesgo, o dependiente, de la voluntad de sus criaturas (Job 9:12).

PARTE 2: EL HOMBRE Y SU MUNDO

Justo. Dios gobierna todas las cosas de tal manera que la responsabilidad por las acciones de los hombres, los ángeles y los demonios sigue siendo de ellos. No se le puede acusar a él por el mal que ellos hacen, aunque está completamente en control de ello y aún hace que ello suceda (Rom. 9:17-20).

Lleno de propósito. Dios no solo gobierna, sino que lo hace de acuerdo con un plan perfecto al cual todo se debe conformar y de hecho se conforma. Nada sucede por azar. Nada sorprende a Dios o causa que cambie de opinión o voluntad (Sal. 115:3; Sal. 135:6; Rom. 9:21-22).

Incomprensible. Tan grande es Dios como Gobernante que todos sus caminos están más allá de nuestro entendimiento (Job 9:19; Is. 55:8). Aunque todas las cosas ayudan a bien a su pueblo y para la condenación para el resto, no siempre es posible que nosotros veamos esto. Vivimos por fe, no por vista (2 Cor. 5:7).

De gracia. Dios gobierna para beneficio de su pueblo (Rom. 8:28). Todas las cosas no simplemente suceden para ayudar al bien de aquellos que aman a Dios, sino que suceden debido a que él las controla y las dirige mediante Jesús nuestro Salvador.

Sin embargo, el dominio de Dios no es de gracia para todos. Su dominio sobre los impíos es lo opuesto a su dominio sobre su pueblo. Es un dominio condenatorio, no solo porque ellos rechazan su dominio y desprecian sus dones, sino también porque él activamente los gobierna para su propia destrucción y condenación. Esto no niega que él les da cosas buenas —vida y aliento, comida y abrigo, años fructíferos, y todo lo demás— pero nunca lo hace por amor o por gracia.

Este dominio providencial de Dios debe ser creído, porque lo que vemos no siempre parece estar bajo el sabio dominio de Dios. En lugar de orden vemos desorden en la creación y en la sociedad; en lugar de justicia vemos injusticia, caos y aparente confusión en la historia y la creación. No obstante, la fe cree y confiesa que Dios está en control, que nada sucede por azar, y que por gracia de Dios todo es para bien. La fe sostiene que todas las cosas *deben* obrar para el bien del pueblo de Dios, y que deben de obrar *conjuntamente* para ese bien de aquellos que aman a Dios.

La Providencia todo-abarcante de Dios

Debe enfatizarse tan fuertemente como sea posible que la providencia de Dios está sobre todas las cosas en la tierra, en el cielo y en el infierno. Esta es simplemente otra manera de decir que Dios es soberano. La Escritura nos enseña que el rige soberanamente sobre:

- Los ángeles (Sal. 103:20-21)
- Los demonios (Job 1:12; Job 2:6)
- Todos los hombres (Jer. 10:23; Hch. 17:28)
- Los corazones de los hombres (Prov. 21:1)
- Las acciones de los hombres (Prov. 16:9)
- Los pensamientos y las palabras de los hombres (Prov. 16:1)
- Los actos pecaminosos de todos los hombres (Sal. 33:10; Prov. 16:4; Amos 3:6; Hch. 2:23)
- Los pecados de su propio pueblo (Is. 63:17)
- El endurecimiento de los corazones de los hombres en pecado (Ex. 4:21; Rom. 9:18)
- El clima y las estaciones (Hch. 14:17)
- Las estrellas y los planetas (Sal. 104:19)
- Las grandes cosas de la creación (Jer. 5:24; Dan. 4:35)
- Las cosas más pequeñas e insignificantes (Mt. 10:29-30)
- Los así llamados desastres naturales y los eventos desagradables (Sal. 105:29; Sal. 148:8)
- La guerra y la paz (Is. 45:7)
- La vida y la muerte (Gén. 4:1; Sal. 31:15; Sal. 104:28-29)
- Todas las cosas (Sal. 103:19)

Sin embargo, la providencia de Dios no es solo su gobierno. No olvidemos que también hace que todas las cosas sucedan, las dirige. las controla, y las usa para llevar a cabo su propio propósito y su buena voluntad (Ex. 3:19-20; Is. 44:28; Is. 46:9–10; Ef. 1:5; Fil. 2:13).

Este es tanto el misterio como el milagro de la

providencia. Es un misterio que Dios use todas las cosas, incluso la impiedad y a aquellos que actúan impíamente, sin que él sea responsable de la impiedad. Es un milagro de gracia que él use soberanamente todas las cosas para la salvación de los suyos y para el bien de aquellos que le aman y que han sido llamados conforme a su propósito. Lo hace por causa de Cristo, quien sufrió, murió y resucitó por los pecados de su pueblo.

Providencia y la "Gracia Común"

En su providencia Dios provee para todas sus criaturas (Hch. 17:25). Esto significa que Dios da muchas dádivas buenas a los impíos, incluso no solo la lluvia y el sol, la comida y la casa, vida y aliento, sino también una mente racional, una voluntad, y un espíritu.

Muchos concluyen de esto que Dios ama a los impíos y es misericordioso para con ellos. Estas cosas, dicen, son la "gracia común" de Dios, su gracia para todos, una gracia que no los lleva a la salvación pero que es de todos modos un testigo a ellos del favor y amor de Dios para con ellos. Sin embargo, una providencia común no es igual a una gracia común, y estas dos no se deben confundir. Tampoco la Biblia usa la palabra *gracia* para describir estas operaciones comunes de la providencia de Dios.

Esto no quiere negar que las dádivas que Dios da a los impíos son *buenas* dádivas (Stg. 1:17). Pero decir que Dios les da buenas dádivas no implica que los ame o que les muestre gracia. Decir que Dios da buenas dádivas a los impíos todavía no dice nada sobre del *porque* Dios les da tales buenas dádivas. La Biblia enseña que él tiene otros motivos que el amor o la misericordia para darles buenas dádivas a los impíos. él les da estas buenas dádivas en su ira, como trampa para ellos (Sal. 11:5, Prov. 14:35, Rom. 11:9), para maldición (Prov. 3:33), y para su destrucción (Sal. 92:7). Por estas dádivas los pone en *deslizaderos* y los deja caer en *asolamiento* (Sal. 73:18 en el contexto de versículos 3-7). Esto se ve claramente en como los impíos usan estas dádivas para pecar contra Dios y para hacerse dignos de condenación.

Esto es tan cierto que somos mandados en la Escritura a

imitar a Dios en nuestras interacciones con nuestros enemigos —hacer bien a ellos entendiendo que si no se arrepienten y creen entonces nuestras buenas obras serán usadas para su destrucción y condenación (Rom. 12:20-21)—.

No nos debería sorprender que una dádiva que es buena en si misma puede ser dada por tales razones. Si un padre diera a su hijo infante un cochillo de carnicero bien afilado —una cosa indispensable en la cocina—, ciertamente nos llevaría a preguntarnos si el estaría dando tal "buena dádiva" en amor y piedad. El hijo ciertamente lo usaría mal para su propia destrucción como también hacen los impíos con toda buena dádiva que Dios les da.

Quizá el peligro más grande en la doctrina de la gracia común es que destruye nuestra esperanza en Dios. Si lluvia y sol y salud y vida son gracia en sí mismas, entonces ¿qué hemos de concluir cuando Dios nos envía lo opuesto: enfermedad o pobreza o sequía o muerte? ¿Son estas cosas su maldición? ¿Nos los envía porque nos odia? Si la gracia esté en las "cosas buenas", ¿acaso no tenemos gracia cuando Dios no nos da estas cosas buenas? ¿No deberíamos concluir esto en vez de eso, que todo lo que él nos envía, como su pueblo, ya sea salud o enfermedad, pobreza o prosperidad, vida o muerte, él los envía en amor y gracia y para nuestro bien (Rom. 8:28), pero que todo lo que envía a los impíos, aunque sea "bueno" en sí mismo, es de todas maneras para su condenación? ¿De qué otra manera tendremos consuelo en todos nuestros dolores y aflicciones?

La Providencia y la restricción del pecado

En su providencia Dios controla y dirige todas las cosas que suceden. Incluso la vida de los hombres en todos sus detalles está bajo este control soberano de Dios. "Él hace", como dijo Nabucodonosor, "según su voluntad en el ejército del cielo, y en los habitantes de la tierra" (Dan. 4:35). Por lo tanto, por su providencia Dios también controla y dirige las acciones pecaminosas de los hombres, como es evidente en el ejemplo de Nabucodonosor y otros (1 Sam. 2:25; 2 Sam. 16:10;

PARTE 2: EL HOMBRE Y SU MUNDO

2 Sam. 24:1; 1 R. 22:19-22; Hch. 2:23; Rom. 9:18). Incluido en esta obra providencial y soberana de Dios está una restricción del pecado. Dios, por su providencia, restringe de muchas diferentes maneras la impiedad de los hombres.

La Escritura nos da muchos ejemplos de esta restricción del pecado. Génesis 6:3 es el primer ejemplo en la Escritura. Allí Dios restringe el pecado acortando la longitud de la vida del hombre. También restringió el pecado en el tiempo de la torre de Babel al cambiar el habla del hombre. Los pasajes que nos hablan de que Dios entrega a alguien al pecado también implican una restricción previa de algún tipo. (Sal. 81:11; Hch. 7:42; Rom. 1:24-28).

Muchos citan estos pasajes como ejemplos de la así llamada gracia común. Que Dios restringe el pecado del hombre, dicen ellos, es una evidencia de la disposición de la gracia de Dios hacia todos los hombres. Algunos incluso dirían que esta gracia común es el resultado de una obra no-salvadora de Dios en el corazón, mente y voluntad del hombre, que deja al hombre menos que *totalmente* depravado, y que prepara el camino para el evangelio haciendo posible para el hombre que acepte o rechace el evangelio como una oferta de gracia salvadora.

Sin embargo, que exista tal restricción del pecado no prueba que es un asunto de gracia. La pregunta "¿Cómo y por qué es restringido el pecado?" aún debe plantearse.

La Escritura claramente enseña que esta restricción del pecado se logra solamente mediante el *poder* de Dios, no por ninguna operación de *gracia* del Espíritu obrando algún cambio en la naturaleza depravada del hombre. Por lo tanto, es lo mismo que ponerle un bozal a un perro rabioso. Evitamos que muerda, pero no hace nada para que se recupere de su locura. De esta manera Dios usa muchas cosas, especialmente el temor a las consecuencias, sin cambiar sus corazones. Uno de los mejores ejemplos de una soberana restricción del pecado, pero no de gracia, se encuentra en Isaías 37:29, donde Dios le dice al rey de Asiria: "Pondré, pues, mi garfio en tu nariz, y mi freno en tus labios, y te haré volver por el camino por donde viniste."

No hay nada de gracia en eso.

Este mismo pasaje de Isaías nos recuerda el propósito de esta restricción. No tiene otro propósito que la protección y la preservación del pueblo de Dios en el mundo.

Las operaciones comunes de la providencia de Dios *no* son una gracia común. La gracia es el poder por el cual Dios salva a su pueblo (Ef. 2:8-10). No hay otro tipo de gracia más que la maravillosa y sublime gracia salvadora. Gloria a Dios por esto.

La creación del hombre

Creemos que el hombre fue creado por Dios. No evolucionó. De hecho, su creación fue la corona de todas las obras de Dios en el principio y un testimonio poderoso de la grandeza de Dios y al lugar único del hombre en el mundo de Dios.

La Escritura nos muestran la singularidad del hombre de muchas maneras diferentes:
- Dios habló consigo mismo antes de crear al hombre, algo que no hizo cuando creó otras cosas (Gén. 1:26).
- Dios creó al hombre a su propia imagen (Gén. 1:26-27).
- Dios creó al hombre por medio de un acto doble (Gén. 2:7) y no lo llamó simplemente a la existencia como lo hizo con las bestias, las aves y los peces.
- Dios creó al hombre para vivir en comunión con él (Gén. 2:15-17).
- Dios hizo un hogar especial en el que el hombre pudiera vivir (Gén. 2:8).
- Habiendo creado al hombre, Dios habló directamente con él (Gén. 1:28).
- Dios le dio dominio sobre todas las otras criaturas terrenales (Gén. 1:28).

El relato escritural de la creación del hombre difiere radicalmente de la teoría de la evolución, la cual ve al hombre como diferente a las bestias solamente en grado, no en naturaleza o en especie, y ciertamente, no en su habilidad de conocer a

Dios y de vivir en relación con Él. Como no ven una distinción real entre el hombre y la bestia, los evolucionistas empiezan a confundir los dos en otras maneras también, como cuando hablan de "los derechos de los animales", cuando tratan a los fetos como algo para ser desechado, y refiriéndose a los pueblos idólatras como "primitivos".

Sin embargo, y de manera más importante, la singular creación del hombre nos recuerda el alto lugar que el hombre tuvo en esa primera creación y cuánto perdió mediante la caída. Sólo la gloria de ese primer estado puede explicar la miseria de este presente estado. Solamente uno creado para vivir en comunión con Dios puede ahora vivir en comunión con Satanás. Sólo uno creado tan alto podía caer tan bajo. Solamente uno creado para vida eterna puede, por su pecado, traer sobre sí mismo muerte eterna.

Los evolucionistas no pueden entender la presente condición del hombre, así que esperan encontrar remedios en la educación, las reformas sociales, la política y otras "soluciones" humanas parecidas. Un evolucionista no cree, y no puede creer, que el hombre esté perdido, ni que su condición sea miserable, ni que su estado sea de incapacidad. No puede ver que las soluciones terrenales y temporales a los problemas del hombre son desesperanzadores. Sólo en la Escritura tenemos un correcto entendimiento de la condición original y de la gran necesidad del hombre.

Al comprender lo que era el hombre, y lo que ha llegado a ser mediante el pecado, vemos que es imposible para él levantarse a sí mismo sólo por sus propias fuerzas, o incluso que encuentre el remedio que necesita. No buscamos ninguna solución concebida humanamente, sino a Jesús, la única y divina solución, y remedio para la miseria del hombre.

El hombre a la imagen de Dios

Una de las cosas más maravillosas de la creación del hombre es que fue creado originalmente a imagen de Dios. Entonces él era como Dios en algunos aspectos. Nada podría ser más maravilloso que eso.

El hombre no podría ser como Dios físicamente, ya que Dios es un Espíritu a quien ningún hombre ha visto ni puede ver (Jn. 4:24; 1 Tim. 6:16). La semejanza, por lo tanto, era una semejanza *espiritual*. La Biblia nos dice en Efesios 4:24 y Colosenses 3:10 que había tres formas espirituales en que el hombre era como Dios. Tenía justicia, santidad y verdadero conocimiento de Dios. Así era el hombre antes de caer en pecado y condenación.

Tenía la imagen de Dios para poder conocer a Dios, amarlo y vivir feliz con Él. Esto es imposible para las bestias y para la creación bruta, que no tienen nada de la imagen de Dios.

Sin embargo, a menudo se hace la pregunta de si al hombre caído y pecador le queda algo de la imagen de Dios. Esta es una pregunta importante. Si el hombre tiene algo de la imagen de Dios en su condición pecaminosa, debe haber algo bueno y valioso en él, porque Dios siempre es bueno. Si al hombre no le queda nada de la imagen de Dios, ya no puede haber nada bueno en él, porque sólo Dios es bueno.

La Biblia da una respuesta muy clara a esta pregunta, y la respuesta de la Biblia es que al hombre caído no le queda *nada* de la imagen de Dios. Es imposible creer que el pecador totalmente depravado aún pueda ser como Dios. Jesús dice en Juan 8:44 a los fariseos incrédulos y a todos los que no creen en él: "Vosotros sois de vuestro padre el diablo, y los deseos de vuestro padre queréis hacer". En otras palabras, la única semejanza espiritual que los hombres ahora tiene es la semejanza de Satanás, y eso se muestra en sus obras.

La Biblia también responde a la pregunta de si los hombres todavía tienen la imagen de Dios cuando dice en Efesios 4:24 y Colosenses 3:10 que la salvación es la renovación de la imagen del que nos creó. Cuando somos salvos, Dios

PARTE 2: EL HOMBRE Y SU MUNDO

destruye la imagen de Satanás en nosotros y nos recrea a su semejanza cuando a través del Espíritu de Cristo Jesús nos regenera y nuevamente nos da justicia, santidad y verdadero conocimiento. Efesios 4:24 y Colosenses 3:10 nos dicen que la imagen de Dios consiste en estos tres dones: justicia, santidad y conocimiento verdadero. Hasta que esa imagen sea renovada y recreada, el hombre caído y depravado no tendrá ninguna de estas cualidades. Sólo los renovados en Cristo las tienen.

¿Has sido renovado a la imagen de Dios? Si dices que sí, ¿tus actos y palabras demuestran que eres *como* Él? ¡Qué vergüenza si no lo hacen! Qué vergüenza decir que somos salvos y que tenemos la imagen de Dios, pero seguir comportándonos como el diablo. Por el contrario, qué maravilloso testimonio de la gracia salvadora de Dios cuando somos como Él —imitadores de él como hijos amados (Ef. 5:1)—.

La relación de Adán con la raza humana

Debido a que Adán estaba en cierta relación con la raza humana, todo lo que hizo tuvo consecuencias para nosotros. ¿Cuál fue esa relación?

Adán fue nuestra cabeza o representante. Sabemos esto porque somos responsables por su pecado (Rom. 5:12) de la misma manera que a menudo, los padres son responsables de las acciones de sus hijos menores porque los representan a ellos. También lo sabemos por 1 Corintios 15:45, donde Cristo, nuestro representante ante Dios, es llamado el "postrer Adán".

El hecho de que Adán fuera nuestro representante significa que estuvo en nuestro lugar para que todo lo que hiciese fuera hecho por nosotros. Por lo tanto, somos responsables de lo que hizo Adán como si lo hubiésemos hecho nosotros mismos. De esta manera, el pecado de Adán se cuenta como nuestro, y somos responsables de éste.

La gente a menudo se queja de que esto es injusto, pero ¿lo es realmente? Sabemos, por un lado, que las relaciones de este tipo son una parte integral de nuestra vida aquí en la tierra. Los padres representan y actúan por sus hijos. Los políticos actúan por todos, de modo que cuando se declara la guerra, todos en el país están en guerra, incluso si algunos no aprueban las acciones de sus políticos. Sin embargo, lo más importante es que si los hombres dicen que no es correcto y justo que Adán sea nuestro representante, entonces tampoco es correcto y justo que Cristo sea nuestro representante. Jamás debemos olvidar que Cristo tomó el lugar de Adán y actuó como el representante de su pueblo, de modo que lo que hizo Cristo le es contado a ellos, y a ellos se les considera justos e irreprensibles ante Dios por causa de él.

Además, tenemos la misma naturaleza que tenía Adán, y él tenía la misma naturaleza que nosotros, aunque no caída. No podemos decir, por lo tanto, que habríamos actuado diferente o mejor que él. Además, Adán fue perfecto y justo, lo cual es otra razón por la que podemos estar seguros de que su elección también hubiera sido la nuestra. Cuando Adán cayó en pecado, su pecado fue justamente contado a nosotros, y su caída, en perfecta justicia, se convirtió en la nuestra.

Adán también fue nuestro padre; por lo cual, heredamos de él nuestra naturaleza humana —depravada, corrupta y caída—. Nacemos muertos en delitos y pecados debido a que Adán mismo murió espiritualmente cuando cayó en pecado. Él produjo niños como él mismo (Gén. 5:3).

Nacemos muertos en delitos y pecados, sufriendo la pena por el pecado, incluso antes de cometer algún mal. ¿Como puede ser? La respuesta radica en nuestra relación con Adán como representante. Antes de nacer o haber hecho el bien o el mal, ya éramos responsables de su pecado y es por eso que nacemos sufriendo la pena por el pecado, la misma pena que vino sobre él. Él murió espiritualmente como castigo por su pecado y quedó totalmente depravado. Nosotros somos culpables de su pecado y nacemos bajo la misma pena.

No hay nada que pueda imprimir en nosotros tan poderosamente lo desesperanzador de nuestra condición como este hecho: somos culpables en Adán incluso antes de tener la oportunidad de hacer el mal y, por lo tanto, nacemos depravados y corrompidos, ya sufriendo la pena por el pecado. Solo comprender esto nos convencerá de que el remedio para

PARTE 2: EL HOMBRE Y SU MUNDO

el pecado debe venir de Dios. Mientras no comprendamos esto correctamente, seguiremos pensando que el remedio está dentro de nuestro propio poder, habilidad o voluntad.

Mérito

Muchos creen que Adán estaba en libertad condicional en el paraíso, y que, por la obediencia continua, eventualmente habría merecido la vida eterna y celestial. Nosotros creemos que esto no es bíblico.

Sabemos, por 1 Corintios 15:47-48, que la vida eterna y celestial viene sólo a través de "el Señor... del cielo", que es nuestro Señor Cristo Jesús. Separado de él, Adán habría permanecido terrenal.

Sin embargo, más importante aún, la idea entera de mérito está mal. No hay lugar en la Escritura para el mérito, ni por parte del hombre en su presente condición caída, ni en la perfección del paraíso.

El hombre nunca puede ser merecedor delante de Dios. La idea de que él puede, incluso en un estado de justicia, debe ser erradicada de nuestro pensamiento, —desde la raíz, tallo y rama—.

Incluso en un estado sin pecado, ningún hombre tiene nada con lo que pueda hacer méritos. Para merecer o ganar algo, primero debe tener algo propio: tiempo, talento o fuerza que pueda usar para merecer.

Pero nadie tiene nada que sea realmente suyo. "¿Qué tienes que no hayas recibido?" pregunta Pablo en 1 Corintios 4:7. Incluso Adán antes de la caída habría tenido que responder: "¡Nada!" Dios mismo dice en el Salmo 50:12: "mío es el mundo y su plenitud". Todo lo que podamos ofrecerle como base de nuestros méritos ya es suyo. ¿Deberíamos ofrecérselo y pensar que él estará complacido?

La incapacidad del hombre de merecer algo delante de Dios es enseñada con mayor claridad en Lucas 17:10. Allí, la Palabra de Dios compara al hombre con un esclavo que no es dueño de su propia vida y, por lo tanto, no puede ganar nada. Aprendemos que cuando "hayáis hecho todo lo que os ha sido ordenado" nosotros, todavía somos "siervos *inútiles*". Según la pequeña parábola que Jesús emplea, no hemos ganado el agradecimiento de Dios más de lo que el esclavo en la parábola gana el agradecimiento de su amo al hacer la voluntad de su amo. Note, también, que el versículo 10 no está hablando de nuestro presente estado caído sino de una situación en la que hemos hecho todo lo que se nos ha ordenado. Esto es algo imposible para nosotros, pero antes de la caída fue posible para Adán. En otras palabras, aunque este versículo en Lucas es dirigido a nosotros, ¡en realidad aplica mejor para Adán en su estado de justicia! Si Adán no pudo hacer méritos delante de Dios, ¿cómo podríamos nosotros?

Es necesario, por lo tanto, que nos deshagamos de esta idea perniciosa acerca del mérito —que la saquemos de nuestra doctrina, nuestra práctica y nuestro pensamiento—. Sólo entonces nos daremos cuenta de lo desesperanzador de nuestra condición natural. Sólo cuando estemos seguros de que nunca podremos merecer algo delante de Dios, veremos nuestra total dependencia sólo de la gracia y dejaremos de confiar en nuestras propias obras o fortaleza. Sólo entonces diremos: "No nos librará el asirio; no montaremos en caballos, ni nunca más diremos a la obra de nuestras manos: Dioses nuestros; porque en ti el huérfano alcanzará misericordia" (Os. 14:3).

El primer paraíso

Una indicación de que Adán era la corona de la creación, la mejor de todas las obras terrenales de Dios, fue que Dios creó un hogar especial para él en un jardín llamado paraíso en la tierra del Edén. Allí, Adán vivió y trabajó. Allí caminó con Dios, hasta que cayó en pecado.

Es difícil imaginar cómo fue ese primer paraíso. Ni siquiera sabemos dónde estaba o cómo era el mundo en el que fue plantado. No había muerte, sufrimiento, ni dolor. Todo fue perfecto y muy diferente del mundo en el que actualmente vivimos. Adán mismo era perfecto en ese perfecto hogar.

Adán perdió todo eso cuando cayó en pecado. Perdió un

PARTE 2: EL HOMBRE Y SU MUNDO

hermoso jardín, que era un regalo especial de Dios, y perdió el lugar por encima de todos los demás lugares en el que podía servir a Dios y tener comunión bendita con él. Eso es parte de la tragedia de su caída en desobediencia. Al excluirlo del jardín, Dios castigaba a Adán por su desobediencia y le mostraba que, como pecador, ya no tenía derecho a la comunión con Dios.

Fue de este primer paraíso que Adán y Eva fueron expulsados cuando pecaron (Gén. 3:23-24). Aunque ese paraíso era terrenal, su expulsión representaba que no hay lugar para el pecado ni para los pecadores en el paraíso celestial. Por el pecado, ellos y sus descendientes fueron excluidos de toda vida, de toda comunión con Dios y de todo el servicio de Dios. Sólo la gracia de Dios abre el camino al paraíso celestial.

Para aquellos que reciben la gracia, el paraíso por venir está representado en el primer paraíso. Los dos tienen el mismo nombre (Ap. 2:7). Allí crece el mismo árbol (Ap. 2:7; Ap. 22:2). En el segundo paraíso tampoco hay sufrimiento, ni dolor, ni lágrimas, ni muerte (Ap. 21:4). El primer paraíso nos da un pequeño vistazo de cómo será el cielo y nos asegura que lo que Adán perdió por el pecado, lo recuperamos a través de la obra de Cristo, nuestro Señor y Salvador.

La existencia de ese primer paraíso es un recordatorio de que Dios ya tenía algo mejor en mente cuando plantó ese jardín en el Edén. En ese primer paraíso todas las cosas comenzaron su historia ordenada por Dios, que sólo podría llegar a su culminación en el segundo paraíso celestial. Ese era parte del propósito de Dios de glorificarse a sí mismo a través de la creación, el pecado, la gracia y la salvación, porque nada sucede aparte de su propósito. El primer paraíso fue una promesa y sombra del segundo.

A través de Cristo, y como testimonio de su poder, el segundo paraíso es mejor que el primero. Ni siquiera habrá posibilidad de pecado en el paraíso celestial. Lo mejor de todo es que Dios *morará* con su pueblo para siempre y será su Dios (Ap. 21:3). Allí también verán a Cristo, su amado. Eso es alegría y dicha más allá de toda comprensión.

Dos árboles

Cuando Dios creó el jardín del Edén como el hogar de Adán y Eva, puso dos árboles especiales, el árbol de la vida y el árbol del conocimiento del bien y del mal. Que estos árboles estaban en medio del jardín (Gén. 2:9) muestra lo importantes que eran.

Es difícil responder a todas las preguntas sobre esos dos árboles, ya que se da muy poca información acerca de ellos. Existe la pregunta, por ejemplo, de si el árbol de la vida tenía o no el poder en su fruto para dar vida a quienes lo comiesen. Siguen otras preguntas: si el fruto tenía tal poder, ¿Adán y Eva tenían que comerlo sólo una vez, o tenían que comerlo repetidamente para tener una vida infinita? Si el fruto del árbol del conocimiento del bien y del mal, por sí mismo, no mató a Adán y Eva como un veneno (Gén. 3:6), eso parece sugerir que tampoco el fruto del árbol de la vida les daría vida automáticamente. Sin embargo, el versículo 22 parece decir lo contrario. Pero, si el árbol de la vida *sí* tenía el poder para sostener o dar a Adán una vida sin fin, era muy diferente del árbol del conocimiento, que no tenía el poder para destruir la vida.

Quizás no podamos responder a todas estas preguntas ya que la Escritura dicen muy poco, pero hay una cosa que parece obvia acerca de los dos árboles en el primer paraíso, y es que representaron para Adán la *antítesis*. Esa antítesis es la separación y oposición entre Dios y Satanás, entre el bien y el mal, entre la iglesia y el mundo, y entre creyentes y no creyentes.

En lo que respecta al pueblo de Dios, en cuanto a esa antítesis su llamado es a decir Sí a Dios y a la ley de Dios, y decir No al diablo y al pecado. Esta es la esencia de su separación espiritual del mundo de pecado en el que viven (2 Cor. 6:14-18). Este es siempre el llamado del hombre en relación con Dios.

En el jardín, los dos árboles presentan ese mismo llamado ante Adán y Eva. Al comer del árbol de la vida (el cómo y cuándo no implica una diferencia real), estarían diciendo Sí a Dios. Al no comer del árbol del conocimiento del bien y del mal, estarían

PARTE 2: EL HOMBRE Y SU MUNDO

diciendo No al diablo, al pecado y a la desobediencia. Esa era la razón por la que no podían comer. No había otra razón para *no* comer del árbol del conocimiento, porque aparte del mandato de Dios, era "bueno para comer" y "agradable a la vista".

Adán y Eva comieron, fallaron y cayeron en pecado. Continuamos en su pecado cada vez que decimos Sí al diablo y No a Dios y a la ley de Dios. Sin embargo, el llamado que tenían, representada por esos dos árboles, nunca ha cambiado. Y debido a que no ha cambiado, la redención sólo pudo venir a través de nuestro Señor Cristo Jesús, cuya vida fue tanto un gran Sí para Dios y para la ley de Dios, como un No igual de grande, para todos los pecados y para el diablo, visto tan claramente en sus tentaciones en el desierto. Gracias a Dios por el segundo Adán y por lo que ha hecho.

La mentira del diablo

Uno de los dos árboles especiales que Dios colocó en el jardín del Edén fue el árbol del conocimiento del bien y del mal. A Adán y a Eva se les prohibió comer el fruto de ese árbol. Cuando ellos lo hicieron, cayeron del favor de Dios en pecado y muerte.

¿Por qué el árbol fue llamado "el árbol del conocimiento del bien y del mal"? Esa pregunta debe ser respondida debido a la mentira del diablo (Gén. 3:5). El diablo había dicho: "seréis como Dios, sabiendo el bien y el mal", y Adán y Eva lo escucharon.

Lo que el diablo dijo era mentira. Él siempre miente. Nosotros *no* conocemos el bien y el mal al "probar" el mal y al desobedecer a Dios. Sin embargo, el diablo todavía dice esa mentira, y los hombres todavía escuchan. él dice a los hombres que deben "experimentar" el mal, probarlo para conocerlo realmente, y ellos están encantados de escuchar.

Aparentemente, esta fue la mentira que Jezabel estaba enseñando en la iglesia de Tiatira (Ap. 2:20-24). Ella, según entendemos, estaba enseñando a los siervos de Dios a cometer fornicación y comer cosas sacrificadas a los ídolos (v. 20) para que, como ella y sus seguidores dijeron, ellos pudieran *conocer* "las profundidades de Satanás" (v. 24).

Los padres cristianos escuchan esa mentira cuando se les dice que no protejan a sus hijos del mundo malvado en el que vivimos. Se les dice que sus hijos deben salir al mundo *real* para descubrir cómo es el mundo. Que deben experimentarlo para conocerlo. Sin embargo, esa no es la forma en que nosotros o nuestros hijos aprendemos el bien y el mal.

La verdad es que conocemos el bien y el mal sólo al *no* probar el mal —abandonándolo y huyendo de él—. Piensa en el hombre caído. Habiendo comido del árbol del conocimiento, el *ya no era capaz* de discernir el bien y el mal. Así como Dios conoce el mal al estar completamente separado de él, así también lo conocemos nosotros.

Sin embargo, eso no era *todo* lo que el diablo quería decir. También quiso decir que Adán y Eva tendrían el derecho de *determinar por sí mismos* lo que era bueno y malo. En ese sentido, ellos "conocerían el bien y el mal" al comer del árbol. Entonces ellos serían *como Dios*, o eso dijo el diablo. El hombre caído, en obediencia al diablo, escuchó esa mentira y aún continúa reclamando el derecho a decidir por sí mismo lo que es el bien y el mal.

Dios se refería a lo mismo cuando dijo: "El hombre se ha convertido en uno de nosotros". Se refería a que el hombre había asumido para sí mismo lo que le pertenece sólo a Dios, el derecho a determinar el bien y el mal. Una vez hecho esto, el hombre no pudo comer más del árbol de la vida. No se le permitió más extender su mano al árbol de la vida y vivir para siempre como alguien en abierta rebelión en contra de Dios. Entonces Dios lo desterró del jardín y de ese árbol de la vida.

Todo el mal que ha venido sobre la raza humana ha venido porque primero Eva, y luego Adán, escucharon la mentira de Satanás. La verdad nos ha sido dicha en la Palabra de Dios, por tanto, no escuchemos más aquella mentira, sino conozcamos el bien y el mal de la manera correcta: al escuchar lo que Dios dice y abandonando y separándonos del mal con todo nuestro corazón.

PARTE 2: EL HOMBRE Y SU MUNDO

El árbol del conocimiento del bien y del mal

Hemos explicado la presencia de los dos árboles especiales que Dios plantó en el jardín del Edén, el primer hogar de Adán y Eva. Ahora deberíamos decir algo sobre el propósito del árbol del conocimiento del bien y del mal a la luz de la Palabra de Dios en Deuteronomio 8:2-3. Creemos que el árbol del conocimiento del bien y del mal representaba el importante principio espiritual enseñado en estos versículos: "Y te acordarás de todo el camino por donde te ha traído Jehová tu Dios estos cuarenta años en el desierto, para afligirte, para probarte, para saber lo que había en tu corazón, si habías de guardar o no sus mandamientos. Y te afligió, y te hizo tener hambre, y te sustentó con maná, comida que no conocías tú, ni tus padres la habían conocido, para hacerte saber que no sólo de pan vivirá el hombre, más de todo lo que sale de la boca de Jehová vivirá el hombre."

Comencemos recordando que el fruto del árbol era bueno en sí mismo. No hay razón para pensar que lo que vio Eva cuando miró el árbol no era cierto. Éste era "bueno para comer", "agradable a los ojos" y "árbol codiciable para alcanzar la sabiduría" (Gén. 3:6), por lo que ella, contrario a lo ordenado por Dios, había comenzado a desearlo. ¿Por qué, entonces, Dios habría prohibido comerlo?

La respuesta se encuentra en Deuteronomio 8:2-3. Dios estaba enseñando a Adán y Eva que el hombre no vive sólo de pan, sino de la Palabra de Dios. En la vida, les dijo Dios, hay más que una mera existencia física, hay más que la vida del cuerpo, la cual se sustenta al comer. La vida, para el hombre, es la comunión con el Dios vivo a través de la obediencia a la Palabra de Dios.

Tal como Homer Hoeksema dice: "Ese árbol le ofreció pan a Adán, pan bueno, preparado de la tierra. ¡Y sin embargo ofreció pan que no podría comer! En cambio, viene la palabra de Dios, ordenándole que... debe abstenerse de este árbol... Al abstenerse del árbol del conocimiento del bien y del mal, Adán ejercería ese otro lado más elevado y espiritual de su vida; obedecería en amorosa amistad y servicio al Señor su Dios, y así viviría verdaderamente".[15]

La elección de Adán fue satisfacer los deseos de la carne en lugar de obedecer a Dios. él fue el primero (con Eva) cuyo dios fue su vientre, los primeros en pensar "en lo terrenal" (Fil. 3:19). Así que los hombres han vivido desde entonces, satisfaciendo los deseos de la carne y de la mente, no teniendo el favor de Dios como mejor que la vida. Todavía están tratando de vivir solo de pan sin la Palabra de Dios.

Pero donde Adán cayó, Cristo se puso de pie. Cristo no sólo nos dijo una vez más que el hombre no vive sólo de pan (Mt. 4:4), sino que también se mantuvo fiel a ese principio a pesar de que padeció hambre después de cuarenta días en el desierto. Llenar el desierto con suficiente pan como para satisfacer a todos los hambrientos del mundo, convirtiendo las piedras en pan, no fue tan importante para él como la obediencia a Dios. Ojalá la iglesia de hoy sintiese lo mismo.

Pero, en realidad, lo que sucedió en el desierto no fue nada más que la historia del ministerio entero de Jesús. Incluso su muerte fue un testimonio de que, para él, como para ninguno otro, la obediencia a Dios fue más importante que la vida terrenal y las cosas que la sustentan. Él obedeció hasta la muerte. Y así redimió a sus elegidos de entre los hijos caídos de Adán.

El árbol de la vida

El otro árbol especial que Dios mismo plantó en el jardín del Edén fue el árbol de la vida. También este árbol fue de la mayor importancia posible para Adán y Eva.

Existe la pregunta de si ese árbol tenía el poder en sí mismo para dar vida terrenal. Las palabras que Dios habló cuando prohibió que Adán y Eva comiesen del árbol (Gén. 3:22) parecen sugerir que sí lo tenía, pero a pesar de ello, ese no era el significado principal del árbol.

El árbol estaba allí para representar a Adán y Eva la

---

[15] Homer C. Hoeksema, *From Creation to the Flood* [*De la creación al diluvio*], Unfolding Covenant History: An Exposition of the Old Testament, vol. 1 (Grandville, MI.: Reformed Free Publishing Association, 2000), 119.

PARTE 2: EL HOMBRE Y SU MUNDO

verdad de que la vida consiste en obedecer a Dios. Incluso la ley testifica de ello (Gál. 3:21), a pesar de que, en sí misma, es incapaz de dar vida. Cuando Adán y Eva eligieron la desobediencia, les fue imposible continuar "viviendo" en el verdadero sentido de esa palabra. Tenían que morir, y por ello Dios les quitó el derecho a comer del árbol de la vida, entre otras cosas.

El árbol de la vida representó para ellos el hecho, muy importante y significativo para nosotros también, de que la obediencia no consiste simplemente en abandonar el mal —en *no hacer* lo que Dios ha prohibido—. Si eso fuera cierto, entonces el borracho que se rehabilita, pero no se convierte, estaría viviendo en obediencia a Dios, cuando en realidad no lo está haciendo.

Siempre hay un aspecto positivo de la obediencia: lo que describimos en un capítulo anterior como decir Sí a Dios. Sin ese amor a Dios y el deseo de complacerlo, la mera obediencia externa es una abominación. Isaías habla de eso cuando dice que ofrecer un sacrificio sin amor a Dios no es diferente a la vista de Dios que matar a un hombre o degollar a un perro (Is. 66:3). Pablo dice lo mismo cuando nos recuerda que "lo que no proviene de fe, es pecado" (Rom. 14:23).

Los que *no* aman a Dios y no le dicen Sí a él con todo su corazón, mente, alma y fuerzas, no hacen ningún bien. Su conformidad externa con la ley de Dios sólo muestra que conocen esa ley, pero no conocen ni aman a Dios. Mediante tal "obediencia" sólo aumentan su condena. La verdadera obediencia consiste en volverse *del* pecado, pero también consiste en volverse *a* Dios con todo nuestro corazón y fuerza.

En la nueva creación solo estará el árbol de la vida (Ap. 22:2). El árbol del conocimiento del bien y del mal no estará allí. El pecado, la muerte y Satanás tampoco estarán allí, y nuestra obediencia ya no consistirá en tener que decirles que No. Nuestra obediencia será pura y completamente un servicio amoroso a Dios mismo.

Para nosotros, por lo tanto, el árbol de la vida representa a Cristo. él no es sólo la fuente de nuestra vida eterna, ya que el primer árbol fue la fuente de la vida de Adán y Eva, sino que también es aquel en quien se perfecciona nuestra obediencia a

Dios. Él es el que dijo Sí a Dios en nuestro nombre, incluso hasta la muerte. Él es aquel de quien nos alimentamos y que alimenta nuestras almas hasta la vida eterna para que nosotros también podamos decir Sí a Dios con todo lo que somos y con todo lo que tenemos. En la nueva creación, por medio de alimentarnos y disfrutar de él, ya no habrá posibilidad de decirle No a Dios.

Maravilloso, ¿no es así?

La caída del hombre

El evento más trágico en toda la historia del mundo no fue el holocausto, ni las guerras mundiales, ni la gran depresión, ni ningún otro desastre humano o natural, sino la caída del hombre en pecado. Este singular evento es la explicación de toda la miseria, problemas y sufrimientos que hay en el mundo. Sin la caída no habría muerte, ni enfermedad, ni guerra, ni hospitales, ni dolor, ni alienación de Dios.

Tengamos en cuenta que es la caída del *hombre* lo que provocó todo esto. No nos quejemos de Dios y sugiramos que, si él es un Dios de amor y misericordia, tal miseria no debería existir. No es Dios, sino el hombre, quien tiene la culpa de estas cosas.

Esta miseria ha venido sobre nosotros, no sólo porque Adán pecó, sino también porque su pecado fue el pecado de todos (Rom. 5:12). Porque él pecó, y nosotros con él, la muerte y las otras consecuencias del pecado vinieron sobre todos: "así la muerte pasó a todos los hombres, por cuanto todos pecaron".

Ese testimonio de la Escritura no debe ser destruido al sugerir que la historia de la caída, como se registra en Génesis 3, no es una verdad histórica. Si hacemos eso, ya no podemos explicar la condición del hombre, el estado del mundo en el que vive y la necesidad de la venida de Cristo como el segundo Adán.

Hay varias otras cosas que deberíamos saber sobre la caída que son de importancia permanente.

Primero, Eva pecó inicialmente; por esta razón, la mujer debe estar sometida en la iglesia (1 Tim. 2:11-14) y sufre en la maternidad (Gén. 3:16).

Segundo, el primer pecado fue cometido por instigación del diablo. Por sus mentiras y engaños asesinó a Adán y Eva y a sus descendientes (Jn. 8:44); sin embargo, porque escucharon voluntariamente sus mentiras, ellos, también son responsables de la caída y sus consecuencias.

Tercero, la caída del hombre es también la razón por la cual el hombre no puede culpar a Dios por su condición espiritual. Aunque todos nacen "muertos" en el pecado, Dios creó al hombre perfecto y nos dio un representante perfecto en Adán. En Adán, el hombre tomó una decisión voluntaria en contra de Dios y tiró todos los buenos dones que Dios le había dado.

Cuarto, la mentira a través de la cual el hombre cayó es la misma mentira que todavía escucha y cree hoy: "Seréis como Dios" (Gén. 3:5). Al exaltar su propio "libre albedrío", al insistir en que él es el capitán de su propio destino, en sus enseñanzas, filosofías y formas de vida impías, el hombre pretende ser una ley para sí mismo y niega la soberanía y el gobierno de Dios. Él muestra que todavía escucha la mentira de Satanás.

¿Crees que *tu* caíste con Adán, que su caída no es solo la caída de la humanidad sino también la tuya? Si lo crees, entonces también entiendes porque sólo Cristo puede salvarnos y por qué debemos creer en él.

El pecado y sus consecuencias

La mayoría estaría de acuerdo en que el mundo está en una condición terrible. Los disturbios civiles prevalecen en todo el mundo. El crimen continúa aumentando. Estamos involucrados en "guerras" contra las drogas, el terrorismo y la violencia. La creación misma se está arruinando, e incluso los patrones climáticos del mundo parecen estar cambiando.

Algunos insisten en que las soluciones a estos problemas deben encontrarse en cambios radicales en los gobiernos o en las políticas gubernamentales, en la conciencia ambiental y en la educación. Otros afirman que se deben comprometer grandes sumas de dinero para asegurar los cambios necesarios.

Las personas deben estar seguras de una educación adecuada, vivienda y otras necesidades de la vida. Solo entonces habrá un cambio hacia lo mejor.

Lo que muchos se niegan a ver es que el hombre tiene un "problema del corazón". Este problema del corazón se remonta a su comienzo, en la caída y la desobediencia de nuestros primeros padres, Adán y Eva. Estos dos fueron creados perfectos y capaces de amar y servir a Dios sin pecado.

Sin embargo, Adán pecó al comer del fruto del árbol prohibido (Gén. 3). Nuestros primeros padres escucharon la mentira del diablo, que vino a ellos como serpiente (Gén. 3:1-5; Ap. 12:9). El hombre creyó que podía llegar a ser como Dios.

Lo que Dios amenazó vino sobre Adán por su pecado: él murió. Esto afectó su existencia física, la cual termina en la tumba; y resultó en un castigo eterno en el infierno a menos que una forma de liberación fuera provista.

Las consecuencias de este pecado de Adán han tenido un efecto devastador en toda la humanidad. Adán fue el representante y el primer padre de todos. Su singular pecado trajo la muerte sobre todos (Rom. 5:12). El triste resultado es que todos nacen espiritualmente muertos y, por lo tanto, incapaces de hacer el bien (Rom. 3: 10-19).

El problema del corazón del hombre ha sido llamado "depravación total", es decir, la incapacidad de hacer algo bueno a la vista de Dios. La Escritura habla de un "corazón de piedra" (Ez. 11:19) y un "corazón malo" (Jer. 16:12). Aquel corazón de piedra en relación con Dios es la causa de todos los problemas del hombre.

Aquellas consecuencias del pecado no afectan sólo la vida del hombre en este mundo, sino también su esperanza del mundo venidero. A menos de que una persona nazca de nuevo, no podrá ver el reino de los cielos (Jn. 3:3). Si la vida del hombre ha de ser bendecida nuevamente, debe haber allí una vida nueva y un corazón nuevo o "limpio" (Sal. 51:10), que debe tener su origen en Dios mismo.

Sólo cuando Dios haya terminado su gran obra de gracia, regenerando y renovando a su pueblo, habrá alguna esperanza de que las malas consecuencias del pecado lleguen a su fin. Debido al pecado, incluso este mundo actual debe ser limpiado y el reino eterno de Cristo debe ser introducido. La política, la educación y la reforma social no harán eso.

El Pecado Original

La Biblia nos enseña que incluso si nunca hemos pecado —nunca hecho nada malo—, seguiríamos siendo considerados pecadores ante Dios. Esta es la doctrina bíblica del *pecado original*.

Cuando escuchas del pecado original, la referencia es al pecado de Adán y al hecho de que Dios nos hace responsables del primer pecado de Adán. Somos tan culpables como él de esa primera desobediencia, tan culpables que somos castigados, así como él lo fue. Nacemos muertos en delitos y pecados, sufriendo la pena que Dios anunció desde el principio (Gén. 2:17).

Encontrarás esta doctrina del pecado original en Romanos 5:12. Allí se nos recuerda que, cuando Adán pecó, la muerte vino sobre toda la raza humana. Nota que este versículo no dice que la muerte vendrá cuando todos hayan pecado, sino que ya ha venido sobre todos, porque todos pecaron. En algún momento del pasado, todos pecaron, incluso los que aún no han nacido, y por eso nacen muertos en delitos y pecados. ¿Cuándo pecaron todos para que todos nacieran muertos en pecado? La única respuesta posible, la respuesta de Romanos 5:12, es que todos pecaron en Adán.

Hay dos partes en el pecado original. Primero, que todos pecaron en Adán y son culpables de su pecado. Por lo general esto se conoce como "culpa original" y se aplica a todos los hombres porque Adán representó a todos los hombres ante Dios. En segundo lugar, siendo ya culpables, incluso antes del nacimiento, todos los hombres también vienen al mundo sufriendo el castigo del pecado, que es la muerte eterna. Ellos *nacen* muertos en delitos y pecados (Ef. 2:1). Esta parte del pecado original, el castigo que se les impone al nacer, se conoce como "corrupción original" o "depravación".

A la mayoría de las personas no les gusta esta enseñanza

porque les parece muy injusta. Pero en realidad no es injusta en absoluto. En muchas otras áreas de nuestras vidas, aceptamos la responsabilidad de las acciones de los demás sin pensar que es injusto. Cuando nuestros líderes políticos hacen leyes, somos responsables de esas leyes. Los padres son responsables en muchos casos del comportamiento de sus hijos. Esto es simplemente parte de la vida humana. Pero incluso en la salvación esto es cierto. Nosotros no nos quejamos ni pensamos que sea injusto que Cristo acepte la responsabilidad por nosotros y por todos nuestros pecados como nuestro Salvador. Sin embargo, nuestra salvación viene a través de él de la misma manera en que el pecado llegó a través de Adán.

El pecado original es una doctrina muy importante de la Biblia, y de la mayor importancia personal. Nos enseña cuán completamente perdidos estamos como pecadores y nos muestra que no hay posibilidad de salvación excepto en Cristo Jesús. Aprendemos de esta doctrina que incluso si nunca cometiéramos ningún pecado, Dios todavía estaría enojado con nosotros y nos castigaría eternamente. Esto nos deja sin otro lugar a donde ir sino a la cruz de Cristo en busca de ayuda y salvación.

¿Sabes que naciste con el pecado original? ¿Sabías que incluso tus hijos más pequeños están infectados con él desde el nacimiento? ¿Sabías que la única cura para esta horrible "enfermedad" es la obra de Cristo Jesús? Esa es la razón por la cual la Biblia nos llama a creer en él, y sólo en él, para la salvación.

Depravación total

Muchos de nuestros lectores están familiarizados con los Cinco Puntos del Calvinismo, a veces también llamados "Las Doctrinas de la Gracia". Estas cinco verdades, en conjunto, enseñan la soberanía de Dios en la salvación, en otras palabras, que la salvación es toda de Dios y no depende de nuestra voluntad u obras.

El primero de estos cinco puntos es la *depravación total*. Este, muestra por qué la salvación debe ser toda de Dios y toda por su gracia.

La palabra *depravación* se refiere a nuestra pecaminosidad

PARTE 2: EL HOMBRE Y SU MUNDO

y maldad. Usamos la palabra para enfatizar que somos *muy* malvados a la vista de Dios y que tenemos una gran necesidad de su salvación.

Cuando describimos la depravación como "total", queremos decir tres cosas.

Primero, *todos los hombres*, excepto Jesús, son depravados y malvados (Sal. 14:2-3).

Segundo, todos los hombres son depravados *en cada parte*. No solo sus obras son malvadas a la vista de Dios, sino también sus pensamientos (Gén. 6:5), sus voluntades (su elección y deseo) (Ef. 2:3; Ef. 4:22), sus emociones e incluso sus corazones (Jer. 17:9). Es especialmente importante saber que la voluntad es depravada porque significa que sin gracia nadie puede elegir ser salvo. La salvación debe depender de la voluntad de Dios, no de la del hombre.

Tercero, todos los hombres están depravados en cada parte por *completo*. La voluntad, el corazón y el resto no solo están parcialmente depravados. Cada parte del hombre está totalmente depravada porque *no hay nada bueno* en ninguna parte. Esto a menudo se niega, y se sugiere que, aunque hay una gran cantidad de maldad en el hombre, siempre hay algo bueno en él también: "algo malo en el mejor de nosotros y algo bueno en el peor de nosotros". Esta sugerencia se hace, especialmente, con respecto a la salvación del hombre. Se dice que el hombre no puede salvarse a sí mismo, pero tiene el bien suficiente para *elegir* ser salvo.

No negaríamos que gran parte de lo que los hombres hacen es considerado bueno por otras personas. Sin embargo, Dios juzga todo ello como malo. A su vista, nadie puede hacer ningún bien, ni siquiera quiere hacer ningún bien. Dios juzga por un estándar más alto que nosotros, y él requiere que todo se haga con fe y para su gloria. Si no, no es bueno (Rom. 14:23; 1 Cor. 10:31).

El veredicto de Dios sobre la raza humana se registra en el Salmo 14, que es el único salmo que se repite en la Escritura (véase el Salmo 53). El Salmo 14 muestra claramente el veredicto de Dios acerca de nosotros: "Jehová miró desde los cielos sobre los hijos de los hombres, para ver si había algún entendido, que buscara a Dios" (v. 2). ¿Y cuál es su veredicto? *"Todos* se desviaron, *a una* se han corrompido; no hay *quien* haga lo bueno, no hay *ni siquiera uno"* (v. 3).

Efesios 2:1 resume la doctrina de la depravación total al decir que estamos *muertos* en delitos y pecados. Nuestra condición no puede ser peor. Muertos en pecados, no tenemos la más mínima agitación de ninguna vida espiritual. Estamos *totalmente* depravados.

Cuando por gracia comenzamos a entender esto, también comenzamos a ver nuestra gran necesidad de la cruz de Cristo Jesús, porque nada más puede salvar a pecadores totalmente depravados.

El así llamado libre albedrío del hombre

En el momento de la Reforma protestante, Martín Lutero escribió un libro titulado *La esclavitud de la voluntad*. Este libro fue escrito contra un hombre llamado Erasmo y su enseñanza de que la voluntad del hombre es "libre", es decir, que tiene la capacidad de elegir si se salvará o no. En su libro, Lutero le dijo a Erasmo que esta pregunta sobre el libre albedrío fue el tema más importante de la Reforma. él le dijo a Erasmo: "[Tu] no me has preocupado con cuestiones irrelevantes sobre el papado, el purgatorio, las indulgencias y cosas como esas —pequeñeces en lugar de vicisitudes—... Tú, y sólo tú, has visto la bisagra en la que gira todo, y has apuntado al lugar vital".[16]

Frente a la enseñanza de Erasmo, Lutero escribió que el hombre caído no es "libre" de elegir lo que es bueno y agradable a Dios, pero que su voluntad, su capacidad de elegir, está en la esclavitud del pecado. A pesar de lo que Lutero escribió, la enseñanza de Erasmo sobre el libre albedrío se ha convertido en la enseñanza de la mayoría del protestantismo actual.

Juntamente con Lutero creemos que la voluntad del

---

[16] Martin Lutero, The Bondage of the Will [La esclavitud de la voluntad], trans. J. I. Packer and O. R. Johnston (London: James Clarke, 1957), 319 en "Conclusión".

PARTE 2: EL HOMBRE Y SU MUNDO

hombre es esclava del pecado y que no sólo no puede hacer el bien, sino que ni siquiera puede *querer* (de voluntad) hacerlo (Rom. 8:7-8). Especialmente el hombre no puede hacer el gran bien de elegir a Dios y a Cristo. Creemos, por lo tanto, que el hombre no puede creer en Cristo a menos que le sea dado desde arriba (compare con Jn 6:44).

También creemos que lo decisivo en la salvación no es la voluntad del hombre, sino la voluntad soberana y eterna (predestinación) de Dios (Hch. 13:48; Fil. 2:13). Si el hombre no puede elegir ser salvo, Dios debe elegir por él. Esto Dios lo hace cuando él determina soberanamente quién será salvo y determina dar a los salvados todas las bendiciones de la salvación por su propia gracia soberana y todopoderosa.

La falsa doctrina del libre albedrío, entonces, niega muchas verdades importantes.

Primero, es una *negación de la predestinación*. La predestinación significa que la *voluntad* de Dios (la elección de Dios) determina todas las cosas, incluso quién será salvo (Ef. 1: 3-6). La doctrina del libre albedrío enseña que la elección del hombre es lo importante en la salvación.

Segundo, es una *negación de la verdad bíblica que la fe salvadora es un don de Dios* (Ef. 2: 8-10). La enseñanza del libre albedrío dice que la fe es la decisión de una persona de confiar en Cristo.

Tercero, es una *negación de la verdad de que Cristo murió sólo por su pueblo* (Mt. 1:21). Los que creen en el libre albedrío enseñan que Cristo murió por todos sin excepción y que su salvación ahora depende de que lo acepten, es decir, de su libre albedrío.

Cuarto, es una *negación de la maravillosa verdad de que la salvación es solo por gracia* (Ef. 2:8-10). La enseñanza del libre albedrío es que el hombre debe "hacer algo" para ser salvo, mientras que la Escritura enseña que la salvación "no es del que quiere, ni del que corre" (Rom. 9:16).

La creencia del libre albedrío del hombre también se muestra en el tipo de predicación y evangelización que es más popular hoy en día, el tipo que ruega a los pecadores que acepten a Cristo, que usa llamados al altar, apelaciones, tiempos de decisión, levantamiento de manos y otras tácticas para persuadir a las personas a aceptar a Cristo como su Salvador. Todas estas cosas presuponen que la salvación de una persona depende de su propia elección.

Algunos pueden preguntar si tiene algún sentido predicar el evangelio después de todo. Pero el evangelio es "poder de Dios para salvación" (Rom. 1:16), es la forma en que Dios da fe y arrepentimiento a todos aquellos que ha elegido desde la eternidad y redimido en Cristo. Que ese poder sea para salvación para muchos.

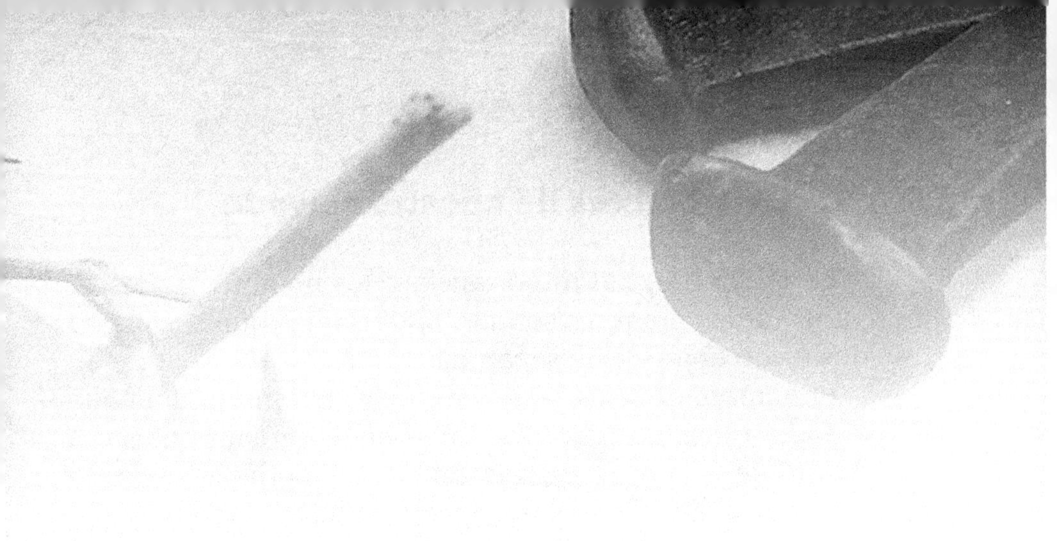

parte 3

CRISTO Y SU OBRA

Los nombres de nuestro Salvador

La Biblia da gran importancia a los nombres de Jesús. En teología estos nombres son tan importantes que suelen ser tratados como una sección separada.

El nombre de *Jesús*, por ejemplo, es tan importante que le fue dado a José por el propio mensajero de Dios antes del nacimiento de Cristo. El significado de este nombre, según lo revelado por el ángel, es el evangelio en miniatura en el que cada parte del nombre es un sermón (Mt. 1:21). Es por ese Nombre que los hombres son salvos (Hch. 4:12).

El nombre de *Cristo*, por otro lado, está tan lleno de significado que Jesús llamó "bienaventurado" a Pedro por confesarlo, diciéndole que la única forma en que él podría haber sabido ese nombre es por revelación de Dios (Mt. 16:17). Ese nombre confesado es el fundamento inamovible de la iglesia (Mt. 16:18) y la prueba de la regeneración en el creyente (1 Jn. 5:1). Cualquier persona que no lo confiese es denunciado tanto en 1 y 2 de Juan como un Anticristo y engañador (1 Jn. 2:22, 1 Jn. 4:3, 2 Jn. 1:7).

Del mismo modo en relación con el nombre de *Señor*, se nos dice que nadie puede llamar a Jesús Señor sino por el Espíritu Santo, tan grande es este nombre (1 Co. 12:3). Y lo que es verdad del nombre Señor es verdad en todos los nombres de nuestro Salvador.

Los Nombres de Jesús son tan importantes porque, a diferencia de los nuestros, ellos nos dicen exactamente quién y qué es él. Ellos son parte de la revelación de Dios para nosotros en Cristo Jesús y por lo tanto son una parte muy importante del mensaje del Evangelio, las buenas nuevas de salvación para nosotros. El conocer y confesar estos nombres es ser salvo.

Es por eso que hay tantos nombres de Jesús y de Dios y del Espíritu Santo dados en la Escritura. Dependiendo de cómo se cuente, hay por lo menos 150 nombres diferentes de Jesús en la Escritura. ¡Que bendición es conocerlos todos y lo que ellos significan!

PARTE 3: CRISTO Y SU OBRA

Sin embargo, no es la mera repetición o el cántico sin sentido de los nombres de Jesús que es bendecido o que trae bendición. El *conocimiento* de lo que estos nombres significan, aprendido de la Palabra de Dios, es lo que importa. A través de ese conocimiento, nuestra fe es fuerte, sabemos que creemos y estamos convencidos del poder salvador de Jesús por ellos (2 Tim. 1:12). Debe haber fe en sus nombres—la fe de que él es todo lo que sus nombres declaran que el es—. Pero sin conocimiento, la fe es muy débil.

Esto necesita énfasis. Hay muchos que piensan que la mera recitación de estos nombres tiene algún tipo de poder. No hay ninguna base en la Escritura para esta creencia. El poder salvador de los nombres de Cristo es sólo a través de la fe en él, quien es conocido y amado por esos nombres, la fe debe *saber* por sus nombres quién y qué es él.

¿Conoces los nombres de Jesús? ¿Lo conoces a *él* por sus nombres —lo conoces personalmente y salvíficamente—? ¿Amas tú sus nombres y los amas lo suficiente como para confesar sus nombres ante todo el mundo? Si es así, entonces tú, también, como Pedro, eres bienaventurado.

El nombre *Jesús*

El nombre *Jesús* es especial entre todos los nombres de nuestro Salvador. Es su nombre *personal*. Muchos de sus otros nombres son realmente *títulos*, no nombres personales. Esto es cierto especialmente en nombres como *Cristo* y *Señor*. *Jesús*, sin embargo, es el nombre que le fue dado por su propio Padre y el nombre por el cual es conocido y amado en la familia de Dios. Es el nombre por encima de todos los demás, por el cual le hablamos a él y acerca de él.

Cuando recordamos el significado del nombre de Jesús, nos damos cuenta de lo maravilloso que este nombre es. Su nombre personal en la familia de Dios es uno que significa "Salvador" o "Jehovah salva." Piense en ello. Cada vez que hablamos con él o acerca de él personalmente estamos diciendo que él y sólo él es el Salvador, el Salvador de Dios.

El significado del nombre de *Jesús* fue revelado por el ángel Gabriel cuando él anunció el nacimiento de Jesús a José: "Llamarás su nombre JESÚS" dijo el ángel, "porque él salvará a su pueblo de sus pecados" (Mt. 1:21). ¡Qué riqueza de significado hay en este nombre!

Debido a que el nombre personal de Jesús se refiere a Jehovah (el Je- es una forma abreviada del nombre de *Jehovah*), el mensaje del ángel en relación al nombre de Jesús significa que es Jehovah quien salva. Nadie más puede hacerlo. Jesús es el Salvador de Dios, no sólo porque viene de Dios, sino también porque es sólo Dios quien salva a través de él.

El Nombre Jesús habla también de la certeza de la salvación para todos los que creen en él. ¡Él *salvará* a su pueblo! Él es un seguro y firme Salvador debido a que él viene de Dios y trae gran salvación por parte de Dios a los hombres.

Su nombre incluso habla del hecho de que él salva aquellos y sólo aquellos quienes el Padre le dio, esto es, *su pueblo*. Él no es el Salvador de todos los hombres sin excepción. Para algunos esto parece una terrible verdad, pero para aquellos que lo entienden, es una verdad maravillosa y bendita. Que él salve sólo a algunos significa que él no es uno que sólo trata de ser un Salvador y falla con muchos, pero uno que seguramente e infaliblemente salva a todos los que son suyos por el don de Dios.

El nombre de Jesús nos recuerda también que él es el salvador del *pecado*. Muchos no quieren tal Salvador. Ellos sólo quieren a alguien quien sacie sus estómagos, sane sus cuerpos, y resuelva sus problemas presentes. Pero los que por la gracia divina se conocen a sí mismos como pecadores ante Dios, y que oran, "Dios, sé propicio a mí, pecador", como el publicano en el templo, ni atreviéndose a levantar sus ojos (Lc. 18:13), encuentran en Cristo el deseo de su corazón y la seguridad de que hay una forma de escape, de perdón y de paz para con Dios.

¡Qué bendición conocerlo como Jesús! En verdad no hay "otro nombre bajo el cielo dado a los hombres, en que podamos ser salvos" (Hch. 4:12). Que puedan hoy muchos saber de este nombre no como el nombre de un simple hombre que vivió hace miles de años atrás, pero como el nombre del Hijo de Dios, su Salvador.

El nombre *Cristo*

El nombre de *Cristo* no es el mismo tipo de nombre que Jesús. Jesús es el nombre personal del Salvador, pero Cristo es un título. Al igual que otros títulos —Presidente, Primer Ministro, miembro del Parlamento, y el congresista—, los títulos describen la *posición y el trabajo* que Jesús tiene en el reino de Dios.

Por esta razón Jesús es a veces llamado *el* Cristo de la misma manera que alguien más podría ser llamado *el* Presidente. La diferencia es que Cristo es único. Nunca ha habido, ni nunca habrá otro Cristo.

Cristo significa "el ungido" (*Mesías* significa lo mismo y es el equivalente del Antiguo Testamento del nombre *Cristo*). Se refiere al hecho de que Jesús es especialmente nombrado y ordenado por Dios para hacer el trabajo del reino de Dios. Él fue ungido públicamente por el Espíritu de Dios en el momento de su bautismo (Mt. 3:16), como fue predicho en Isaías 61:1-3 donde también se describe su trabajo como el ungido.

¿Cuál es la posición y la obra de Cristo en el reino de Dios? Es la de un *Profeta, Sacerdote* y *Rey*. El Catecismo de Heidelberg, uno de los grandes credos de la Reforma, pregunta, "¿Por qué es llamado el Cristo, es decir, el ungido?". La respuesta es dada: "Porque fue ordenado del Padre y ungido con el Espíritu Santo para ser nuestro supremo Profeta y Maestro, quien nos ha revelado plenamente el secreto consejo y voluntad de Dios acerca de nuestra redención, para ser nuestro único y supremo Pontífice quien por el sólo sacrificio de su cuerpo nos ha redimido e intercede continuamente delante del Padre por nosotros y para ser nuestro eterno Rey que nos gobierna por su Palabra y su Espíritu, y nos guarda y conserva la redención que nos ha adquirido".[17]

---

[17] Catecismo de Heidelberg, día del Señor 12, pregunta y respuesta 31.

Esta referencia a los oficios Profético, Sacerdotal y Real de *Cristo*, es la razón por la que el nombre es tan importante. Este nombre es el fundamento de la iglesia (Mt. 16:18), ya que la iglesia no puede existir sin la obra de Cristo como Profeta, Sacerdote y Rey. El nombre de *Cristo*, confesado, es la prueba de la regeneración (1 Jn. 5:1), porque nadie puede creer en Él a menos que Cristo le haya hablado como Profeta, haya ofrecido sacrificio por él como Sacerdote, y liberado de Satanás como Rey.

Confesar que Jesús es Cristo no es meramente decir el nombre, pero decir que él es *nuestro* Sumo Profeta y Maestro, *nuestro* único Sumo Sacerdote, y *nuestro* eterno Rey. Es un reconocimiento de que seremos enseñados por él solamente, gobernados por Él solamente, y bendecidos por él solamente. No es de extrañar entonces, que nadie puede decir que Jesús es el Cristo excepto por un regalo del cielo.

Que Jesús es Cristo significa también que él es el único que puede mantener estos oficios y realizar el trabajo que le pertenece a Su pueblo. Nosotros no necesitamos que ningún *hombre* nos enseñe (1 Jn. 2:27). ¡No necesitamos otro sacerdote o sacrificio! No reconocemos otro Rey, porque él es el Rey de reyes y el Señor de señores. Él es único.

Confesando que Jesús es el Cristo, buscamos salvación en él solamente.

El nombre *Señor*

Un nombre muy importante de nuestro Salvador es el maravilloso nombre de *Señor*. Al igual que el nombre de Cristo, Señor no es un nombre personal, sino un título de honor.

Este título es importante porque nos recuerda que Jesús es Dios. Uno no debería necesitar ninguna otra prueba de su divinidad más que esto: que él es identificado en la Escritura como *el Señor*. "¡Señor mío y Dios mío!" son realmente una y la misma confesión (Jn. 20:28).

El título *Señor* enfatiza especialmente la soberanía de Jesús *como propietario* de todas las cosas. Como Señor no sólo gobierna sobre todo con autoridad y poder soberano, pero también significa que todas las cosas le *pertenecen* a él y son también sus siervos.

Es como *el Señor* que Dios dice en el Salmo 50:12, "mío es el mundo y su plenitud". Eso significa que, como confiesa el salmista a Dios en el Salmo 119:91, "todas ellas te sirven". Es esa clase de Señorío que Dios ha dado a Jesús (Hch. 2:36).

Sin embargo, hay dos lados del señorío de Jesús. Por un lado, él tiene la propiedad legítima de todas las cosas como su Creador, gobernando con poder soberano de acuerdo a su propósito. Este aspecto del señorío de Cristo es a veces llamado como *el dominio de su poder*. Como Señor de todo él utiliza soberanamente todas las cosas, incluso en contra de la propia voluntad de ellas, para los propios fines de él.

Pero también existe lo que se llama *el dominio de su gracia*. En este sentido él es Señor sólo de su pueblo, y él es esto por el derecho de compra. Su pueblo le pertenece a él, no sólo como le pertenecen el sol, la luna y las estrellas, sino como un tesoro adquirido: "Y serán para mí especial tesoro, ha dicho Jehová de los ejércitos, en el día en que yo actúe" (Mal. 3:17). Jesús ejercita este Señorío sobre ellos, no meramente por poder, sino por las dulces influencias de su gracia. Él los gobierna no con una vara de hierro (Sal. 2:9), pero con un cayado de pastor (Sal. 23:1).

Este es el aspecto de su Señorío que solo puede ser confesado únicamente a través del Espíritu Santo (1 Cor. 12:3). Si yo confieso su señorío de esta manera, no sólo reconozco que él es el Señor, sino también que es *mi* Señor. Por lo tanto, Confieso que yo le pertenezco a él y soy precioso ante sus ojos, no por lo que soy o lo que he hecho, pero a causa de la sangre que derramó por mí.

Por otra parte, también estoy confesando entonces que todo lo que tengo le pertenece a Él. Nada de lo que tengo es realmente de mi propiedad—ni mi familia, ni mi tiempo, ni mis posesiones, ni siquiera mi cuerpo: "Pues por precio habéis sido comprados; por tanto, glorificad a Dios en vuestro cuerpo y en vuestro espíritu, los cuales son de Dios" (1 Cor. 6:20). Perteneciéndole a él con todo lo que soy y todo lo que tengo, yo debo usar todas las cosas para su servicio y para su gloria y reino.

¿Haces tú esta confesión de que Jesús es el Señor, tú Señor? ¿Vives y utilizas todas las cosas como si le pertenecieran a él? Si es así, entonces él es en verdad tu Señor y tu Dios.

El nombre *Unigénito Hijo de Dios*

¡El unigénito Hijo de Dios! ¡Qué riqueza de verdad gloriosa hay en este nombre de nuestro Salvador! Todo aquello que creemos acerca de él depende de la verdad de este nombre. Si el *no* fuera el unigénito Hijo de Dios, él no sería nada para nosotros.

Este nombre es parte de la verdad bíblica de que Cristo Jesús es Dios, igual en todas las cosas al Padre. Aunque hoy muchos lo niegan, aún los Judíos incrédulos del tiempo de Jesús entendían lo que él estaba declarando ser. Cuando él se llamó a sí mismo Hijo de Dios, ellos tomaron piedras para matarlo por blasfemia (Jn. 8:59, Jn. 10:30-42). Ellos lo entendieron mucho mejor a diferencia de muchos hoy en día. Los cultos, la doctrina de la Unicidad y otras enseñanzas antitrinitarias, leen el nombre de *unigénito Hijo de Dios* y ni siquiera reconocen lo que esto significa. Esto debe ser o verdad para ellos, o la más horrible blasfemia, porque el nombre *unigénito Hijo* enseña su divinidad incluso con más fuerza que el nombre *Hijo de Dios*. Muestra que, entre todos los hijos de Dios, Jesús es único, el Hijo eterno y natural de Dios.

La verdad expresada en este nombre *unigénito Hijo* es a menudo puesta en riesgo por las versiones modernas de la Biblia. No sólo retraducen muchos versículos importantes como 1 Timoteo 3:16 para que *no* hagan referencia a la divinidad de Cristo, sino que también se retraduce este nombre, por lo general, como "hijo único" (Versión Dios Habla hoy, Nueva Traducción viviente, TLA) algo que *no* es ni siquiera verdad. Jesús *no* es el único Hijo de Dios; él es el "unigénito" Hijo de Dios (Jn. 3:16, 18). Nosotros somos hijos de Dios también, pero nosotros no somos "unigénitos". Nosotros somos hijos "adoptivos" por gracia a causa de Cristo.

Tenemos que entender que no sólo es este nombre de una traducción exacta y literal del griego, pero es *el* nombre con el que la Iglesia de Cristo ha defendido la verdad de su divinidad en contra de todos los contendientes. Por lo tanto, no debería ser manipulado por los que dicen ser traductores de la Palabra de Dios, aun cuando sus esfuerzos dicen ser legítimos —aunque creemos que no lo son—.

Otro aspecto de la gran verdad de que Jesús es el Hijo unigénito de Dios es que su estatus de hijo es la base y la razón para el nuestro. Por esta razón él es también llamado "Primogénito" (He. 1:6). En la Escritura el Primogénito es el que abre la matriz (Éx. 13:2). Como Primogénito en la familia de Dios, Jesús es el que abre el camino para salir de la "matriz" de la muerte y del sepulcro para todos sus hermanos cuando ellos renacen en la familia de Dios como hijos e hijas. Sin él seríamos como niños listos a nacer, pero no dados a luz. Con miras a su obra como primogénito, todo primogénito fue especialmente dedicado a Dios en el Antiguo Testamento.

Al igual que los otros nombres de Cristo, este no es un nombre que se puede confesar de forma abstracta. La única manera para que tu o yo podamos confesar este nombre es al decir que el *Hijo unigénito de Dios* es *mi* Dios. Y decir que él es mi Dios es encontrar en su divinidad, tal como se expresa únicamente en este nombre, un fundamento seguro para creer en él y tener la esperanza en su misericordia.

El nombre *Hijo del Hombre*

Jesús no sólo es el Hijo de Dios; él también es el *Hijo del hombre*. Este nombre *Hijo del hombre,* hace énfasis en la verdadera *humanidad* de nuestro Salvador.

Es el nombre que Jesús usa para sí mismo, y se encuentra con mayor frecuencia en el Evangelio según San Lucas, tal como lo esperaríamos. De la misma manera que Juan hace énfasis a menudo en la maravillosa verdad de que Jesús es Dios y que utiliza para ello el nombre del Hijo de Dios, así del mismo modo Lucas hace énfasis en la verdad de que Jesús es como nosotros en todo, menos en el pecado, y utiliza el nombre de Hijo del hombre para ello. El énfasis de Lucas en la humanidad de Cristo es también la razón de la historia del nacimiento y de la infancia de Cristo, y que es más plenamente contada por Lucas.

El hecho de que Jesús es el Hijo del hombre significa que él ha nacido en este mundo tal como nosotros, que él vivió y murió aquí, que él es "de hueso y carne" con nosotros, y que él es tan real y verdaderamente parte de la raza humana como nosotros mismos. Incluso significa que él fue "tentado en todo según nuestra semejanza, pero sin pecado" (He. 4:15).

Que Jesús es plenamente y verdaderamente hombre es tan importante como la verdad de que él es Dios. Si él no fuera un hombre como nosotros en todas las cosas, Él no podría ser nuestro Salvador. Como un hombre él toma el lugar de Adán (1 Cor. 15:45-47) y nos representa ante Dios. Como nuestro representante, él toma sobre sí nuestros pecados, asume toda responsabilidad de ellos, y hace expiación por nosotros.

Si él *no* fuera hombre, él no podría haber sufrido y muerto. Si él no fuera plenamente humano, él no podría en justicia haber tomado nuestro lugar en la cruz y haber sido castigado por nuestros pecados, porque que el hombre debe sufrir por el pecado del hombre. Si él no fuera como nosotros en todas las cosas, él no podría haber sido un misericordioso y sensible Sumo Sacerdote que "pueda compadecerse de nuestras debilidades" (He. 4:15).

Como hombre, Jesús es el único en quien habita toda la plenitud de la Deidad *corporalmente* (Col. 2:9). Por lo tanto, es por él y a través de él que nosotros conocemos la imagen del Dios invisible, aquel en cuyo rostro brilla la "iluminación del conocimiento de la gloria de Dios" (2 Cor. 4:6). "El que me ha visto a mí", dice Jesús, "ha visto al Padre" (Jn. 14:9).

Hay pues, un gran consuelo para los creyentes en el nombre *Hijo del hombre*. Este nombre es la propia manera en que Jesús nos dice que él ha vivido aquí en la tierra, que ha sufrido las mismas cosas que sufrimos, que fue tentado en todo según nuestra semejanza, que murió nuestra muerte, y que ha resucitado de nuevo para nuestra gloria eterna. Nos asegura

PARTE 3: CRISTO Y SU OBRA

que él conoce nuestras necesidades, no sólo como quien sabe todas las cosas, sino también como quien así mismo tuvo esas mismas necesidades "en los días de su carne" (He. 5:7). Esto nos convence de que él es capaz de ayudarnos en todas nuestras enfermedades y debilidades, ya que todas estas cosas él las conoce de primera mano. Es la garantía de que el hombre ha hecho expiación por el pecado del hombre y que la muerte de Cristo tiene poder salvífico. Como el Hijo del hombre, Jesús es verdaderamente nuestro Hermano Mayor.

El nombre de *Emmanuel*

El nombre de *Emanuel*, o *Emmanuel*, se encuentra sólo dos veces en la Escritura, en la promesa de Isaías 7:14 y en su cumplimiento en Mateo 1:23.

El nombre significa "Dios con nosotros", la finalización *-el* es la palabra hebrea para "Dios" y el resto del nombre significa "con nosotros". Esta es de hecho la interpretación del nombre dada por Dios mismo a través del ángel Gabriel en Mateo 1:23.

El nombre fue anunciado por primera vez en el Antiguo Testamento al rey Acaz por el profeta Isaías. Fue anunciado como parte de la señal que Dios estaba dando a Acaz, una señal para asegurar a los fieles en Judá que Dios no los había abandonado en momentos muy difíciles y que nunca los abandonaría.

Más tarde, cuando la profecía de Isaías se cumplió en el nacimiento y en el nombramiento de Cristo, Dios mostró, cómo él iba a estar con su gente y por qué él nunca los abandonaría. Él estaría con ellos *en Emmanuel*, y nunca los abandonaría a causa de *Emmanuel*.

El nombre *Emmanuel*, por lo tanto, se refiere al hecho de que Jesús es Dios y hombre en una sola persona. En él, Dios está con nosotros de la manera más cercana posible, tomando nuestra naturaleza humana en la unión consigo mismo. Así el nombre *Emmanuel* es el cumplimiento de las promesas del pacto de Dios al ser el Dios de su pueblo morando con ellos.

De hecho, Jesús como Emmanuel, es él mismo la realización del pacto de amistad y compañerismo hecha por

Dios. A través de la unión de la naturaleza divina y humana en sí mismo, Jesús nos hace partícipes de la naturaleza divina (2 Pedro 1:4), y como el unigénito Hijo de Dios él permanece con nosotros y en nosotros en una unión irrompible (Gál. 2:20), por lo que es hueso y carne con nosotros (Ef. 5:30).

Como Emanuel, Jesús es el verdadero tabernáculo o templo de Dios y cumple la promesa de Apocalipsis 21:3: "Y oí una gran voz del cielo que decía: He aquí el tabernáculo de Dios con los hombres, y morará con ellos; y ellos serán su pueblo, y el mismo Dios será su Dios con ellos". Esa es la razón por la que no hay templo en la nueva Jerusalén, porque "porque el Señor Dios Todopoderoso es el templo de ella, y el Cordero [como Emmanuel]" Apocalipsis 21:22.

El nombre de *Emmanuel* también se refiere a la *obra* de Cristo, porque Dios no puede estar "con" pecadores excepto a través de la expiación de los pecados. El nombre, entonces, es un recordatorio de que "Dios estaba en Cristo reconciliando consigo al mundo" (2 Cor. 5:19). Dios está con nosotros en Emmanuel como el que viene a nosotros en nuestra condición perdida, toma sobre sí nuestros pecados, y de esa manera remueve todos nuestros pecados para redimirnos y librarnos de ellos.

Por lo tanto, qué bendición es este nombre *Emmanuel* para todos los que creen en él. En una sola palabra, es todo el mensaje del Evangelio, enseñándonos acerca de nuestro Salvador y acerca de la bendición de la salvación en Él.

Un nombre sobre todo nombre

Hay muchos nombres para nuestro Salvador registrados en las páginas de la Escritura. Todos ellos nos son dados por Dios para enseñarnos la gloria y el poder de Jesús como Salvador. Ya hemos estudiado algunos de los nombres más importantes: Jesús, Cristo, Señor, el unigénito Hijo de Dios, Hijo del hombre y Emmanuel.

Sus muchos otros nombres también son importantes. Estos enfatizan varias cosas sobre él. Nombres como *rosa de Sharon* y *lirio de los valles* (Cnt. 2:1) enfatizan su belleza como

PARTE 3: CRISTO Y SU OBRA

el Salvador. Nombres como *León de la tribu de Judá* (Ap. 5:5) y *Príncipe de los reyes de la tierra* (Ap. 1:5) nos recuerdan su poder de realeza.

Otros nombres, como *hijo de David* (Mt. 1:1), *raíz de David* (Ap. 22:16), *Cabeza* (Col. 2:19) y *novio* (Mt. 9:15), lo muestran en su relación con la iglesia, tanto en el Antiguo como en el Nuevo Testamento.

También hay nombres que hablan de la humillación del Salvador, como *raíz de una tierra seca* (Is. 53:2), y otros que hablan de su exaltación, como *Señor de la gloria* (1 Cor. 2:8). Hay nombres que hablan de su divinidad: *imagen del Dios invisible* (Col. 1:15), *Maravilloso, Consejero, Dios fuerte, Padre eterno* (Is. 9:6), *la Palabra* (Jn. 1:1), y *Alfa y Omega* (Ap. 1:8). Otros nombres enfatizan su humanidad: *primogénito* (Col. 1:15), *primogénito de los muertos* (Ap. 1:5), e *hijo de David* (Mt. 21:9).

Muchos de los nombres del Salvador describen su obra: *Cordero de Dios* (Jn. 1:29), *Príncipe de Paz* (Is. 9: 6), *el buen pastor* (Jn. 10:11) y *Gobernador* (Mt. 2:6). Algunos de ellos enfatizan lo que él es para nosotros en su obra: *Sol de justicia* (Mal. 4:2), *mensajero del pacto* (Mal. 3:1), *el camino, la verdad y la vida* (Jn. 14:6), *el pan de vida* (Jn. 6:48) y *el testigo fiel* (Ap. 1:5).

Aprendemos de estos nombres que Jesús es eterno, todopoderoso, inmutablemente fiel y todo glorioso; que él ve, sabe y gobierna sobre todas las cosas; y que él es Dios manifestado en la carne, el único Salvador de su pueblo. De hecho, todo lo que sabemos sobre él está comprendido en uno u otro de sus nombres. Esta es la razón por la que estos son una parte tan importante de la revelación que Dios hizo de él.

En cada uno de sus nombres, vemos que tiene "un nombre que es sobre todo nombre" (Fil. 2:9). Por sus nombres aprendemos que no hay otro Salvador, por lo que nos alienta a poner nuestra fe y confianza sólo en Él. De esta manera, nosotros, que conocemos sus nombres, lo encontramos absolutamente encantador, señalado entre diez mil, y aprendemos a decir de él: "Tal es mi amado, tal es mi amigo" (Cnt. 5:16).

La *verdadera* naturaleza humana de Cristo

Una verdad preciosa sobre nuestro Señor es que él es como nosotros en todas las cosas excepto en el pecado (Heb. 4:15). Que él es como nosotros significa que tiene nuestra naturaleza humana además de su naturaleza divina. él es *ambos*, Dios y hombre en una sola persona.

Cuando hablamos de la naturaleza humana de Cristo hay una serie de verdades importantes que enfatizamos, cinco específicamente. Tiene una *naturaleza humana real*, *completa*, *sin pecado* y *debilitada*, y tiene una *naturaleza humana central* proveniente de la línea del pacto.

Cada una de estas verdades es de la mayor importancia posible para nuestra salvación.

Que Cristo tiene una naturaleza humana *real* necesita ser enfatizado en contra de la enseñanza de algunos en la iglesia primitiva, y en algunos cultos de hoy, que Cristo sólo *apareció* en la forma de un hombre, pero en realidad no tenía un cuerpo humano real de carne y hueso y un alma humana real como nosotros. Se dice que su humanidad era sólo una apariencia —algo así como un ángel que aparece en forma de hombre—.

Pero si Cristo no tuvo una naturaleza humana real, nuestra salvación tampoco es real. Si su naturaleza humana era sólo una apariencia, también lo fue su sufrimiento y muerte, y también lo es nuestra salvación. La realidad de nuestra salvación depende de la realidad de su naturaleza humana. Hebreos 2:14,15 dice: "por cuanto los hijos participaron de carne y sangre, él también *participó de lo mismo*", y luego el versículo muestra por qué esto era necesario para nuestra salvación al agregar, "para destruir por medio de la muerte al que tenía el imperio de la muerte, esto es, al diablo, y librar a todos los que por el temor de la muerte estaban durante toda la vida sujetos a servidumbre".

La Biblia enseña la realidad de la naturaleza humana de Cristo no solo enfatizando que él fue como nosotros en todo, incluso en ser tentado (Heb. 4:15), así como también en muchas otras formas. La realidad de su naturaleza humana se enseña en todos los pasajes que hablan del nacimiento, el crecimiento, el aprendizaje, la obediencia, la comida, la bebida, el cansancio, el llanto, el sufrimiento y la muerte de Jesús. Todos éstos nos dicen que realmente era un hombre como nosotros en todas las cosas. Dudar de la realidad de su agonía en Getsemaní, su dolor por la negación de Pedro y la traición de Judas, y su angustiante abandono en la cruz no sólo es dudar de su propia veracidad, sino también dudar de nuestra salvación a través de estos sufrimientos.

Por lo tanto, Cristo es hueso de nuestro hueso y carne de nuestra carne (Ef. 5:30), capaz de representarnos ante Dios y dar su vida como un sacrificio por nuestros pecados. él es un hombre con la finalidad de pagar por el pecado del hombre y llevarnos a Dios en él mismo.

La naturaleza humana *completa* de Cristo

Hemos señalado que hay cinco verdades que deben creerse sobre la naturaleza humana de Cristo: que era real, completa, sin pecado, debilitada y central desde la línea del pacto.

Ahora miramos la maravillosa verdad de que Cristo tenía una naturaleza humana *completa*, lo que significa que cuando Cristo nació en nuestra carne, no nació solo con un cuerpo humano. También tenía un alma o espíritu humano (Lc. 23:46; Jn. 12:27), una mente humana (Fil. 2:5), una voluntad (Jn. 6:38), un corazón (Mt. 11:29), y todo lo demás que pertenece a nuestra naturaleza humana.

Él no es mitad hombre y mitad Dios, sino completamente hombre y completamente Dios; Sin embargo, él es *un* sólo Cristo. Esa es la maravilla, el misterio y la gloria de su encarnación.

Esta verdad ha sido negada en la historia de la iglesia. Algunos trataron de explicar la encarnación diciendo que Cristo tenía sólo un cuerpo humano y que su naturaleza divina tomó el lugar de la mente o del alma humana. Por analogía, por lo tanto, sería como una criatura que tenía una mente humana en el cuerpo de un animal. En ese caso, Cristo no tendría una naturaleza humana completa, sino sólo una parte de ella.

Sin embargo, es de suma importancia para nosotros creer que Cristo tenía una naturaleza humana completa. ¡Nuestra salvación depende de ello!

Cristo tuvo que asumir sobre sí mismo cada parte de nuestra naturaleza humana, porque *cada parte* necesitaba ser redimida. La verdad bíblica de la depravación total dice que somos corruptos y depravados en *cada parte*.

Nuestro cuerpo es vil (Fil. 3:21), nuestra alma está perdida (Mt. 16:26), nuestra voluntad está esclavizada (Rom. 6:16), nuestra mente es carnal, llena de enemistad contra Dios de modo que no puede sujetarse a la ley de Dios (Rom. 8:7-8), y nuestro corazón es engañoso sobre todas las cosas y desesperadamente malvado (Jer. 17:9). No hay parte de nuestra naturaleza humana que sea buena.

Por lo tanto, Cristo tomó sobre sí nuestra naturaleza humana completa para que pudiera sufrir en ella, haciendo expiación por el pecado en cada parte. De esa manera nos redimió, corazón, mente, alma y fuerza, del dominio y poder del pecado y nos hizo, con todo lo que somos, los siervos e hijos del Dios viviente.

Cristo es un Salvador *completo*. Gracias a Dios por él. Ciertamente no hay otro igual a él.

La naturaleza humana *sin pecado* de Cristo

Hemos presentado las primeras dos de las cinco verdades que deben creerse sobre la naturaleza humana de Cristo. Hemos visto las maravillosas enseñanzas de que tiene una naturaleza humana *real* y *completa*. Esta vez pasamos a la importante verdad de que Cristo tiene una naturaleza humana *sin pecado*.

Que él no tiene pecado se enseña más claramente en Hebreos 4:15. También se enseña en Isaías 53:9, Lucas 1:35 y 2 Corintios 5:21. Sin embargo, Hebreos 4:15 plantea la pregunta de si Cristo pudo pecar, ya que fue tentado como nosotros en todas las cosas. En otras palabras, ¿la impecabilidad de Cristo significa sólo que *él no* pecó o significa que él *no podía* pecar?

Algunos han dicho que las tentaciones de Cristo pudieron ser reales sólo si él era capaz de pecar en su naturaleza humana.

PARTE 3: CRISTO Y SU OBRA

Que si no pecó fue solo porque también era Dios. Ante tal enseñanza, debemos enfatizar la verdad de que, para él, pecar *no era posible*. Debemos recordar que no es una *naturaleza* la que peca, sino una *persona*, y Cristo es solo *una* persona, el Hijo de Dios. Como persona divina, no podía pecar. Decir que le era posible pecar en su naturaleza humana es decir que *Dios* podría pecar, ya que *personalmente*, incluso en nuestra naturaleza humana, él es el Hijo eterno de Dios. Creemos que esta es una de las verdades que se enseñan en 2 Corintios 5:21, que dice que él no *conoció* pecado, y en Hebreos 7:26, que dice que era "santo, inocente, sin mancha, *apartado* de los pecadores".

Que Cristo fue sin pecado también significa que él estuvo sin pecado original, el pecado que tenemos de Adán (Rom. 5:12). También en este respecto él fue incontaminado. El nacimiento virginal de Jesús y que Dios fue su Padre, también el Padre de su naturaleza humana, garantizó que de entre todos los descendientes de Adán, sólo Cristo nació puro y santo.

Él no solo no tuvo pecado original; tampoco tenía pecado real. Durante toda su vida, desde el momento en que nació, Cristo nunca quebró los mandamientos de Dios, nunca erró en lo más mínimo y nunca pronunció una palabra ociosa que no glorificara a Dios. él fue perfecto.

Por lo tanto, en resumen, su impecabilidad significa que estaba sin pecado original, sin pecado real y sin posibilidad de pecar. Esto, como nos dice Hebreos, es la razón por la que pudo ser nuestro Salvador.

Como aquel que no tuvo pecado, no necesitaba ofrecer sacrificio primero por su propio pecado, pero pudo ofrecer en nuestro nombre un sacrificio perfecto (Heb. 7:27). Él pudo, por tanto, ser hecho pecado en lugar nuestro y nosotros ser hechos la justicia de Dios en él (2 Cor. 5:21).

La impecabilidad de Cristo, entonces, es la garantía de que su justicia es perfecta y que ella es para nosotros. Todos los méritos que hizo por su muerte, él no los necesitaba para sí mismo; los ganó para nosotros, quienes estaban en gran necesidad de ello.

La *debilitada* naturaleza humana de Cristo

Ahora miramos la cuarta gran verdad acerca de la naturaleza humana de Cristo: que el que ahora tiene una naturaleza humana glorificada tuvo una *debilitada* naturaleza humana mientras estuvo en la tierra. Su naturaleza humana, además de ser *real*, *completa* y *sin pecado*, fue *debilitada*.

Debido a que Cristo tenía una naturaleza humana debilitada, durante su vida terrenal estuvo sujeto a todas las consecuencias negativas del pecado, aunque no a pecar por sí mismo. Estuvo sujeto a enfermedad, hambre, tristeza, dolor, debilidad e incluso a la muerte, tal como nosotros lo estamos. Él estaba compadecido "de nuestras debilidades" (Heb. 4:15).

Romanos 8:3, que dice que Cristo vino en semejanza de carne de pecado, también enseña esta verdad. Como esto no puede significar que él mismo fue pecador, solo puede estar refiriéndose al hecho de que estaba sujeto a todos los males que el pecado nos ha traído, es decir, a las enfermedades de nuestra carne pecaminosa.

Cristo no vino, entonces, a *semejanza* de carne sin pecado. Él no era como Adán, creado por primera vez y permaneciendo en toda la gloria y el esplendor de su primer estado. Él fue hecho como nosotros, que perdimos ese estado y trajimos sobre nosotros no solo la depravación y la culpa, sino también la maldición de Dios.

Esa es una verdad importante. La enfermedad, el sufrimiento, la tristeza y la muerte son todos resultados de nuestro pecado y de la maldición de Dios sobre el pecado. El hecho de que Cristo cargue con nuestras debilidades es parte de lo que implicó ser hecho maldición por nosotros. Él tomó todas nuestras enfermedades sobre sí mismo al tomar nuestra maldición sobre él mismo y llevársela lejos de nosotros. ¡Qué consuelo para nosotros, por lo tanto, son todas sus debilidades!

Isaías habló de todo esto cuando profetizó acerca de Cristo y lo llamó "varón de dolores, experimentado en quebranto" (Is. 53: 3). Sus penas, dijo Isaías, debían explicarse así: "Ciertamente llevó él *nuestras* enfermedades, y sufrió *nuestros* dolores... herido fue por nuestras rebeliones, molido por *nuestros pecados*". Por su sufrimiento, dolor y quebranto "el castigo de *nuestra* paz fue sobre él" (vv. 4-5).

No fue solo la muerte de Cristo la que tuvo poder expiatorio, sino también los sufrimientos que soportó durante toda su vida en la tierra. él confesó esto cuando dijo: "Porque mi vida se va gastando de dolor, y mis años de suspirar; se agotan mis fuerzas a causa de mi iniquidad, y mis huesos se han consumido" (Sal. 31:10).

Hay más consuelo para nosotros en las aflicciones y sufrimientos de Cristo; éstos significan que él conoce nuestras pruebas y sufrimientos por experiencia de primera mano. él los ha atravesado y no podemos decir que nadie realmente entienda nuestras pruebas. Cristo comprende.

De esta manera, también, la debilidad, el dolor, la tristeza y el sufrimiento de nuestro Salvador son parte de nuestra salvación. Que no solo contemplemos y veamos que no hay tristeza como la suya (Lam. 1:12), sino que creamos.

Las tentaciones de Cristo

Hebreos 4:15 nos enseña que Cristo tenía una naturaleza humana *debilitada* (estaba compadecido "de nuestras debilidades" y fue "tentado en todo según nuestra semejanza") y una naturaleza humana *sin pecado* ("pero sin pecado"). Ya hemos explicado estas verdades. Juntas, estas dos verdades plantean preguntas sobre las tentaciones de Cristo. ¿Cómo podría ser tentado si él no tenía pecado? ¿Cómo podrían ser reales las tentaciones si no era *posible* que el pecara? Y si no podía pecar, ¿realmente tenía él una naturaleza humana debilitada que era como la nuestra en todo?

Que las tentaciones de Cristo *eran* reales está claro en la Escritura. Cuando éstas terminaron, él necesitaba del ministerio de los ángeles (Mt. 4:11). Él tenía una naturaleza humana débil que sufrió la tentación como lo hacemos nosotros. Sin embargo, eso no responde a la pregunta de cómo las tentaciones podrían ser reales si él no podía pecar.

Algunos dicen que era posible que Cristo pecara en su naturaleza humana, pero no en su naturaleza divina. Esto, creemos, es una respuesta inaceptable. Termina diciendo lo que *no debemos* decir: que él no era perfecto. Incluso si fuera cierto que él podía pecar solo en su naturaleza humana, no obstante, era *él*, el unigénito Hijo de Dios, quien era capaz de pecar. Tal discusión es blasfemia.

Sin pretender poder explicar el gran misterio de que "Dios fue manifestado en carne" (1 Tim. 3:16), creemos que la Escritura nos ayudan a comprender las tentaciones de Cristo. Debemos entender que el Nuevo Testamento realmente usa sólo una palabra donde tenemos dos palabras en español: "tentación" y "prueba". Al usar solo una palabra, la Biblia nos enseña que la tentación y la prueba, que nos parecen tan diferentes, son dos lados de la misma lucha espiritual contra Satanás y el pecado. Cuando Satanás nos *tienta*, al mismo tiempo Dios nos está *probando*.

Ese es un tremendo testimonio de la soberanía de Dios sobre el pecado y sobre Satanás, un testimonio que hacemos cada vez que oramos a Dios: "No nos dejes caer en tentación". Esto también es útil para comprender las tentaciones de Cristo.

Significa que cuando Cristo estaba siendo tentado por Satanás, también estaba siendo probado por Dios. Cuando pensamos en sus tentaciones de esa manera, es de alguna manera más fácil entender que él pudo ser tentado sin ser capaz de pecar, y entender por qué fue tan tentado.

Las tentaciones de Cristo fueron una gran batalla espiritual contra el pecado y Satanás, una prueba enviada por Dios para demostrarnos que Cristo, de hecho, no tenía pecado. Desde ese punto de vista, ni siquiera es necesario pensar en la posibilidad del pecar de él y, aun así, ver que sus tentaciones eran todavía reales y difíciles —y que él fue tentado en todos los puntos tal como nosotros lo somos—.

Es importante para nosotros entender esto. La impecabilidad de Cristo en la lucha contra Satanás es parte de nuestro aliento en esa misma batalla. Debemos mirar a él para que nuestro "ánimo no se canse hasta desmayar" en nuestras mentes (Heb. 12:2-3).

PARTE 3: CRISTO Y SU OBRA

La naturaleza humana *central* de Cristo

Hemos aprendido que Cristo tenía una naturaleza humana *real, completa, sin pecado* y *debilitada*. Además, algunos teólogos hablan de una quinta característica: su naturaleza humana *central*.

Con esto, simplemente se entiende que Cristo nació de la carne y la sangre de María, que él fue un judío de la línea de David, de la simiente de Abraham según la carne. Entonces, también, él era un verdadero hijo de Adán, nuestra propia carne y sangre.

Esto parece evidente, pero ha sido negado en la historia de la iglesia. Algunos enseñaron que Cristo trajo su naturaleza humana con él del cielo y que, por su nacimiento y concepción, simplemente pasó por el útero de María como agua a través de un grifo. O enseñaron que su naturaleza humana fue especialmente creada en su matriz para que él no fuera genética y físicamente su hijo.

Esto fue enseñado por algunos anabaptistas en el momento de la Reforma, y más recientemente por el teólogo neo-ortodoxo Karl Barth.[18] Tanto Barth como los anabaptistas sostuvieron tales puntos de vista en aras de preservar la impecabilidad de Cristo. Si Jesús no nació de ascendencia humana, afirmaron, entonces no había posibilidad de que estuviera contaminado con la depravación humana.

Sin embargo, no es necesario mantener estos puntos de vista para creer que Cristo estaba completamente sin pecado. Su concepción por el Espíritu Santo garantizó su impecabilidad, como enseña Lucas 1:35.

De hecho, mantener el punto de vista de los anabaptistas y de Barth es negar que Cristo fue como nosotros en todas las cosas excepto en el pecado (Heb. 2:14; Heb. 4:15), incluso en su

---

[18] Karl Barth (1886-1968) fue un teólogo suizo moderno que trabajó en Alemania durante el período de las dos guerras mundiales. Su teología es conocida como dialéctica o teología de crisis y se caracteriza por paradojas y reformulación de casi todas las doctrinas reformadas fundamentales. Entre sus enseñanzas heréticas destacan la noción de que Dios es incognoscible, la idea del "encuentro" como la forma en que Dios se revela, y el rechazo de la historicidad de la Escritura.

concepción y nacimiento. Como dice Berkhof, "Si la naturaleza humana de Cristo no se derivó del mismo tronco que el nuestro, sino que simplemente se parecía a él, no existe una relación entre nosotros y él como es necesario para hacer que su mediación esté disponible para nuestro bien".[19]

Decir que Cristo no fue genética y orgánicamente, por concepción real y por nacimiento, un hijo de Abraham, es también cortarlo del pacto hecho con Abraham, de su simiente, y de las promesas de ese pacto. Estas promesas, entonces, no le pertenecen y no pueden cumplirse en él. Tampoco hay ninguna posibilidad de que los cristianos del Nuevo Testamento, que por fe están en él, tengan algún interés en esas promesas. Separar a Cristo de Abraham y de David es separarnos a él y a nosotros del Antiguo Testamento y de sus promesas.

Por lo tanto, sostengamos la preciosa verdad de que Cristo, por la encarnación, es verdaderamente un miembro de la raza humana, por descendencia natural un verdadero hijo de María y, por medio de ella, de Abraham y sus descendientes. Nuestra salvación y nuestro lugar en el pacto como hijos de Abraham depende de ello.

La generación eterna de Cristo

Defendiendo la divinidad de Cristo —que él es igual al Padre en todas las cosas—, incluye una defensa de su *generación eterna*.

"Generación" se refiere a un padre engendrando a un hijo. Una madre concibe, pero un padre genera. La generación de Cristo significa que él, como la Segunda Persona de la Trinidad, es el *Hijo* de Dios y que la Primera Persona es su *Padre*. Por lo tanto, otra palabra para "generado" es la palabra *engendrado*. En relación con el Padre, Cristo es el único Hijo "engendrado".

En nuestra experiencia humana, la generación significa que un hijo viene después de su padre y tiene un comienzo. Generación eterna significa que Cristo, como la Segunda Persona de la Trinidad, es engendrado —generado por la

---

[19] Louis Berkhof, Teología sistemática, Parte 3, "La doctrina de la persona y obra de Cristo", "Nueva edición" (Grand Rapids, MI: William B. Eerdmans Publishing Company, 1996), 334.

PARTE 3: CRISTO Y SU OBRA

Primera Persona de la Trinidad, pero *desde la eternidad*, o sin un principio. Debido a que su generación es eterna, la Segunda Persona de la Trinidad no es *después* de la Primera Persona o inferior a su Padre.

No estamos hablando aquí del nacimiento de Cristo en la carne. Él es el Hijo de Dios en ese sentido también, nacido en nuestra naturaleza humana por el poder dominante del Espíritu Santo. Como el Hijo, nacido en nuestra carne, tiene un principio y es inferior al Padre. Es como la Segunda Persona de la Trinidad que él es generado *eternamente*.

El Credo de Atanasio lo expresa de esta manera: "Porque la Fe verdadera, que creemos y confesamos, es que nuestro Señor Cristo Jesús, el Hijo de Dios, es Dios y hombre; Dios, de la substancia del Padre, engendrado antes de todos los siglos; y Hombre, de la substancia de su madre, nacido en el mundo... Igual al Padre según su Divinidad; inferior al Padre según su Humanidad".[20]

La generación eterna de Cristo es una verdad que necesita énfasis el día de hoy. Parece ser la moda entre algunos negarla. Cualesquiera que sean sus razones, realmente están negando la Trinidad. Si Cristo no es generado eternamente como el Hijo, él tiene un comienzo. Si tiene un comienzo, no es eterno. Si no es eterno, no es plena y realmente Dios. Si él no es completamente Dios, no es un Salvador para nosotros.

Negar la generación eterna de Cristo es parte de la antigua herejía del arrianismo. En los primeros años de la historia de la iglesia, esta herejía enseñaba que Cristo era *un dios*, pero no igual al Padre, tal como lo enseñan los cultos hoy en día. Los arrianos insistieron en que el nombre *unigénito Hijo* implicaba que Cristo tuvo un comienzo y no fue eterno como el Padre; y que, por lo tanto, no era igual al Padre.

La generación eterna se enseña claramente en Proverbios 8:22-30, donde la sabiduría, el hablante, es Cristo, el Hijo de Dios. Él dice allí: "Eternamente tuve el principado, desde el principio, antes de la tierra.... Con él estaba yo ordenándolo todo" (vv. 23, 30). Ideas similares se encuentran en Miqueas 5:2, 1 Corintios

---

[20] Credo de Atanasio, versículos 30-31 y 33.

1:24 y Colosenses 1:15. Sujetémonos a la Escritura, por lo tanto, y no permitamos que los enemigos de la verdad quiten nuestra confesión de que Cristo es nuestro Señor y nuestro *Dios*.

El nacimiento virginal de Cristo

Uno de los fundamentos de nuestra fe es el nacimiento virginal de Cristo. Tanto la realidad como el significado de la humanidad de Cristo están inseparablemente conectados con la creencia en su nacimiento virginal.

Debido a que esta verdad es fundamental, a menudo ha sido negado. Algunos en la iglesia primitiva, llamados gnósticos, negaron el nacimiento virginal de Cristo. Éste todavía está bajo ataque hoy.

Algunas versiones modernas de la Biblia, como la Revised Standard Version [Versión estándar Revisada], atacan el nacimiento virginal de Cristo al volver a traducir la palabra virgen en Isaías 7:14 como "mujer joven". Los mormones lo niegan con su enseñanza blasfema de que Cristo nació de las relaciones sexuales entre el Padre y María. Muchos hoy piensan que el nacimiento virginal fue solo una leyenda sobre Jesús que la iglesia primitiva creía, pero que hoy ya no es creíble. Todos estos ataques solo sirven para mostrar cuán importante es la doctrina. El diablo no pierde su tiempo atacando asuntos inconsecuentes.

El nacimiento virginal de Cristo es importante, primero, porque es un testimonio de la verdadera humanidad de Cristo. Aunque Cristo no tuvo un padre humano, sin embargo, nació como nosotros. Si no hubiera sido así, no sería como nosotros en todas las cosas, excepto en el pecado (Heb. 2:17; Heb. 4:15).

Además, el nacimiento virginal, con énfasis en la palabra *virgen*, es una confirmación de que, aunque Jesús nació como hombre de carne y hueso de María, nació no "de voluntad de carne, ni de voluntad de varón, sino de Dios" (Jn. 1:13). Como Isaías señaló hace mucho tiempo (Is. 7:14), el nacimiento virginal es una señal de que Jesús es realmente Emmanuel, *Dios con nosotros*.

La fe en el nacimiento virginal no requiere creer en la *perpetua* virginidad de María, como enseña Roma, o como enseñó el reformador suizo Zwinglio. La virginidad de María no es, ni antes ni después del nacimiento de Cristo, lo que garantiza su impecabilidad, sino su concepción por el poder del Espíritu Santo. Lucas 1:35 claramente enseña esto: "El Espíritu Santo vendrá sobre ti; ... *por lo cual* también el Santo Ser que nacerá, será llamado Hijo de Dios".

Que un nacimiento virginal sea difícil de entender no debería sorprendernos. Es parte de la maravilla y el milagro de la gracia. Cuando la concepción y el nacimiento humano ordinario sigue siendo un misterio, ¿cómo podemos esperar comprender completamente el milagro de la llegada de Cristo al mundo? Su desprecio tampoco debería sorprendernos. El nacimiento virginal de Cristo pertenece a su trabajo como nuestro Salvador, y solo la fe puede recibirlo a él y a la verdad sobre él.

Que ese milagro del nacimiento virginal de Cristo nos apunte a un milagro aún mayor, aquel que hizo en la carne cuando sufrió, sangró y murió por los pecados de todos los que el Padre le había dado.

La unión de las dos naturalezas de Cristo

El misterio de la encarnación no consiste tanto en que nuestro Señor sea Dios verdadero u hombre verdadero, sino en que él sea *ambos*. De acuerdo a 1 Timoteo 3:16, Dios manifestado en la carne es el gran "misterio de la piedad". Debido a que es un misterio, es algo que no podemos entender completamente.

Sin embargo, existen algunas analogías (comparaciones) que pueden usarse para ayudarnos a comprender cómo las dos naturalezas de Cristo están unidas en una sola persona. Estas analogías no son perfectas (ninguna analogía puede serlo), pero como dice Charles Hodge, "Hay ... suficiente parecido para mantener la fe y reprender la incredulidad".[21]

La mejor analogía es la de la unión del alma y el cuerpo. Incluso el Credo Atanasio hace uso de esta analogía cuando dice: "Porque como el *alma* y la *carne* racional son un solo hombre, Dios y el hombre son un solo Cristo".[22]

---

[21] Charles Hodge, Teología sistemática, vol. 2 (Londres: James Clarke, 1960), 380.
[22] Credo de Atanasio, versículo 37.

Primero, como el alma y el cuerpo son dos "sustancias" en el hombre, un material y la otra inmaterial, Cristo tiene dos naturalezas, una finita y criatural, y la otra infinita y divina.

Segundo, como el alma y el cuerpo constituyen una persona, las dos naturalezas de Cristo yacen unidas en una sola persona. En las actividades del alma y del cuerpo, hay un hombre actuando, pensando y dispuesto; así también en Cristo hay una sola persona que actúa en y a través de las dos naturalezas.

Tercero, como el alma y el cuerpo permanecen distintos, las dos naturalezas de Cristo permanecen distintas y no se mezclan para formar algún tipo de híbrido que no sea verdaderamente Dios ni verdaderamente hombre. No se unen como el cobre y el zinc se unen para hacer el latón, algo completamente nuevo. Cristo permanece plena y realmente Dios, y total y realmente hombre, no mitad Dios y mitad hombre.

Cuarto, como los atributos del alma y el cuerpo se atribuyen a la misma persona (la *persona* puede ser sabia en espíritu y alta en cuerpo), las características de la naturaleza divina y humana de Cristo se le atribuyen personalmente. Así como se pueden hacer declaraciones aparentemente inconsistentes acerca de una persona —él es espíritu y polvo—, así a Cristo se le atribuyen tanto las perfecciones de la naturaleza divina como las limitaciones de la naturaleza humana. Él lo sabe todo y, sin embargo, no sabe el día ni la hora de su segunda venida; él es eterno y sin embargo tiene un comienzo en el tiempo; él es todopoderoso y fue débil.

El Credo Atanasio expresa este último punto muy bellamente cuando dice que Cristo es "Dios, de la substancia del Padre, engendrado antes de todos los siglos; y Hombre, de la substancia de su madre, nacido en el mundo... igual al Padre, según su Divinidad, e inferior al Padre según su Humanidad. Quien, aunque es Dios y Hombre, no es dos, sino un sólo Cristo",[23] un Cristo para ser alabado y adorado.

---

[23] Ibid., versos 31 y 33.

PARTE 3: CRISTO Y SU OBRA

La unión inseparable de las dos naturalezas de Cristo

Al hablar del misterio de la encarnación de nuestro Señor Cristo Jesús, una cosa que debe destacarse es que *él continúa siendo* verdadero Dios y verdadero hombre. La unión entre lo divino y lo humano es una unión *inseparable*.

Algunos cristianos sinceros tienen la noción vaga y no bíblica de que después de la resurrección, Cristo dejó de ser humano. Piensan que asumió nuestra naturaleza humana cuando nació en Belén y la dejó atrás cuando resucitó de la muerte, de esa manera piensan. De hecho, su resurrección de la muerte demuestra que sigue siendo un hombre como nosotros. En la medida en que es Dios, no puede morir y no necesita resucitar nuevamente de entre los muertos.

Por lo tanto, también es en su naturaleza humana que asciende al cielo. Dios no tiene necesidad de ascender, porque está presente en todas partes. Como *hombre*, está sentado a la diestra de Dios, intercede y regresará para el juicio al final de todas las cosas.

Debemos recordar que, si él ya no es humano como nosotros, no tenemos parte en él. Entonces, lo que la Escritura dice acerca de él ya no es verdad —que él es "en todo semejante a sus hermanos", y que él es un "fiel sumo sacerdote en lo que a Dios se refiere" (Heb. 2:17)—. De hecho, si él ya no es como nosotros, ya no somos sus hermanos.

Tampoco la naturaleza humana de Cristo se vuelve divina a través de la resurrección. Si ese fuera el caso, ya no sería nuestro Hermano Mayor, el que vive para siempre para interceder por nosotros. Como alguien que conoce y se compadece de nuestras enfermedades, ahora el hace esa intercesión y la hace como uno que es semejante a nosotros en todas las cosas excepto en el pecado. Como hombre, nos representa ante Dios y obtiene las bendiciones por todos nosotros.

La naturaleza humana de Cristo es glorificada y cambiada a través de la resurrección como la nuestra también lo será cuando resucitemos de entre los muertos en el último día y vayamos a su encuentro. Su naturaleza humana no fue abandonada cuando el murió ni cambió por la divina. Él sigue siendo el Hijo del *hombre*.

Ya que Cristo todavía tiene su naturaleza humana, volverá en esa naturaleza humana al final del mundo, incluso cuando él se alejó de nosotros cuando ascendió a su Padre. Por supuesto, él, como Dios, está presente en todas partes y todavía está con nosotros hasta el fin del mundo. Pero no lo veremos como hombre ni lo conoceremos cara a cara hasta que regrese.

¿Difícil de entender? De hecho, lo es, pero eso es solo porque la encarnación de Cristo y la unión de sus dos naturalezas es una obra de Dios, cuyos caminos siempre son demasiado altos para nosotros. Es parte del milagro de nuestra redención por su gracia.

Es difícil de entender, de hecho, pero gloriosamente reconfortante, porque significa que "tenemos nuestra carne en el cielo para que, por ello, como una garantía, estemos seguros de que él, siendo nuestra cabeza, nos atraerá a sí mismo como miembros suyos".[24]

La unión personal de las dos naturalezas de Cristo

La unión de las dos naturalezas de Cristo es una *unión personal*. Esto también es parte del misterio de nuestro Señor Cristo Jesús.

Cuando decimos que es una unión personal, queremos decir, primero, que él es solo una persona. No hay dos Cristos, uno humano y otro divino, sino sólo uno que nació en Belén, sufrió y murió en la cruz, y resucitó al tercer día.

También queremos decir que, personalmente, Cristo es el Hijo unigénito y eterno de Dios. él no es una persona humana y una persona divina, sino la única persona divina y eterna que vino en nuestra carne y tomó nuestra naturaleza humana como propia. Tampoco es él una persona humana; él ha tomado

---
[24] Catecismo de Heidelberg, Día del Señor 18, P&R 49.

nuestra *naturaleza* humana como propia, pero es, como persona, la Segunda Persona de la Trinidad. Esto a menudo es negado, especialmente por aquellos que creen que él sólo *llego a ser* divino.

Esta es la parte más difícil de entender de la doctrina de Cristo. Significa que el Hijo unigénito sufrió y murió *personalmente* en la cruz, y que la persona que dijo: "Dios mío, Dios mío, ¿por qué me has desamparado?", era Dios mismo. ¡Qué verdad tan asombrosa!

Decir que Cristo hizo estas cosas en o de acuerdo a su naturaleza humana no explica el misterio, pues fue *él*, el unigénito y eterno Hijo de Dios, quien las hizo. ¡Cuán incomprensibles son los caminos de Dios!

Es importante creer que Cristo es, personalmente, la Segunda Persona de la Trinidad, porque solo como tal él podía hacer expiación por el pecado y brindarnos una justicia eterna. Sólo el Hijo de Dios podía pagar por todos los pecados de su pueblo al morir en la cruz. Sólo el Hijo de Dios podía sufrir toda la ira eterna de Dios contra el pecado en seis breves horas. Sólo el Hijo de Dios podía brindarnos una justicia eterna, la justicia de Dios mismo (Rom. 3:21-22), una justicia que no puede ser destruida ni perdida una vez más.

Solo porque Cristo es personalmente el Hijo de Dios su obra y su muerte son de gran valor para nosotros. Lo que el hombre no puede hacer, *Dios* lo hace en la persona de su Hijo.

También es importante que Cristo sea personalmente la Segunda Persona de la Trinidad como la persona encarnada de la virgen María. Por lo menos, nos recuerda que el milagro de la encarnación y de nuestra salvación es que Dios se hizo hombre, no que el hombre se convirtió en Dios.

Las palabras de 1 Corintios 8: 6 resumen todo esto muy hermosamente: "para nosotros, sin embargo, sólo hay un Dios, el Padre, del cual proceden todas las cosas, y nosotros somos para él; y un señor Cristo Jesús, por medio del cual son todas las cosas, y nosotros por medio de él". Que Dios nos dé la gracia de hacer nuestra esta confesión y mantenerla como nuestra por siempre.

La distinción entre las dos naturalezas de Cristo

Al hablar de Cristo como Dios y hombre, debemos tener cuidado de no confundir sus dos naturalezas. Esto se ha hecho en la historia de la iglesia. Algunos, por ejemplo, han llamado a Cristo Dios-hombre, enseñando que ya no es verdaderamente Dios o verdaderamente hombre, sino una especie de híbrido de los dos. Una analogía sería la mezcla del sodio metálico con el cloro gaseoso tóxico para producir cloruro de sodio (sal de mesa), algo que no es ni metal ni gas.

El problema con esta vieja herejía es que borra la distinción entre lo humano y lo divino. Ese error todavía existe hoy, aunque no se llama con el mismo nombre. Muchos difuminan la distinción entre lo humano y lo divino al enseñar que Cristo era Dios solo en el sentido de que siendo un buen hombre llegó a ser divino. Según este punto de vista, Cristo alcanzó la divinidad al darse cuenta de todo el potencial de su humanidad. Isaac Watts, el escritor de muchos himnos, creía esto.

Una difuminación en la distinción entre lo humano y lo divino es también el error de aquellos que promueven un evangelio de "pensamiento positivo" y de modernismo: que las personas deben dejar de lado todos los pensamientos sobre pecado y culpa y aprender a pensar positivamente sobre sí mismos, alcanzando así su potencial como seres humanos tal como lo hizo Cristo. La salvación, entonces, consiste en el crecimiento de hombres y mujeres en una especie de humanidad perfecta, que es lo mismo, se dice, que ser divino.

Al mantener la distinción entre lo humano y lo divino en Cristo, debemos ser muy cuidadosos con nuestro lenguaje y no ir más allá de lo que la Escritura misma dice acerca de las dos naturalezas de Cristo. Decimos, por ejemplo, que Cristo murió en la cruz, o que sufrió y murió "según su naturaleza humana", pero no decimos que *Dios* murió en la cruz. O decimos que Cristo fue abandonado por Dios "de acuerdo con su naturaleza humana", pero no podemos decir que Dios fue abandonado por Dios.

También tenemos una orden bíblica para este tipo de lenguaje. Lo encontramos usado en pasajes como Romanos 9:5, donde la Escritura dice que Cristo ha venido de los judíos "en cuanto a la carne".

Por lo tanto, debemos mantener que Cristo nuestro Señor, en una persona, es eterno, omnisciente, omnipotente y Creador del cielo y de la tierra, mientras que al mismo tiempo es total y verdaderamente hombre con todas las limitaciones de la naturaleza humana. Esta es la maravilla de la encarnación, el gran misterio de la piedad y la esperanza de nuestra salvación (Ef. 4:9-10).

Podemos entender la mezcla de dos sustancias para producir una tercera, pero entender completamente cómo las dos naturalezas de Cristo pueden estar unidas para siempre en una persona y, sin embargo, permanecer distintas, está más allá de nuestra comprensión. Nos muestra que la encarnación de Cristo es una maravilla de Dios.

El pacto de Dios en Cristo

La unión de las dos naturalezas de Cristo es muy importante en lo que respecta a algunas de las promesas más preciadas de la Escritura. Él es el cumplimiento de esas promesas, porque él es *Emmanuel*, "Dios con nosotros".

Nos referimos a promesas tales como aquellas en 2 Pedro 1:4: "para que por ellas llegaseis a ser participantes de la naturaleza divina"; 2 Corintios 6:16: "Habitaré y andaré entre ellos"; Efesios 3:19: "para que seáis llenos de toda la plenitud de Dios"; Efesios 5:30: "porque somos miembros de su cuerpo, de su carne y de sus huesos" ; y Gálatas 2:20: "Con Cristo estoy juntamente crucificado, y ya no vivo yo, más vive Cristo en mí; y lo que ahora vivo en la carne, lo vivo en la fe del Hijo de Dios, el cual me amó y se entregó a sí mismo por mí".

Todas estas promesas presuponen lo que Juan Calvino llamó la "unión mística" entre Dios en Cristo y su pueblo. Que esta unión es más que solo una figura del lenguaje es claro por los mismos pasajes e incluso por la manera en que la fe es descrita en la Escritura. La fe es, literalmente, fe *en* Cristo o incluso fe hacia Cristo.

Por lo tanto, estos pasajes describen la más cercana relación de comunión posible entre Dios y su pueblo: comunión en la cual el pueblo de Dios está realmente reunido y unido a él y comparte su propia vida bendecida. Ellos son recibidos dentro de su familia y llegan a ser, por gracia, participantes de la naturaleza divina. ¿Maravilloso, no es así?

Esta unión es realizada en Cristo mismo. Él es, por un lado, nuestra propia carne y sangre; por otro lado, también es real y completamente Dios en una persona. En él, Dios y hombre se encuentran y son unidos, porque estamos *en él* por la fe, mientras que en él también habita toda la plenitud de la Deidad corporalmente (Col. 2:9-10).

Cristo, en virtud de su encarnación, es Emanuel, (Dios con nosotros), no solo porque Dios nos visita en él, sino también porque Dios viene a habitar con nosotros y vive en comunión estrecha con nosotros a través de él.

El matrimonio cristiano es una figura de esto, ya que el hombre y la mujer en el matrimonio llegan a ser "una carne". De hecho, en Efesios 5, donde Pablo habla acerca del matrimonio cristiano y dice que el hombre y la mujer se hacen una carne, añade: "Grande es este misterio; más yo digo esto *respecto de Cristo y de la iglesia*" (v. 32).

El matrimonio de Dios y su pueblo en Cristo por el cual llegan a ser una sola carne es la realización del pacto de gracia de Dios. El pacto de Dios es un pacto de amistad y comunión en el cual Dios promete ser nuestro Dios y hacernos su pueblo. Es llevado a cabo cuando somos uno con Dios en Cristo.

Así que esperamos la fiesta de las bodas del Cordero, no solo como una figura de los gozos celestiales, sino como una consumación de nuestra unión con Dios en Cristo, que será la realización de todas nuestras esperanzas y el comienzo de todos nuestros gozos.

Los tres Oficios de Cristo

Cuando hablamos de los oficios de Cristo, estamos diciendo que él es nuestro gran *Profeta* (Hch. 3:22-26), nuestro único *Sumo Sacerdote* (Heb. 7:24-28), y nuestro eterno *Rey* (Ap. 17:14).

Con estos tres oficios Cristo es único en la Escritura. Nadie más, excepto Melquisedec tuvo los tres oficios (Heb. 7). Durante los años de reinado estuvo prohibido que los reyes de Israel y Judá sirvieran como sacerdotes y reyes. Uno de los reyes de Judá, Uzías, fue afligido con lepra por tratar, como rey, de llevar a cabo las funciones de un sacerdote (2 Crón. 26:16-21; comparar con 1 Sam. 13:8-14).

Un hombre podía ser un sacerdote y un profeta, como Samuel, o podía ser un rey y un profeta, como David, pero no podía ser tanto rey como sacerdote. Solo Melquisedec tuvo los dos oficios, y él fue una imagen singular de Cristo. No hay nadie como Cristo.

Debido a que no hay nadie como Cristo, no debemos tener a nadie más que a él; a ningún sacerdote o profeta terrenal, ni a ningún rey sino sólo a Cristo. Sus declaraciones ponen en vergüenza las declaraciones de aquellos que hoy dicen que son profetas o sacerdotes o gobernantes supremos en la iglesia de Cristo Jesús. La iglesia no tiene otra cabeza sino Cristo, otro profeta sino el vivo Verbo de Dios, otro sacerdote sino el misericordioso Hijo de Dios, el cual se ofreció a sí mismo en sacrificio por los pecados de su pueblo. De estas cosas hablaremos más tarde.

Sin embargo, antes de que veamos los oficios profético, sacerdotal y real de Cristo, debemos entender qué es un oficio. Primero, es *una posición de servicio*. Con sus oficios Cristo se identifica en la Escritura como el Siervo de Jehovah, especialmente en la profecía de Isaías (Is. 52:13; Is. 53:11). Como Siervo de Jehovah el viene a hacer la voluntad y la obra de Dios (Lc. 2:49; Jn. 4:34).

Un oficio es también una *posición de autoridad*. En sus tres oficios Cristo tiene toda la autoridad en los cielos y en la tierra (Mt. 28:18), Las palabras que él habla como Profeta tienen tal autoridad que aquellos que no lo escuchen perecerán. Su gobierno como rey es supremo, sobre todo. Su obra como Sacerdote, tanto al hacer sacrificio y al bendecirnos, es una obra salvadora, porque le fue dada autoridad de parte de Dios para hacer ese sacrificio que expía el pecado y que bendice con todas las riquezas de salvación a aquellos que Dios le ha dado.

Finalmente, *un oficio es una posición mediatora*. Como Profeta, Sacerdote y Rey, Cristo es nuestro Mediador. Él "está en medio" de Dios y nosotros, no solo para hacer un sacrificio sacerdotal por el pecado en satisfacción a las demandas de la justicia de Dios, sino que también trae la Palabra de Dios como Profeta y gobierna sobre nosotros en nombre de Dios como Rey soberano.

Su nombre *Cristo*, el mismo nombre que el nombre *Mesías* en el Antiguo Testamento, nos muestra todo esto. Este nombre significa "ungido" y se refiere al hecho de que Cristo es ungido y señalado por Dios el Padre, mediante el Espíritu Santo, para que sea nuestro Profeta, Sacerdote y Rey.

Verdaderamente no hay nadie como él. No escuchemos a nadie más, no nos inclinemos ante nadie más, y no confiemos en otro sacrificio sino el de él. Entonces podremos decir en verdad que para nosotros él es el Cristo, el Hijo del Dios viviente.

Cristo, nuestro profeta principal

Algunas veces olvidamos que Cristo no solo es nuestro gran Sumo Sacerdote, quien ofrece un sacrificio por el pecado, sino también nuestro Profeta y Rey. Estos oficios son de igual importancia para su oficio sacerdotal.

Como nuestro Profeta él es quien nos trae la Palabra de Dios. Él hace eso primeramente al *ser* la Palabra del Dios viviente (Jn. 1:1ss.) Como la Palabra viva él nos revela a Dios (Jn. 1:14; Jn. 14:9) —toda la gracia, misericordia y el amor de Dios, pero también la santidad, la justicia y la ira de Dios—.

Cristo también funciona como nuestro Profeta al hablarnos la Palabra de Dios. él hace esto en la predicación del

PARTE 3: CRISTO Y SU OBRA

evangelio. En la comisión y el envío de predicadores fieles, él se hace escuchar por su pueblo (Jn. 5:25; Jn. 10:27) de manera que, aunque no lo hayan visto, lo aman y lo obedecen (Jn. 20:29). Esta es una de las verdades más importantes en la Escritura concerniente a la predicación: que en la predicación el pueblo de Dios escucha la voz de Cristo a través de la obra del Espíritu Santo. Esto es lo que hace a la predicación el poder de Dios para salvación (Rom. 1:16). Es por eso que la fe viene por el oír (Rom. 10:17).

Debido a que Cristo habla con tal poder, no necesitamos otro profeta, ni tampoco podemos buscar o seguir a nadie además de él. La pretensión de aquellos hoy en día que dicen ser profetas, y que reclaman ser capaces de hablar infaliblemente o revelar la voluntad de Dios, son puestos en vergüenza en la presencia de Cristo y son una negación de su singular oficio profético. Antes de la venida de Cristo, se necesitaban otros profetas, pero ahora que ha venido como la viva y permanente Palabra de Dios, no puede haber otros.

Debido a que la obra de Cristo como Profeta es tan importante, Moisés habló de su venida mucho antes de su nacimiento (Deut. 18:15; Hch. 3:22-25). Moisés dijo en referencia a la obra profética de Cristo, "a él oiréis en todas las cosas que os hable" (Hch. 3:22).

El pueblo no siempre escuchó e hizo caso a Moisés, y es por eso que Moisés dijo que habría de venir un mejor profeta. El que viene se *hace* escuchar. Como el hijo de Dios, habla con tal poder que el pecador no puede sino obedecer cuando él llama. Cuando él llama a la fe y al arrepentimiento, su poderosa voz crea fe y arrepentimiento en los corazones de su pueblo. Cuando él habla, los muertos oyen la voz del Hijo de Dios y viven (Jn. 5:25). Es por eso por lo que Moisés dijo, "a *él* oiréis *en todas las cosas.*"

Los pecadores están "muertos" y no pueden escuchar a Cristo hasta que les habla con tal poder, pero esto no destruye la responsabilidad de aquellos que perecen en sus pecados: "Y toda alma que no oiga a aquel profeta, será desarraigada del pueblo" (Hch. 3:23).

Podemos escuchar a Cristo solamente cuando él habla su palabra creativa, poderosa en nuestros corazones. De hecho, *debemos* escucharle para que no perezcamos. Como *el* Profeta, él demanda nuestra atención. Y por nuestra parte… "es necesario que con más diligencia atendamos a las cosas que hemos oído, no sea que nos deslicemos" (Heb. 2:1).

Cristo, nuestro único sumo sacerdote

La gran obra de Cristo como nuestro único sumo sacerdote es la obra de ofrecerse a sí mismo como sacrificio por el pecado. Él es el Sacerdote que hace el sacrificio, así como también es la ofrenda misma.

Hacer sacrificios por el pecado no es la única obra que Cristo hace como nuestro Sacerdote. Si así fuera, su trabajo sacerdotal habría concluido. Sin embargo, Hebreos 7:28 dice que está consagrado para siempre. Su trabajo, cuando hubo ofrecido ese único sacrificio expiatorio, no estuvo más concluido que el trabajo del sacerdote en el Antiguo Testamento cuando había ofrecido el holocausto en el gran altar del templo. Por ello, se le representa en Apocalipsis 1, exaltado y glorificado y *todavía* realizando la obra de sacerdote. Su túnica, ceñida con una faja dorada, es la vestimenta de un sacerdote.

El trabajo de Cristo como Sumo Sacerdote continúa especialmente en dos cosas. Continúa, primero, en la intercesión que hace por su pueblo ante Dios. Esto fue simbolizado en el Antiguo Testamento cuando el sacerdote iba con fuego desde el gran altar al templo para ofrecer incienso en el altar de oro que estaba delante del velo. Ese incienso de olor dulce y que se elevaba a la presencia de Dios, era una imagen de las dulces oraciones de Cristo mientras se mezclan con las nuestras y se elevan a la presencia de Dios, donde son aceptadas y respondidas.

Debido a que ese incienso simbolizaba la intercesión de Cristo, el sacerdote debía quemar el incienso con fuego del gran altar en el que se acababa de hacer el sacrificio expiatorio. Ese incienso representaba la aceptabilidad de las oraciones del pueblo de Dios a medida que esas oraciones venían ante Dios

PARTE 3: CRISTO Y SU OBRA

mismo a través de la intercesión de Cristo. Las brasas del altar del holocausto representan la única razón por la que nuestras oraciones son aceptables, a saber, el sacrificio de Cristo.

La obra de Cristo como sacerdote también continúa en las bendiciones que derrama sobre su pueblo. El derramamiento del Espíritu y las bendiciones del Espíritu son obra de Cristo como nuestro Sumo Sacerdote celestial.

Esto fue simbolizado en el Antiguo Testamento cuando el sacerdote terminaba el trabajo de hacer sacrificios e intercesión y traía a la gente la bendición de Dios que había sido obtenida (Núm. 6:22-27). Hacía esto en la puerta del tabernáculo o templo cuando bendecía a la gente en el nombre del Señor (Lc. 1:22). Esto Cristo lo hace desde el santuario celestial cuando nos bendice en el nombre de Dios.

Para hacer esto, Cristo primero tuvo que entrar al cielo mismo. Esto se simbolizaba en el Antiguo Testamento cuando el sumo sacerdote, una vez al año, entraba al lugar santísimo para traer ante el propiciatorio la sangre de la expiación. Cuando Cristo aparece en la presencia de Dios por nosotros (Heb. 9:24), trae su sangre ante Dios. Esta es la base de la intercesión que continúa haciendo y la bendición que continúa obteniendo para su pueblo.

Todos aquellos que creen en Cristo, tienen un Sumo Sacerdote — uno que ofrece un sacrificio perfecto, hace una intercesión perfecta y puede obtener para ellos las bendiciones de Dios—. ¡No confíes en ningún otro sacerdote sino sólo en él!

Cristo, nuestro rey eterno

El tercer oficio de Cristo es su oficio real. Hay varias cosas que necesitamos aprender sobre su oficio y trabajo como Rey.

Debemos saber que hay dos aspectos de su oficio real: su dominio sobre el mundo malvado y su gobierno sobre su pueblo. El primero se llama *el dominio de su poder*, el segundo *el dominio de su gracia*.

Por el reinado de su poder, él controla soberanamente todas las acciones e incluso los pensamientos y corazones de los hombres malvados, usándolos para sus propósitos y reino. Él ejerció este poder cuando dijo con autoridad real a Judas: "Lo que vas a hacer, hazlo más pronto" (Jn. 13:27). Él envió a Judas a hacer la obra de las tinieblas para que pudiera ser crucificado y derramar su sangre por la salvación de su pueblo. Él reveló el mismo poder cuando hizo que los que lo capturaron en el jardín retrocedieran y cayeran al suelo (Jn. 18:6) para demostrar que fue voluntariamente a la cruz.

Este poder real se ejerce en *contra* y *a pesar* de la voluntad de aquellos que se rebelan contra Cristo. Ellos se levantan y toman consejo juntos contra él (Sal. 2), pero él se ríe de ellos despreciándolos y usándolos, incluso en su rebelión, para su propio beneplácito.

Pero también gobierna por gracia. A través del reinado de su gracia, él gobierna en la iglesia y entre su pueblo. Este dominio lo ejerce *en y a través* de la voluntad de su pueblo. Por su gracia él cambia su voluntad y hace que lo amen y le sirvan voluntariamente. Este aspecto de su gobierno se describe más bellamente en el Salmo 110:3: "Tu pueblo se te ofrecerá voluntariamente en el día de tu poder".

La diferencia entre estos dos aspectos del gobierno de Cristo se ve más claramente en el hecho de que él gobierna a los impíos con una vara de hierro y con ella, los quebranta en pedazos (Sal. 2:9). él gobierna a su pueblo con un cayado de pastor, guiándolos a la paz (Sal. 23:4).

Sin embargo, también debemos recordar que como Rey él gobierna no sólo *sobre* su pueblo; también gobierna *a favor* de ellos, *luchando* por ellos y guiándolos en la batalla. Como Rey, él es el Conquistador y el Vencedor de todos sus enemigos, quien ha derrocado todo el poder y el reino de las tinieblas, aquel en quien somos más que vencedores (Rom. 8:37).

Él ya ha obtenido esta victoria. La victoria no está todavía por ser obtenida, sino que por su cruz es plenamente cumplida (Jn. 19:30; Col. 2: 14-15). "Los reinos del mundo han venido a *ser* [tiempo presente] de nuestro Señor y de su Cristo" (Ap.11:15). Suyo es el reino, y el poder, y la gloria, por todos los siglos. (Mt. 6:13).

PARTE 3: CRISTO Y SU OBRA

Debemos reconocer a Cristo como Rey para que la victoria también sea nuestra. Hacemos esto honrando el reinado de su gracia en nuestros corazones. Entonces, besemos al Hijo, a quien Dios ha puesto como Rey, para que no se enoje y perezcamos en el camino (Sal. 2:12).

Los estados de Cristo: su humillación y exaltación

La buena teología reformada generalmente incluirá una discusión de los *estados* del Mediador Cristo Jesús. El Catecismo Menor de Westminster, por ejemplo, dice: "Cristo, como Redentor nuestro, ejecuta los oficios de Profeta, de Sacerdote y de Rey, *tanto en su estado de humillación como en el de exaltación*".[25] ¿Qué son estos estados de humillación y de exaltación?

La palabra *estado*, se refiere a nuestro *estatus legal* —que somos culpables o inocentes ante la ley—. Esto tiene que ver con la obra de Cristo. Durante la primera parte de su obra, que se llama estado de humillación, su estatus legal ante Dios fue el de un pecador culpable. Durante la segunda parte, su estado de exaltación, su estatus legal era el de uno justificado ante Dios.

En el estado de humillación —el tiempo desde su nacimiento hasta su muerte—, Jesús fue considerado culpable ante Dios. En el estado de exaltación, incluyendo su resurrección, su ascensión, su gloria a la diestra de Dios y su regreso para el juicio, se le considera justificado o inocente.

Cristo mismo nunca fue culpable de ningún pecado, ni tuvo que ser justificado personalmente. Pero, siendo el portador del pecado, aquel sobre quien el Señor puso la iniquidad de todos nosotros (Is. 53: 6), fue *contado* y *tratado* como un pecador culpable, sufriendo el castigo total por el pecado, y luego también, en favor nuestro, tratado como justificado e inocente.

Isaías 53 indica esto cuando dice que "fue contado con los pecadores, habiendo él llevado el pecado de muchos" (v. 12). Cristo mismo dice en el Salmo 69:5: "Dios, tú conoces mi insensatez, y mis pecados no te son ocultos" —no como

---
[25] El Catecismo Menor de Westminster, Respuesta 23.

teniendo algún pecado personalmente, sino como quien cargó con nuestras transgresiones —.

Debido a que Cristo fue contado "con los pecadores" también fue "herido de Dios y abatido" (Is. 53:4). Le agradó al Señor, como Juez, "quebrantarlo, sujetándole a padecimiento" (v. 10). En su sufrimiento, su juicio y su muerte en la cruz, fue tratado por su propio Padre como si él mismo fuera el pecador cuyo lugar él había tomado, hasta que finalmente gritó: "Dios mío, Dios mío, ¿por qué me has desamparado?".

Como el portador del pecado, Cristo también necesitaba ser justificado, no por su propio bien, sino por el nuestro, de cuyos pecados el portó. De esto la Palabra habla en Isaías 3:11 cuando lo llama el siervo *justo* de Dios, porque la justicia y la justificación son la misma cosa. él "nos ha sido hecho... justificación" (1 Cor. 1:30).

Este es el corazón del evangelio y una de las verdades más asombrosas de la Escritura: que el Hijo de Dios estaba dispuesto a ser contado con los transgresores por nuestro bien (Is. 53:12), y que su propio Padre estaba dispuesto a tratar con él sobre esa base para que pudiéramos ser redimidos. ¡Maravilloso Salvador, verdaderamente! ¡Y maravilloso el amor que lo envió!

El humilde nacimiento de Cristo

Las circunstancias del nacimiento de Cristo son casi todo lo que sabemos de su vida temprana, y el énfasis está en su nacimiento en la pobreza, el rechazo, el sufrimiento y la persecución. Belén, el establo, el pesebre, los pañales, los pastores, la huida a Egipto, todo cuentan la misma historia.

¿Por qué se cuenta la historia de su nacimiento con tanto detalle, y por qué hay tanto énfasis en su *humilde* nacimiento? Es porque su nacimiento humilde es el primer paso en su estado de humillación. Es al nacer, en primer lugar, que Dios lo trata en nuestro nombre como un pecador culpable.

No se nos cuenta la historia para despertar nuestra simpatía o para convencernos de que nadie sufrió tanta pobreza y rechazo como él. La historia no es una historia con una moral

PARTE 3: CRISTO Y SU OBRA

social, no es un llamado a la reforma social y al fin de la pobreza y el sufrimiento. Es parte del evangelio, y está registrado en la Escritura para mostrarnos que Jesús es el Salvador.

La Escritura misma nos dice la razón de su humilde nacimiento cuando dice que "Al que no conoció pecado, por nosotros lo hizo pecado, para que nosotros fuésemos hechos justicia de Dios en él" (2 Cor. 5:21) Toda su sumisión, humillación y pobreza fueron parte de lo que el sufrió como aquel que cargó con los pecados de su pueblo para redimirlos.

La Escritura enseña esto más claramente en 2 Corintios 8:9: "Porque ya conocéis la gracia de nuestro Señor Cristo Jesús, que por amor a vosotros se hizo pobre, siendo rico, para que vosotros con su pobreza fueseis enriquecidos". No hay duda de que su hacerse pobre es una referencia a su encarnación y a todas las circunstancias de la misma. Esto, dice la Palabra de Dios, sucedió para que nosotros, a través de su pobreza, pudiéramos ser ricos, no con riquezas terrenales, sino con todas las riquezas de la salvación que hay en él (Ef. 1:3).

Su sufrimiento, *todo ello*, es nuestra salvación. Su humillación es nuestra exaltación, su humildad nuestra gloria. Él fue nuestro Salvador no sólo en la cruz, sino durante toda su vida. ¡Qué Salvador!

Era necesario que él fuera nuestro Salvador desde el nacimiento. Así como nacemos pecadores, corruptos y depravados (Sal. 51: 5), así él tuvo que nacer sufriendo el castigo del pecado. Así como toda nuestra vida desde el nacimiento hasta la muerte está bajo el dominio del pecado, así nuestra vida entera debe ser redimida por su vida de sufrimiento, que culminó en su vergüenza y tristeza y en el derramamiento de su sangre en la cruz.

La historia de su nacimiento, por lo tanto, no es simplemente una historia conmovedora, no se trata de un mero sentimiento piadoso, sino del evangelio. Al escuchar sobre su nacimiento, repetimos las palabras del viejo Simeón cuando vio a Cristo en su infancia: "Ahora, Señor, despides a tu siervo en paz, conforme a tu palabra; porque han visto mis ojos tu salvación, la cual has preparado en presencia de todos los pueblos; luz para revelación a los gentiles, y gloria de tu pueblo Israel". (Lc. 2:29-32).

La vida de sufrimiento de Cristo

La vida de sufrimiento de Cristo es el segundo paso en su estado de humillación. Nuestro Señor Cristo Jesús sufrió tantas cosas durante su vida terrenal que a veces parece que su vida no fue más que sufrimiento. De hecho, no hay forma más adecuada de describir su vida que diciendo: "Él sufrió".

Soportó la pobreza, tanto que le dijo a un aspirante a discípulo: "Las zorras tienen guaridas, y las aves del cielo nidos; más el Hijo del Hombre no tiene dónde recostar su cabeza" (Mt 8:20). Al final le quitaron lo poco que tenía, separando sus vestiduras y echando suertes por su túnica.

Fue "Despreciado y desechado entre los hombres" (Is. 53: 3), aborrecido sin causa (Jn. 15:25), un extraño para sus hermanos (Sal. 69:8), contradicho por los pecadores (Heb. 12:3), rechazado por los suyos (Jn. 1:11), abandonado y negado por sus discípulos (Mt. 26:56, 74), y "contado con los pecadores" (Is. 53:12).

Fue acusado de ser amigo de publicanos y pecadores, de blasfemo, de estar en alianza con Satanás, de ser un peligro para la seguridad nacional (Jn. 11:47–50). Sus reclamos regios fueron despreciados, y César fue elegido antes que él como rey, e incluso prefirieron más al vil criminal Barrabás que a él. Muchas veces su propia gente, los judíos, intentaron matarlo.

Al final, sus enemigos le escupieron en la cara, lo abofetearon, se burlaron y lo ridiculizaron, lo azotaron y lo crucificaron. ¡Cómo sufrió!

Sin embargo, en todo este sufrimiento, lo que importaba no fue tanto la vergüenza, la humillación, el rechazo y el dolor, sino que él sufrió por nuestros pecados y bajo la ira de Dios. Esto es lo que la Palabra de Dios nos enseña en Isaías 53:3-6.

Cuando Cristo fue despreciado y rechazado, cuando llego a ser íntimamente familiarizado con el dolor, no fue solo porque no le estimásemos, sino también porque era golpeado por *Dios* y afligido (v. 4). Así que en *todo* su sufrimiento fue herido "por nuestras rebeliones, [y] molido por nuestros pecados". En todo su sufrimiento, Dios estaba imponiéndole "el pecado de todos nosotros" (v. 6). En ese sentido no hay nadie cuyo dolor fuese como el suyo (Lam. 1:12).

Esto era necesario para nuestra redención. Cristo no solo tuvo que pagar la pena por nuestros pecados al morir en la cruz, sino que como toda nuestra vida es vivida en pecado, él tuvo que sufrir toda su vida. Y obedeciendo sin pecado en todo ese sufrimiento, hizo restitución, pagando lo que nosotros no habíamos pagado, la gran deuda de obediencia que le debíamos a la gloria de Dios. De esto, Cristo mismo habla en el Salmo 69:4: "me hacen devolver aquello que no robé."

Hebreos 5:7-9 lo resume todo: "Y Cristo, en los días de su carne, ofreciendo ruegos y súplicas con gran clamor y lágrimas al que le podía librar de la muerte, fue oído a causa de su temor reverente. Y aunque era Hijo, por lo que padeció aprendió la obediencia; y habiendo sido perfeccionado, vino a ser autor de eterna salvación para todos los que le obedecen".

La muerte de Cristo en la cruz

El tercer paso en el estado de humillación de Cristo es su muerte. La muerte de Jesús en la cruz y el derramamiento de su sangre es el evento central de la historia y el corazón del evangelio. Pablo indica esto en 1 Corintios 2:2 cuando dice: "Pues me propuse no saber entre vosotros cosa alguna sino a Cristo Jesús, y a éste crucificado". Y nuevamente, en Gálatas 6:14: "Pero lejos esté de mí gloriarme, sino en la cruz de nuestro Señor Cristo Jesús".

La cruz era muchas cosas. Fue el juicio de este mundo. Jesús mismo dice esto en Juan 12:31, y la oscuridad, el terremoto y el desgarre del velo del templo lo demuestran. El juicio de Dios revelado en la cruz fue tan evidente que los que estaban allí se fueron a casa golpeándose el pecho (Lc. 23:48).

La cruz también sigue siendo una piedra de tropiezo y una roca de ofensa para los que no creen. En la cruz, Cristo fue puesto no sólo como la piedra angular principal, sino también como una piedra de tropiezo (1 P. 2: 6-8). Es la cruz, por lo tanto, la que hace la división entre fe e incredulidad, entre elección y reprobación. La cruz y "Jesús en medio" (Jn. 19:18) muestran claramente que la razón por la cual una persona cree y otra no, no está en el hombre sino en la cruz de Cristo y en el propósito de Dios que se revela a través de Cristo.

La sangre de la cruz es la reconciliación de *todas las cosas* en el cielo y en la tierra (Col. 1:20), pero, sobre todo, la cruz es nuestra reconciliación con Dios, nuestro pago por nuestro pecado, nuestra expiación y redención (vv. 21-22). El sufrimiento y la humillación de Jesús alcanzaron su punto culminante, especialmente durante las tres horas de oscuridad. Durante ese tiempo, llevando nuestros pecados, él se enfrentó a Dios el Juez. Lo que sucedió durante esas pocas horas está más allá de nuestra comprensión.

Solo una breve palabra nos llega de la oscuridad: "Dios mío, Dios mío, ¿por qué me has desamparado?" Durante ese tiempo, el Hijo de Dios fue desamparado de su Padre y sufrió todo lo que merece nuestro pecado. Fue desamparado para que nosotros pudiéramos ser aceptados por Dios y nunca ser abandonados por él. Al sufrir toda la ira de Dios por nuestros pecados, él nos liberó de esa ira para que nosotros nunca experimentemos lo que ocurrió con él durante esas tres horas de oscuridad, ni lo que significa enfrentar a Dios como un Juez enojado e implacable.

Por último, la muerte de Cristo Jesús en la cruz es la fuente de nuestra santificación, como nos dice Pablo en Gálatas 6:14: "por quien el mundo me es crucificado a mí, y yo al mundo". Esta es la razón por la que sufrimos persecución (Gál. 6:12). Incluso es un símbolo de la abnegación que debemos practicar por su causa (Mt. 10:38). Es la fuente de todas las bendiciones que tenemos en esta vida y en la vida venidera. Por lo tanto, no sepamos nada más que Cristo y él crucificado.

PARTE 3: CRISTO Y SU OBRA

Expiación limitada

Los calvinistas creen en la expiación limitada, es decir, que Cristo no murió por todos los hombres sino solo por los elegidos. Sin embargo, por expiación *limitada* no queremos decir que el valor o el poder de la muerte y la sangre de Cristo sean limitados, sino solo que murió por un número "limitado" de personas.

Es mejor hablar no de expiación *limitada*, sino de expiación *particular*. La palabra particular enfatiza la verdad bíblica de que Cristo murió solo por algunas personas en particular, y no por todos sin excepción.

Creemos en la expiación particular o limitada debido a los muchos pasajes de la Escritura que enseñan que Cristo murió no *por todos* sino *por muchos* (Is. 53:11; Mt. 20:28; Mt. 26:28; He.9:28); es decir, murió *por su pueblo* (Is. 53: 8; Mt. 1:21), *por sus ovejas* (Jn. 10: 14-15, 26–28) y *por la iglesia* (He. 20:28).

No creemos que los pasajes que hablan de "todos" o de "el mundo" de alguna manera contradigan a los que hablan de un número limitado. La Palabra de Dios no puede contradecirse. Lo que dichos pasajes enseñan es que Cristo murió por todos los hombres *sin distinción*, no por todos los hombres *sin excepción*, en otras palabras, tales pasajes enseñan que Cristo murió por todo tipo de hombres (1 Tim. 2:1-6), por todos los que están en él (1 Cor. 15:22), o por el "mundo" de su propio pueblo, es decir, para sus elegidos de todas las naciones (compárese con Jn. 3:16 y Jn. 17:9).

La expiación limitada por sí sola exalta a Cristo como Salvador. La idea de que Cristo murió por todos los hombres, pero que muchos aún no se hayan salvado degrada la obra salvadora de Cristo. Esa enseñanza realmente dice que Cristo no hizo suficiente a través de su sufrimiento y muerte para alcanzar nuestra salvación y que se necesita algo más (por lo general, el libre albedrío de una persona). Dice que Cristo murió por todos, pero que algunos todavía van al infierno. Si eso fuera cierto, la sangre de Cristo fue derramada en vano por algunos, y su muerte fue inútil para ellos. Entonces su muerte no fue realmente un rescate, una expiación o una satisfacción por el pecado, ni nos reconcilió con Dios.

Si Cristo murió por todos los hombres, y aun así algunos todavía no se salvan, y si la diferencia es su elección de libre albedrío, entonces lo que realmente importa en nuestra salvación no es la muerte de Cristo, sino nuestra elección. Entonces nuestra salvación no depende de él, sino de nosotros. Dios no permita que pensemos tales cosas acerca de la muerte de Cristo o acerca de nosotros mismos.

La enseñanza de que Cristo murió por sus elegidos, aquellos que el Padre le había dado, significa él que hizo todo lo necesario por la salvación de ellos por medio de su sufrimiento y muerte, y que no se necesita nada más. Entonces su muerte realmente es expiación, reconciliación, el pago completo por el pecado, el rescate y la satisfacción. Entonces él realmente salva, y salva por completo, a aquellos por quienes murió.

La expiación limitada dice que Cristo no solo hace que la salvación esté disponible. Él *es* un Príncipe y un *Salvador*. ¡Gracias a Dios!

El descenso de Cristo al infierno

Otro paso en la humillación de Cristo es ir al infierno. En el Credo de los Apóstoles, ¿la iglesia primitiva confesó que Cristo "descendió a los infiernos"? Siempre ha habido controversia sobre esta confesión, especialmente debido a que "descendió a los infiernos" sigue la declaración del credo de que "fue crucificado, muerto y sepultado".

Muchos han enseñado que Cristo realmente fue al lugar llamado infierno después de su muerte y antes de su resurrección. Señalan a 1 Pedro 3:18-20 como prueba. Sin embargo, estos versículos hablan de algo que tuvo lugar "por el Espíritu" y después de la resurrección. Además, la idea de que Cristo estaba en el infierno después de su muerte contradice sus propias palabras al ladrón moribundo: "*Hoy* estarás *conmigo en el paraíso*" (Lc. 23:43).

Otros enseñan que, si el descenso al infierno significa algo, se refiere al tiempo que Cristo estuvo en la tumba. Esta

PARTE 3: CRISTO Y SU OBRA

explicación corresponde casi al Salmo 16:10, el único pasaje de la Escritura en el que se dice que Cristo está en el infierno: "Porque no dejarás mi alma en el Seol, ni permitirás que tu santo vea corrupción". La segunda parte del versículo 10, que se refiere a la corrupción, y el versículo anterior, que se refiere a la carne de Cristo, podrían sugerir que el Salmo 16:10 está hablando del entierro de Cristo.

El Catecismo Mayor de Westminster dice: "La humillación de Cristo después de su muerte consistió en haber sido sepultado, continuando en el estado de los muertos y bajo el poder de la muerte hasta el tercer día; lo cual ha sido, por otra parte, expresado en estas palabras, el d*escendió al infierno*".[26]

Sin embargo, la palabra *infierno* en Hechos 2:31, donde se cita el Salmo 16:10, es una palabra que en *cualquier otro caso* en el Nuevo Testamento se refiere al lugar del castigo eterno. Debe haber un sentido, entonces, en el que Cristo no solo estaba en la tumba, sino también en el infierno, aunque no necesariamente en el lugar mismo.

¿Cuándo y cómo sucedió eso? Creemos que Cristo estaba en el infierno en este sentido: durante su sufrimiento en la cruz, experimentó en nuestro lugar lo que el Catecismo de Heidelberg llama "la angustia y los tormentos del infierno".[27]

Ciertamente expresó eso en sus palabras desde la cruz: "Dios mío, Dios mío, ¿por qué me has abandonado?" (Marcos 15:34). Ser expulsado de la presencia de Dios y ser abandonado de él es de lo que se trata el infierno. Esto es lo que sufrió Cristo.

Pero si el descenso de Cristo en el infierno se refiere a su entierro, o a lo que soportó en la cruz, o a ambos, nos recuerda su sufrimiento inexpresable y que él, por su sufrimiento y muerte, ha liberado nuestras almas del infierno más bajo. Por esos mismos sufrimientos, él también se ha ganado para todo su pueblo un lugar en la gloria eterna en la presencia de Dios y de los santos ángeles. Allí, él y nosotros con él, disfrutaremos de la gloria y la bendición eterna.

---

[26] El Catecismo Mayor de Westminster, Respuesta 60.
[27] El Catecismo de Heidelberg, Domingo 16, P&R 44.

El entierro de Cristo

El entierro de Cristo generalmente se considera parte de su humillación. Hechos 2:24 nos dice por qué. No fue sino hasta que resucitó que los "dolores de la muerte" fueron desatados. Hasta entonces continuó "en el estado de los muertos y bajo el poder de la muerte".[28]

Su entierro era una parte necesaria de su obra, porque con esto demostró que había sufrido y vencido toda nuestra muerte. Es sólo debido a que él fue enterrado en la tumba que podemos decir "¿Dónde está, oh muerte, tu aguijón? ¿Dónde, oh sepulcro, tu victoria?" (1 Cor. 15:55) y creer que no seremos olvidados en la tumba (Sal. 31:12).

Es también en el entierro de Cristo que su victoria sobre el pecado y la muerte comienza a manifestarse. Hechos 2:31 señala esto cuando dice: "ni su carne vio corrupción".

Esas palabras sólo pueden significar que cuando Cristo estaba en la tumba, su cuerpo no comenzó a descomponerse y pudrirse como el nuestro. Hechos 13:36-37 dice esto acerca de Cristo en contraste con David (y todos los demás): "Porque a la verdad David, habiendo servido a su propia generación según la voluntad de Dios, durmió, y fue reunido con sus padres, y vio corrupción. Mas aquel a quien Dios levantó, no vio corrupción".

Desde ese punto de vista, los tres días de Cristo en la tumba muestran que había conquistado todo el poder de la muerte con su muerte en la cruz. Lo había hecho pagando por el pecado, que es el "aguijón de la muerte" (1 Cor. 15:56). Además del pecado, ni la muerte ni la tumba tienen poder. Esa es también la razón por la cual la muerte no pudo retener a Cristo (Hch. 2:24). Él había conquistado tan completamente que la muerte ni siquiera podía provocar en él su corrupción ordinaria.

En Hechos 13:37-38, el apóstol Pablo dice que debido a que Cristo no vio corrupción, podemos saber que hay perdón de pecados a través de él. No tenemos que esperar, por lo tanto,

---
[28] El Catecismo Mayor de Westminster, Respuesta 50.

hasta la resurrección para saber que su obra ha terminado y que se ha hecho la expiación completa por nosotros. Su entierro ya lo proclama.

Debido a que Cristo fue enterrado y no vio corrupción en la tumba, podemos estar seguros de que algún día también seremos incorruptibles: "es necesario que esto corruptible se vista de incorrupción". Cuando eso suceda, el dicho se habrá cumplido: "Sorbida es la muerte en victoria" (1 Cor. 15:53-54).

Nunca podemos olvidar que Jesús murió en la cruz y resucitó al tercer día. Pero tampoco podemos olvidar que fue "crucificado, muerto *y sepultado."* También en esto, se muestra a sí mismo como nuestro Salvador. Y qué Salvador es él, que incluso el poder corruptor de la tumba, el hedor, la decadencia, la fealdad y todo lo que éstos representan, son superados por él. él ha destruido completamente la corrupción espiritual del pecado para nosotros, de modo que incluso en la muerte nuestros cuerpos solo estarán "dormidos en Jesús".

La resurrección de Cristo

La resurrección de Cristo es el primer paso en su estado de exaltación. Es también una de las grandes obras de nuestra redención. Sin la resurrección, incluso la cruz está incompleta. La Palabra de Dios nos recuerda esto en 1 Corintios 15:17: "si Cristo no resucitó, vuestra fe es vana; aún estáis en vuestros pecados".

Sin la resurrección, aún estaríamos en nuestros pecados de dos maneras y por dos razones. Todavía estaríamos en nuestros pecados legalmente y realmente.

Primero, que todavía estaríamos en nuestros pecados *legalmente* significa que sin la resurrección no estaríamos justificados ni nuestros pecados serían perdonados.

¿Por qué? Porque la justificación es una obra de Dios mismo como Juez. Él debe aprobar la sentencia que nos justifica. Y lo hace al resucitar a Cristo de los muertos y, por lo tanto, aceptar y aprobar la obra terminada de Cristo en nuestro nombre. La resurrección es, por lo tanto, la sentencia del Juez eterno e inmutable del cielo y la tierra que sella nuestra justificación.

Piénselo de esta manera: En la cruz, Cristo dijo: "consumado es"; Dios dijo: "consumado es", al resucitar a Cristo de los muertos. De esta manera Dios aprobó la sentencia que legalmente nos justifica ante él.

Eso es lo que Romanos 4:25 quiere decir: "... y resucitado para nuestra justificación". Es por eso que la Biblia enfatiza en tantos pasajes que *Dios* resucitó a Cristo de los muertos.

Segundo, sin la resurrección, todavía estaríamos en nuestros pecados *realmente*. Si Cristo no hubiese resucitado, no tendríamos a nadie que nos diera el don de la fe y, por medio de la fe, el perdón de los pecados y la liberación de todos ellos. Todavía estaríamos viviendo como anteriormente vivíamos, en nuestros pecados. Como nuestro *Señor viviente*, Cristo nos da tanto el perdón de los pecados como la liberación del pecado. Nos da tanto paz como santidad.

Sin embargo, esto no expresa toda la bendición de la resurrección de Cristo. La resurrección es también el medio por el cual tenemos acceso a Dios. Como el primogénito de los muertos (Ap. 1:5), Cristo es el que *abre el camino* a la presencia de Dios y al favor de Dios. Esa fue siempre la obra del primero en nacer o primogénito — él abría el camino para todos los demás niños (Ex. 13:2; Ez. 20:26) —. Es el camino para nosotros de la muerte a la vida y a la presencia de Dios.

Además, la resurrección de Cristo es la promesa segura de que nosotros también seremos resucitados. Su resurrección y la nuestra son inseparables, como lo demuestra Pablo en 1 Corintios 15:16. Porque él vive, nosotros también viviremos.

La resurrección de Cristo, por lo tanto, está en el corazón de todo el esquema de la redención y no se puede negar sin echar abajo todo lo que creemos. Créelo, entonces, y regocíjate en el que vive para siempre. El que cree en Cristo crucificado y resucitado nunca morirá.

La ascensión de Cristo al cielo

La ascensión es el segundo paso en el estado de exaltación de Cristo. La importancia de su ascensión como parte de su obra redentora se aprecia mejor al observar el evento en el Antiguo Testamento que lo presagió. Ese evento fue cuando David trajo el arca a Jerusalén.

Al menos cuatro Salmos, 24, 47, 68 y 132, celebran esta parte importante de la historia de Israel y dejan en claro que presagiaba la ascensión de Cristo. Esto es especialmente interesante porque los Salmos mencionan la resurrección de Cristo solo muy brevemente, a pesar de que, probablemente, juzgaríamos que la resurrección es de mayor importancia que la ascensión.

¿Cómo la llegada del arca a Jerusalén, el evento celebrado en estos Salmos, presagió la ascensión de Cristo? En cuatro maneras.

Primero, el arca fue "traída" a Jerusalén, así como Cristo ascendió al cielo (2 Sam. 6:12; Sal. 68:18; Sal. 132:8; Ef. 4:8).

Segundo, en el tiempo de David, el arca (que en si misma tipificaba a Cristo como aquel en quien Dios habita con su pueblo y en quien se revela a ellos) entró en su lugar de descanso final después de una larga peregrinación. Así también, por su ascensión, Cristo entró en el descanso celestial después de que su vida y trabajo en la tierra fueron concluidos (Sal. 132:8, 13-14; Heb. 4:10).

Tercero, al traer el arca, David fue confirmado en su reino, habiendo obtenido la victoria sobre todos los enemigos de Israel. De la misma manera, Cristo en su ascensión es coronado de gloria y honor y revelado como Rey de reyes y Señor de señores, habiendo también conquistado a todos sus enemigos y a los nuestros (Fil. 2:9-11; Sal. 24:7- 10; Sal. 68:1, 18,23).

Cuarto, a través de las victorias de David y el siguiente reinado pacífico de Salomón, Dios cumplió las promesas que había hecho a los judíos en el Antiguo Testamento con respecto a la tierra de Canaán (1 R. 8:56). De la misma manera, Dios cumple las promesas que nos hizo a través del Cristo ascendido, quien desde el cielo a través del Espíritu nos da todos los beneficios de su obra terminada (Sal. 68:19; Sal. 132:15-16).

La ascensión, por lo tanto, *completa* la resurrección. En su ascenso, Cristo mismo recibe los beneficios y recompensas de su obra concluida, y como nuestro Señor resucitado, comienza a derramar sobre nosotros esos mismos beneficios, tal como lo hizo David cuando dio regalos a todo Israel en el tiempo en que el arca fue llevada a Jerusalén (2 Sam. 6:19; Sal. 68:18; Ef. 4:8-13).

La ascensión, entonces, es la promesa de Dios de que también estaremos en el cielo con él. Debido a que Cristo ha ascendido en nuestro lugar, nosotros ya hemos sido sentados juntamente en los lugares celestiales en él (Ef. 2:6).

La ascensión de nuestro Señor no es poca cosa en la obra de redención, sino una parte esencial y necesaria de esa obra. Nos hace decir con alegría: "Subió Dios con júbilo, Jehová con sonido de trompeta. Cantad a Dios, cantad; cantad a nuestro Rey, cantad... él es muy exaltado" (Sal. 47:5-6, 10).

Cristo sentado a la diestra de Dios

El tercer paso en el estado de exaltación de Cristo es estar sentado a la diestra de Dios. La Biblia nos dice que esto sucedió en el momento de su ascensión (Ef. 1:20). Y es, también, parte de su trabajo redentor como nuestro Salvador y Mediador.

Debido a que, de acuerdo con su naturaleza divina, Cristo *es* Dios, su haberse sentado a la diestra de Dios debe referirse a su naturaleza humana. *En nuestra carne y como hombre*, resucitó de entre los muertos, ascendió al cielo y ahora está a la diestra del Padre.

Sabemos que Dios no tiene "cuerpo, partes o pasiones".[29] Por lo tanto, no puede tener una "mano derecha" física y carnal. Aprendemos de la Escritura que estar a la diestra de alguien grande y poderoso es tener un lugar de gran honor, poder y bendición (Gén. 48: 8-22; 1 R. 2:19; Mt. 25:33-34). Que Cristo esté sentado a la diestra de Dios, por lo tanto, debe referirse a

---
[29] Confesión de Fe de Westminster Capítulo 2, Artículo 1

PARTE 3: CRISTO Y SU OBRA

su exaltación a una posición del más alto honor, gloria y poder. Él, estando a la diestra de Dios, es el Señor de señores y el Rey de reyes.

Su estar *sentado* allí debe referirse a su gloria y poder regio. Sentado a la diestra de Dios, el esta *entronizado* en majestad. Ha sido establecido allí como Rey por Dios mismo, y su poder ahí es el poder de Dios. En un pasaje, se describe a Cristo como *estando [de pie]* a la diestra de Dios (Hch. 7:55), una descripción obvia de su disposición a venir nuevamente en gloria para recibir lo que es suyo y vengar su sangre, aunque normalmente leemos que está *sentado* ahí. Él permanecerá sentado hasta que se levante una vez más para venir por los suyos y traerlos a sí mismo.

Todo este honor y gloria es la recompensa de Cristo por su trabajo terminado, la recompensa que le fue prometida por el Padre desde el principio (Fil. 2:9; Heb. 1:3). Sin embargo, es importante darse cuenta de que él recibe todo esto y es exaltado y honrado *en su naturaleza humana*. Como Hijo de Dios, no necesita ser y no puede ser exaltado, pero como hombre él *es* exaltado en nuestro lugar.

El honor, la gloria, el poder y las bendiciones que recibe, los recibe por nosotros, su pueblo, y nos los da a través del derramamiento de su Espíritu. Eso es lo que Pedro quiso decir en Pentecostés cuando dijo: "*Así que*, exaltado por la diestra de Dios, y habiendo recibido del Padre la promesa del Espíritu Santo, *ha derramado esto* que vosotros veis y oís" (Hch. 2:33).

Por esa misma gloria y poder, no solo derrama lo que recibió, sino que prepara nuestros corazones para recibirlo, nos reúne en su iglesia, nos prepara un lugar con muchas mansiones en la casa de su Padre, y somete a todos nuestros enemigos. Y, a la diestra de su Padre, intercede continuamente ante el Padre por nosotros. ¿A quién oiría el Padre si no fuese a su propio Hijo amado, y a éste sentado a su propia diestra?

Pensando en la ascensión de Cristo debemos decir: "A éste, Dios ha exaltado con su diestra por Príncipe y Salvador" (Hch. 5:31).

La segunda venida de Cristo

El último paso en la exaltación de Cristo es su segunda venida. El tiempo y las circunstancias del regreso de Cristo son objeto de muchas disputas entre cristianos. Sin embargo, no puede haber duda de que su regreso es la esperanza de todos los que lo aman y han recibido la salvación de él.

Su regreso significará que veremos cara a cara a aquel a quien amamos. Durante casi dos mil años ha estado fuera, y solo cuando regrese lo volveremos a ver.

Cuando Cristo venga de nuevo, nuestra relación con él será consumada. Entonces comenzará la gran cena de bodas del Cordero y su novia, la iglesia, y él tomará a su iglesia para sí mismo (Ap. 19:6-9).

Entonces la iglesia se unirá sin divisiones y sin mar para separarnos unos de otros (Ap. 21:1). Todas las cosas serán reunidas en uno —en él— (Ef. 1:10).

En ese día todas las cosas serán renovadas y cambiadas, porque habrá nuevos cielos y una nueva tierra en la que morará la justicia (2 Pe. 3:13). Los efectos del pecado y la maldición se habrán ido, y el paraíso volverá a ser nuestro —solo que esta vez será un paraíso *celestial*—.

Entonces, también, el pacto de Dios con su pueblo será realizado finalmente y para siempre. En Cristo "He aquí el tabernáculo de Dios con los hombres, y él morará con ellos; y ellos serán su pueblo, y Dios mismo estará con ellos como su Dios" (Ap. 21:3). Esa es la vida perfecta del pacto.

Cuando Cristo regrese, todas nuestras penas y pruebas presentes terminarán. "Enjugará Dios toda lágrima de los ojos de ellos; y ya no habrá muerte, ni habrá más llanto, ni clamor, ni dolor" (v. 4).

Más importante aún, no habrá más pecado cuando Cristo regrese. El diablo y los que le sirven serán expulsados, y todos nuestros pecados presentes acabarán. ¡Qué gran día será ese!

De hecho, la posibilidad misma de pecar se habrá ido para el pueblo de Dios. "cuando él se manifieste, seremos *semejantes* a él, porque le veremos tal como él es" (1 Jn. 3:2). Incluso nuestros cuerpos viles serán cambiados y moldeados a la semejanza de su cuerpo glorioso (Fil. 3:21).

Entonces, también, el propósito de Dios de glorificarse a sí mismo en todo el trabajo de sus manos será llevado a cabo. Los que aman a Dios piensan no solo en sí mismos y en su gloria cuando piensan en el regreso de Cristo, sino también en la gloria de Dios. Cuando Cristo venga y entregue el reino al Padre, entonces Dios será todo en todos.

¡Qué esperanza! ¿Es ésta tu esperanza?

parte 4

EL PACTO Y LA SALVACIÓN

La naturaleza del pacto

¿Qué es el pacto? La Escritura habla de él muy a menudo y por lo tanto es necesario saber lo que la Escritura dice sobre él.

La mayoría de personas definirían un pacto como un contrato o acuerdo. Ellos dirían que el pacto de Dios con el hombre sería del mismo tipo como un pacto humano, tal como lo hubo entre Isaac y Abimelec (Gén. 21:27-32 con varios deberes, promesas y sanciones.

Dicho pacto es hecho por dos miembros o lados, depende en cierta medida de cada uno de ellos y puede ser roto por cualquiera de ellos. Adán, por lo que se dice a menudo, fue miembro pactante con Dios, sin embargo, ahora que Adán ha caído y quebrantado el pacto, Cristo lo ha reemplazado.

El pacto de Dios con los hombres *no* es ese tipo de pacto mencionado anteriormente. El hombre nunca puede ser la contraparte del Dios vivo para hacer tal pacto. Ya que Dios es Dios y el hombre una criatura y debido a la propia existencia de Dios, no hay deberes que el hombre pueda asumir por medio de un acuerdo especial por encima de los deberes que ya está obligado a realizar por ser simplemente criatura. La criatura no puede hacer un contrato con su Creador.

Tampoco puede el hombre jamás ser merecedor de nada ante Dios en tal pacto por sus propias obras o por el cumplimiento de ciertas condiciones estipuladas en dicho pacto. Cuando el hombre ha hecho todo lo que se le requiere como criatura que es, él sigue siendo un *siervo inútil* no merecedor de nada (Lc. 17:10). Ciertamente el hombre no podría merecer la vida eterna en el pacto, como algunos lo enseñan. La vida eterna viene sólo a través del que es el *Señor del cielo*, nuestro Señor Cristo Jesús (1 Cor. 15:47-48).

La Escritura enseña que el pacto no es en sí un acuerdo sino más bien un *vínculo* o *relación* soberanamente establecido entre Dios y su pueblo en Cristo. Esto es claro en base a las palabras repetidas frecuentemente de la Escritura a través de las cuales Dios revela Su pacto: "Yo seré vuestro Dios, y vosotros seréis mi pueblo" (Gén. 17:7-8; Éxo. 6:7; 2 Cor. 6:16; Ap. 21:3).

Estas palabras, encontradas en formas ligeramente diferentes, se convierten en una especie de fórmula de pacto en toda la Escritura. Ellas nos enseñan que un pasaje particular está hablando del pacto.

Otros pasajes de hecho describen esa relación entre Dios y su pueblo. Génesis 5:22-24, Génesis 6:9, Génesis 18:17-19, Salmo 25:14, Juan 17:23, Santiago 2:23 y 1 Juan 1:3 son algunos de esos pasajes. Todos estos pasajes muestran que el pacto de Dios es la bendita relación de comunión y amistad que Dios establece con ellos sólo por gracia y por medio de la obra salvadora de Cristo Jesús.

Esta amistad es soberanamente establecida por Dios: él hace y garantiza dicha amistad. En ningún sentido el pacto depende en el hombre como una contraparte, sino es totalmente la obra de Dios y todo por gracia, es decir, de favor inmerecido. El pacto es siempre un pacto de gracia.

El pacto con Adán

Sólo existe un solo pasaje de la Escritura que habla explícitamente de un pacto con Adán, que es Oseas 6:7: "Mas ellos, cual Adán, traspasaron el pacto; allí prevaricaron contra mí." La palabra *Adán* en el versículo 7 significa o bien "hombre" o "Adán" (son la misma palabra en hebreo). Sea como uno lo traduzca, el versículo habla de un pacto con Adán ya sea haciendo referencia a un pacto que Adán transgredió personalmente o que la humanidad en su totalidad transgredió en él.

Nosotros creemos que este pacto con Adán no fue un pacto separado, sino la primera revelación del único pacto eterno de gracia de Dios. Ciertamente si el pacto es eterno entonces puede haber solo un pacto, y Adán también estaba incluido en ese pacto.

Esta primera revelación del pacto muestra lo que el pacto en sí significa. En ella, Dios reveló que él es el amigo divino de Su pueblo y que él vive con ellos en una bendita comunión. En la primera revelación del pacto, Dios revela el llamado del hombre en el pacto, el llamado de vivir en agradecida, no meritoria, obediencia.

Que esto era sólo una revelación del único pacto es claro a partir del hecho de que la Escritura habla de nuestra *reconciliación* con Dios después de que Adán transgredió (2 Cor. 5:18-21). La palabra *reconciliación* es en gran medida una palabra de pacto e implica no sólo una relación anterior que ha sido dañada, sino implica también que la relación *no ha sido completamente destruida*. Es posible hablar de reconciliación sólo donde la relación anterior no ha sido arruinada por completo, y donde está siendo restaurada y renovada.

Si no fuera así, tendríamos que hablar de Dios siendo frustrado y teniendo que cambiar. Su primer pacto y propósito habrían sido completamente arruinados, y él hubiera estado frustrado, obligado a cambiar sus propósitos y forzado a empezar otra vez con uno nuevo.

¿Cómo podría el pacto con Adán (antes de su caída) ser un pacto de *gracia*? Deberíamos recordar que la gracia es un favor inmerecido. Todo lo que Adán era, como todo lo que Adán tenía, era solo por el favor inmerecido de Dios. ¿Qué había hecho Adán antes para merecer algo cuando Dios estableció su pacto con él? ¿Qué *cosa* podría haber hecho Adán para merecerse algo de Dios cuando él le debía toda su existencia a él?

Fue la gracia, también, que mantuvo la relación de pacto y aseguró que este no fuera destruido por la caída de Adán. Tan pronto Adán cayó en pecado, Dios vino a él y puso enemistad entre la serpiente y la mujer, renovando así la relación pactante de amistad que Dios tenía con él (Gén. 3:15). Nuestros "primeros padres" habían elegido la amistad del diablo, pero Dios, quien los había elegido para el mismo, no los dejaría continuar como amigos de Satanás. Con el fin de que su pacto con ellos pudiera continuar, Dios los vistió con pieles de animales, ofreciendo así él mismo el primer sacrificio que apuntaba a Cristo, el cual estaba por venir (Gén. 3:21).

El trato de Dios con Su pueblo es siempre y sólo por gracia. No existe otra base sobre la cual el Dios eterno pueda tratar con nosotros.

PARTE 4: EL PACTO Y LA SALVACIÓN

El pacto con Noé

Creemos que los diferentes pactos del Antiguo Testamento son, de hecho, sólo diferentes revelaciones del *único* pacto de gracia. Si el pacto es eterno, solo puede haber un pacto (Gén. 17:7).

En cada una de estas revelaciones, Dios mostró algo nuevo y maravilloso acerca de su pacto de gracia. Así, en la primera revelación del pacto, a Adán, Dios mostró que Su pacto fue un pacto de *amistad*.

Después de Adán, la próxima gran revelación del pacto fue con Noé. En esta revelación de Su pacto, Dios mostró su carácter *universal*, es decir, que el pacto abarcaría la totalidad del mundo que él había creado. El pacto, vean, no fue hecho sólo con el hombre sino también con "todo ser viviente de toda carne" (Gén. 9:15). Es un pacto incluso con el día y con la noche (Jer. 33:25). La universalidad del pacto de Dios, por lo tanto, no es una universalidad que abarca todas las cosas o a todos los hombres *sin excepción*, sino que abarca todas las cosas *sin distinción*, así para que al final, todo tipo de cosas creadas sean renovadas y representadas en los nuevos cielos y la nueva tierra.

Este pacto está bien simbolizado por el arcoíris cuando se arquea sobre toda la creación de Dios. Es un pacto que será finalmente consumado en los nuevos cielos y la nueva tierra. Es un pacto en el que incluso la creación misma "será libertada de la esclavitud de la corrupción, a la libertad gloriosa de los hijos de Dios" (Rom. 8:21).

Esta revelación del pacto fue dada en los días de Noé porque fue ahí cuando Dios había destruido la tierra. Sin embargo, Dios dejó bien en claro tanto en Sus juicios como en el pacto con Noé, que la destrucción de la tierra entonces o en el futuro, no sería el final de la tierra, sino sólo su limpieza y el comienzo de su renovación. Será lo mismo al final cuando Dios destruya este mundo con fuego.

Esto es lo que creemos, es una de las razones por las cuales la Biblia, al hablar del propósito de Dios, habla del *mundo* (el cosmos)

(Jn. 1:29; Jn. 3:16,17). La totalidad del mundo de Dios al final será redimido y salvado, aunque no toda persona o creatura.

Esto debe ser así. Dios no permitirá que sus propósitos se vengan abajo. Él no permitirá que el hombre, por su pecado, robe de él el mundo que él creó para su propia gloria. Dios salva a su mundo.

Todo esto es muy importante en la comprensión de un pasaje como Isaías 11. Al leer dicho pasaje muchos concluyen que habrá un futuro reino *terrenal* antes del regreso de Cristo en el que algunos de los efectos del pecado serán conquistados, pero la Escritura no promete tal cosa. Ella está hablando de los nuevos cielos y la nueva tierra en los cuales morará la justicia — un reino en el que ciertamente el lobo habitará con el cordero—, un reinado en el que será "la creación misma libertada de la esclavitud de corrupción, a la libertad gloriosa de los hijos de Dios" (Is. 11:6; Rom. 8:21). ¡Qué glorioso día será!

El pacto con Abraham

La Escritura muestra claramente que el pacto que Dios hizo con Abraham es el mismo pacto con Israel. Cuando Dios hizo su pacto con Abraham él lo hizo también con su descendencia (Gén. 17:7), y cuando Dios estableció su pacto con Israel dejó en claro que él sólo estaba manteniendo el pacto que ya había hecho con Abraham, Isaac y Jacob (Éx. 3:15-16).

Esto es muy importante ya que significa que lo que era verdad para con Abraham en el pacto también era verdad para Israel. Y ya que *todos los que creen* son la verdadera simiente e hijos de Abraham, lo que fue verdad para Abraham es también verdad para nosotros.

Hay varias características notables sobre el pacto con Abraham. La primera y más importante es que este pacto con Abraham, y por lo tanto también con Israel, fue en gran medida un pacto de gracia. La gran revelación del pacto en Génesis capítulo 15 muestra esto.

Para entender Génesis capítulo 15, hay que saber y tener en cuenta que en esos días un pacto de hombres era sellado no mediante la elaboración de un contrato y con testigos legales, sino mediante el caminar de aquellos que estaban haciendo el pacto en medio de las piezas cortadas de uno o varios animales. Jeremías 34:18 describe esta ceremonia solemne que era utilizada no sólo para asuntos importantes sino también como una advertencia muy seria de que quienes violasen dicho pacto merecían ser cortados en piezas y sus cuerpos ser echados fuera para alimento de las bestias y las aves. Dios amenazó a Israel con esto mismo cuando ellos quebrantaron un pacto que habían hecho entre ellos mismos (Jer. 34:19-20).

Ya que un pacto humano es entre iguales, es también un acuerdo —un pacto bilateral o de dos facciones— y por lo tanto todos los que estaban involucrados en hacer el pacto, caminaban juntos entre las piezas de los animales. El pacto de Dios es diferente, porque Dios y el hombre nunca actúan como iguales en el pacto. El pacto entre Dios y Abraham según Génesis capítulo 15 era en gran medida un pacto (Unilateral), establecido por *Dios solamente*. Cuando Dios hizo el pacto con Abraham, Dios caminó entre las piezas de los animales mientras que Abraham estaba durmiendo profundamente. Abraham no tuvo nada que ver con la realización de ese pacto. En ningún sentido dependía de él. Fue realmente un pacto de *gracia*.

Al pasar entre las piezas de los animales, Dios declaró simbólicamente que sólo él sufriría las consecuencias de cualquier transgresión del pacto, tal como lo hizo en la muerte de Su Hijo (Is. 53:8; Gál. 3:13). Por nuestros pecados en el pacto, Dios, en Cristo, sufrió la condena al ser echado fuera y ser cortado. Cristo expresó esto cuando clamó en la cruz: "Dios mío, Dios mío, ¿por qué me has desamparado?". Así el pacto de la gracia revelado a Abraham se cumplió en Cristo.

El pacto y la tierra prometida

Génesis capítulo 15 muestra claramente que el pacto de Dios con Abraham —y a través de Abraham con el verdadero Israel y con nosotros —es un pacto de gracia—. Sin embargo, ese mismo capítulo también nos recuerda de otra característica notable en el pacto de Abraham: esta involucra a *la tierra prometida*.

Sin embargo, la tierra prometida es muy a menudo mal entendida y guía a muchos a buscar una futura restauración de la nación de Israel en la tierra física de Canaán. Nosotros creemos que esto es una esperanza vana.

El pacto con Abraham nos muestra cuán vana es esa esperanza. Si el pacto con Abraham como una tierra de pacto involucra la promesa de una tierra física, entonces esa promesa *nunca* se cumplió a Abraham mismo.

La Escritura nos dice en Hechos 7:5 que Dios no le dio a Abraham *ninguna* herencia en la tierra, incluso ni para poder asentar un pie. Aun así, como dice el versículo 5, Dios la prometió no solo a su simiente, sino también a *él*. No puede haber, en nuestra opinión, una prueba más clara que la tierra prometida y todas las promesas del Antiguo Testamento tengan un cumplimiento *espiritual*. La promesa de la tierra siempre fue esencialmente la promesa de una herencia *celestial*, y no realmente la promesa de alguna tierra o herencia física.

Hebreos 11:8-16 confirma esto. Cuando Abraham por la fe salió de Ur de los caldeos para ir a la *tierra que Dios le había prometido*, él "esperaba la ciudad que tiene fundamentos, cuyo arquitecto y constructor es Dios" (Heb. 11:10). También Isaac y Jacob confesaban siempre "que eran extranjeros y peregrinos sobre la tierra" (Heb. 11:13), y declararon que ellos anhelaban una patria, "una mejor, esto es, celestial" (Heb. 11:16). De hecho, si hubieran estado buscando una herencia terrenal, ellos podían haber tenido la oportunidad de regresar a la tierra de donde vinieron (Heb. 11:15), pero esto no era su esperanza. Tampoco es la nuestra.

Debido a que la promesa de la tierra prometida a Abraham era en realidad una promesa de cosas espirituales y celestiales, todos los verdaderos hijos de Abraham (Rom. 3:28-29; Rom. 4:16-17; Gál. 3:29), aquellos que creen en el Dios de Abraham tanto Judíos como gentiles, gozarán el cumplimiento de esa promesa y de todas las otras promesas del pacto que Dios hizo a Abraham y a su descendencia. Ninguno faltará en obtener lo que fue prometido —ni el mismo Abraham, ni aquellos creyentes Judíos que fueron esparcidos después de la cautividad y jamás regresaron a Canaán, ni los creyentes gentiles que son también verdaderos hijos de Abraham por fe—.

De esta manera todos los hijos de Abraham heredan con Abraham algo mucho mejor que las colinas y los ríos y las ciudades de la tierra física. Ellos entran en la herencia bendita de la que Hebreos 12:22-24 habla, y no hay mejor bendición que esa.

El pacto con Israel

El hecho de que Dios tenía un pacto con Israel es claro en la Escritura. Cómo ese pacto se ha de entender es un asunto de mucha controversia.

La gran pregunta es si ese pacto con Israel era un pacto diferente del que Dios estableció con su pueblo en el Nuevo Testamento, y cómo el Antiguo Testamento (antiguo pacto) y el Nuevo Testamento (Nuevo pacto) están relacionados entre sí. Acaso, ¿Son *viejo* y *nuevo* en que ellos son *diferentes tipos de pactos* hechos con grupos diferentes de personas, o, son ellos una vieja y nueva revelación de un mismo pacto?

El dispensacionalismo responde a estas preguntas mediante la enseñanza de que tanto el viejo como el nuevo pacto son completamente distintos entre sí y que ellos tienen que ver con diferentes grupos de personas, tienen diferentes promesas, y tienen diferentes cumplimientos. En su forma más extrema, incluso enseña diferentes maneras de salvación para Israel en el antiguo pacto y para la iglesia bajo el nuevo pacto, las notas de la Biblia de estudio Scofield es un ejemplo de esta clase de enseñanza.[30]

---

[30] C. I. Scofield (1843–1921), editor original, y Doris W. Rikkers, editor de contenido, *Scofield Study Bible, King James Version* [Biblia de estudio Scofield, Version del Rey Santiago] (New York: Oxford University Press, 2003). La primera obra de Scofield fue publicada en 1909.

Un pueblo de Dios

Hay quienes rechazan el dispensacionalismo, pero todavía vacilan en identificar completamente los dos pactos. Algunos encuentran una diferencia entre las promesas del viejo y nuevo pacto y sus cumplimientos (premilenialismo y postmilenialismo). Ellos dicen que al menos algunas de las promesas del viejo pacto tienen un cumplimiento terrenal a diferencia de las promesas del nuevo pacto que son más bien espirituales y celestiales.

Los bautistas hacen también alguna distinción entre Israel y la iglesia, especialmente en lo que se refiere al pacto y su señal externa. Ellos dirán por ejemplo que Israel no es la iglesia sino sólo un tipo de la iglesia, y ellos rechazarían identificar la circuncisión y el bautismo como señales externas del viejo y nuevo pacto respectivamente.

Otros hacen una disyunción entre la Ley y la gracia. Ellos enseñan de una u otra forma que la Ley no tiene lugar en la vida de un creyente en el nuevo pacto. Este error se llama antinomianismo.

En contraste con todo esto la fe Reformada insiste en que sólo existe un pacto; un sólo pueblo del pacto, Israel siendo la iglesia del Antiguo Testamento (Hch. 7:38); una señal del pacto, circuncisión y bautismo siendo esencialmente lo mismo (Col. 2:11-12); un solo Salvador y un camino para la salvación (Hch. 4:12); y una sola promesa de vida eterna en Cristo Jesús (Hch. 2:38-39); y un cumplimiento espiritual de todo lo que pertenece a la promesa (Heb. 11:9-10,13-16). También se insiste que hay una unidad entre la Ley y la gracia bajo ambos pactos de Dios (Rom. 7:12).

La fe Reformada insiste en una unidad completa de ambos Testamentos (pactos) como un reflejo, finalmente, de la propia unidad de Dios. Del mismo modo que no hay división en Dios, no puede haber ninguna división esencial entre el viejo y nuevo pacto.

Muchos podrían disputar con vehemencia la enseñanza de que Israel es la iglesia del Antiguo Testamento y por tanto el pacto

PARTE 4: EL PACTO Y LA SALVACIÓN

de Dios con Israel es el mismo pacto que Dios tiene con Su iglesia en el Nuevo Testamento. Por esta razón nosotros tenemos que demostrar nuestras doctrinas cuidadosamente desde la Escritura.

Que Israel y la iglesia son lo mismo es claro. El verdadero Israel en la Escritura no es un pueblo terrenal ni una nación carnal, sino *el pueblo espiritual de Dios*, como lo es la iglesia.

En Romanos 9:6-8 la Palabra de Dios nos dice que "no todos los que descienden de Israel son israelitas". La Escritura por lo tanto hace una clara distinción entre aquellos que son sólo de *Israel* y aquellos que verdaderamente *son* el Israel. Cada uno que pertenecía a la nación era de *Israel*, pero sólo aquellos que nacieron por el poder de la promesa (nacidos de nuevo por la Palabra viva de Dios) eran contados como la simiente, es decir, como hijos de Abraham e hijos de Dios. Ellos eran un pueblo espiritual.

Romanos 2:28-29 confirma esto de una manera notable. Esto dice claramente que *no son judíos* quienes son judíos de forma exterior. Una persona es un judío quien lo es en el interior, es decir, uno que ha sido circuncidado en el corazón y el espíritu (comparar con Col. 2:11).

Esto debe significar, de acuerdo con la definición bíblica sobre un judío, que incluso los creyentes gentiles son contados como hijos de Abraham y como Israelitas. Eso también lo enseña la Escritura. Romanos 4:11-16 deja claro que Abraham no sólo es el padre de los judíos creyentes sino también de los gentiles creyentes. Él es el padre "de todos nosotros", es decir, de un pueblo espiritual. Gálatas 3:7 lo dice claramente: "Sabed, por tanto, que los que son de fe, éstos son hijos de Abraham".

De hecho, el Nuevo Testamento deja muy en claro que los creyentes gentiles son más verdaderos judíos y más verdaderamente circuncidados que los propios descendientes incrédulos de Abraham. Aquellos que son judíos sólo según la carne son llamados en Filipenses 3:2 "malos obreros" o meramente "mutiladores", porque, aunque exteriormente están circuncidados, no lo están espiritualmente. Jesús también dejó muy en claro que algunos de los judíos ni siquiera eran verdaderos hijos de Abraham, ni hijos de Dios (Jn. 8:33-41). En contraste, los

Filipenses, quienes eran gentiles, son llamados de "la circuncisión", porque ellos adoran a Dios en espíritu y se regocijan "en Cristo Jesús, no teniendo confianza en la carne" (v. 3).

Hay otros pasajes que enseñan esto también. Gálatas 4:1-7 dice que la iglesia del Antiguo Testamento y el Nuevo Testamento es una al compararla con una *persona*, creciendo de la infancia hasta la madurez. Gálatas 3:16,29 muestra que sólo hay *una* Simiente: Cristo y los que están en Él. Hebreos 12:22-24 identifica a Jerusalén, Monte Sion, y la iglesia de los primogénitos. Llegar a uno es llegar a todos.

Esta identificación de Israel como el pueblo espiritual de Dios es crítica. Nuestra participación en todas las bendiciones y las promesas del pacto depende de ello. Sólo los verdaderos judíos tienen cualquier derecho a las promesas y lo que fue prometido. Esas promesas no son para todos los que tienen el nombre ya sea de judío o Cristiano sino sólo para aquellos que creen. Un verdadero judío es aquel que realmente cree, — cualquiera que crea—. ¿Crees tú?

La ley y el pacto

La característica peculiar del pacto con Israel era, por supuesto, la entrega de la Ley en el Monte Sinaí. ¿Cuál es la relación entre la Ley y el pacto?

Fundamental a la comprensión de esta relación es Gálatas 3:17-21. Este pasaje muestra, en primer lugar, que el pacto con Abraham cuatrocientos años antes de la entrega de la Ley es el pacto que fue "confirmado en Cristo", es decir, el único pacto eterno de Dios; y, en segundo lugar, este pasaje muestra que la entrega de la Ley no podía invalidar este pacto (v. 17). Incluso, la Ley no está ni siquiera *en contra* del pacto (v. 21).

Éxodo 24:7 va más lejos aún al llamar a la Ley "el libro del pacto", el libro en el cual Dios da a conocer su pacto con su pueblo. Si el pacto al que pertenecía es el pacto que fue confirmado en Cristo —el mismo pacto al que pertenecemos nosotros—, entonces la Ley sigue siendo el libro del pacto, aunque mucho se ha añadido a ese libro desde entonces.

PARTE 4: EL PACTO Y LA SALVACIÓN

Según Gálatas 3:19 esta ley escrita se añadió al pacto a causa de las transgresiones, hasta que Cristo viniera. Esto significa que la ley, al revelar el pecado, nos muestra nuestra necesidad de Cristo. Era "nuestro ayo, para llevarnos a Cristo, a fin de que fuésemos justificados por la fe" (v. 24) en él.

Romanos 10:4 nos dice más sobre lo mismo. No dice que Cristo sea el *fin* de la ley en el sentido de que él remueve la ley, sino más bien dice que él es el fin de la ley al ser él su *objetivo y propósito*. La ley fue dada con Cristo como su objetivo, y ella cumple su propósito cuando, al descubrir el pecado, le muestra al verdadero Israel su necesidad de Cristo y de la justificación por la fe en él".

Que la Ley sigue teniendo esta función Pablo lo demuestra claramente en Romanos 7:7: "yo no conocí el pecado sino por la ley." Gálatas 3 demuestra también esto cuando dice que la Ley no sólo era el ayo de los judíos sino "también el nuestro" (vv. 23, 24).

No tenemos ninguna dificultad por lo tanto en decir que la Ley ha sido y es parte del pacto de Dios. Ciertamente fue parte del pacto en el Antiguo Testamento, como nos lo recuerda Gálatas 3:19. Y que todavía pertenece al pacto en el Nuevo Testamento está claro por el hecho de que la misma Ley sigue siendo para nosotros un ayo para llevarnos a Cristo. Lo que ha cambiado es nuestra relación con la Ley como pueblo del pacto, pero eso es completamente otro tema, tratado en Gálatas 4:1-7.

Con esto no negamos que había "rudimentos del mundo" unidos a ella y elementos que eran puramente ceremoniales (Col. 2:20-23). Todos estos han cesado, pero incluso en el Antiguo Testamento estos elementos eran parte del pacto de Dios en el sentido que apuntaban a Cristo y funcionaban como un "ayo" para llevar a Israel a Cristo.

El punto aquí es que no hay sino un sólo pacto, un pacto que no está en conflicto con la ley, un pacto de gracia en Cristo a quien todo el verdadero Israel pertenece. La ley de Dios no estaba, no está, y jamás estará en contra del pacto de Dios.

La función de la ley en el pacto

Hemos demostrado a través de Gálatas 3:17-21 que la Ley fue dada como parte del pacto de Dios y que aún sigue formando parte del pacto. Esto quiere decir, por supuesto, que la Ley y la gracia no están en contra el uno del otro. La ley no está en contra del pacto o de sus promesas (Gál. 3:21). También hemos demostrado que en el pacto la ley tiene su propia función, en primer lugar, de descubrir el pecado (Gál. 3:19, 24). Con esto pocos estarían en desacuerdo.

Pero esta no es la única función de la ley como "el libro del pacto" según la Escritura (Éx. 24:7). En el pacto la Ley también funciona como una guía para una vida de obediencia en gratitud que los cristianos están llamados a vivir como pueblo del pacto de Dios.

Debido a esta función de la Ley, el creyente llama a la ley una lámpara "a mis pies y lumbrera a mi camino" (Sal. 119:105; Prov. 6:23). ella es una guía segura y firme para toda la vida.

Por esta razón la ley es también llamada "la Ley perfecta de la libertad" o también "la ley real" (Stg. 1:25; 2:8, 12). Esta ley real no es una nueva ley sino los mismos diez mandamientos, como lo vemos en Santiago 2:8, 11. Como la ley real de la libertad, dada por el Rey de reyes, define y establece límites a nuestra libertad, de esta manera guarda nuestra libertad en Cristo de convertirse en libertinaje (Gál. 5:13-14).

Incluso en el Antiguo Testamento, Dios dio Su Ley por primera vez a un pueblo que él ya había redimido y salvado de la esclavitud de Egipto (Éx. 20:1-2). Él hizo esto no para traerlos de vuelta a la esclavitud, sino para establecer límites alrededor de la vida de ellos como su propio pueblo del pacto, y para organizar sus vidas para que ellos pudieran servirlo mejor y mostrar su gratitud a él por tan gran liberación.

Este siempre ha sido el caso. En un país libre, la libertad está protegida por la ley. Es la Ley que establece límites a la libertad para que la libertad sea destruida por todo hombre que hace lo recto a ante sus propios ojos. Cuando la Ley es dejada de lado y cada hombre hace lo que le place, como a menudo ocurre hoy en día, al final una persona ni siquiera tiene la libertad de salir de su propia casa y caminar por las calles sin temor.

Es la ley, por lo tanto, que da estructura y orden a la vida del pueblo del pacto de Dios. Ella define su relación con él para que él sea glorificado a través de sus vidas. La Ley es capaz de hacer esto ya que revela la naturaleza y los atributos de Dios, y así nos muestra la naturaleza de una vida que glorifica a Dios.

La Ley *no* lleva a los hombres a una relación de pacto con Dios, ni mucho menos da la gracia necesaria para vivir una vida que glorifique a Dios. Esto ellos lo tienen de Cristo (Gál. 3:24). Sin embargo, sigue siendo el libro del pacto, que revela como el pueblo del pacto de Dios puede agradarle y estar agradecidos con él, en palabra y en hecho.

Sin embargo, esto no es negar que la relación del creyente con la ley haya sido modificada por la llegada de Cristo. El creyente ya no está más *bajo la Ley, sino bajo la gracia*.

El pacto con David

La última gran revelación del pacto de Dios en el Antiguo Testamento, fue la que se hizo a David (2 Sam. 7). Como revelación del pacto, también tuvo algunas características notables.

Tenemos nuevamente aquí la fórmula del pacto que muestra que el pacto con David sigue siendo el único pacto eterno de Dios, a pesar de las diferentes circunstancias. En este pacto, Dios promete ser el Dios de su pueblo y tomarlos como suyos (2 Sam. 7:24). Este es siempre el propósito del pacto.

Sin embargo, la revelación del pacto hecha a David es única en varios aspectos. Esta trae juntamente el pacto y el reino y muestra que ambos están estrechamente relacionados. Dios promete establecer el reino de David y su trono para siempre (2 Sam. 7:12-13), una promesa que se cumple en Cristo, el Rey de reyes (Lc. 1:32-33).

Al mostrar que el pacto y el reino están unidos, Dios enseña a David y a nosotros algunas verdades importantes. La relación entre el pacto y el reino muestra la estructura ordenada del pacto. En ese pacto el pueblo de Dios son ciudadanos de un reino, cada uno con su propio lugar bajo el propio dominio de Dios. El "trono" del cual Dios habla (2 Sam. 7:13) es realmente siempre el trono de Dios, incluso cuando un hombre como David se sienta en él.

Esta conexión entre el pacto y el reino también revela la naturaleza espiritual del reino. Hay muchos hoy en día que tienen la misma concepción terrenal y carnal del reino como la tuvieron los fariseos en el tiempo del ministerio de Jesús. Estos piensan que el mundo entero es, o será, el reino de Dios; que el reino de Dios es aquí en la tierra antes del regreso de Cristo y está compuesto por una sociedad dominada por Cristianos. O ellos piensan que el reino de Dios será un estado judío terrenal basado en el modelo del reino de Israel en el Antiguo Testamento y que será establecido antes del regreso de Cristo.

Dios deja en claro que estas concepciones son incorrectas al conectar la venida del reino con la promesa del pacto. El reino de Dios no es un estado judío terrenal ni una sociedad Cristiana, sino el ordenado morar de Dios con su pueblo en comunión. Por lo tanto, en el centro de ese reino está la casa de Dios, el templo (2 Sam. 7:13), la gran imagen del Antiguo Testamento de la iglesia como el cuerpo de Cristo (Jn. 2:18-21).

Es en la obra de Cristo que vemos el cumplimiento de estas promesas del pacto a David. Él establece e introduce su reino no por el dominio del mundo o por el establecimiento de un estado judío, sino por la vía del sufrimiento y la vergüenza (2 Sam. 7:14, Sal. 89:30). No son los ejércitos ni las armas ni los gobiernos los que deben ser derrotados, sino el pecado.

Por lo tanto, las palabras que colgaban sobre la cabeza de Cristo en la cruz marcaban el cumplimiento de las promesas hechas a David, aunque aquellos que las colocaron allí lo hicieron en burla. En su sufrimiento Cristo era *el Rey* de los judíos, es decir, de todos los verdaderos hijos de Abraham. Cristo es el que los libera de sus enemigos espirituales y gana a favor de ellos un lugar en el paraíso, en su propio reino celestial.

PARTE 4: EL PACTO Y LA SALVACIÓN

El nuevo pacto

El Nuevo Testamento es llamado el nuevo pacto en Hebreos 8:6-13. De hecho, la palabra *testamento* es la misma palabra de *pacto*. Según Hebreos 8, este nuevo pacto reemplaza al antiguo.

De Hebreos 8:6-13 muchos concluyen que hay una diferencia esencial entre el viejo y el nuevo pacto —que ellos son pactos diferentes. Los Bautistas llegan a esta conclusión en su defensa del bautismo de creyentes, diciendo que el pacto sellado por la circuncisión no es el mismo que el pacto sellado por el bautismo. Los premilenialistas también llegan a una conclusión similar en defensa de su creencia de que todavía hay un futuro terrenal especial para Israel (una promesa de pacto para Israel y otra promesa de pacto para los creyentes del Nuevo Testamento).

Nosotros creemos que el nuevo pacto reemplaza al viejo sólo como una nueva y más completa revelación del único pacto eterno de Dios. Las diferencias son sólo diferencias de administración. El mismo Hebreos 8 lo deja muy en claro:

Primero, el versículo 10 usa la fórmula habitual —Yo seré su Dios; ellos serán mi pueblo—, para mostrar que el nuevo pacto no es esencialmente diferente del antiguo. Las relaciones son todavía las mismas tanto en el antiguo como en el nuevo pacto.

Segundo, la referencia a "mis leyes" en el versículo 10 confirma esto. En el nuevo pacto la ley no es removida, sino *reescritas* en tablas diferentes: las tablas de carne del corazón. (2 Cor. 3:3). La ley y el pacto continúan juntos. De hecho, la entrega de la ley, aunque ahora está escrita de otra forma, *es* la formación o declaración del pacto, tanto en Deuteronomio 4:13 como en Hebreos 8:10.

Tercero, tanto en el antiguo pacto como en el nuevo, según Hebreos 8:11, lo esencial es conocer al Señor, aunque hay una diferencia en *cómo* lo conocemos. Este versículo habla del Nuevo Testamento como un tiempo de realización y cumplimiento. Por lo tanto, es un tiempo en el cual el pueblo de Dios lo conoce directamente y ya no más a través de la mediación de sacerdotes y levitas (Mal. 2:5-7).

El nuevo pacto entonces no es algo completamente o fundamentalmente diferente, sino nuevo de la misma manera que los cielos y la tierra serán nuevos cuando Cristo regrese otra vez. Los cielos y la tierra no son *aniquilados* sino renovados.

El pasar del viejo pacto, por lo tanto, no trae un pacto enteramente nuevo, sino una mejor revelación de ese único pacto en el cual Dios es el Dios de su pueblo y los toma para que sean suyos. Es la última y más completa revelación del pacto a través de la llegada de las cosas prometidas, en vez de imágenes y tipos del antiguo pacto. Al nuevo pacto le pertenece la ley, no como una especie de esclavitud, sino como una ayuda que muestra cómo podemos glorificar y dar gracias al gran Dios de nuestra salvación en palabra y en *hechos*.

Este nuevo pacto es "mejor", como es expresado en Hebreos 8:6, y más glorioso porque nos trae a Cristo en vez de los tipos de Cristo. Sólo la consumación final del pacto será más gloriosa.

El antiguo y nuevo pacto comparados

Hemos demostrado en Hebreos 8:6-13 que el antiguo y el nuevo pacto no son dos pactos separados y diferentes. En todos los puntos esenciales son el *mismo*.

Las diferencias que existe entre ellos son sólo lo que nosotros llamamos *administración*, o detalles administrativos. Es sólo con respecto a estos detalles que uno es "viejo" y el otro "nuevo", y que el viejo perece y muere. Un nuevo presidente es un cambio de *administración* y por lo tanto es un nuevo gobierno en ese sentido limitado, no es un cambio en el tipo de gobierno o en la constitución.

Entonces, ¿Cómo son el antiguo y el nuevo pacto diferentes? Según Hebreos 8, de tres maneras.

Primero, hay un cambio de mediador (v.6). Cristo reemplaza a Moisés. Sin embargo, esta no es una diferencia

PARTE 4: EL PACTO Y LA SALVACIÓN

esencial ya que Moisés era un *tipo* de Cristo. En Hebreos 3:5 Moisés es llamado un "testimonio de lo que se iba a decir". En Deuteronomio 18:15 Moisés mismo habla de Cristo como un "Profeta. . . como yo…" Por lo tanto, esta diferencia es sólo administrativa.

Segundo, también hay un cambio en la forma en que la ley es escrita (Heb. 8:10). Como hemos señalado ya, la ley misma no es removida; es simplemente reescrita en las tablas del corazón en lugar de tablas de piedra. Esto también es sólo un cambio administrativo, aunque tiene gran significado y efecto para el creyente del Nuevo Testamento. Algo reescrito no es algo diferente y separado de lo que ya había sido escrito anteriormente.

Este segundo punto es especialmente importante ya que tanto en Deuteronomio 4:13 y en Hebreos 8:10, la entrega de la ley es llamada la entrega del pacto. Uno no puede argumentar entonces que, aunque la ley era la misma, los pactos son diferentes. Ambos son *identificados* tanto en Deuteronomio como en Hebreos.

Tercero, el nuevo pacto trae también una revelación más plena y completa. Esto es lo que Hebreos 8:11 está diciendo. Esta revelación más completa es de tal naturaleza que todo el pueblo de Dios conoce *directamente* al Mediador y ya no más a través de la intervención de mediadores terrenales. No hay bajo el nuevo pacto la necesidad de maestros como los sacerdotes y levitas del Antiguo Testamento (ver Mal. 2:6-7 como prueba de que ellos, especialmente, eran los maestros del Antiguo Testamento).

Esto también es un cambio meramente administrativo. El nuevo pacto no trae una *nueva* (diferente y separada) revelación de Dios, sino una mejor revelación (Heb. 8:6), es decir, una que es completa y que revela las realidades solo profetizadas bajo el antiguo pacto.

Sólo hay un pacto eterno de Dios.

La consumación del Pacto

Una de las razones por las cuáles no creemos que el Pacto sea un acuerdo o contrato por el que la salvación es dispensada al pueblo de Dios, tiene que ver con la consumación del Pacto. La consumación del Pacto es su realización final y gloria en el reino celestial y eternal de Cristo nuestro Señor.

Si el Pacto fuese un contrato o un acuerdo con el fin único de traer salvación, entonces, en la consumación, cuando recibamos la plenitud de nuestra salvación, el pacto será puesto a un lado o descartado del mismo modo en que cualquier otro contrato se da por finalizado cuando todo lo que ha sido contratado este cumplido.

Pero esto no puede ser. Por una razón, el pacto es *eterno*. No es algo que simplemente es útil por un tiempo y luego es puesto a un lado, como lo sería un contrato o acuerdo.

Nosotros creemos, por lo tanto, que el Pacto es una relación o unión entre Dios y Su pueblo en Cristo. Esta relación es descrita en la Escritura a través de la fórmula del pacto: "Yo seré vuestro Dios y vosotros seréis mi pueblo".

Si esto es, de hecho, la esencia del Pacto —el que Dios es nuestro y nosotros Suyos—, entonces en el cielo el pacto no será dejado o abandonado, sino completamente realizado. De esto es lo que se trata el cielo —que estaremos junto a Dios para glorificarle y disfrutar de él para siempre—.[31]

Esto es exactamente como Apocalipsis 21:3 describe la gloria de los cielos nuevos y la nueva tierra. Cuando todo sea renovado, ya no habrá más lágrimas, no habrá más muerte, no habrá más llanto, ni tristeza ni dolor. ¡Cuán maravilloso será aquello!

Pero incluso más maravilloso es lo que la voz del cielo predice: "He aquí el tabernáculo de Dios con los hombres, y él habitará con ellos y *ellos serán su pueblo y Dios mismo estará con ellos como su Dios*".

---

[31] Respuesta 1 del Catecismo Menor de Westminster es "El fin principal del hombre es el de glorificar a Dios y disfrutar de él para siempre".

PARTE 4: EL PACTO Y LA SALVACIÓN

Observe que este pasaje tiene en sí mismo la fórmula de pacto que se usa a través de la Escritura: "Yo seré vuestro Dios y vosotros seréis mi pueblo". ¡No hay nada más deseable o maravilloso que eso!

Note, también, que el pasaje habla del tabernáculo de Dios. En el Antiguo Testamento éste era el lugar de su pacto, el lugar en el que él habitaba con su pueblo y se revelaba a sí mismo como su Dios (Éx. 29:42-46).

Aquel tabernáculo del Antiguo Testamento era un tipo y una sombra de cosas mejores, pues aquello prefiguraba al mismo Señor Cristo Jesús, en quien, y a través de quien Dios mora con nosotros y es nuestro Dios, y por medio de quien él se revela a si mismo a nosotros en toda su gloria. En Cristo él se encuentra con nosotros y habla con nosotros. En Cristo él mora entre nosotros. Ésta es la bendición eterna del Pacto de Dios.

Los pactos resumidos

Creemos que hemos demostrado desde la Escritura que los diferentes pactos mencionados en la Escritura no son pactos separados, sino diferentes revelaciones del único pacto eterno de Dios. Ahora deseamos resumir lo que hemos escrito anteriormente enumerando los diferentes pactos y lo que cada uno de ellos muestra como una revelación de ese único pacto.

La primera revelación del pacto fue para Adán en el paraíso. Ese pacto podría llamarse *El Pacto de la Vida*, ya que revela el carácter esencial del pacto. Éste mostró lo que era el pacto, reveló a Dios como el Señor soberano del pacto, y claramente delineó el lugar del hombre en el pacto (Gén. 1; Gén. 2; Os. 6:7).

La segunda gran revelación del pacto fue para Adán después de la caída. Ese pacto podría llamarse *El pacto de la promesa*. Este revelaba a Dios como el Dios fiel que guarda el pacto y que mantiene su pacto con su pueblo por el poder de la gracia soberana y redentora (Gén. 3, esp. v. 15). En éste, Cristo se revela como la Simiente prometida y el gran Sacrificio (vv. 15, 21).

La tercera revelación importante fue para Noé. El pacto se recuerda mejor como *El Pacto de la Creación*. En él, Dios reveló el carácter universal de su pacto, para incluir no a todos los hombres, sino también toda la creación (Gén. 9:1-17). En él, Cristo se revela como Reconciliador y Señor de toda la creación (Gén. 9: 15-16; Col. 1:20).

La cuarta revelación fue para Abraham. Ese pacto bien podría llamarse *El pacto de la Familia*, ya que mostró más claramente que nunca que el pacto de Dios es en gran medida un pacto familiar (Gén. 15; Gén. 17). El Padre le revela a Abraham, a través de su Hijo, que él, Dios, será el Dios de los creyentes y sus hijos.

La quinta gran revelación fue para Israel. Dado que la entrega de la ley era la característica principal de esa revelación, ese pacto debería llamarse *El Pacto de la Ley*. En él, Dios reveló que la ley y el pacto no se oponen, sino que se unen (Ex. 19; Ex. 20; Gál. 3; Gál. 4). Él mostró a Israel que es la ley la que define y establece los límites para nuestras vidas como pueblo del pacto de Dios.

La sexta y última revelación en el Antiguo Testamento fue para David, y bien podría recordarse como *El Pacto del Reino*. En éste, Dios reveló especialmente la estructura ordenada de su pacto (2 Sam. 7; Sal. 89), así como el lugar único de Cristo como Cabeza soberana y Señor del pacto.

Todo el Nuevo Testamento, en sí mismo, es llamado en la Escritura *el nuevo pacto*, no porque sea un pacto completamente diferente, sino porque es una nueva revelación del pacto, ya no de tipos y sombras, sino de las realidades a las que esos tipos apuntaban (Heb. 8). Aquí, finalmente, Cristo viene con todas sus bendiciones y cumple los tipos y las sombras.

Ahora todavía esperamos el día de la consumación del pacto, cuando el pacto se realizará en toda su plenitud. Entonces el tabernáculo de Dios estará con los hombres; él morará con ellos y estará con ellos como su Dios, y ellos serán su pueblo (Ap. 21: 3).

PARTE 4: EL PACTO Y LA SALVACIÓN

El orden de salvación

Cuando en teología hablamos del "orden de salvación", estamos hablando de las diferentes partes de la salvación a medida que son aplicadas y dadas al pueblo de Dios por el Espíritu Santo. En otras palabras, el "orden de salvación" describe la obra del Espíritu de Dios *en* nosotros.

En la Escritura, lo más cercano que tenemos al orden de salvación es Romanos 8:30, pero ese no es un orden de salvación en el sentido teológico estricto. Por ejemplo, habla de predestinación, que no es parte del trabajo de Dios *en* nosotros, sino algo que hizo *por* nosotros antes de la fundación del mundo.

Un orden típico de salvación es el que sigue el Catecismo Mayor de Westminster: Unión con Cristo, llamamiento eficaz, justificación, adopción, santificación y glorificación. Otros propondrían un orden diferente. Muchos, por ejemplo, incluirían la regeneración y la fe. En cualquier caso, el propósito de tal orden es tratar de entender la relación entre estas diferentes partes de nuestra salvación, todas las cuales se describen en la Escritura.

Se deben recordar varias cosas al hablar de tal orden.

Debemos recordar que esto es solo un intento de entender estos conceptos bíblicos y en ningún sentido deben entenderse mecánicamente, como si primero recibiésemos una bendición, luego la siguiente, y así sucesivamente. El hecho es que, según nuestra experiencia, muchas de estas bendiciones se reciben al mismo tiempo. Además, muchos de ellos no son acontecimientos espirituales momentáneos. La santificación, por ejemplo, es algo que comienza cuando una persona es salvada por primera vez y continúa hasta el momento de la muerte. La aplicación de la salvación no tiene lugar de una sola vez, sino que es algo que dura toda la vida —que se termina solo cuando finalmente estamos con Cristo en el cielo—. Por supuesto, esto es negado por aquellos que creen en el perfeccionismo y la santificación completa; ellos tienden a ver la aplicación de la salvación como algo único.

En un orden reformado de salvación, hay varias cosas que deben enfatizarse y no pueden cambiarse. La regeneración y el llamamiento eficaz deben venir antes que la fe, o tendremos a la fe como una obra del hombre, lo cual es Arminianismo. La fe misma debe venir antes de la justificación para mantener la gran verdad protestante de la justificación solo por fe. Finalmente, la justificación debe preceder a la santificación, o tenemos la doctrina Romana de la justificación por obras.

Todo esto solo para decir que lo único que debe enseñar cualquier orden de salvación es que, incluso en cuanto a su *aplicación*, la salvación es completamente obra de Dios mismo a través de las operaciones soberanas del Espíritu Santo. Todo es por gracia, y por lo tanto es "del Señor" (Jon. 2:9).

Gracia irresistible

Al estudiar el orden de salvación, encontramos que la *gracia* atraviesa todo ese orden como un hilo dorado. La gracia que produce y garantiza cada paso del orden es *irresistible*.

Esto debe ser enfatizado. No debemos pensar que la primera parte del orden es todo por gracia, pero que la última parte del orden de la salvación es por obras. La regeneración no es el trabajo de Dios y la santificación el nuestro.

Tampoco es cierto que la primera parte de la orden sea solo de gracia y la última parte de la orden sea tanto gracia como obras conjuntamente. Si bien es cierto que nos volvemos activos en la fe, la conversión y la santificación, estos no dependen de nosotros ni merecen nada para con Dios. Estos también son completamente de Dios y completamente de gracia (Rom. 9:16). Es Dios quien trabaja en nosotros tanto el querer como el hacer su buena voluntad (Fil. 2:13).

Tampoco debemos pensar que solo una parte del orden es por gracia irresistible. Nuestra *actividad* de conversión y santificación no implica que la obra del Espíritu y la gracia por la cual somos convertidos y santificados puedan ser resistidos. *Toda* la salvación es por gracia irresistible.

La gracia es irresistible en la naturaleza misma del caso debido a que es la gracia de Dios. Como él es todopoderoso, su gracia también es todopoderosa. No solo en la providencia,

PARTE 4: EL PACTO Y LA SALVACIÓN

sino también en la salvación, "no hay quien detenga su mano, y le diga: ¿Qué haces?" (Dan. 4:35).

Muchos ignoran y dejan de lado esta gran verdad hoy. La doctrina de la gracia común (que Dios muestra cierta gracia a todos los hombres) realmente enseña que hay un tipo de gracia que es resistible. Lo mismo ocurre con la doctrina de la bien intencionada oferta del evangelio, que enseña que Dios ofrece la gracia de la salvación a todos los que escuchan el evangelio, a pesar de que esa gracia es rechazada y resistida por muchos. En defensa de la preciosa doctrina de la gracia irresistible, no deberíamos tener nada que ver con ninguna de estas enseñanzas.

Sin embargo, la gracia irresistible no significa que Dios lleve a las personas al cielo pataleando, luchando y resistiendo todo el camino. La gracia irresistible no *compele*, sino que *impele*; en otras palabras, por medio de ella, Dios nos cambia en corazón, mente y voluntad para que lo amemos, lo busquemos, lo obedezcamos y perseveremos en la obediencia, incluso hasta el final.

Los Cánones de Dordt, que son los Cinco Puntos originales del Calvinismo, dicen que esta gracia de Dios "tampoco obra en los hombres como en una cosa insensible y muerta, ni destruye la voluntad y sus propiedades, ni las obliga en contra de su gusto, sino que las vivifica espiritualmente, las sana, las vuelve mejores y las doblega con amor y a la vez con fuerza, de tal manera que donde antes imperaba la rebeldía y la oposición de la carne, allí comienza a prevalecer una obediencia de espíritu voluntaria y sincera".[32] Esa es una hermosa descripción de la *gracia irresistible*.

Solo la gracia irresistible puede vencer nuestra depravación natural. Solo esa gracia puede garantizar que seamos "guardados … mediante la fe, para alcanzar la salvación que está preparada para ser manifestada en el tiempo postrero" (1 P. 1:5). Solo la gracia irresistible, por lo tanto, puede darnos una buena esperanza para creer y la comodidad de saber que *nada* puede separarnos del amor de Dios que es en Cristo Jesús Señor nuestro. La gracia irresistible es gracia asegurada.

---

[32] Cánones de Dordt, Capítulos 3 and 4, Artículo 16.

Regeneración

Empezamos nuestro estudio del verdadero "orden de la salvación" mirando a la regeneración. Ya que la regeneración significa "renacer", creemos que describe el comienzo de nuestra nueva vida como cristianos y es lo primero en el orden de la salvación.

Al describir esta primera obra de gracia como un *renacimiento* (Jn. 3:3), la Escritura está enfatizando la verdad de que es totalmente una obra de Dios, realizada sin nuestra ayuda —incluso sin nosotros ser conscientes de ella—. Así como un bebé recién nacido no tiene nada que ver con su nacimiento en el mundo, nosotros no tenemos nada que ver con nuestro renacimiento en el reino de Dios.

De hecho, la Escritura no solamente lo implica, sino que llanamente lo enseña (Jn. 1:13): "los cuales no son engendrados de sangre, ni de voluntad de carne, ni de voluntad de varón, sino de Dios". Note que ni la voluntad pecaminosa (la voluntad de carne), ni la fuerza de voluntad humana en ningún sentido (la voluntad de varón), tiene nada que ver con este renacimiento.

Sin la regeneración como primera obra de la gracia, nadie puede siquiera ver el reino de Dios (Jn. 3:3) Jesús no dice "no *verá*", sino "no *puede* ver". Es tan imposible para el pecador no regenerado tener algo que ver con el reino de Dios, como es para el pez del mar vivir en la tierra seca.

La Escritura describe a esta primera obra de la gracia como un renacimiento pero también como el don de un *nuevo corazón* (Ez. 36:25ss.); una *circuncisión de corazón*, esto es, quitar el pecado del corazón (Col. 2:11-13); un *bautismo*, que es el lavamiento del pecado (Tit. 3:5); un *avivamiento espiritual*, un ser hecho vivo o una resurrección de la muerte espiritual (Ef. 2:1); una *nueva creación* en Cristo Jesús (v. 10); y *un traslado del reino de las tinieblas al reino del amado Hijo de Dios* (Col. 1:13).

Cada una de estas descripciones nos recuerda que la regeneración es tanto una obra soberana del Todopoderoso como una obra maravillosa. ¿Quién más puede levantar a los muertos y crear cosas? Tal como los Cánones de Dordt lo describen, "es una operación totalmente sobrenatural, poderosísima y, al mismo tiempo, suavísima, milagrosa, oculta e inexpresable [incomprensible], la cual, según el testimonio de la Escritura, no es menor ni inferior en su poder que la creación o la resurrección de los muertos".[33]

Quizá, la más maravillosa descripción de la regeneración, sin embargo, nos dice que es el don de la vida de Cristo al pecador perdido (Gál. 2.20; Col. 1:27). La nueva vida que se nos es dada en la regeneración es la vida resucitada de Cristo mismo, una vida que no puede morir otra vez (Jn. 11:25-26).

Es vida *nueva*. Quien la tiene no puede continuar comportándose y hablando como alguna vez lo hizo. Ya no está espiritualmente muerto, sino vivo. La muerte solo está ahí y se pudre, pero la vida respira y se mueve y habla. Entonces, nosotros los que somos regenerados debemos, a pesar de la continua presencia de nuestro pecado y nuestra vieja naturaleza, reconocernos como vivos para Dios por Cristo Jesús nuestro Señor, y rendirnos a Dios como vivos de entre los muertos (Rom. 6:11-13).

Llamamiento

Si la regeneración (renacimiento espiritual) puede ser comparada con la semilla de la nueva vida de resurrección de Cristo Jesús en nuestros corazones, entonces el *llamamiento* puede ser comparado con la lluvia y el sol que caen sobre la semilla y causan que crezca y dé fruto.

Al llamamiento muchas veces se le llama "llamamiento eficaz". Esto solo significa que el llamamiento es una obra poderosa de Dios que provoca el *efecto* deseado, esto es, la salvación. El llamamiento eficaz es realmente parte de la "gracia irresistible."

Cuando hablamos del llamamiento en el orden de la salvación, no nos estamos refiriendo a la predicación del evangelio a través del cual llega ese llamado y que es escuchado *sin* poder salvador por muchos. En Mateo 22:14 se usa la palabra *llamados* en ese sentido cuando Jesús dice, "Porque muchos

[33] Ídem.

son llamados, y pocos escogidos". En vez de eso, nos estamos refiriendo a la obra del Espíritu en los corazones de aquellos a quienes Dios ha escogido, por medio de la cual la predicación del evangelio los trae a salvación y los mantiene en ella.

Esto necesita ser enfatizado. El llamamiento eficaz no solamente empieza la salvación en nosotros; también trae nuestra salvación *completa*. Nos llama poderosa e irresistiblemente al arrepentimiento (Mt. 9:13), a la fe (Rom. 10:17), a la santidad (1 Tes. 4:7), al compañerismo con Cristo (1 Cor. 1:9), a la libertad (Gál. 5:13), a la seguridad (Ef. 4:4) y, finalmente, a la gloria con Cristo también (1 P. 5:10; Ap. 19:9). Por lo tanto, el llamamiento, debe continuar llegando a nosotros toda nuestra vida. Eso debe venir no solo como un llamado a la santidad y a la seguridad, sino también como un llamado al arrepentimiento y la fe. Mientras pequemos y seamos débiles en la fe, debemos ser llamados al arrepentimiento y fe.

Decimos esto para contrarrestar una noción común. Muchos tienen la idea de que el llamamiento es solamente para los no salvados, de manera que muchas veces el ministro no tiene un llamamiento —nada que decir— a aquellos que ya han sido salvados, aunque ellos también están en gran necesidad de llamamiento como el resto.

Deseamos enfatizar especialmente que es *Cristo* quien llama (Jn. 10:3, 16, 27) con la voz del Dios todopoderoso (Rom. 4:17). Por la obra del Espíritu, ese llamado es aplicado a los corazones de algunos de modo que escuchen el llamado de Cristo, conozcan su voz y vengan a él como ovejas a su Pastor. ¿No es esto maravilloso?

Juan 10:3 dice, "y a sus ovejas llama *por nombre*". El llamamiento no es general, sino muy específico. Esto implica que Cristo ya conoce a sus ovejas. Y de hecho así es, porque le fueron dadas por su Padre desde antes de la fundación del mundo (Ef. 1:4-6).

Cuando Cristo llama a sus ovejas por nombre, sin embargo, no escuchan sus nombres naturales, María o Guillermo. Ellos escuchan sus *nombres espirituales*, los nombres que han recibido por la primera obra de la gracia de Dios en sus corazones: nombres tales como *El Sediento* (Ap. 22:17), *El Hambriento* (Is. 55:1), *El Trabajado y El Cargado* (Mt. 11:28).

De hecho, es el llamamiento el que hace a los pecadores hambrientos, sedientos, cargados por el pecado y la culpa, y finalmente dispuestos también a venir a Cristo. Es por eso que se le llama el llamamiento *eficaz*. La palabra de Cristo, al llamar, es una palabra creativa que trae a la existencia la cosa que ha sido llamada.

Qué bendición y que gozo, entonces, es escuchar la voz de Cristo llamando y saber que nos llama hacia él.

Llamamiento y predicación

El llamamiento eficaz a veces es llamado llamamiento *interno*, porque involucra la obra soberana e irresistible del Espíritu Santo en los *corazones* del pueblo de Dios. Se distingue del llamamiento externo, la predicación de la Palabra.

La Escritura deja claro que no todos los que escuchan el llamado de Cristo en la predicación del evangelio lo escuchan a él llamando internamente por la obra del Espíritu Santo en el corazón. Así, no todos son salvados bajo la predicación del evangelio.

En otras palabras, que algunos sean salvados bajo la predicación del evangelio, y que otros no lo sean, no se debe a alguna diferencia en ellos, sino a una diferencia en la obra de Dios. Es por eso que Mateo 20:16 y Mateo 22:14 dicen: "porque muchos son llamados [externamente], y pocos escogidos". El pasaje no dice, "Muchos son llamados, pero pocos responden", porque eso dejaría la impresión de que la diferencia se encuentra en nosotros. En vez de eso, la diferencia se encuentra en la elección de Dios de algunos y no de otros. De acuerdo con esa elección, él a algunos llama tanto externa como internamente, pero a otros no.

Aunque la Escritura usa la palabra *llamar* para referirse al llamamiento externo y al interno también, debemos recordar que el llamamiento interno viene *a través del externo*, esto es, mediante la predicación. De hecho, es por eso que se usa la misma palabra para describir a ambos.

Vemos esto en Romanos 10:17: "Así que la fe es por el oír, y el oír, por la palabra de Dios". Este versículo está resumiendo lo que dicen los versículos del 10 al 14. Allí una conexión inseparable se hace entre *creer para salvación y escuchar a un predicador*.

Es por eso que la iglesia debe predicar el evangelio hasta el fin del mundo. Es el medio por el cual Dios llama a aquellos que ha escogido para salvación y por el cual, mediante el Espíritu, trabaja internamente en ellos.

También enfatizaríamos que debido a que el Espíritu Santo trabaja mediante la predicación, la predicación del evangelio *es su propio poder*. Es "poder de Dios para salvación a todo aquel que cree" (Rom. 1:16, ver también 1 Cor. 1:18-24). No requiere elocuencia, súplica, u otra clase de trucos para hacerla efectiva.

Debido a que Cristo habla en la predicación, y debido a que el Espíritu trabaja mediante la predicación, la predicación del evangelio siempre es un *poder*, aunque no siempre un poder para salvación. Donde Cristo habla y el Espíritu obra, es imposible permanecer sin ser afectado. O uno es salvo o uno es endurecido bajo la predicación del evangelio (2 Cor. 2:14-17). Nadie puede ser neutral.

Así mediante la predicación del evangelio, el propósito de Dios es realizado y los méritos de Cristo son hechos efectivos. Ni uno de los elegidos se pierde, ni tampoco una gota de la sangre preciosa de Cristo es desperdiciada. La predicación tampoco es desperdiciada en aquellos que no son salvos. Por lo tanto, es una cosa muy seria venir al evangelio. Aun aquellos de nosotros que ya somos salvos por el "es necesario que con más diligencia atendamos a las cosas que hemos oído, no sea que nos deslicemos" (Heb. 2:1-3). El evangelio siempre será un sabor ya sea de vida y para vida, o de muerte y para muerte.

PARTE 4: EL PACTO Y LA SALVACIÓN

Llamamiento, no oferta

Hay muchos que prefieren hablar del evangelio como una "oferta" más que como un llamamiento. Es interesante, por decir lo menos, que la Escritura nunca usa la palabra *oferta* para describir al evangelio. No tenemos una objeción en contra de la palabra *oferta* como tal. En su sentido más antiguo, solamente significa que en el evangelio hay un "mostrar" de Cristo. El Catecismo Mayor de Westminster, por ejemplo, define la oferta de Cristo como "un *testimonio* de que quienquiera que cree en él será salvo".[34]

Sin embargo, en su sentido más moderno la palabra *oferta* sugiere y es usada para enseñar que Dios ama a todos los hombres y que quiere salvar a cada uno de ellos, que en el evangelio él hace un esfuerzo por salvarlos, y que el que un pecador sea o no sea salvo depende de la voluntad de tal pecador. Estas enseñanzas son contrarias a la Escritura.

La Escritura no enseñan que Dios ama a todos los hombres (Sal. 11:5; Jn. 13:1; Rom. 9:13) ni tampoco enseña que Dios esté tratando de salvarlos a todos (Is. 6:9-11; Rom. 9:18; 2 Cor. 2:14-16). Ciertamente, no enseña que, en la salvación de los pecadores, Dios pueda ser frustrado por la renuencia de ellos, o que él espere, como con sombrero en mano por así decirlo, a que ellos *acepten* su salvación (Sal. 115:3; Jn. 6:44; Rom. 9:16; Ef. 2:8-9). Por estas razones preferimos no hablar del evangelio como una "oferta".

Un llamamiento es diferente de una oferta. Nos recuerda la soberanía de Dios. Él, como Rey, invoca a los pecadores a creer y obedecer el evangelio. Esto incluso nos da a entender que, en realidad, él trae a algunos a salvación por su soberano llamamiento. Cuando recordamos que es *Dios* quien llama, no es difícil comprender esto. Él es quien "llama las cosas que no son, como si fuesen" (Rom. 4:17).

Ese llamamiento es escuchado en la predicación del evangelio. Es hecho efectivo para salvación mediante la obra

---

[34] Catecismo Mayor de Westminster, P&R 65.

interna del Espíritu Santo, de manera que algunos no solamente escuchen, sino que obedezcan ese llamado. Por la obra del Espíritu es *Dios, en Cristo*, quien llama, no el predicador. El predicador es únicamente un instrumento.

Esa es la razón por la que los impíos son condenados por su desobediencia cuando rechazan hacer caso al llamado. Por su incredulidad no rechazan a un simple hombre, sino al mismo Dios vivo hablando a través de su Hijo unigénito. Eso es serio.

También por esta razón el predicador no debe traer nada más que la Escritura. Los que escuchan deben escuchar la Palabra de Dios, no las nociones del predicador, sus filosofías, sus comentarios políticos, etc. El predicador incluso debe ser cuidadoso de no oscurecer el soberano llamado de Dios al añadir toda clase de súplicas innecesarias o tácticas de "ventas agresivas," dejando la impresión de que Dios está esperando la voluntad de los pecadores.

Debe quedar claro en la predicación del evangelio que Dios soberanamente demanda la fe y el arrepentimiento de los pecadores —que él, el Todopoderoso, el Juez del cielo y de la tierra, requiere obediencia y castigará la desobediencia—. Por medio de tal predicación los pecadores son salvados y Dios es glorificado.

La esencia de la Fe

Cuando pensamos en la fe, generalmente pensamos en la *actividad* de creer y confiar en Dios y en su Hijo, el Señor Cristo Jesús. La fe *es* creer y confiar, pero antes de eso es algo más. La fe en su realidad y esencia más profunda es la *unión con Cristo*.

Esto se sugiere en el Catecismo de Heidelberg, el cual habla de la fe verdadera en términos de ser "incorporados en Cristo",[35] y en el Catecismo Mayor de Westminster, el cual dice que la fe no solo es un asentimiento de la verdad de la promesa del evangelio, sino también *recibir y descansar en Cristo* para salvación.[36] En distinción de la actividad de la fe, esta

---
[35] Catecismo de Heidelberg, Domingo 7, P&R 20.
[36] Catecismo Mayor de Westminster, P&R 72.

incorporación en Cristo, este recibir y descansar en él, algunas veces se le llama en teología el "poder de la fe," o el "principio de fe."

La Escritura enseña que la fe es la unión con Cristo en pasajes tales como Juan 17:20-21, Gálatas 2:20, y Efesios 3:17. Esta unión también es mostrada en la manera en que la Escritura habla de la fe. En el Nuevo Testamento, por ejemplo, el griego usa varias expresiones diferentes, la mayoría de las cuales implican que la fe nos trae a un contacto vivo y a una unión con Cristo. La Escritura habla muy frecuentemente de creer "*en* Cristo". ¿A qué otra cosa se puede referir sino a que somos, mediante la fe, hueso de sus huesos y carne de su carne (Ef. 5:30)? La Escritura habla también en el griego de creer "hacia" él (Jn. 3:16, 18; Col. 2:5), o de creer "en" él (Rom. 9:23; Rom. 10:11) o "sobre" él (Hch. 11:17; Hch. 16:31).

Todos estos pasajes implican una unión y un compañerismo cercano y personal con el Hijo de Dios. Aun esos pasajes que hablan simplemente de creer en Cristo implican que por la fe estamos suficientemente cerca de él de modo que realmente podemos escucharle hablar y saber y confiar en lo que él dice (Jn. 14:11; 2 Tim. 2:12) Tal es la naturaleza de la fe verdadera.

Entonces, esto es lo que distingue a la fe verdadera de todas sus falsificaciones. En muchas otras maneras una fe falsa imita a una fe verdadera, pero hay una cosa que no puede ser imitada, y esto es estar *en Cristo* por la fe.

Ver la unión con Cristo es también ver que la fe *debe ser* un don de Dios. Si solamente hablamos de la *actividad* de la fe, podemos empezar a pensar que la fe tiene su origen en nosotros y nuestra voluntad. Pero cuando recordamos que la fe es, primero que todo, la *unión* con Cristo, queda claro que la fe debe ser la obra y el don de Dios. ¿Somos capaces de unirnos nosotros mismos a Cristo? ¡No más de lo que la rama puede injertarse a sí misma en el árbol!

Esta comprensión de la fe explica muchas otras cosas también. Explica cómo, en la justificación, la justicia de Cristo viene a ser nuestra *por la fe*. Explica cómo la fe es la victoria que vence al mundo, porque no es un poder inherente en la fe lo que vence, sino el hecho de que la fe nos pone en Cristo y nos trae en unión con la victoria de Cristo sobre el pecado, la muerte, el mundo y Satanás.

Cuán maravilloso es, entonces, ser capaces de decir que tenemos fe. Decir esto es confesar que, por una obra soberana y maravillosa de Dios, vivimos en Cristo y él en nosotros, para nunca más estar apartados el uno del otro.

Fe y conocimiento

Hablando de la actividad de la fe, creemos que la fe incluye el *saber*. Siempre ha habido quienes desean separar la fe del conocimiento y ver la fe como una aceptación o confianza "ciega". Esto es especialmente común hoy en día.

El catolicismo romano siempre ha enseñado que la fe y el conocimiento pueden separarse, especialmente en su enseñanza sobre la fe implícita (fe sin ningún contenido intelectual). Esto, según Roma, es la fe de muchos o la mayoría de los laicos.

El modernismo y la neo-ortodoxia también lo enseñan, al igual que los movimientos carismáticos y otros movimientos anti-doctrinales. Ellos, en realidad, no niegan que la fe incluya el conocimiento, pero separan la fe y el conocimiento al denigrar y hablar con desprecio de la doctrina y la enseñanza.

Lamentablemente, esta inclinación también se encuentra entre algunos teólogos y maestros Reformados. Ellos tampoco niegan explícitamente que la fe sea conocimiento, pero terminan haciéndolo cuando promueven paradojas y contradicciones como parte de su teología.

Estas son las personas que dicen que Dios ama a todos los hombres en el evangelio, pero que no ama a todos los hombres en la elección; que quiere salvar a todos los hombres de acuerdo con su voluntad revelada, pero no quiere salvar a todos los hombres de acuerdo con su voluntad secreta; y que el bienintencionadamente ofrece la salvación a todos, sin embargo, no ha decidido dar fe a todos. Tal forma de hablar es irracional y anti-intelectual. Nadie puede *entender* tales contradicciones. ¡Sólo pueden aceptarse implícitamente, y la fe se convierte en un salto ciego, no en una cuestión de conocimiento!

PARTE 4: EL PACTO Y LA SALVACIÓN

Esta oposición al conocimiento y la doctrina también es contraria a la Escritura. En Juan 17:3, Jesús define la fe salvadora como "conocer" a Dios y a Cristo Jesús a quien Dios envió. Este *conocimiento*, dice Jesús, es la vida eterna. No solo confiar, sino conocer.

En 2 Timoteo 1:12 Pablo habla de su propia fe como de una "persuasión", pero él dice que está persuadido porque primero conoce. De hecho, es imposible ser persuadido de que Cristo Jesús puede preservarnos a menos de que primero sepamos que él es el unigénito Hijo de Dios, aquel que vino en la carne, quien sufrió y murió en la cruz por nuestros pecados.

No podemos despreciar el conocimiento. Por sí mismo, el conocimiento es inútil; También debe haber *confianza*. Pero la Escritura deja en claro que el conocimiento es, sin embargo, algo bueno. En 2 Corintios 4:6-7, a la "iluminación del *conocimiento* de la gloria de Dios en la faz de Cristo Jesús" se le llama nuestro tesoro (véase también Lc. 1:77; Ef. 1:17; Ef. 4:13; Fil. 3:8; Col. 2:3; 2 P. 1:2-3). No hay confianza en *no saber*.

La fe sin conocimiento es realmente un salto a la oscuridad. Pero Dios no está en la oscuridad. Él habita en la luz. Tampoco nuestro Señor Cristo Jesús puede ser encontrado por medio de un salto a la oscuridad. Él es la *Luz del Mundo*, y para creer en él debemos llegar a la luz. Esa luz es la luz del conocimiento de la gloria de Dios en la faz de Cristo Jesús (2 Cor. 4:6).

Fe y confianza

Es claro por las diversas formas en que la fe se describe en la Escritura que la fe salvadora incluye diferentes "actos". En estas descripciones podemos ver que hay un cierto desarrollo y crecimiento de la fe a medida que es dada y ejercida por los creyentes. Lucas 17:5, por ejemplo, dice: "Dijeron los apóstoles al Señor: Auméntanos la fe."

Aunque Cristo es siempre el objeto de la fe, la fe implica *mirarlo* a él (Is. 45:22), *venir* a *él* (Mt. 11:28), *huir* a él en busca de refugio (Heb. 6:18), *recibirlo* (Jn. 1:12), *vestirse* de *él* (Rom. 13:14), y *darse* o *entregarse uno mismo* a él (2 Cor. 8:5).

Todo esto describe especialmente una segunda actividad de fe salvadora: la de confiar en Cristo. Ya hemos dicho que un acto principal de la fe salvadora es el conocimiento. Confiar es otra. Estos dos elementos de la fe salvadora se mencionan uno con respecto al otro en 2 Timoteo 1:12: "yo sé a quién he creído, y *estoy seguro* que es poderoso para guardar mi depósito para aquel día". Como señala este versículo, estar seguro o ser persuadido se basa en el conocimiento. La misma palabra *estar seguro* enfatiza esto. Uno está seguro por la verdad y por argumentos razonables y sólidos.

No podemos estar seguros ni ser persuadidos sin conocimiento. No podemos confiar en Cristo para salvación a menos que sepamos que él es Dios manifestado en la carne. (1 Tim. 3:16), quien dio su vida en rescate por muchos (Mt. 20:28).

Este segundo elemento de la fe salvadora —confiar en Cristo— enfatiza la naturaleza *personal* de la fe salvadora. Es esta confianza la que hace que el conocimiento de la fe no sea solo un "saber acerca de", sino también una cuestión de realmente "conocer" a Dios mismo, personalmente, tal como se revela por medio de Cristo Jesús.

Sin este elemento de seguridad, no habría diferencia entre la fe salvadora y la "fe" de los demonios (Stg. 2:19), porque los demonios "creen" que hay un solo Dios, y ellos tiemblan. Y no solo los demonios creen en este sentido. A muchos se les ha enseñado la verdad de la Palabra y no pueden encontrar ningún argumento en contra de ella, sin embargo, nunca han *confiado* en Dios o en Cristo.

La confianza, como elemento de la fe salvadora, permite que una persona vea no solo que la Palabra es verdadera, pero también que es verdadera para él. La confianza, por lo tanto, puede describirse en términos de entregarse a Cristo o en términos de descansar en él (Mt. 11:28). Implica el total abandono de uno mismo y la entrega del alma a él por el poder y la gracia del Espíritu.

Hay quienes desean hablar de la fe únicamente en términos de conocimiento o asentimiento intelectual. También nosotros creemos que es necesario enfatizar el conocimiento en contra de la dependencia del "sentimiento" y la resistencia a la sana doctrina que son tan populares hoy en día. Sin embargo, a la luz de la propia enseñanza de la Escritura, no creemos que sea adecuado describir la fe únicamente en términos de su actividad intelectual. También es, como dice Pablo en 2 Timoteo 1:12, una cuestión de comprometerse con Cristo y así encontrar paz y descanso en él. Sin eso, no somos nada y no tenemos nada.

Justificación

¿Qué es la justificación? Lamentablemente, hoy en día hay pocos que saben lo que significa esta palabra, y aún menos quienes conocen la bendición de los justificados, a pesar de que la doctrina de la justificación es uno de los fundamentos de la fe cristiana.

Para entender qué es la justificación, deberíamos saber, primero, que su sinónimo es *justicia*. Ser justificado y ser justo es lo mismo.

En segundo lugar, deberíamos ver que la justificación es un término *legal*. En la justificación tratamos con Dios como *juez* (Heb. 4:13). La justificación es una *sentencia* del juez supremo, de cuya sentencia no existe apelación (Job 40:8).

En tercer lugar, la justificación, por lo tanto, envuelve nuestro *estatus legal* (nuestro estado): nuestra posición ante la ley y ante Dios (Sal. 130:3). Ese estado o posición legal determina si disfrutaremos de ciertos derechos y privilegios, o si seremos castigados.

Cuando cualquier juez dicta una sentencia, solo hay dos posibles "posiciones": culpable o inocente, injusto o justo. En la justificación de los pecadores, Dios como Juez los declara *inocentes* de cualquier delito o crimen (Núm. 23:21; 2 Cor. 5:19).

La maravilla de la justificación es que los *pecadores* son encontrados inocentes por Dios. Los que están justificados han cometido y cometen todo tipo de pecado, y cometen sus pecados en contra el mismo Juez (Sal. 51:4; Rom. 5:18,21).

La sentencia por la cual Dios los justifica es como las leyes de los medos y los persas: no puede ser alterada, pues

Dios no cambia. Sin embargo, Dios no miente al pronunciar tal sentencia (Núm. 23:19). Su sentencia es verdadera y justa.

Esto significa que el pecador no puede ser justificado y ser inocente ante Dios debido a su propia valía u obras (Rom. 3:28; Rom. 4:6). La causa de la justificación —y debe haber una causa— es la perfecta obediencia de Cristo Jesús, su sufrimiento y muerte.

Jesús se erige como el sustituto de aquellos que el Padre le dio. Su sufrimiento y muerte son el castigo por los pecados de ellos (Is. 53:5), y por su perfecta obediencia hace restitución, viniendo "pues a pagar lo que no he tomado" (Sal. 69:4 RVA).

Piense en un ladrón que debe expiar su crimen, no solo siendo castigado, sino devolviendo lo robado. Cristo no solo sufre el castigo por nuestros crímenes, sino que también paga a Dios la deuda de obediencia glorificadora de Dios que nosotros no pagamos.

Cristo hace todo esto por los suyos. La obediencia, sufrimiento y muerte de él son cargados a la cuenta de ellos, o como dice la Escritura, se les "imputa" (2 Cor. 5:19), de modo que ante Dios es como si nunca hubiesen pecado o cometido ningún pecado real.

Qué cosa tan maravillosa es, entonces, estar justificado. Nada puede compararse con saber que "no hay condenación" para nosotros con Dios. Todas las demás bendiciones y privilegios y su disfrute dependen de esto. Como dice Pablo: "lo he perdido todo, y lo tengo por basura, para ganar a Cristo, y ser hallado en él, no teniendo mi propia justicia, que es por la ley, sino la que es por la fe de Cristo, la justicia que es de Dios por la fe" (Fil. 3:8-9).

Justificación por fe

Cuando la Escritura habla de la justificación *por fe*, está enseñando varias verdades muy importantes.

La justificación por la fe muestra cómo el pecador está *realmente* justificado ante Dios. Explica cómo se aplica la sentencia justificante de Dios como Juez, al pecador, para que pase de un estado de culpa a uno de inocencia.

PARTE 4: EL PACTO Y LA SALVACIÓN

Cuando somos justificados por fe, nuestra fe nos es contada (imputada) por justicia (Gén. 15:6; Rom. 4:5). Dios, como Juez, acepta esa fe como nuestra justicia o inocencia.

Sin embargo, lo hace no porque la fe misma sea meritoria o porque la fe y la obediencia de la fe sean de alguna manera aceptadas como sustituto de la perfecta obediencia a su ley. Más bien, la fe es contada como justicia debido a su propio carácter. Como hemos visto, la fe en su realidad más profunda es un *vínculo de unión* con Cristo. Eso explica cómo somos justificados por fe. La fe se cuenta como nuestra justicia no porque sea una obra sustituta o porque sea meritoria en sí misma, sino porque nos pone en contacto con Cristo y su perfecta justicia.

Verdaderamente, por lo tanto, somos justificados por la justicia, la obediencia, la santidad y las obras de Cristo que llegan a ser nuestras *por medio* de la fe. Y es sólo por fe que podemos ser justificados. Nada excepto la fe se aferra a Cristo y su justicia. Y nada más que la justicia de Cristo encontrará aceptación para con Dios para nuestra justificación.

La fe tampoco es otra obra. La justificación por fe no significa, como muchos creen, que Dios como Juez ha decidido que, en lugar de exigir todas las obras de la ley, exigirá solo una cosa de nosotros —una obra— y es la fe.

La fe no es algo que producimos, no es algo que tiene su origen en nosotros, como muchos enseñan. Creer no es una decisión que toma el pecador; él no puede tomar tal decisión mientras esté perdido en sus pecados. La fe por la cual somos justificados es, en sí, el don de Dios. Él proporciona no solo la justicia que necesitamos para ser justificados, sino también los medios o la forma en que esa justicia se vuelve nuestra.

Nuestra justificación, por lo tanto, es totalmente una obra de Dios. De él son todas las cosas necesarias para nuestra justificación. La justicia que nos justifica, la Persona que provee esa justicia y los medios por los cuales recibimos esa justicia son todos dones de Dios.

El hecho de que la justificación sea *por fe* significa, por lo tanto, que *no es por obras*. Estamos llamados a hacer buenas obras; incluso están ordenados para nosotros (Ef. 2:10), pero las hacemos como prueba de, y agradecimiento por, la salvación recibida, no para ganar o merecer la salvación. Nuestras obras no tienen *nada* que ver con nuestra posición ante Dios. Solo las obras de Cristo pueden cambiar nuestra posición y justificarnos.

Como dice la Escritura: "¿Dónde, pues, está la jactancia? Queda excluida" (Rom. 3:27). "Porque de *él,* y por *él,* y para *él,* son todas las cosas [incluso nuestra justificación]. A él sea la gloria por los siglos" (Rom. 11:36). Justificación libre y de gracia, dada a través del don de la fe —¡qué bendición! —. Y qué Dios de gracia para justificar a pecadores indignos.

Justificación y elección

Si bien no creemos que las personas de Dios estén *de hecho* justificadas en la eternidad (antes de la fundación del mundo), sí creemos que existe una relación muy estrecha entre elección y justificación. La gente de Dios es justificada *por fe*, no *por elección*. Sin embargo, su justificación no puede separarse de su elección.

Primero, después de haber elegido a su pueblo como suyo, Dios también *decretó justificarlos a ellos*, y sólo a ellos. Decretó que debían ser santos y *sin culpa* (Ef. 1:4), lo cual es el decreto de su justificación.

Segundo, así como son elegidos en Cristo según el amor eterno de Dios, Dios también los *miró* y los vio como justificados y sin culpa en la eternidad. Habiéndolos visto anticipadamente sin pecado, también puso su amor sobre ellos. Al entregárselos a Cristo desde la eternidad, Dios los dio a él como aquellos a quienes eternamente vio sin pecado.

Números 23:21 es especialmente importante aquí. Tenga en cuenta que usa el tiempo pasado del verbo: *"No ha notado* iniquidad en Jacob". El mismo tiempo pasado se usa en Romanos 9:13: "A Jacob *amé*". Este lenguaje siempre ha sido entendido por aquellos que creen en la gracia soberana como una referencia a los decretos eternos de Dios.

Números 23:21 es la respuesta a los intentos de Balac y Balaam de maldecir al pueblo de Dios. Aunque Cristo aún no había venido, y la sangre de la expiación aún no había sido derramada, el pueblo de Dios no podía ser maldecido debido a lo que Dios había decretado en la eternidad.

Es solo en este sentido que estamos dispuestos a hablar de "justificación eterna", o mejor, de "justificación *desde* la eternidad". Es de suma importancia enfatizar este trasfondo eterno de la justificación.

Separar la justificación del decreto eterno de elección de Dios implica acabar con una justificación que está disponible para todos, si tan solo *ellos* creen. Esta es una justificación condicional que de alguna manera depende de la respuesta del pecador al evangelio. Esa no es la justificación libre y de gracia de la que habla la Escritura.

Es de acuerdo con el decreto de elección, por lo tanto, que la justificación está disponible en la muerte de Jesús para los elegidos, y sólo para ellos. De acuerdo con ese mismo decreto de elección, ellos y solo ellos reciben el don de la fe por el cual esa justificación se vuelve suya.

No hay justificación o justicia posible para los no elegidos. No hay perdón disponible para ellos. Lo que no existe, ya sea en el decreto de Dios o en la cruz de Cristo, no se les puede ofrecer sin violentar las enseñanzas de la Escritura con respecto a la veracidad e inmutabilidad de Dios.

Existe una conexión tan estrecha entre la elección y la justificación que conocemos nuestra elección por medio de nuestra justificación. Al experimentar el perdón de los pecados por la fe, también sabemos que tenemos este perdón de aquel que "no ha notado iniquidad en Jacob, ni *ha* visto perversidad en Israel" (Núm. 23:21).

Alabado sea su nombre pues él justifica soberanamente a su pueblo.

La justificación y la expiación

Como hemos visto, la justificación no puede divorciarse ni de la elección ni de la cruz. Basada en la obra expiatoria de Jesús en la cruz, la justificación se remonta a la eternidad pasada.

Esto es de suma importancia. Lo que no está decretado por Dios no puede suceder en el tiempo, como la justificación de los no elegidos. Y aquello que no es comprado ni obtenido para todos por la muerte de Cristo en la cruz no está disponible para todos.

Por lo tanto, no hay justificación (justicia o perdón) para "ofrecer" a los que no son elegidos. El evangelio debe ser predicado a todos; la justicia de Dios en Cristo debe ser declarada (Rom. 3:25-26). Todos los que escuchan deben ser llamados a la fe con la promesa segura de que los que creen serán justificados ante Dios. Pero esa promesa, como se hace evidente en el tiempo, es solo para aquellos a quienes Dios ha elegido y por quienes Cristo murió en la cruz. La promesa de justificación, por lo tanto, es solo para los elegidos, y es cumplida de forma segura para ellos en que Dios les da por gracia la fe a través de la cual son justificados (Ef. 2:8-9).

Que Cristo murió *solo* por los elegidos es la doctrina de la redención particular (expiación limitada). Esta es la clara enseñanza de la Escritura. La muerte de Cristo *asegura* la justificación de los elegidos de Dios (Is. 53:11; Rom. 3:24; Rom. 5:9, 19). Hace esto porque Cristo, por su sufrimiento y muerte, sustituyó la perfecta obediencia de él por la desobediencia de ellos y soportó el castigo de sus crímenes.

De esta manera, Cristo ganó para ellos una justicia perfecta (inocencia) que es aceptable para Dios, el Juez. Esa justicia se hace suya *a través* de la fe, mediante la cual la culpa de ellos es eliminada y son recibidos una vez más en el favor y la presencia de Dios. La obra de Cristo, entonces, es el *fundamento* de la justificación de ellos.

Incluso es posible hablar de la muerte de Cristo como la justificación del pueblo de Dios en un sentido objetivo (Rom. 5:19). Por su muerte, todo lo que los separaba de Dios es quitado del camino, y una justicia es adquirida para ellos que Dios acepta y aprueba (Is. 53:11).

Por lo tanto, no es una justicia general la que Cristo ganó, sino una justicia decretada y comprada para personas particulares. Es una rectitud que le pertenece a ellos por el precio que Cristo pagó en la cruz. No hay otra justicia sino solo esta (Rom. 10:1-4).

PARTE 4: EL PACTO Y LA SALVACIÓN

La elección soberana, de gracia, y particular, y la expiación particular, juntas, garantizan la justificación real a través de la fe de todos aquellos que Dios ha dado a Cristo. Una justificación que está disponible para todos condicionalmente es una justificación divorciada de la elección y de la cruz —una justificación que no justifica a nadie—.

Adopción

La adopción a menudo no se incluye en el orden de salvación. La razón no es que la Escritura no hable de ella, sino que es un beneficio de la justificación. Por lo tanto, se entiende como incluida en la justificación.

De hecho, la adopción es el primero y el mayor de los beneficios de la justificación. Cuando nuestros pecados son perdonados libremente y somos hechos justos en Cristo, Dios no solo nos recibe, sino que también nos recibe como sus *propios hijos amados*.

La Escritura a menudo hablan de nuestra adopción, del hecho de que somos, por gracia, hijos de Dios, y de que él es nuestro Padre. No es inapropiado, entonces, hablar de la adopción como un tema separado.

La adopción, como la justificación, tiene varios pasos. Puede ser trazada hasta los consejos de la eternidad y tiene su plenitud en los nuevos cielos y la nueva tierra. Los pasos son estos.

Primero, Dios pone su amor en nosotros y nos elige desde la eternidad para ser sus hijos (Rom. 8:29; Ef. 1:5). Recuerde, Dios no nos elige porque somos o seremos aptos para ser sus hijos, sino para que podamos ser sus hijos. Estamos predestinados *a la* adopción.

Segundo, en el sufrimiento y la muerte de Cristo, Dios proporciona una base legal para nuestra filiación, ya que no tendríamos derecho a su amor y cuidado paternos ni a vivir en su casa sin ese fundamento legal (Gál. 4:4-5; Ef. 2:13). Podríamos pensarlo de esta manera: nuestros documentos de adopción están escritos y sellados con la sangre de Cristo.

Tercero, en realidad somos recibidos en la comunión y la familia de Dios a través de la obra del Espíritu, para que podamos experimentar su amor y cuidado por nosotros (Gál. 4:6-7). Hablando de la venida del Espíritu Santo, Juan 14:18 dice literalmente: "No os dejaré huérfanos; vendré a vosotros."

En este punto de la adopción, Dios hace una maravilla que trasciende la práctica terrenal de la adopción. Dios por el Espíritu nos hace nacer de nuevo a su propia imagen y semejanza para que seamos como él, algo que nunca puede ser cierto para nuestros propios hijos adoptivos (Ef. 4:24; 1 Jn. 3:1-2).

Cuarto, debido a que "aún no se ha manifestado lo que hemos de ser" (1 Jn. 3:1), habrá en el día del juicio lo que la Escritura llama "la manifestación de los hijos de Dios" (Rom. 8:19). Entonces todos veremos lo que somos en Cristo, y seremos recibidos en nuestro hogar eterno para morar allí con nuestro Padre para siempre. En ese día nuestros cuerpos también serán adoptados, es decir, redimidos de la presencia y el poder del pecado (v. 23). Esperamos por ello.

Predestinados eternamente, preparados en Cristo, poseídos por el Espíritu y perfeccionados en la eternidad —¡qué maravillosa obra de gracia por parte de Dios es nuestra adopción! —. Como dice Juan: "Mirad cuál amor nos ha dado el Padre, para que seamos llamados hijos de Dios" (1 Jn. 3:1).

Paz

El mundo impío en el que vivimos habla mucho de paz: paz en Medio Oriente, paz donde sea que haya peleas y guerras. Nadie disfruta el derramamiento de sangre, ni los asesinatos y conflictos; todos preferirían la paz. Sin embargo, no podemos olvidar que la Biblia tiene algo que decir sobre la paz. La verdadera paz es uno de los frutos de la justificación (Rom. 5:1).

La Biblia nos dice que no hay paz para los impíos (Is. 57:21). Ellos dicen: "Paz, paz; y no hay paz" (Jer. 6:14). Ellos "son como el mar en tempestad, que no puede estarse quieto, y sus aguas arrojan cieno y lodo." (Is. 57:20). Ni siquiera conocen el camino de la paz (Is. 59:8).

Todo esto es verdad porque la única paz real es la paz con Dios por medio de Cristo Jesús. él es el Príncipe de Paz

(Is. 9:6). Su paz es la paz de estar bien con Dios, de saber que Dios no condenará; es la paz de experimentar el perdón de los pecados a través de su sacrificio y el derramamiento de su sangre en la cruz.

La verdadera paz es una quietud de corazón, alma y conciencia que proviene del conocimiento de que Dios no está enojado con nosotros y que Cristo ha quitado nuestro pecado de nosotros, para que nada más nos separe del amor de Dios: "Y el efecto de la justicia será paz; y la labor de la justicia, reposo y seguridad para siempre" (Is. 32:17).

Esta paz viene a través de la fe en Cristo como Justificador: "Justificados, pues, por la fe, tenemos paz para con Dios por medio de nuestro Señor Cristo Jesús" (Rom. 5:1). Esto pertenece a aquellos que caminan en el camino de la obediencia a todo lo que Dios ordena: "Por lo cual, oh amados... procurad con diligencia ser hallados por él sin mancha e irreprensibles, en paz" (2 P. 3:14).

Sin esa verdadera paz espiritual, nada más importa. La paz entre los hombres es una farsa si no están en paz con Dios. Nunca estarán realmente en paz unos con otros hasta que estén en paz con Dios por medio de Cristo Jesús.

Los políticos, las negociaciones y el cese del fuego nunca pueden dar una paz verdadera y duradera, ya que incluso si llegan a cumplir con sus objetivos, no han cambiado los corazones de los hombres. Hasta que la gracia de Dios en Cristo Jesús venga a ellos, los hombres vivirán "en malicia y envidia, aborrecibles, y aborreciéndonos unos a otros" (Tit. 3:3).

Cuando no hay una verdadera paz con Dios, no puede haber un final permanente para los conflictos y la guerra en este mundo, por lo que el cristiano no confía en los esfuerzos, las promesas ni las organizaciones de los hombres, sino que busca la venida de Cristo, el final de este mundo actual, y el nuevo cielo y la nueva tierra descritos en Apocalipsis 21. Por el bien de la iglesia, o incluso por el bien de los miembros de su propia familia, el cristiano puede orar por un cese temporal de la guerra y los conflictos, pero la paz que realmente busca es la que está más allá de este mundo, en el próximo.

Esta es la razón por la cual Jesús les dice a todos los que creen en él: "La paz os dejo, mi paz os doy; yo no os la doy *como el mundo la da*" (Jn. 14:27).

Que Dios te conceda la verdadera paz a ti y a mí. ¡Que se la conceda a muchos!

Conversión

La conversión bien podría tratarse en relación con la regeneración, ya que es cuando la conversión comienza. De hecho, la mayoría de los cristianos cuando hablan de conversión o preguntan, "¿Cuándo te convertiste?" se refieren a *esa primera obra* de la gracia de Dios en los corazones y las vidas de su pueblo. Sin embargo, preferimos lidiar con la conversión en relación con la santificación y enfatizar que es una actividad diaria y continua en la vida de los cristianos. Podemos ver esto cuando recordamos que la *conversión* significa "volverse".

El volverse al que se hace referencia es *del* pecado (Ez. 33:11) y *hacia* Dios (Lc. 1:16). Deben ser *ambos*. Hay quienes se vuelven de un pecado específico, como la embriaguez, pero no se vuelven a Dios. No son conversos.

También hay quienes afirman haberse vuelto a Dios, pero no se apartan de sus pecados. Tampoco son conversos. Alejarse del pecado implica tanto arrepentimiento (Hch. 26:20) como una lucha constante contra el pecado, Satanás y la carne (1 Cor. 9:26-27; Gál. 5:17), lo que la Escritura llama *desvestirse* del *viejo hombre* (Col. 3:9). El volverse a Dios implica santidad de vida (Hch. 26:18), lo que la Escritura llama vestirse del *nuevo hombre* (Col. 3:10).

Tantos se equivocan aquí. Piensan que levantar una mano en una reunión o una "decisión por Cristo" es la evidencia de la conversión e incluso se consideran a sí mismos o a otros "conversos" sobre esa base. Sin embargo, sin arrepentimiento y santidad, la conversión es solo una farsa, y las personas permanecen lejos del reino de los cielos (Mt. 18:3).

El cambio que tiene lugar en la conversión comienza cuando Dios revela por primera vez su gracia soberana en nuestras vidas. Pero no termina con eso. Todos los días de nuestras vidas debemos apartarnos de nuestros pecados. Mientras pequemos, debemos arrepentirnos (1 Jn. 1:8-9), y continuamente debemos estar "perfeccionando la santidad en el temor de Dios" (2 Cor. 7:1).

Esta necesidad de conversión diaria debe ser enfatizada. La pregunta importante no es realmente "¿Cuándo te convertiste?" sino "¿Estás convertido ahora?" Las llamadas "decisiones por Cristo" o las experiencias de hace muchos años no significan nada en el caso de la persona que ahora vive y camina en sus viejos pecados. Esto ha sido tan olvidado, que en algunos círculos se ha inventado un nuevo tipo de cristiano llamado "cristiano carnal", es decir, alguien que ha hecho una profesión de fe o ha tenido una "experiencia" de conversión, pero aún vive una vida pecaminosa y sin cambios.

No importa que algunos no puedan poner una fecha y hora para el comienzo de su salvación. No todos son salvados como Pablo (2 Tim. 3:15). Si, por la maravillosa gracia de Dios, los cristianos ahora viven vidas convertidas, vidas que han sido *transformadas* por el poder del Espíritu Santo de Dios, ellas son personas convertidas.

No olvidemos tampoco que la conversión es obra del Espíritu Santo. No depende de nuestra decisión o elección. Como dice el profeta: "*Conviérteme*, y seré convertido, porque tú eres Jehová mi Dios" (Jer. 31:18).

Santificación

La santificación es uno de los últimos pasos en el orden de salvación, pero ciertamente no es el último en importancia.

En la santificación, el propósito divino de nuestra salvación —la gloria de Dios—, comienza a cumplirse. La santificación tiene que ver con la santidad, la palabra que significa "hacer santo", y en su vida santa el pueblo de Dios *comienza* a mostrar la gloria de Dios y su gracia.

La santificación, entonces, es la obra *de toda la vida* del Espíritu Santo en los corazones y las vidas de los creyentes por medio de la cual son santificados y liberados de la inmundicia y el poder del pecado, y por la cual ellos comienzan a vivir en obediencia a Dios y a su Palabra. Comienza con la regeneración y termina con la muerte y la glorificación.

A diferencia de la justificación, la santificación es una obra de Cristo en nosotros (la justificación es el trabajo de Cristo *por* nosotros), un trabajo de toda la vida (la justificación es una sola vez), un trabajo en el que nos volvemos activos (en la justificación somos pasivos) y un trabajo que elimina la contaminación de nuestro pecado (la justificación elimina su culpa).

Ser justificado es como un inmigrante que se convierte *legalmente* en ciudadano de su nuevo país. Sin embargo, al convertirse en ciudadano, comienza a aprender el idioma, a usar la ropa, a comer y a adoptar las costumbres de su nueva tierra —vive como un ciudadano de ese país—. La santificación es similar. Es el pueblo de Dios aprendiendo a vivir la vida del cielo.

Sin embargo, la santificación es todo por gracia. No aprendemos nada por nosotros mismos, sino que somos "enseñados por Dios" en la santificación. Aunque nos volvemos activos en la santidad y las buenas obras, siempre es Dios quien obra en nosotros "así el querer como el hacer, por su buena voluntad" (Fil. 2:13).

Cuando somos santificados, nuestra salvación no nos es entregada para que nosotros solos nos hagamos responsables por ella. En la santificación no comenzamos repentinamente a "cooperar" con Dios para que nuestra salvación ya no sea totalmente de gracia.

Aunque hacemos buenas obras en la santificación, aun así, no hay mérito en estas obras (Ef. 2:8-10). Aunque obedecemos, aun así, no tenemos razón para jactarnos. Nuestra santidad también es un regalo de Dios, y toda la gloria y alabanza por nuestra santificación le pertenece a él.

La santificación no es opcional, aunque algunos parecen pensar que sí lo es. Hablan de "cristianos carnales" y niegan el señorío de Cristo en la vida del cristiano. Ellos están equivocados.

La santificación es diferente de la justificación, pero la sigue necesariamente a ella. Cuando una persona es encontrada inocente

PARTE 4: EL PACTO Y LA SALVACIÓN

de haber actuado mal, debe ser liberada de la prisión. Habiendo sido hallados inocentes ante Dios a través de nuestra justificación, debemos, en la justicia de Dios, ser liberados de la prisión de la depravación y el pecado. En la santificación somos liberados.

Hebreos 12:14 nos muestra la imposibilidad de que un cristiano permanezca sin santificación. *Sin santidad* "nadie verá al Señor". No pensemos, entonces, que la santidad es opcional o sin importancia. Es esa obra de gracia por la cual Dios es glorificado en su pueblo. Como leemos en Isaías 43:21, "Este pueblo he creado para mí; mis alabanzas *publicará*". La gracia lo garantiza.

Santidad

La palabra *santificación* significa "ser hecho santo". El significado en sí mismo indica que la santificación no es nuestro propio trabajo, aunque nos volvamos activos en la santificación, sino que es el trabajo de Dios en nosotros. Somos *hechos* santos.

Esta santidad, hemos dicho, no es opcional sino vitalmente necesaria. Sin ella, ninguna persona puede ver a Dios (Heb. 12:14). Dios es el Santo (Is. 40:25; Is. 41:14), y nadie puede permanecer en su santa presencia sin ser santo (Sal. 24:3-5).

Pero, ¿qué es la santidad?

La idea básica de la palabra *santidad* es la de "separación". Ser santo es estar separado. Así, en el Antiguo Testamento, Israel era un pueblo santo, *separado* de las otras naciones (Lev. 20:24-26). Entre los mismos israelitas, los sacerdotes eran "santidad a Jehová" (Ex. 28:36-38), porque toda su vida estaba *separada* para el servicio de Dios en el templo (1 Crón. 23:13).

Hoy la iglesia es una nación separada y santa, una nación de sacerdotes (1 P. 2:9). Por lo tanto, sus miembros deben ser santos (1 P. 1:15-16).

Sin embargo, la santidad siempre tiene dos partes. Es tanto la separación *de* algo como la separación *para* algo. Ambas cosas son importantes.

Los creyentes son llamados primero a separarse *de* la maldad y de las personas malvadas (2 Cor. 6:14-18; Ef. 5:11-12). No pueden salir del mundo (1 Cor. 5:9-11), pero deben separarse lo más posible de la compañía, la comunidad, los hechos y la vida de los impíos. Sobre todo, deben mantenerse puros, guardándose "sin mancha del mundo" (Stg. 1:27).

Esta separación entre la iglesia y el mundo, entre creyentes e incrédulos, entre luz y oscuridad, a veces se conoce como la "antítesis", descrita en 2 Corintios 6:14-15.

Ese capítulo también habla del hecho de que estamos separados *para* Dios (vv. 16-18). Sin esto, la santidad no está completa. Estar separado para Dios es ser consagrado y dedicado a Él, tal como los sacerdotes lo estaban en el Antiguo Testamento. Es ser apartado para el servicio de Dios con toda nuestra vida: nuestro tiempo, nuestras posesiones, incluso nuestros cuerpos.

Esta separación no es algo de medio tiempo. Ser santos, separados y consagrados para Dios no es solo algo del día del Señor o durante unas pocas horas el día del Señor. Toda nuestra vida ha sido comprada por Cristo, pertenece a Dios, está consagrada a Dios y debe ser vivida en santidad.

A ello estamos *llamados*: debido a que Dios es santo (1 P. 1:15-16), que somos elegidos y redimidos para santidad (Ef. 1:4; 1 P. 1:18-19), y debido a que Dios nos ha enviado su Espíritu Santo (1 Cor. 3:16-17), se requiere santidad de nosotros. Ese llamado a la santidad se escucha repetidamente en la Escritura. Es, como escribió Willliam Law, una *llamada* seria.[37]

¿Lo has *escuchado*?
¿Lo has *obedecido*?

La antítesis

Ocasionalmente, algunos teólogos reformados escribirán sobre la "antítesis". En tales casos se refieren a la *separación* y *oposición* entre la oscuridad y la luz, creyente e incrédulo, iglesia y mundo.

Esta antítesis es el resultado de la gracia salvadora de Dios y a menudo se menciona en la Escritura, aunque la palabra en sí no se use. El pasaje más claro que se refiere a la antítesis es

---
[37] William Law, Un llamado serio a una vida devota y santa (Grand Rapids, MI: William B. Eerdmans Publishing Company, 1966). Original publicado por primera vez en 1728.

2 Corintios 6:14-18. Allí la Palabra no solo describe la antítesis, sino que también nos dice lo que significa en la práctica. En esos versículos, la antítesis se describe como el contraste entre la justicia y la injusticia, la luz y la oscuridad, Cristo y la fe, la fe y la incredulidad, el templo de Dios y el templo de los ídolos. En la práctica esto quiere decir que debemos salir "de en medio de ellos, y apartaos" (v. 17).

Esta separación es espiritual. No estamos llamados a salir del mundo físicamente (1 Cor. 5:10). Ese es el error cometido por aquellos que se convierten en monjes o monjas, o que prohíben el matrimonio o el consumo de ciertos alimentos. La antítesis no significa que nos separemos físicamente del mundo que nos rodea o de las cosas de este mundo.

Esto *si* significa que no tenemos comunión con las *obras* de los impíos (Ef. 5:11-12) e que, incluso, no nos hacemos amigos de los impíos ni tenemos comunión con ellos (2 Cor. 6:17; Stg. 4:4). Debemos estar en compañía de ellos ya que tenemos que hacer nuestros negocios y vivir nuestras vidas en el mundo (1 Cor. 5:9-11), pero aun así debemos estar separados siendo santos.

Aquí yace una de nuestras objeciones a la enseñanza de la gracia común. La idea de que hay una gracia común de Dios para los impíos y los reprobados hace una especie de terreno común entre la gente de Dios y del mundo. Al menos en algunos aspectos, por lo tanto, los creyentes pueden hacer causa común con los malvados, pueden mantener comunión con ellos y pueden hacerse amigos de ellos. Después de todo, se argumenta, ambos tienen una gracia en común.

La Biblia deja muy claro que mantener esta separación del mundo malvado es la seguridad y el bienestar de la iglesia y de la gente de Dios. Eso ya era cierto en el Antiguo Testamento. Deuteronomio 33:28 dice: "Israel habitará confiado, la fuente de Jacob habitará *sola*". En el Nuevo Testamento esto sigue siendo cierto. La promesa de Dios: "yo os recibiré, y seré para vosotros por Padre, y vosotros me seréis hijos e hijas" —pertenece a aquellos que obedecen el mandato de Dios, "salid de en medio de ellos, y apartaos" (2 Cor. 6:17-18)—. ¡Cuánto necesitamos escuchar eso hoy!

Cada uno de nosotros debe estar separado. Debemos estar separados por el amor de Dios y por el bien de la iglesia. Si no estamos separados, Dios no será glorificado a través de nosotros, y la iglesia se volverá como el mundo.

Preservación

Entre los últimos pasos en el orden de la salvación está la preservación. La palabra *preservación* subraya que, debido al poder y la gracia de Dios, los creyentes no pueden perder su salvación. Dios *preserva* a su pueblo (Sal. 37:28; Jer. 32:40; 1 P. 1:5). Esta palabra nos recuerda, por lo tanto, que la salvación es *toda* de gracia. Que los creyentes no pierdan su salvación no se debe a su obediencia, su fidelidad y sus esfuerzos, sino únicamente a la gracia de Dios que los mantiene y los protege de caer definitivamente.

¿Qué es, entonces, lo que Dios preserva? él preserva la nueva vida de regeneración que está en ellos como la semilla de toda su salvación (1 Jn. 3:9). Al preservar eso, él también preserva su fe y su obediencia, para que continúen creyendo y guardando los mandamientos de Dios, aunque de manera imperfecta. En pocas palabras, Dios preserva en su pueblo su propia obra de gracia (Sal. 90:17; Sal. 138:8; Fil. 1:6).

¡Dios no preserva la carne y las obras de la carne! En el creyente, la carne, sus obras y su dominio deben ser destruidos (Gál. 5:24). El creyente no debe querer que sean preservados y no debe tratar de preservarlos.

Hacemos bien en recordar que, de acuerdo con esta doctrina, son los elegidos de Dios quienes son preservados. Él los preserva porque los ha elegido en Cristo (Ef. 1:3-4, 11).

Sin embargo, los elegidos no son preservados aparte de la fe. La fe es siempre el camino, aunque nunca la razón, de la salvación. 1 Pedro 1:5 enseña que los creyentes son "guardados por el poder de Dios *a través de* la fe, para alcanzar la salvación".

Entonces ¿de qué son preservados los creyentes? Ellos *no* son preservados de la tentación, de la debilidad o de caer en pecado.

PARTE 4: EL PACTO Y LA SALVACIÓN

¡Qué importante es recordar esto! Los creyentes no son preservados de caer, sino de caer definitivamente; no de la tentación, sino de ser destruidos por la tentación; no del pecado, sino del pecado hasta la muerte. Debido enteramente a su propia debilidad y pecaminosidad, los creyentes pueden caer en tentación y en pecado. Pero el Salmo 37:24 nos asegura: "Cuando el hombre cayere, no quedará postrado, porque Jehová sostiene su mano".

Que los creyentes pueden caer y que efectivamente caen se demuestra en la Escritura con ejemplos de hombres como David y Pedro. Y el hecho que no pueden caer definitivamente queda demostrado por su restauración. De hecho, en el caso de Pedro, el Señor aseguró de antemano que Pedro no se apartaría: "Dijo también el Señor: Simón, Simón, he aquí Satanás os ha pedido para zarandearos como a trigo; pero yo he rogado por ti, que tu fe no falte; y tú, una vez vuelto, confirma a tus hermanos" (Lc. 22:31-32).

¡Qué maravillosa obra de gracia es la preservación!

La perseverancia de los Santos

La perseverancia de los santos es el nombre usual para el quinto de los Cinco Puntos del Calvinismo. El nombre difiere de los otros cuatro puntos al enfatizar nuestro llamado y responsabilidad en lugar del trabajo de Dios y el poder de su gracia. Por esa razón algunos prefieren el nombre de *preservación de los santos*. Ese nombre hace hincapié en la gracia soberana de Dios.

Sin embargo, hablar de perseverancia en lugar de preservación no es una negación de que nuestra continuación en el camino de la salvación es "solo por gracia". No hay otra forma en que podríamos perseverar sino por la gracia.

Al igual que el nombre *preservación*, la perseverancia enseña la maravillosa verdad de que el pueblo de Dios, una vez salvado, no puede perder y no pierde su salvación. Ellos *perseveran* en el camino de la salvación hasta el final.

Sin embargo, también implica que el camino de la salvación está lleno de dificultades y pruebas. En lugar de ser un camino fácil, es el camino de llevar una cruz, de sufrir por el bien de Cristo, de luchar contra el diablo, el mundo y la carne, y de soportar la aflicción. Sin embargo, la gente de Dios viene con seguridad a través de todos estos problemas y entra en la gloria para estar con Cristo.

Usamos el nombre *perseverancia* debido a las objeciones de aquellos que creen que el pueblo de Dios puede perder su salvación. Dicen que la doctrina de la preservación fomenta la mundanalidad y el descuido y que destruye toda motivación por la piedad.

Tanto la palabra *perseverancia* como la palabra *santos* muestran que esto no es así. El pueblo de Dios es *hecho* santo —santos—, por el poder de la gracia, y *en ese camino de santidad*, continúan hacia el cielo —no en el camino de la impiedad (Heb. 12:14)—. El camino de la salvación *es* el camino de la santidad, y no hay otro camino a la gloria. Es imposible que alguien que es comprado por la sangre de Cristo, renovado y regenerado por el Espíritu de Dios y habitado por él, continúe en el camino de destrucción (Rom. 6:1-2).

Sin embargo, hay quienes niegan esto. Ellos sugieren que un hombre puede salvarse y nunca mostrar ningún cambio de vida, sino que puede continuar viviendo de la misma manera pecaminosa que antes de ser salvo. Esta es la enseñanza, por ejemplo, de aquellos que dicen que uno puede tener a Jesús como Salvador sin tenerlo como Señor, es decir, sin que su vida entera haya sido reclamada por Cristo y sometida a su señorío.

Por esta razón, no nos gusta el nombre "seguridad eterna". El nombre en sí no es malo, pero quienes usan el nombre son muy a menudo quienes enseñan: "Una vez salvo, siempre salvo", lo que implica que realmente no importa cómo vivas. Pero sí importa e importa mucho.

La perseverancia de los santos es un gran consuelo. Asegura no solo que el pueblo de Dios estará en gloria con Cristo en la vida venidera, sino que serán *santos* en esta vida. Ningún creyente puede amar sus pecados y querer conservarlos. Debe odiarlos y desear ser liberado por completo de ellos. La doctrina de la perseverancia de los santos enseña que él es y será liberado del pecado.

PARTE 4: EL PACTO Y LA SALVACIÓN

Santos

Hemos estado discutiendo la doctrina de la perseverancia de los santos. Antes de terminar, hay que decir algo sobre la referencia a los *santos* en esta doctrina. La palabra significa "aquellos que son santos" y se refiere a la santificación del pueblo de Dios.

Una comprensión adecuada de la palabra *santos* es esencial. Si los santos, como algunos sugieren, son personas hechas *así mismas* espirituales, o por sus propias obras y voluntad, no hay certeza de perseverancia. Si los santos se hacen santos por ellos mismos, entonces pueden volverse y efectivamente se volverán impíos por ellos mismos.

Esta es la enseñanza del "libre albedrío". Dice que una persona se salva por su propia elección y que su santificación y crecimiento en la gracia dependen también de él. Luego, debe elegir hacer uso de la gracia que está disponible si quiere ser santo. Sin embargo, si este fuera el caso, nadie sería santo.

Creemos que los santos son hechos santos por gracia, y que es solo por gracia que tienen cualquier santidad en absoluto. Para decirlo de otra manera, ellos son santos y fieles *en Cristo Jesús* (Ef. 1:1; Fil. 1:1; Col. 1:1-2).

La santidad de los santos no es el resultado de su propia elección voluntaria, sino de la elección soberana de Dios de escogerlos. Así, leemos en Efesios 1:4: "según nos escogió en él antes de la fundación del mundo, para que fuésemos santos y sin mancha delante de él". La elección por gracia de Dios es la fuente de su santidad.

Además, la santidad de los santos no es obtenida por sus propias obras, sino que es adquirida por la sangre de Cristo. De esto leemos en Colosenses 1:21-22: "Y a vosotros también, que erais en otro tiempo extraños y enemigos en vuestra mente, haciendo malas obras, ahora os ha reconciliado en su cuerpo de carne, por medio de la muerte, *para presentaros santos* y sin mancha e irreprensibles delante de él". La sangre derramada de Cristo es la base de su santidad.

Tampoco la santidad de los santos depende de sí mismos, como si Dios dijese: "He provisto todas las cosas para ti; depende de ti hacer uso de ellas y ser santo como yo ordené". Los santos se vuelven santos en su conducta y en sus palabras por la obra del Espíritu Santo. La santificación es la "santificación del Espíritu" (1 P. 1:2). Por esta razón, la Escritura habla de los creyentes como aquellos que están "llamados a ser santos" (Rom. 1:7; 1 Cor. 1:2). Es la poderosa Palabra del llamado de Dios la que los lleva a la santidad.

El Espíritu no comienza la obra de hacer santos para luego dejar en manos de ellos el perseverar en santidad hasta el final. Su continuidad en la santidad depende completamente de la presencia continua y el poder del Espíritu Santo. No aprendemos a ser santos por nuestros propios esfuerzos. Es la gracia de Dios la que trae salvación, "enseñándonos que, renunciando a la impiedad y a los deseos mundanos, vivamos en este siglo sobria, justa y piadosamente." (Tit. 2:11-12). La gracia del Espíritu Santo es el poder de la santidad.

No debemos olvidar que *solo los santos* verán al Señor (Heb. 12:14). ¡Qué maravilloso es, entonces, saber que Dios nos provee de lo necesario para poder verlo en gloria!

Glorificación

El último paso en el orden de la salvación es la glorificación, la cual es la recepción de los elegidos de Dios en la gloria celestial. En nuestra glorificación Dios termina la obra de salvación que empezó con la regeneración. Él no solamente libera a su pueblo de todos los sufrimientos y de la muerte, sino también los libera de todos sus pecados.

Una discusión de nuestra glorificación realmente pertenece, por lo tanto, a la doctrina de las últimas cosas. Sin embargo, aunque hemos escrito a mayor detalle acerca de tales asuntos como el estado intermedio y la resurrección del cuerpo en la última parte de este libro, es necesario decir algo acerca de la glorificación aquí también. Es en nuestra glorificación que la gran obra de Dios es concluida y que estamos completamente

PARTE 4: EL PACTO Y LA SALVACIÓN

preparados para la gloria de Dios en Cristo Jesús nuestro Salvador.

Hay tres pasos en nuestra glorificación. Primero, está el don de la vida eterna que recibimos cuando somos regenerados. Como resultado de ese don, somos resucitados con Cristo y sentados a la diestra de Dios (Ef. 2:5-6); nuestra "ciudadanía" (forma de vivir) está en el cielo (Fil. 3:20); y tenemos la nueva vida de Cristo en nosotros (Gál. 2:20).

Segundo, está el don de la vida eterna que recibimos cuando nuestras almas, después de la muerte, entran inmediatamente a la gloria consciente y la bendición en el cielo (2 Cor. 5:1-8).

Tercero, está el don de la vida eterna que recibimos cuando nuestros cuerpos son resucitados y son hechos como el cuerpo glorioso de Cristo, y cuando entremos en los nuevos cielos y la nueva tierra (Fil. 3:21).

Necesita ser enfatizado, por lo tanto, que tenemos el comienzo de la gloria eterna *ahora*, así como la tendremos en el día postrero. Este es uno de los más grandes motivos que tenemos para obedecer: ya estamos parcialmente en el cielo, diríamos. En Colosenses 3:1-4 Pablo habla de esto. Debido a que hemos resucitado con Cristo y nuestra vida está escondida con Cristo en Dios, debemos buscar las cosas que están arriba y poner nuestro afecto en ellas.

Que tengamos el comienzo de la vida eterna ahora es también la razón porque algunas veces anhelamos el cielo y deseamos también ser librados de este mundo y de la carne. Eso, dice Pablo, es mucho mejor que permanecer aquí (Fil. 1:21-24).

Nuestra gloria celestial se describe en la Escritura en términos brillantes y muchas veces en figuras y tipos, porque incluye cosas que ojo no vio, ni oído escuchó, ni ha entrado en corazón del hombre para que sean entendidas (1 Cor. 2:9). Involucra las cosas que Dios ha preparado para aquellos que lo aman.

Cuando nosotros mismos seamos maravillosamente cambiados y liberados del pecado y sus consecuencias, y mientras que recibamos todo lo que Dios ha prometido, la gloria real de la vida celestial será que Dios y Cristo estarán allí. Esto es la bienaventuranza, el gozo, la gloria y la paz de la vida celestial (Ap. 21:3, 7, 22-23; Ap. 22:3). Por esto, aquellos que tienen la esperanza de ser glorificados se purifican a sí mismos, están dispuestos a perder el mundo entero, y de hecho lo abandonan por las cosas del reino de los cielos. Caminan por fe y no por vista mientras esperan esa gloria.

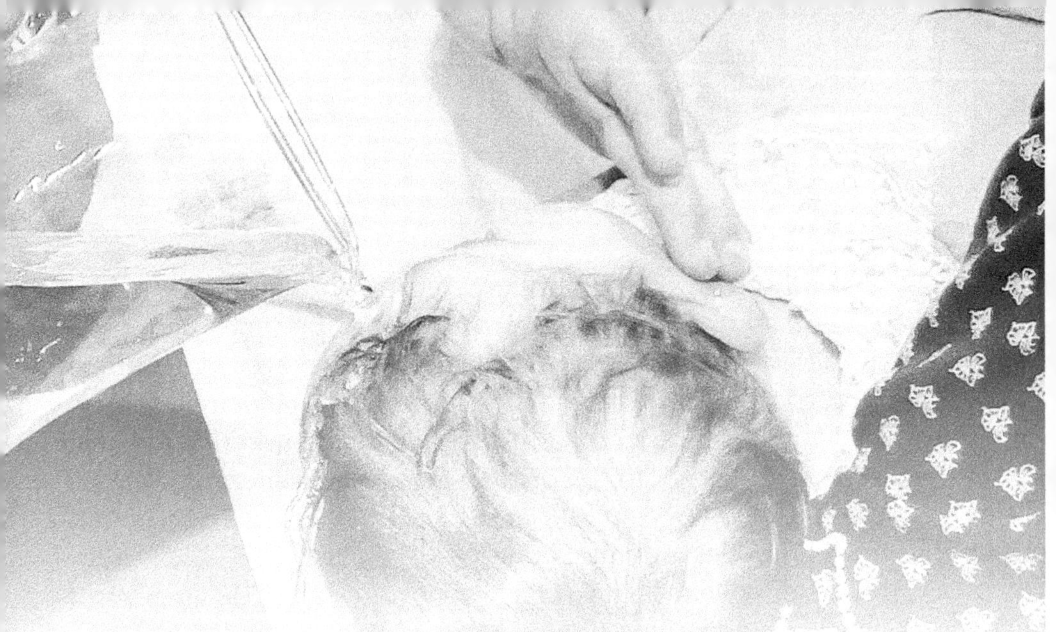

parte 5

LA IGLESIA Y LOS SACRAMENTOS

La iglesia

La Escritura habla tan a menudo sobre la iglesia que el estudio de su enseñanza concerniente a la iglesia es una parte separada en el estudio de teología. Varios libros del Nuevo Testamento tienen a la iglesia como su enfoque principal. El libro de los Hechos nos cuenta la historia de la reunión de la iglesia del Nuevo Testamento; 1 Corintios nos habla especialmente de la fidelidad de Dios a su Iglesia (1 Cor. 1:9) y Efesios tiene como su tema a la iglesia como el cuerpo de Cristo (Ef. 1:22,23; 5:30-32); Colosenses hace énfasis en la gloriosa verdad de que Cristo es la Cabeza de la iglesia (Col. 1:18; 2:10) y 1ra de Timoteo nos enseña sobre el comportamiento adecuado en la iglesia (1 Tim. 3:15) y; Tito promueve el buen orden en la iglesia (Tit. 1:5).

Entonces, la doctrina de la Iglesia no debe ser descuidada o pasada por alto. Sin embargo, son pocos los que saben hoy en día lo que la Biblia enseña sobre la iglesia o se dan cuenta por qué la iglesia es tan importante.

La palabra griega traducida como iglesia significa "llamados afuera". El nombre *iglesia* en el mejor y más alto sentido se refiere a aquellos que son salvados y solo a ellos. Este nombre de iglesia nos recuerda que los verdaderos miembros de ella son aquellos que son "llamados ... de las tinieblas a su luz admirable" (1 P. 2:9). Esto también nos recuerda que su lugar en la iglesia es por gracia. Ellos no son miembros por su elección o por sus obras, sino por el *llamado* de Dios.

Que los miembros de la iglesia sean "llamados *afuera*" no sólo se refiere a su salvación del pecado (ellos son llamados *de las tinieblas*), sino también a su separación espiritual del mundo y de la maldad en el (2 Cor. 6:14-18). Por lo tanto, implicado en el nombre *iglesia* está también la santidad y la obediencia de los miembros de la iglesia. Una iglesia cuyos miembros no sean santos no merece el nombre de *iglesia*.

La santidad es esencial para la existencia misma de la iglesia, a santidad los miembros son llamados; escogidos (Ef. 1:4), y redimidos (Col. 1:21-22). La santidad de la iglesia es importante porque tiene que ver con el propósito de Dios en la iglesia. La razón de la existencia de la iglesia es la gloria de Dios (Ef. 1:6,12). Es en la santidad de la Iglesia y de sus miembros que el propósito de Dios es alcanzado. Una iglesia impía cuyos miembros no son santos, no puede y no glorifica a Dios. En la santidad de la iglesia, sobre todo, la gloria de Dios resplandece.

Es para la vergüenza y el dolor de la iglesia que hoy sus miembros no vivan como aquellos que fueron *llamados afuera*. Si la iglesia en sí no es en nada diferente del mundo en su enseñanza, en la conducta de sus miembros y en sus prácticas, entonces su testimonio será ineficaz. La gloria de la iglesia, y la gloria de su testimonio a este mundo perdido, se encuentra en su ser *llamada fuera*, separada y santa —diferente a un mundo malvado—.

Oren pues para que todos los miembros de la iglesia de Cristo puedan ser "santos y sin mancha delante de Él. . . para alabanza de la gloria de su gracia" (Ef. 1:4,6). Sólo de esta manera el testimonio y la obra de la iglesia prosperan.

Congregación y cuerpo

Al hablar de la iglesia, la Biblia no siempre usa la palabra *iglesia* de la misma manera. Ella nunca usa la palabra iglesia para referirse al edificio en el que una congregación se reúne, pero sí la utiliza para referirse a congregaciones locales (1 Cor. 1:2; Ap. 2:1, 8, 12) o a todo el cuerpo de los que son elegidos y salvados en la historia (Ef. 1:23).

La distinción entre la iglesia como el *cuerpo de Cristo* y la iglesia como la *congregación local*, puede ser hecha de varias maneras. A veces a la iglesia como congregación local se le llama la *iglesia institucional* o la *iglesia visible,* ya que tiene una forma visible e institucional en el mundo. Del mismo modo, al cuerpo de los redimidos es a veces llamado *iglesia orgánica*, o la *iglesia invisible,* ya que sus miembros están vivos en Cristo (un "organismo" siendo una creatura viva) y porque la iglesia es espiritual e invisible (no podemos marcar sus límites).

La iglesia como cuerpo incluye sólo a los elegidos y al pueblo redimido de Dios (1 P. 2:9), mientras que las congregaciones locales siempre contienen hipócritas (Ap. 2:14, 15; 3:17-18). La iglesia como cuerpo incluye a aquellos que ya han muerto, los que viven hoy en día, y los que han sido elegidos en Cristo pero que aún no han nacido o sido salvados. La iglesia como congregación incluye sólo los que están en la tierra en un momento particular en la historia.

Esta distinción entre congregación y cuerpo es importante. Aunque hay muchas congregaciones (Ap.2 y 3), hay siempre solo *un* cuerpo de Cristo (1 Cor. 12:12). Ese cuerpo no puede ser dañado o destruido por sus enemigos (Mt. 16:18), pero las congregaciones particulares pueden serlo y a menudo lo son (1 Cor. 1:11; Ap. 3:1, 16). Una congregación local puede incluso perder su "candelabro de su lugar" como una iglesia de Cristo (Ap. 2:5). La distinción entre la iglesia en estos dos sentidos tiene que ser recordado para que no lleguemos a confundirnos.

En relación con la membresía de la iglesia, la distinción entre la congregación y el cuerpo también es significativa. Si bien *nosotros* tenemos la obligación de unirnos a la iglesia visible, es decir, a una congregación local (Heb. 10:25), es *Dios* que nos une al cuerpo de Cristo por la elección y la sangre del Calvario (Col. 1:12-14).

Sin embargo, mientras que estos dos usos de la palabra *iglesia* se pueden distinguir, estos se superponen. Es una parte del cuerpo de Cristo que se encuentra en las congregaciones locales, y sólo *porque* una parte de su cuerpo está ahí la congregación local puede incluso ser llamada iglesia.

Lo que estamos diciendo es que la iglesia en el verdadero sentido de la palabra es *exclusivamente* la compañía y el cuerpo de los que son salvados. Ciertas congregaciones son llamadas con razón "iglesia" en la Escritura porque los redimidos *están* allí, al igual que la nación del Antiguo Testamento era llamada Israel debido a la presencia del verdadero Israel en el (Rom. 2:28, 29; Rom. 9:6; Gál. 3:29).

Aprendamos las enseñanzas de la Escritura concerniente a la iglesia para que podamos amar y honrar a la iglesia, tanto como el cuerpo de Cristo y en su forma institucional.

PARTE 5 LA IGLESIA Y LOS SACRAMENTOS

Los nombres de la iglesia

Hay muchos nombres diferentes para la iglesia en la Escritura. Estos nombres forman parte de la revelación de Dios para nosotros acerca de su iglesia. Cada uno de ellos nos dice algo importante sobre ella.

El nombre *iglesia*, como hemos visto, significa "llamados afuera" y se refiere a la palabra y a la obra de Dios por la cual él llama a su pueblo de las tinieblas a la luz admirable y los convierte en un pueblo adquirido (único) (1 P. 2:9). Que la palabra *iglesia* sea la más usada comúnmente no es de sorprendernos. Esta nos muestra que la existencia y la bendición de la iglesia son el resultado del llamado y la gracia soberana de Dios.

Esta iglesia también es llamada *el cuerpo de Cristo* (1 Cor. 12:12-27). Este nombre nos recuerda la gloria de Cristo como la Cabeza de la iglesia, la unión viviente de la iglesia con Cristo, y la relación de los miembros de la iglesia unos con otros. En el cuerpo, los cristianos son miembros uno del otro, así como son miembros de Cristo.

Este nombre de *cuerpo de Cristo* se utiliza especialmente en Efesios y Colosenses, aunque con un énfasis ligeramente diferente en cada epístola. En Efesios el enfoque es en la iglesia misma y en la gloria que tiene en Cristo. En Colosenses es en Cristo como la Cabeza gloriosa de la iglesia.

La Escritura también compara a la iglesia a una *vid* (Jn. 15:1-6) o a un árbol (Rom. 11:16-24). El hecho de que las mismas comparaciones se hacen en el Antiguo Testamento (Sal. 80:8; Is. 5:1-7) muestran que Israel y la iglesia son una. La comparación también muestra la estrecha relación y unión entre Cristo y su iglesia, así como la dependencia completa de la iglesia de Cristo. Él es la vid; nosotros los pámpanos.

Algo diferente es el nombre *templo de Dios* (1 Cor. 3:16, 17; 2 Cor. 6:16; Ef. 2:20, 21) o *casa de Dios* (1 Tim. 3:15; Heb. 3:6; 1 P. 2:4-9). Noten que no el edificio en el que la iglesia se reúne, sino la *iglesia* misma, el cuerpo de creyentes, es la casa de Dios. Cuando la iglesia es comparada con un edificio, tal como un templo, nos recuerda de su belleza, orden y unidad. Cada miembro tiene su propio lugar en ese edificio espiritual. También nos recuerda, como lo hace el nombre de *cuerpo*, la diversidad de la iglesia en la que cada miembro es diferente y tiene un lugar diferente (1 Cor. 12), sin embargo, todos los miembros son un edificio espiritual que le pertenece a Dios.

El énfasis principal de los nombres *templo*, *casa* y *edificio* está en la bendita verdad de que la iglesia es el lugar donde Dios habita con su pueblo. Él mora con ellos bajo el mismo techo como una sola familia a través de Cristo, la Cabeza de ellos. Ahí Dios y su pueblo están en comunión unos con otros y así él mantiene su pacto con ellos y los bendice para siempre.

Otros nombres para la iglesia

La Escritura como lo hemos notado, utiliza varios nombres y descripciones de la iglesia con el fin de enseñarnos lo que la iglesia es y de ayudarnos a amar a la iglesia. El número de estos nombres y descripciones en la Biblia demuestran lo importante que la iglesia es ante los ojos de Dios, como debe serlo ante los nuestros.

Toda una lista de nombres aparece en Hebreos 12:22-24. En este pasaje la iglesia es llamada *monte de Sion, ciudad del Dios vivo, la Jerusalén celestial, y congregación de los primogénitos que están inscritos en los cielos*. La iglesia es también llamada la *nación santa* del Nuevo Testamento (1 P. 2:9).

De esto aprendemos que Israel y la iglesia son uno. Israel es la iglesia del Antiguo Testamento y la iglesia es el Israel del Nuevo Testamento. Los nombres utilizados para describir la ciudad capital de Israel, la cual Dios eligió como propiedad suya y donde estableció su morada en el templo (Sal. 68:16; Sal. 132:13, 14), son también los nombres utilizados en el Nuevo Testamento para la iglesia. Esto es cierto en Apocalipsis 21 en donde un ángel le mostró a Juan *la ciudad de Dios*, la *nueva Jerusalén*, y la llama *la novia, la esposa del Cordero* (Ap. 21:9, 10; comparar con Ef. 5:32).

Hay un tipo de testimonio acumulado aquí. Que la iglesia es la vid (comparar Jn. 15:1-6 y Sal. 80:8), el templo y la casa de

PARTE 5 LA IGLESIA Y LOS SACRAMENTOS

Dios (Ef. 2:20-22; 1 Tim. 3:15), el monte de Sion, Jerusalén, y la ciudad del Dios vivo, no debe dejarnos sin ninguna duda de que la iglesia de el Nuevo Testamento es todo lo que Israel era en el Antiguo Testamento.

Sin embargo, antes de que hablemos más de esto, queremos señalar la significancia de estos nombres. La iglesia descrita como una ciudad, nación, o reino, nos dice que ella es una comunidad espiritual con su Rey, su ley, sus costumbres, y su lenguaje que es enteramente suyo. Los miembros de la iglesia son los ciudadanos de un reino con todos los derechos y privilegios que tienen los ciudadanos. En ese reino los ciudadanos están bien protegidos de sus enemigos y bien gobernados por el Rey de reyes.

La iglesia fue y es, sin embargo, un reino, nación y ciudad *espiritual*. Sus muros son salvación, y sus puertas de alabanza (Is. 60:18). Sus "llaves" son la predicación del evangelio y el ejercicio de la disciplina cristiana (Mt. 16:19; Mt. 18:15-20), y sus cimientos son la enseñanza apostólica y profética: nada menos que la misma Palabra de Dios (Ef. 2:20-22; Ap. 21:14).

Que la iglesia se describa además como las fortificadas montañas de Sion sirve para mostrarnos que, bajo el gobierno del Rey de la iglesia, ella es invenciblemente fuerte (Sal. 48:12-14). ¿Cómo podría ser de otra manera con tales paredes, puertas, llaves y fundación? No es extraño que las puertas del infierno no prevalecerán contra ella (Mt. 16:18).

Sin embargo, esto es visto solo por la fe. Ante los ojos del mundo la iglesia es un pequeño y despreciado remanente, un pequeño rebaño (Lc. 12:32), una enramada en una viña, una cabaña en un melonar, una ciudad asolada (Is. 1:8). Sólo por la fe es evidente que la iglesia es de "desear, como Jerusalén; Imponente como ejércitos en orden" (Cnt. 6:4, 10). Entonces por fe, andemos alrededor de Sion, contemos sus torres, consideremos atentamente sus antemuros y miremos sus palacios. Será siempre evidente que Dios es su Dios (Sal. 48:12-14).

Israel y la iglesia

Hemos señalado los muchos nombres y descripciones utilizados en la Escritura que muestran que la Iglesia e Israel son idénticos. La iglesia es el monte de Sion, la ciudad de Dios, la Jerusalén santa y celestial (Heb. 12:22-24; Ap. 21:9,10), la nación santa (1 P. 2:9), la vid (Jn. 15:1-6; Sal. 80:8) y la novia de Dios (Ef. 5: 31, 32; Ap. 21:9, 10). La iglesia es todo lo que Israel era en el Antiguo Testamento.

Esta identidad de la iglesia e Israel es aún más confirmada por el hecho de que Israel es llamada "la iglesia en el desierto" en Hechos 7:38.

Siguiendo esa misma línea, los elegidos de Dios de todas las naciones son identificados como el verdadero Israel y los verdaderos judíos (Rom. 2:28, 29; Rom. 9:8; Gál. 3:29; Fil. 3:3). De hecho, las profecías de la Escritura que parecen referirse a la nación de Israel son espiritualizadas y aplicadas a la iglesia en el Nuevo Testamento (compare Os. 1:10 con su cumplimiento en Rom. 9:24-26, y Am. 9:11-15 con su cumplimiento en Hch. 15:13-17).

Esto es críticamente importante en cuanto a la doctrina de la iglesia se refiere. Sólo desde esta perspectiva es que el Antiguo Testamento, con su historia, sus advertencias, y sus promesas, son aplicables *para la iglesia*. Si la Escritura del Antiguo Testamento se refieren sólo a un pueblo que no son idénticos a la iglesia, entonces el Antiguo Testamento no tiene *nada* que decirnos hoy. El Antiguo Testamento, entonces, sólo puede ser un objeto de curiosidad para nosotros.

Piensa en esto. Los cristianos que creen que Israel y la iglesia son dos grupos diferentes no pueden hacer justicia al Antiguo Testamento en su predicación y enseñanza. El Antiguo Testamento no tiene nada que ver con ellos, dicen ellos. Pero si Israel y la iglesia son una y la misma, la historia del Antiguo Testamento debe ser predicada como la historia de la iglesia, y sus promesas y advertencias deben ser dirigidas a la iglesia también.

Esta unidad de Israel y la iglesia también es fundamental

PARTE 5 LA IGLESIA Y LOS SACRAMENTOS

para la comprensión del bautismo. Es la identidad de los pactos, de las promesas, de Israel y de la iglesia que se encuentra a la raíz de la enseñanza bíblica concerniente al bautismo infantil. Para mantener "el bautismo de creyentes" en lugar del bautismo infantil, uno *debe* separar el Antiguo y el Nuevo Testamento, así como sus pactos y promesas, y de ese modo hacer la diferencia entre Israel y la iglesia.

En todo lo que hemos dicho, sin embargo, hay que recordar y enfatizar que, en el verdadero sentido de la palabra, solamente los elegidos son realmente siempre llamados, ya sea *Israel* (príncipe de Dios) o *iglesia* (llamados afuera). El resto no son verdaderamente Israel o Iglesia (Rom. 2:28, 29; Rom. 9:6-8.). Ellos tienen el nombre de *Israel* o de *iglesia* sólo porque están externamente identificados con el pueblo de Dios por nacimiento o profesión.

El nacimiento natural no hace a uno un verdadero judío, ni tampoco un miembro de la Iglesia. Como Juan el Bautista dijo: "Dios puede levantar hijos a Abraham de estas piedras" (Mt. 3:9). Uno debe nacer de la promesa, ser nacido de Dios para ser un verdadero israelita. De tales verdaderos israelitas tanto judío y gentiles, Dios ha levantado una simiente espiritual de Abraham por el poder de la promesa. ¿Eres tú esa simiente de Abraham?

La iglesia y el reino

Mucho se habla hoy en día acerca del reino de Cristo, y la mayor parte de ello no es Bíblico. Cada vez más y más, escuchamos de un supuesto reino que tiene su realización en este lado de la segunda venida de Cristo a este mundo. Aun así, eso *no* es lo que la Escritura enseña sobre el reino. El reino de Cristo es ante todo un reino *celestial* (Mt. 26:29, Jn. 6:15, Jn. 18:36) el cual viene del cielo. Es celestial y espiritual en su naturaleza (Jn. 3:3, 5; Lc. 17:20-21). Su realización también es celestial (Ap. 12:10).

Cuando nosotros hablamos del reino de Cristo estamos hablando del reino de su gracia, en donde todas las cosas son ordenadas y dirigidas por su gracia y poder salvífico. En un sentido por supuesto, todas las cosas pertenecen al reino de Cristo en que Cristo gobierna soberanamente y con poder omnipotente sobre todo (Mt. 28:18; Fil. 2:9-11). Sin embargo, propiamente hablando, su reino es el lugar de su gracia, y el lugar de la gracia que llamamos reino es ahora la iglesia de Cristo. El reino no es algo separado ni distinto de la iglesia sino más bien *es* la Iglesia. Ahí, y solo ahí, la gracia gobierna. La gracia ni siquiera se extienden más allá de los límites de la Iglesia. No hay "gracia común".

En la iglesia, por gracia, los ciudadanos del reino de Cristo son encontrados. Dentro de ese reino ellos se reúnen por la gracia y el Espíritu de Dios (Col. 1:13). En ese reino ellos son mantenidos por el poder de la gracia y como ciudadanos de ese reino ellos son trasladados al cielo y a su gloria, cuando el reino de Cristo sea completamente realizado. Nosotros oramos por la venida de ese reino en la oración del Señor. A este reino le pertenecen las llaves de las cuales Cristo habló en Mateo 16:19. Ese Reino tiene por muros a la salvación y la alabanza como sus puertas, como Isaías profetizó hace mucho tiempo (Is. 60:18).

Ese reino está presente en este mundo, pero como un campamento militar en territorio enemigo, por lo que en este mundo el reino siempre tiene el carácter de un ejército en guerra y una ciudad sitiada (Is. 1:8; Mt. 16:18; Ap. 20:9). La iglesia en este mundo es el remanente de la *iglesia militante*, esto es, la iglesia en guerra.

Debido a que la iglesia es el reino de Cristo y porque ese reino es celestial y espiritual, la iglesia no tiene ningún uso de (ni debe usar) las armas de este mundo. Incluso si la iglesia pudiera obtener lo que algunos desean —dominio mundial— ella no avanzaría el reino de Cristo ni un ápice. El reino es avanzado cuando por la todavía pequeña palabra del evangelio, los que una vez fueron ciudadanos de este mundo y siervos de Satanás, son dulcemente conquistados y traídos a la comunión de Cristo, obteniendo así la ciudadanía con los santos, y llegando a ser parte de la familia de la fe (Ef. 2:19). Esta es la victoria del reino de Cristo, una victoria que ya se ganó en la cruz (Col. 2:15). Ningún poder terrenal, ni incluso el pecado de los ciudadanos del reino, puede resistirse a esa victoria del reino por un momento (Mt. 16:18).

Tal es el reino de Cristo y tan enteramente espiritual en su naturaleza que nadie puede ni siquiera verlo a menos que nazcan de nuevo. Para este reino, por la gracia y el evangelio, pertenecen todos aquellos que han sido llamados y que aún no son glorificados. En este reino, por medio de Cristo, ellos son más que vencedores.

¿Eres tú un ciudadano de este gran reino?

La iglesia militante

Tres grupos distintos de personas pertenecen a la iglesia elegida de Dios, aunque al final todos ellos serán reunidos en un solo cuerpo en Cristo. Hay, en primer lugar, los elegidos en la tierra en un momento en particular de la historia (Ef. 1:10). Ellos se conocen como la *iglesia militante*.

En segundo lugar, existen aquellos elegidos que han peleado la buena batalla, quienes han acabado su carrera y se han ido a la gloria junto al Señor. Ellos son la *iglesia triunfante* (2 Tim. 4:7-8; Ap. 6:10).

Por último, están aquellos que pertenecen a la iglesia por elección, pero aún están por nacer y ser llevados al arrepentimiento y a la fe. A ellos nosotros les llamamos la *Iglesia latente, u oculta* (2 P. 3:9), la cual vendrá al arrepentimiento y a la fe con el llamado de Dios (Rom. 8:29-30).

La iglesia en la tierra es llamada con mucha razón la iglesia militante, la iglesia combatiente. Ella se describe en la Escritura como un ejército (Cnt. 6:4, 10; Ap. 19:11-16). Su llamado es a la guerra (2 Cor. 10:3-4; 1 Tim. 1:18; 2 Tim. 2:4). Sus miembros deben de ponerse la armadura de Dios (Ef. 6:10-18). Cristo es su capitán (Heb. 2:10; Ap. 19:11-16).

El término *militante* significa que la Iglesia no sólo está *lista* para la batalla; ella siempre está involucrada en la lucha. Esa es toda la vocación y vida de la iglesia (2 Tim. 2:4). Esta batalla aún no ha terminado hasta que dejemos esta vida y vallamos para estar con Cristo en gloria (vv. 7, 8).

La guerra de la iglesia no es meramente defensiva. La iglesia y sus miembros están llamados a llevar la batalla al territorio y campo del enemigo —tomar la ofensiva—. Sin duda, esto es a lo que la palabra se refiere en 2 Corintios 10:4-5: "porque las armas de nuestra milicia no son carnales, sino poderosas en Dios para la *destrucción* de fortalezas, *derribando* argumentos y toda altivez que se levanta contra el conocimiento de Dios, y *llevando cautivo* todo pensamiento a la obediencia a Cristo". Este pasaje también enseña que la batalla es espiritual. Los enemigos (Ef. 6:12), el armamento (Ef. 13-17) y la propia guerra son todos espirituales, pero esto no hace que la lucha sea menos real o difícil.

Los enemigos son Satanás, el mundo y nuestra propia carne pecadora —el pecado y la tentación en todas sus formas y dondequiera que se encuentre, incluso en nosotros mismos—. Contra tales enemigos la batalla no se puede combatir en un entorno político, económico, social, o poder militar. Sino más bien nuestra lucha es solo por la fe y por la Palabra de Dios (Ef. 6:13-17; 1 Jn. 5: 4).

Es una lucha por las mentes y las almas de los hombres, una batalla contra las falsas ideas y herejías, así como contra la maldad y la tentación (2 Cor. 10:4-5; Stg. 4:7). Es una batalla en contra de todo lo hostil a Dios y al conocimiento de Dios.

En esa batalla, sin embargo, no luchamos *por* la victoria. Nosotros peleamos *en* la victoria como los que ya la han obtenido a través del sufrimiento, muerte, resurrección y ascensión de nuestro Señor. Somos más que vencedores por medio de aquel que nos amó (Rom. 8:37). Sin embargo, debemos pelear. No estamos aquí para disfrutar de nosotros mismos, pero para ser soldados (2 Tim. 2:3-4).

¿Estas peleando, o jugando?

La iglesia Triunfante

La Iglesia Triunfante es el nombre dado a la parte de la iglesia que ahora descansa de sus labores en la gloria. Aquellos que pertenecen a la iglesia triunfante han luchado la buena batalla de la fe, han terminado la carrera, y han recibido una corona de justicia de parte del Señor (2 Tim. 4:7-8).

Que hablemos de la iglesia *triunfante* no debería sugerirnos que la iglesia en la tierra *no* es triunfante en la batalla de la fe. Aun aquellos que todavía están luchando la batalla, sufriendo y peleando aquí, son más que vencedores por medio de aquel que los amó (Rom. 8:37). *Cristo* ha triunfado gloriosamente sobre sus enemigos —la muerte, el pecado y Satanás— y los ha vencido totalmente (Lc. 10:17-18; Ef. 4:8; Col. 2:15). Nosotros *somos* victoriosos en Cristo.

Esto necesita ser enfatizado el día de hoy. Cristo no está *esperando* ser coronado Rey de reyes. Él ya ha sido coronado con gloria y honor a la diestra de Dios (Heb. 2:9), y gobierna en medio de sus enemigos (Sal. 110:2). Aun y cuando la batalla todavía esté siendo librada, ya tenemos la victoria con él y luchamos contra un enemigo vencido. Todo lo que queda son lo que se llama, en términos militares, las "operaciones de limpieza". El reino está ganado. Deberá solamente ser entregado al Padre (1 Cor. 15:24).

La victoria de Cristo prevalece aun y cuando los hombres impíos sean peores y peores, y el mundo entero permanece en la oscuridad. Los impíos están tan completamente vencidos que Cristo no solo continúa gobernando sobre ellos, sino que por su gobierno soberano también los usa para sus propósitos.

Nos referimos a los santos en gloria como la iglesia triunfante porque han entrado en el *gozo* de la victoria. Mientras que los santos sobre la tierra continúan en la lucha, ellos descansan de sus labores (Ap. 14:13) y "nunca más saldrán" (Ap. 3:12). Mientras los guerreros terrenales deben todavía usar la armadura de la fe, los santos en el cielo la han puesto a un lado y están vestidos de blanco (v. 5). Ya no ven los rostros de sus enemigos, sino que ven el rostro del Cordero (Ap. 22:4). Sus lágrimas son enjugadas, y ya no hay más muerte o tristeza, o llanto o dolor para ellos (Ap. 21:4).

Es bueno para nosotros pensar en la iglesia triunfante en el cielo. Su gloria es un testimonio de que la victoria es nuestra también. Antes que pase mucho estaremos donde ellos están, y descansaremos con ellos. ¡Qué gran día será ese! Y mientras esperamos, ellos oran en el cielo por la venganza de Dios sobre nuestros enemigos, una oración que Dios escucha con seguridad (Ap. 6:9-11).

Solamente en dos aspectos el triunfo de los santos en el cielo está incompleto. Primero, sus cuerpos todavía no han sido resucitados, así que no disfrutan la gloria celestial con su alma y cuerpo glorificado. Segundo, el resto de la iglesia no está glorificada todavía, y como sugieren los versículos 9-11, la gloria de ellos no está completa sin nosotros. El cuerpo entero de Cristo debe ser reunido en uno para la gloria de Dios el Padre, y hasta que esto suceda, la iglesia triunfante debe esperar, así como lo hacemos nosotros.

En la esperanza segura de ese día venidero —asegurada por el decreto de Dios—, por el gobierno y la sangre de Cristo, y por la soberana obra del Espíritu, la iglesia militante lucha, espera y ora mientras la iglesia triunfante descansa, y espera, y ora. Pronto estaremos juntos.

La iglesia que no ha nacido

Aquellos glorificados en el cielo y aquellos salvados y que viven todavía aquí sobre la tierra no son los únicos que pertenecen al cuerpo de Cristo Jesús, la iglesia invisible. También están aquellos que todavía no han nacido y sido salvados, pero que han sido escogidos por Dios. Ellos también pertenecen a la iglesia por elección y por el derramamiento de la sangre de Cristo en la cruz, aunque todavía no por la regeneración y la fe.

Cristo habló muchas veces de aquellos que el Padre le dio, que todavía no habían sido salvados (Jn. 6:37, 39; Jn. 10:16, 29; Jn. 17:2). Le fueron dados desde antes de la fundación del mundo (Jn. 17:6, Ef. 1:4), y es por ellos que él ora (Jn. 17:9) y muere (vv. 13, 19). Su salvación y su lugar en la iglesia, por lo tanto, están garantizados.

Es por estas personas que Cristo retrasa su venida. Antes de que pueda venir otra vez en la voluntad de Dios, todos ellos deben nacer y ser salvos. Eso es lo que leemos en 2 Pedro 3:9.

PARTE 5 LA IGLESIA Y LOS SACRAMENTOS

Muchos toman las palabras *no deseando que nadie perezca* como refiriéndose a un deseo de parte de Dios para la salvación de todas las personas sin excepción, pero el versículo no tiene nada qué ver con tal supuesta voluntad de Dios para la salvación de todos los individuos.

El versículo nueve claramente habla de *nosotros*. Cristo es sufrido (misericordioso) hacia "nosotros". Su misericordia significa que él no quiere que nadie de nosotros perezca, sino que todos de nosotros vengamos al arrepentimiento. La palabra *nosotros* está claramente inferida en las últimas dos frases del versículo también. Lo que es tan impactante es que el *nosotros* referido incluye a aquellos que no han venido al arrepentimiento. Ellos son parte de nosotros — parte de aquellos "que habéis alcanzado, por la justicia de nuestro Dios y Salvador Cristo Jesús, una fe igualmente preciosa" (2 P. 1:1) —, a quienes les han sido dadas "todas las cosas que pertenecen a la vida y a la piedad" así como "preciosas y grandísimas promesas" (vv. 3-4).

Entendemos que estas personas tienen todas estas bendiciones solamente como escogidos en Cristo y comprados por él, no como aquellos que ahora gozan de estas bendiciones mediante el arrepentimiento y la fe. Sin embargo, la elección y la sangre de Cristo son tan seguras que se puede decir que tienen estas cosas con nosotros y que son parte de nosotros.

De hecho, es en este sentido que este versículo *debe* ser entendido. Pensar que el versículo habla de un deseo de Dios para la salvación de todas las personas es hacer un sinsentido del versículo. La prometida venida de Cristo (2 P. 3:4, 10) no puede tener lugar hasta que *todos* hayan llegado al arrepentimiento (v. 9). Para eso, Dios en su misericordia está esperando.

Pero si Dios está esperando la salvación de todos sin excepción, entonces Cristo *nunca* vendrá. Todos los hombres sin excepción nunca han venido y nunca vendrán al arrepentimiento. Siempre ha habido y siempre habrá, aquellos que perezcan.

Más bien, la venida de Cristo está atada a la salvación de toda la iglesia elegida — el traer a esas "otras ovejas" —. Cuando todas ellas hayan sido traídas al arrepentimiento por la gracia de Dios, podemos estar seguros de que Cristo vendrá.

Para este fin la iglesia en el cielo ora (Ap. 6:10-11) y la iglesia en la tierra se une con ellos (Ap. 22:20), pidiendo por la salvación de todos aquellos que Dios ha escogido, pero que todavía están en oscuridad e incredulidad.

La elección de la iglesia

En la elección, Dios no solo ha elegido individuos, sino que ha elegido a la iglesia y a cada individuo en su determinado lugar en esa iglesia y en el cuerpo de Cristo (Sal. 132:13 comparado con Heb. 12:22; 1 P. 2:9). ¡Qué gloriosa verdad es ésta!

La elección no es arbitraria y al azar, sino con propósito, algo muy evidente en la elección de la iglesia. La figura bíblica de la iglesia como un edificio o una casa es muy útil aquí. Como un constructor escoge sus materiales, así Dios ha elegido a cada persona para que encajen en un lugar en ese edificio espiritual y en el cuerpo de Cristo (Ef. 2:20-22; 1 P. 2:5).

Así como un constructor no intenta construir una casa sin primero diseñarla, así Dios construye su iglesia. Es la voluntad de Dios, no la voluntad de los hombres, la que determina quien tendrá un lugar en esa casa y qué lugar tendrá. Así como las piedras y las vigas de un edificio no pueden determinar qué lugar tendrán en el edificio, los hombres no pueden, por su propia elección, determinar qué lugar tendrán en la casa de Dios.

Dios no va juntando los materiales para esta casa como los va encontrando. Más bien, habiendo planeado cuidadosamente su casa espiritual, él desde la eternidad "ordena" los materiales con los que construirá esa casa de la misma manera en que un constructor lo hace. Al predeterminar todas las circunstancias de la vida de una persona, Dios en la elección determina cómo cada persona será formada y hecha para encajar en el lugar exacto que él ha preparado para ella (Jer. 1:5).

De la misma manera, debido a que esa casa debe ser construida firme y segura, para que dure por todas las edades,

Dios también ha escogido a Cristo como su Fundamento y Piedra del Ángulo (1 P. 2:6). Toda la casa está formada y preparada para Cristo.

Cuando todos los elegidos hayan sido reunidos y glorificados, esa casa espiritual será el lugar de la morada de Dios mismo (Ef. 2:22). Toda la gloria y belleza de ella serán de él. Él será no solo el diseñador y constructor de la casa, sino también el habitante principal.

Aún hay más. Esta elección de la iglesia tanto manda cómo garantiza la *unidad* de la iglesia (Jn. 10:16; Ef. 1:9-10). Los elegidos son todos escogidos *en él*, esto es, en Cristo, y eso hace que sean uno en él (v. 4). Esta es la razón por la que Pablo no dice en Efesios 4:3 que *tengamos* unidad, sino que la *guardemos*. La unidad está implícita en haber sido escogidos en Cristo, y luego reunidos en él.

La elección también nos garantiza la santidad de la iglesia (Ef. 1:4). Somos escogidos no porque *somos* santos, sino para que *podamos* ser santos. Esta santidad es necesaria porque la iglesia debe ser el lugar de la morada de Dios. Dios por su Espíritu no morará en medio de la inmundicia y la impiedad. Para usar la figura de un edificio una vez más, podríamos decir que la elección, el plan, garantiza la belleza del edificio.

El gran trabajo de reunir y construir la iglesia no está terminado. Sus glorias finales pertenecen a aquellas cosas que no han sido vistas todavía. Lo que vemos ahora no es lo que la iglesia será. Cuando la iglesia esté completamente construida, manifestará las alabanzas de aquel que llamó a sus elegidos de las tinieblas a su luz admirable, y permanecerá como un monumento eterno a su poder, sabiduría y gracia.

La santidad de la iglesia

Cuando hablamos de la santidad de la iglesia, estamos hablando de uno de sus *atributos*. Los otros atributos son la unidad, la catolicidad y la apostolicidad.

La santidad de la iglesia es la santidad que ella tiene como cuerpo de Cristo en unión con Cristo. La santidad de la iglesia es la propia santidad de Cristo, y la santidad de la iglesia está *sólo* en Cristo. La iglesia no tiene santidad propia (1 Cor. 1:2; 1 Cor. 3:16-17; 1 P. 2:9).

Esta santidad pertenece a la iglesia en principio; es decir, la santidad pertenece a la iglesia y a cada miembro electo del cuerpo como algo comprado por la muerte de Cristo. Se le dará y le es dada a cada miembro del cuerpo cuando Cristo pone a cada uno en unión consigo mismo a través de la fe y lo santifica.

Podemos ver la santidad de la iglesia de varias maneras. Recordando que la santidad significa "separación", vemos la santidad de la iglesia en la separación de la iglesia visible del mundo. Es un reino separado con un Rey diferente, diferentes leyes y costumbres, y una esperanza diferente (1 P. 2:9).

De hecho, la santidad es el límite de la iglesia en el mundo. La iglesia no tiene límites políticos ni límites de raza o lenguaje. La santidad es la línea que separa a la iglesia del mundo. Por lo tanto, aquellos que no sean santos deben ser expulsados de la iglesia visible y excluidos.

La santidad es también la causa del continuo conflicto en que está involucrada la iglesia. La iglesia siempre se opone a lo que no es santo, primero en sus propios miembros. Ella condena aquellos dentro de la iglesia que son hipócritas y carnales, y que da testimonio de la impiedad de este mundo maldito por el pecado.

Si la iglesia y sus miembros se esfuerzan por ser santos, siempre habrá conflicto entre la iglesia y el mundo (Jn. 15:18-20). La iglesia no tiene santidad propia. Su santidad es la propia santidad de Dios que brilla en la iglesia (1 P. 1:15-16). Esto es lo que los impíos odian y a lo que se oponen (Jn. 3:19; Rom. 8:7).

Esa santidad de Dios aparece en la iglesia a través de la santidad de los miembros de la iglesia. Ellos son "santos" porque por gracia se les da la santidad de Dios y son llamados a ser santos como él es santo. La santidad se hace evidente en su separación de los impíos y de la maldad (2 Cor. 6:14-7:1).

Eso no quiere decir que no haya pecado en los creyentes o en la iglesia visible. De hecho, hay mucha carnalidad en la iglesia y mucho pecado en sus miembros. Nos lamentamos por eso

(Sal. 51:3; Sal. 119:53, 136). Pero es por eso que la santidad de la iglesia debe ser una cuestión de fe, no de vista. Nosotros *creemos* que la iglesia *es* santa, incluso la iglesia en este mundo.

Si nos guiamos por lo que vemos, seguramente nos desesperaremos de la iglesia, porque veremos mucho pecado en sus miembros. *Creyendo* que es una santa comunión de santos, podemos estar seguros de que será presentada a Cristo como "una iglesia gloriosa, que no tuviese mancha ni arruga ni cosa semejante" (Ef. 5:27).

Que podamos, entonces, en la práctica y en la oración, como miembros de la iglesia, perseguir la santidad, sin la cual nadie verá al Señor (Heb. 12:14).

La catolicidad de la iglesia

Cuando el Credo de los Apóstoles se refiere a la "santa iglesia *católica*", no se refiere al Catolicismo Romano. Roma afirma ser la santa iglesia católica, pero, de hecho, no es santa, ni católica, ni la iglesia de Cristo Jesús, sino la falsa iglesia.

La palabra *católica* significa "universal" y es una descripción adecuada de la verdadera iglesia de Cristo. No debemos abandonar la palabra dejándosela al Romanismo.

Que la iglesia es universal está claro en muchos pasajes de la Escritura. Apocalipsis describe la iglesia católica en el capítulo 7 versículo 9. Allí leemos de una multitud que ningún hombre podría contar, de todas las naciones, tribus, pueblos y lenguas, de pie ante el trono de Dios.

La catolicidad de la iglesia significa no solo que las personas de todas las naciones son reunidas en la iglesia por el poder de la gracia soberana de Dios, pero también que Dios reúne a su iglesia *a través de todas las edades*. Su catolicidad, por lo tanto, nos asegura que estaremos con Abraham, Isaac y Jacob en el reino celestial de Dios (Mt. 8:11). Permite a los creyentes que viven ahora ser referidos en Apocalipsis 6:11 como consiervos y hermanos de los mártires.

Por último, la catolicidad de la iglesia significa que todo *tipo* de personas pertenecen a la iglesia. Ricos y pobres, grandes y pequeños, jóvenes y viejos, amos y sirvientes, hombres y mujeres. La iglesia tiene espacio para todos ellos.

Esto es lo que la Palabra está pensando en 1 Timoteo 2 cuando nos ordena orar por *todos* los hombres (vv. 1-2). La palabra *todos* no significa "todos sin excepción". De cualquier forma, sería imposible orar por todos en ese sentido. Más bien, la palabra se refiere a "todo tipo [de hombres]" como lo muestra la referencia a los gobernantes. Debemos orar por todo tipo de hombres, porque Dios quiere salvar a hombres de todo tipo, y Cristo ha muerto por hombres de todo tipo (vv. 4-6).

Santiago tiene en mente este mismo aspecto de la catolicidad de la iglesia cuando culpa a los cristianos por mostrar favor a los ricos y por despreciar a los pobres (2:1-9). Hacemos lo mismo cuando despreciamos a otros cristianos por su condición externa.

Interpretado adecuadamente, Gálatas 3:28 habla de catolicidad en este sentido. Dice: "No hay judío ni griego; no hay esclavo ni libre; no hay varón ni mujer; porque todos vosotros sois uno en Cristo Jesús". Este versículo no niega la autoridad del hombre sobre la mujer o las diferencias de dones dados a los cristianos. En cambio, está diciendo que todos los hombres y mujeres, judíos y gentiles, esclavos y libres, son iguales como cristianos porque todos están en Cristo Jesús. Todos son hijos espirituales de Abraham.

La idea de que un idioma es más adecuado para expresar la fe cristiana que otro, o que las personas de algunas razas no son buenos cristianos, niega la catolicidad de la iglesia. Lo mismo ocurre con la noción de que un país o pueblo representa en algún sentido especial el reino de Dios, como lo enseñan el dispensacionalismo y el israelismo británico.

Que no haya, por lo tanto, prejuicios o intolerancia en la iglesia de Cristo y ningún rechazo a los demás debido a su color de piel, idioma, nacionalidad o costumbres. Estas cosas no hacen ninguna diferencia en absoluto.

Creyendo en la catolicidad de la iglesia, confesamos que "el mismo que es Señor de todos, es rico para con todos los que le invocan" (Rom. 10:12-13).

PARTE 5 LA IGLESIA Y LOS SACRAMENTOS

La iglesia apostólica

Aunque el Credo de los Apóstoles no se refiere a una iglesia "apostólica", algunos credos de la iglesia primitiva sí lo hicieron, como el Credo de Nicea, que dice "Creo en una iglesia santa católica y *apostólica*". ¿Qué quiere decir esto?

La iglesia de Roma se considera apostólica porque afirma que los papas son los sucesores de los apóstoles y que existe una línea de sucesión ininterrumpida. Por supuesto, ninguna de estas afirmaciones es cierta.

Algunas iglesias protestantes afirman ser apostólicas porque creen que han regresado a la práctica o doctrina apostólica. Si bien esto puede ser cierto, no es lo que quiere decir el Credo de Nicea.

Tanto en el Credo de Nicea como en la teología reformada, la referencia es a Efesios 2:20, que describe a la iglesia como "edificados sobre el fundamento de los *apóstoles* y profetas". Obvia y estrechamente relacionado está Mateo 16:18, donde Jesús dice: "sobre esta roca edificaré mi iglesia; y las puertas del Hades no prevalecerán contra ella".

La iglesia de Roma toma a esta roca como Pedro mismo, y a los papas como los sucesores de Pedro debido a la similitud del nombre "Pedro" (cuyo nombre es *Petros* en Griego) y la palabra "roca" (*petra* en Griego). Sin embargo, la gramática del texto prohíbe esto. En realidad, estas son dos palabras diferentes en griego, la palabra *petros*, que se refiere a una roca aislada o piedra pequeña, y palabra *petra*, que se refiere a un acantilado, montaña o cadena montañosa. De hecho, Jesús no está diciendo que él va a construir su iglesia sobre el mismo Pedro (quien no era lo suficientemente grande como para ser el fundamento de la iglesia), sino que edificaría su iglesia sobre la confesión de Pedro acerca de que Jesús es el Cristo, el Hijo de Dios (Mt. 16:16). Este es un fundamento firme e indestructible.

En esa luz, Efesios 2:20 también debe interpretarse como una referencia a la enseñanza y doctrina apostólica (y profética), en otras palabras, a la Escritura inspiradas del Antiguo y Nuevo Testamento. Esos son los cimientos de la iglesia.

Construida sobre la enseñanza y la doctrina de los apóstoles, la iglesia está construida sobre Cristo. Él, entonces, es la piedra angular principal "en quien todo el edificio, bien coordinado, va creciendo para ser un templo santo en el Señor" (v. 21).

La implicación es, por supuesto, que toda la doctrina y enseñanza de la iglesia tiene que ver con Cristo. "Escudriñad las Escrituras", dice Jesús. "ellas son las que dan testimonio de mí" (Jn. 5:39). Hablando por todos los apóstoles, Pablo dice: "Pues me propuse no saber entre vosotros cosa alguna sino a Cristo Jesús, y a éste crucificado" (1 Cor. 2:2).

Una iglesia que es verdaderamente apostólica, por lo tanto, es verdaderamente la iglesia de Cristo. No es de extrañar, entonces, que cuando la iglesia está construida sobre tal fundamento, ni siquiera las puertas del infierno puedan vencerla (Mt. 16:18).

Pocas iglesias hoy son verdaderamente apostólicas. La mayoría de ellas tienen poca o ninguna enseñanza de los apóstoles y profetas, por lo que son vulnerables a los ataques de las fuerzas del infierno. Que Dios ayude y salve a su iglesia y la vuelva a construir sobre una base firme.

La unidad de la Iglesia

Hemos hablado de la santidad de la iglesia, su catolicidad y su apostolicidad. Hay otra característica o atributo de la iglesia, y esa es su unidad.

Cuando hablamos de la unidad de la iglesia, queremos decir que, esencialmente, hay sólo *una* iglesia y un cuerpo de Cristo Jesús. Cristo no tiene más que un cuerpo.

Esta unidad de la iglesia no se ve fácilmente debido a la multitud de diferentes denominaciones, congregaciones e iglesias que existen. Hasta cierto punto, esta variedad se debe a la pecaminosidad y debilidad de la iglesia y de sus miembros; hasta cierto punto no es así.

Las diferencias geográficas y las diferencias de lenguaje hacen que sea imposible tener una unidad completa en la iglesia visible. Esas diferencias se eliminarán solo en los cielos nuevos

PARTE 5 LA IGLESIA Y LOS SACRAMENTOS

y la tierra nueva cuando "el mar ya no existía más" (Ap. 21:1). En el cielo, ni las distancias, y ni las diferencias de lenguaje o de cualquier otra cosa, separarán a los creyentes los unos de los otros.

En esta tierra, sin embargo, los pecados de la iglesia y sus miembros dificultan la unidad institucional, incluso cuando es posible. Las diferencias de doctrina y práctica, todas las cuales son el resultado de una falla pecaminosa de entender y obedecer la Palabra de Dios, también separan a los creyentes unos de otros.

Debido a que el pecado destruye la unidad de la iglesia y mantiene a los creyentes separados, los cristianos siempre deben estar haciendo todo lo posible para superar estas diferencias estudiando la Palabra y hablando entre ellos acerca de lo que creen. No deberían ser tolerantes con la división. Aun cuando la unidad eclesiástica resulte imposible, deben mantener la comunión con otros cristianos tanto como sea posible. No deberían rechazarlos ni hablar como si no hubiera cristianos además de los de su propio grupo.

Sin embargo, los creyentes no pueden buscar la unidad a expensas de la verdad. Deben comprar la verdad y no venderla (Prov. 23:23). Ahí es donde el ecumenismo sale mal. Vende la verdad por un desastre de sopa eclesiástica que no tiene valor y no produce la verdadera unidad.

Buscando y orando por la unidad, los santos no deben olvidar que esta unidad está *en la diversidad*. La unidad de la iglesia no significa que cada creyente debe ser exactamente igual. Tampoco significa que cada congregación e iglesia debe ser una copia al carbón de las demás.

Pablo aclara esto en 1 Corintios 12. No solo hay una diversidad de miembros y dones, sino que cada miembro es necesario, algo que con demasiada frecuencia olvidamos. Solo de esta manera la iglesia es el *cuerpo* de Cristo Jesús.

Sin embargo, hasta que el pecado sea destruido, habrá divisiones. Debido a esto, la unidad de la iglesia ahora es en gran medida una cuestión de fe. Los cristianos *creen*, como nos recuerda el Credo de Nicea, en *"una* santa iglesia católica y apostólica".

Por lo tanto, con respecto a la unidad de la iglesia, los creyentes deben caminar por fe, no por vista (2 Cor. 5:7). ¡Qué importante es esto! La fe evitará que abandonen la iglesia visible cuando vean sus fallas y pecados, y las divisiones dentro de ella.

Esa fe tampoco es vana. Cuando Cristo regrese, reunirá "todas las cosas en Cristo" (Ef. 1:10) y destruirá el pecado. Entonces, incluso la posibilidad de desunión desaparecerá.

La iglesia en el Antiguo y Nuevo Testamento

Un aspecto muy importante de la unidad de la iglesia es su unidad *en el Antiguo y Nuevo Testamento*, lo que significa que Israel es la *iglesia* del Antiguo Testamento, y que la iglesia del Nuevo Testamento es el verdadero *Israel* de Dios. Pocos parecen ver esto, pero la Biblia es clara al respecto.

Que Israel *es* la iglesia y la iglesia *es* Israel se encuentra en la raíz de la defensa del bautismo infantil (una sola iglesia y, por lo tanto, un solo pacto y una sola señal del pacto). Del mismo modo, esta comprensión es esencial para evitar los errores del dispensacionalismo, la enseñanza de que Israel y la iglesia son dos entidades completamente diferentes y tienen dos futuros diferentes.

Hechos 7:38 nos muestra claramente que Israel y la iglesia son uno. Allí Israel se llama "la iglesia en el desierto", y se usa la palabra usual del Nuevo Testamento para la iglesia.

Filipenses 3:3 es una prueba más. Allí, Pablo, hablando a una iglesia gentil, dice: "Porque *nosotros somos la circuncisión*, que adoran a Dios en el espíritu, y se regocijan en Cristo Jesús, y no tienen confianza en la carne" (ver también Rom. 3:28-29; Gál. 3:29). Todos los que adoran a Dios en espíritu y aman a nuestro Señor Jesús son los verdaderos judíos, el Israel de Dios.

En lo que respecta a la Biblia, ser un verdadero judío no tiene nada que ver con la descendencia física de Abraham, es decir, con la genealogía y el nacimiento natural. En cuanto a eso, la Biblia dice: "Dios puede levantar hijos a Abraham aun de estas piedras" (Lc. 3:8).

Un verdadero judío, según la Escritura, es aquel que nace por el poder de la promesa (Rom. 9:8); alguien que tiene la misma fe justificante que Abraham (Gál. 3:8-9), alguien que, como Abraham, pertenezca a Cristo (v. 29) y que está circuncidado en el corazón (Rom. 3:29). El resto no son contados como judíos (Rom. 2:28) y no tienen nada que ver con las promesas (Hch. 2:39).

La unidad de Israel y la iglesia también está clara en Oseas 1:10-11 y su cita en Romanos 9:24-26, como en Amós 9:11-15 y su cita en Hechos 15:13-17. En Oseas el pasaje de la Palabra de Dios hace referencia a las diez tribus [que habían abandonado a Judá y Benjamín] y a su futura restauración. Romanos 9:24-26 nos muestra que esta profecía se cumple en la reunión de la iglesia del Nuevo Testamento.

En Amós 9:11-15 leemos nuevamente sobre la restauración de la nación de Israel a su propia tierra y sobre la reconstrucción del templo. Hechos 15, sin embargo, deja en claro que esto se cumple en la reunión de los gentiles en la *iglesia* del Nuevo Testamento. La reconstrucción del tabernáculo de David, que cayó y fue arruinado (v. 16), se refiere a la visita de Dios a los gentiles "para tomar de ellos pueblo para su nombre" (v. 14).

Solo cuando veamos estas verdades comenzaremos a darnos cuenta de que el Antiguo Testamento y el Nuevo están escritos para *nosotros* como cristianos del Nuevo Testamento. Sus promesas, incluso sus amenazas, no son para algunas personas extranjeras con quienes no tenemos nada que ver, sino son para nosotros y para nuestros hijos. Esto hace una gran diferencia en la lectura del Antiguo Testamento. Entonces ya no leemos con un velo sobre nuestros ojos, sino con comprensión y provecho.

Los oficios en la Iglesia

Después de que ascendió al cielo, nuestro Señor instituyó varios oficios en la iglesia (Ef. 4:11). Él instituyó estos oficios para que aquellos que sirven en ellas puedan representarlo y servir a su iglesia en sus oficios. Aunque él sigue siendo la única Cabeza y Rey de la iglesia, estos oficios son necesarios para el bienestar de la iglesia.

Ha habido mucha controversia sobre el número y la naturaleza de estos oficios. Sin entrar en esa controversia, creemos que los oficios que permanecen en la iglesia son tres: anciano, diácono y ministro.

Decimos que estos oficios "permanecen" porque ha habido otros oficios temporales, como apóstol, profeta y evangelista. Estos oficios, que implicaban llevar la inspirada e infalible Palabra de Dios a sus oyentes (Hch. 21:10-11; Heb. 2:3-4; 2 P. 3:15-16), ya no son necesarios ya que nosotros ahora tenemos la Escritura completa (2 P. 1:19-21).

Está claro que solo quedan los oficios de anciano gobernante, diácono y ministro, ya que estos son los únicos oficios mencionados en las últimas epístolas de Pablo —especialmente en 1 Timoteo y Tito donde da instrucciones a los sucesores de los apóstoles—. Esto es confirmado aún más por el hecho de que estas epístolas tratan con el comportamiento apropiado en la iglesia (1 Tim. 3:15) y con poner las cosas en orden en la iglesia (Tit. 1:5).

No nos preocupa argumentar que tanto los ministros como los ancianos gobernantes están identificados como ancianos en el Nuevo Testamento. El hecho es que estos oficios tienen deberes distintos y se ven como oficios separados en el Nuevo Testamento (1 Tim. 3 y 4).

Lo que nos preocupa es que los tres oficios se descuidan y se olvidan en la iglesia hoy. Pocas iglesias tienen los tres oficios, y donde los oficios están presentes, a menudo se encuentran diáconos haciendo el trabajo de ancianos o viceversa, o ministros haciendo el trabajo de los tres. Del mismo modo, en muchos casos, los oficios se han convertido en nada más que en posiciones honorarias, y aquellos que son elegidos para ellos son elegidos sobre la base de calificaciones no espirituales, sino de prominencia o riqueza.

Esto solo puede obrar en detrimento de la iglesia. De hecho, en la medida en que los oficios son representativos de Cristo, su ausencia en la iglesia implica que, de alguna manera,

Cristo mismo no está presente entre la gente de Dios como debería estarlo.

Creemos que estos oficios son aspectos del triple oficio de Profeta, Sacerdote y Rey de Cristo. Esto es muy evidente en los oficios de anciano gobernante y de ministro. Es difícil no ver que esos dos son extensiones de los oficios real y profético de Cristo. El oficio de diácono, entendido adecuadamente, es una extensión del oficio sacerdotal de Cristo, o al menos, de algunos aspectos de ese oficio.

Si es cierto que los oficios de la iglesia reflejan los oficios de Cristo, entonces son muy importantes para la iglesia y no pueden ser descuidados como lo son a menudo hoy en día. Es nuestra esperanza y oración que puedan ser restaurados a su lugar y función apropiados.

El oficio de Anciano

La Escritura usa dos palabras diferentes para anciano. Una palabra, traducida como "anciano" (Hch. 14:23; Hch. 15:2, 4, 6ss; 1 Tim. 5:1, 17, 19; Tit. 1:5; Stg. 5:14; 1 P. 5:1) es la palabra griega *presbítero* y significa "persona mayor". La otra palabra, traducida como *"obispo"* o *"supervisor"* (Hch. 20:28; Fil. 1:1; 1 Tim. 3:1-2; Tit. 1:7), se refiere a una persona que tiene autoridad y gobierno sobre los demás.

Que estas dos palabras se refieren al mismo oficio está claro en la Escritura. En Hechos 20, Pablo llama a los *ancianos* de la iglesia de Éfeso "supervisores" (v. 28), traducido también como "obispos" (1 Tim. 3:1, 2). En Tito 1:5-7, Pablo usa tanto "anciano" como "obispo" aplicándolo a las mismas personas. Esto es contrario al catolicismo romano y al episcopalismo, los cuales enseñan que el oficio de obispo es un oficio diferente y más alto que los otros oficios.

La Escritura si hace una distinción entre los ancianos *gobernantes* (1 Tim. 3:4-5; 1 Tim. 5:17) y los ancianos *docentes* (1 P. 5:1). Sin embargo, esto no pone un oficio por encima de otro. Como muestran estos pasajes, ni siquiera hay una distinción absoluta entre estos oficios. Los ancianos gobernantes también deben ser capaces de enseñar (1 Tim. 3:2), y los ancianos docentes, "quienes trabajan en la palabra y la doctrina", también gobiernan (1 Tim. 5:17).

La diferencia, por lo tanto, es más una diferencia de función que de cualquier otra cosa. Los ancianos *docentes* trabajan *especialmente*, aunque no exclusivamente, en palabras y doctrinas en contraste con los otros ancianos. Efesios 4:11 también se refiere a esos ancianos como pastores y maestros.

Es por el oficio de anciano gobernante por el que estamos preocupados y debemos hacer varios puntos al respecto. Estos puntos son importantes si el oficio de anciano va a ser una bendición y no una maldición en la iglesia de Dios.

Primero, debe haber una pluralidad de ancianos. La Escritura nunca habla de un anciano que gobierna solo, ya sea que sea un ministro o no. Gobernar por uno es tiranía y no armoniza con la Palabra de Dios en Proverbios 11:14, Proverbios 15:22 y Proverbios 24:6.

Segundo, los ancianos son sirvientes del pueblo de Dios (Mt. 23:11; 1 Cor. 9:19; 2 Cor. 4:5). Esto es especialmente claro en Colosenses 4:17, donde Pablo le dice a la Iglesia que amoneste a su ministro a prestar atención y cumplir su ministerio. Que los ancianos se vean a sí mismos como sirvientes evita la tiranía y el señorío en la iglesia.

Tercero, que los ancianos gobiernen significa que gobiernan todos los aspectos de la vida de la iglesia, incluyendo la predicación y la conducta de los otros oficiales y de los ministros (Hch. 20:28-31). Es deber de todos los ancianos mantener fuera de la iglesia a los "asalariados" y a los "lobos". *Nadie* es ley para sí mismo en la iglesia.

Cuarto, la autoridad gobernante que los ancianos tienen en la iglesia les es dada por Cristo (Hch. 20:28), pertenece a Cristo (Mt. 28:18), y debe ejercerse en obediencia a él (1 P. 5:4). En la práctica, eso significa que su autoridad debe ser la Palabra de Dios en la Escritura. Deben gobernar con ella, llevarla a los miembros, amonestar por medio de ella y enseñar sólo de ella, en lugar de sus propias nociones.

Tales ancianos serán una bendición en la iglesia de Cristo.

PARTE 5 LA IGLESIA Y LOS SACRAMENTOS

El oficio de Diácono

El oficio de diácono es el oficio más descuidado en la iglesia de Cristo Jesús. Muchas iglesias ni siquiera tienen diáconos, o si los tienen, éstos rara vez cumplen su función bíblica. En la mayoría de las iglesias que tienen diáconos, los diáconos hacen el trabajo de los ancianos, gobernando la iglesia. En otros casos, simplemente se ocupan de los asuntos financieros de la iglesia, algo para lo cual la ordenación y el oficio no son necesarios.

Para comprender el oficio de diácono, es necesario examinar Hechos 6, donde se cuenta la historia de los primeros diáconos. La palabra traducida "diácono" en la Escritura es simplemente la palabra griega para "siervo", y la Escritura la usa para describir a cualquiera que sirva en *cualquier* función en la iglesia o entre los creyentes (Jn. 12:26; Rom. 16:1). Sin embargo, Hechos 6 deja en claro que algunos son "sirvientes" en un sentido especial.

Hechos 6 nos enseña, primero, que el oficio de estos siervos especiales, el oficio de diácono, es un *oficio* al cual uno debe ser *ordenado* (vv. 3, 6; ver también Fil. 1:1 y 1 Tim. 3:10, 13). Esto implica que el oficio es más que una cuestión de mantener los libros financieros de la iglesia. Esto también implica que ciertas aptitudes *espirituales* son necesarias (Hch. 6:3; véase también 1 Tim. 3:8-13).

Hechos 6:3 sugiere, y 1 Timoteo 3:8-13 confirma, que los diáconos, como los ancianos y los ministros, deben ser *varones*. Esto se desprende del hecho de que es un oficio ordenado que involucra el ejercicio de la *autoridad* en la iglesia, aunque no la misma autoridad gobernante que tienen los ancianos. Las iglesias que tienen mujeres como diáconos son tan desobedientes a la Palabra de Dios como aquellas que tienen ancianas y predicadoras.

También aprendemos de Hechos 6, que nos habla sobre las viudas griegas, acerca del oficio y la función de los diáconos. Su labor implica especialmente el cuidado de los necesitados.

Sin embargo, que esto implica más que el cuidado de las viudas y atender a las mesas, es claro en Hechos 4:35. Allí vemos que el "empleo" que los apóstoles entregaron a los diáconos consistía en recolectar y distribuir para todos los que estaban en necesidad.

También enfatizaríamos que, al hacer este trabajo como funcionarios ordenados de la iglesia llamada por el mismo Cristo, los diáconos realizan más que mera caridad. Debe seguirse que, después de haber sido ordenados en el servicio a Cristo en este trabajo, los diáconos son responsables de ayudar en nombre de Cristo y por su causa: "Es muy benéfico que no solo administren socorro a los pobres e indigentes a través de dones externos, sino también con palabras reconfortantes de la Escritura".[38]

Al hacer esto, los diáconos están cumpliendo una cierta función sacerdotal en la iglesia. Al igual que los sacerdotes del Antiguo Testamento, el suyo es un oficio de misericordia, ya que reciben los dones que son traídos y los "ofrecen" en el servicio de Cristo y de su pueblo.

Creemos que deben seguir la regla de Gálatas 6:10 en su trabajo, para que su oficio sea primario y especialmente para la iglesia. Cuando su oficio sea restaurado en la iglesia, las palabras del Salmo 37:25 serán verdaderas: "Y no he visto justo desamparado, ni su descendencia que mendigue pan".

El oficio de Pastor y Maestro

El oficio de pastor y maestro (Ef. 4:11) es el tercer oficio permanente en la iglesia. Que es un oficio que requiere ordenación es visto en 1 Timoteo 4:14 y Romanos 10:15. La tarea principal de quienes ocupan este cargo es trabajar "en predicar y enseñar" (1 Tim. 5:17), es decir, la predicación del evangelio.

Como muestra 1 Timoteo 5:17, los que trabajan en predicar y enseñar son ancianos junto con aquellos que gobiernan en la iglesia. De hecho, este versículo nos muestra

---

[38] Form of Ordination of Elders and Deacons [Forma de ordenación de ancianos y diáconos], en *The Confessions and the Church Order of the Protestant Reformed Churches* (Grandville, MI: Protestant Reformed Churces in America, 2005), 292.

que los ministros del evangelio también gobiernan, así como los ancianos gobernantes también son pastores (Hch. 20:28). La Escritura no hacen una separación absoluta entre los dos cargos de anciano gobernante y ministro.

La tarea principal de los ancianos que trabajan "en predicar y enseñar" es la predicación del evangelio. Esto se muestra en 2 Timoteo 4:2 y muchos otros pasajes. Este oficio, como nos recuerda Efesios 4:11, es un oficio *docente*. El trabajo del predicador, por lo tanto, no es entretener. Su trabajo ni siquiera es principalmente "evangelizar"; en el sentido usual de esa palabra. Su trabajo es la enseñanza.

Necesitamos enfatizar esto. Muchos predicadores del evangelio parecen haberlo olvidado. Lo que sea que estén haciendo, están enseñando muy poco. A menudo, los miembros de la congregación se sientan bajo su predicación durante años para aprender casi nada. Eso no siempre es culpa del predicador, por supuesto, pero la mayoría de las veces lo es.

El predicador no solo tiene el llamado de enseñar a los miembros mayores de la congregación, sino también a los niños (Jn. 21:15). Él debe, entonces, dar instrucción regular a los niños de la iglesia, enseñándoles historia bíblica y doctrina bíblica, y no utilizando "sermones infantiles" tontos e inútiles, donde nada relevante se enseña o aprende.

El predicador incluso tiene el llamado a instruir a los hombres jóvenes y a prepararlos para el ministerio de la Palabra (2 Tim. 2:2). En armonía con esto, las iglesias reformadas siempre han designado ministros del evangelio para esta obra. En esto, como en todo lo demás, un predicador es también un pastor, un pastor del pueblo de Dios con la gran responsabilidad de cuidarlos (Ez. 34:1-6).

Como parte de su llamado a enseñar, el predicador también tiene la responsabilidad de leer y estudiar (1 Tim. 4:13) y prestar atención a la doctrina, es decir, aprenderla y conocerla (v. 16). Estos deberes a menudo son descuidados por quienes ocupan este cargo. Por esta razón, es preferible que quienes ocupan el cargo tengan la oportunidad de "prestar atención a la doctrina" y recibir capacitación e instrucción antes de asumir sus responsabilidades. Cómo se lleve esto a cabo no es tan importante como el *que* tiene que hacerse.

La congregación también tiene una responsabilidad en todo esto. Al igual que la iglesia en Colosas, deben decirle a su predicador: "Mira que cumplas el ministerio que recibiste en el Señor" (Col. 4:17). La congregación *debe* decir esto. Deben decirlo con frecuencia, y especialmente cuando el ministro no presta atención a sus responsabilidades bíblicas.

Este oficio de pastor o maestro no está destinado a ser un trabajo fácil para aquellos que lo ocupan, pero está designado por Dios para la salvación de su pueblo. ¡Ay de aquellos pastores que no alimentan al rebaño (Ez. 34:2)!

Gobierno eclesiástico

Una cosa que a menudo ha dividido a la iglesia de Cristo Jesús es todo el asunto del gobierno de la iglesia, particularmente la cuestión de la independencia versus el denominacionalismo. Es con cierta inquietud, por lo tanto, que abordamos este tema.

Creemos que el independentismo no solo es incorrecto, sino mortal en lo que respecta a la existencia de la iglesia. Lo vemos como la razón más importante para el declive de la iglesia en muchos lugares.

El independentismo deja tanto a los miembros como a los oficiales de la iglesia sin recurso ni ayuda cuando surgen problemas. Por lo tanto, ignora la Palabra de Dios en Proverbios 24:6 y pasajes similares. No sigue el patrón de Hechos 15, y no promueve la unidad en una base más amplia que la iglesia local.

Sin embargo, las fallas también se encuentran en el otro lado. Con demasiada frecuencia, la iglesia es dirigida "de arriba hacia abajo" por comités y juntas para las cuales no hay una orden bíblica, de modo que ni la iglesia local ni sus miembros tienen "nada que decir" en la iglesia. Tampoco, en ese caso, los líderes de la iglesia son responsables ante los miembros (o cualquier persona) por su conducta.

Esto, en denominaciones presbiterianas y reformadas, es jerarquismo, una especie de papado en el cual las asambleas y comités tienen en la iglesia el poder que solo Cristo debería tener. También abominamos esto.

Creemos que la Biblia nos da una respuesta que evita los problemas de ambos lados. Esa respuesta es, primero, que en el trabajo que Cristo ha dado a ellos para que hagan, las congregaciones *deben* unirse para ayuda y supervisión mutua (Hch. 15). Esto es necesario para "guardar la unidad del Espíritu" (Ef. 4:3).

Segundo, debe mantenerse la "autonomía" (autogobierno) de la iglesia local. Es a la iglesia, no a las asambleas o comités de la iglesia, a quien pertenecen la obra de predicar el evangelio, el administrar los sacramentos y el ejercer la disciplina cristiana (Hch. 13:1-4; 1 Cor. 5:4-5). La autoridad que Cristo ha dado para estas cosas reside en la iglesia local. La iglesia, por lo tanto, no opera de arriba hacia abajo. Esto también significa que las asambleas deben estar cuidadosamente limitadas en sus funciones. Como en Hechos 15, deben ser para ayuda y consejo mutuo. Cuando estas asambleas toman decisiones bíblicas sobre asuntos que se les presentan, estas decisiones deben ser atendidas (vv. 23-29), no porque alguna autoridad superior lo haya decretado, sino *porque las iglesias mismas en conjunto* lo han decidido en armonía con la Palabra de Dios.

Tercero, en la iglesia local los oficios deben operar de acuerdo con el patrón establecido en la Escritura, y todos los oficiales de la iglesia deben responder ante la iglesia misma, es decir, ante el cuerpo de creyentes. Aún con toda la autoridad que Cristo les ha dado, no son señores sobre la iglesia, sino servidores de ella (2 Cor. 4:5; Col. 4:17).

Estos son los primeros pasos para asegurar que las cosas se hagan decentemente y en buen orden en la iglesia de Cristo Jesús. Este buen orden es necesario para la seguridad y el bienestar de la iglesia.

La verdadera iglesia

¿Cuál es la verdadera iglesia de Cristo Jesús, y dónde se puede encontrar? Esa es una pregunta difícil pero importante, una pregunta que debe hacerse si queremos ser miembros de la iglesia visible. Muy a menudo es una pregunta que no es tan fácil de responder.

Lo que hace que esta pregunta sea más difícil es la posibilidad de que una iglesia que alguna vez fue iglesia de Cristo se convierta en la iglesia falsa. Cristo advierte a la iglesia de Éfeso sobre esta posibilidad en Apocalipsis 2:5.

Que la iglesia de Éfeso estaba en peligro de convertirse en una iglesia falsa es evidente por la amenaza de Cristo de quitar su "candelero". Esos candeleros eran imágenes de la verdadera iglesia, ardiendo con el aceite del Espíritu (Zac. 4:1-6; Heb. 1:9) y existiendo como una luz en el mundo (Mt. 5:14). La iglesia de Éfeso estaba en peligro de perder tanto al Espíritu como su luz. Que la iglesia allí fuera amenazada con la remoción de su candelero de su lugar significaba que ya no sería de Cristo. Él ya no caminaría en ella (Ap. 1:12-13). De la misma manera, Cristo amenaza con escupir a la iglesia de Laodicea de su boca (Ap. 3:16).

Lo que es tan aterrador en el caso de estas dos iglesias es que Cristo las amenaza con juicio por perder su primer amor (Ap. 2:4) y por la tibieza y la seguridad carnal (Ap. 3: 16-17). Sin duda hay muchas iglesias hoy en día que están en peligro de caer bajo los mismos juicios y por las mismas razones.

La verdadera iglesia de Cristo, por lo tanto, es la iglesia que guarda su primer amor (Ap. 2:4), hace lo que Cristo ordena (v. 5), es fiel (v. 10), se arrepiente de sus pecados (v. 16), se aferra a lo que tiene (v. 25), está atenta (Ap. 3:3), se encarga de que sus miembros no contaminen sus vestiduras (v. 4), cumple la palabra de Cristo y no niega su nombre (v. 8). No hay muchas de estas hoy.

Es evidente a partir de estos pasajes que no todas las iglesias son igualmente puras. Las iglesias a las que Cristo se dirige en Apocalipsis 2 y 3 van desde aquellas contra las cuales no tiene quejas hasta las que están amenazadas de destrucción. Sin embargo, a todas se dirige como *iglesias*, como también a la iglesia de Corinto con todos sus problemas.

También debemos tener esto en cuenta, porque significa que, al buscar a la iglesia verdadera, no deberíamos estar buscando una iglesia *perfecta*. Mientras haya pecado en el mundo y en la gente de Dios, no se puede encontrar una iglesia perfecta.

Ninguna iglesia o denominación puede afirmar, como lo hace Roma y como lo hacen también algunas iglesias protestantes, ser la *única* verdadera iglesia de Cristo. Hay una amplia gama de iglesias, más o menos puras y verdaderas, que representan, al menos hasta cierto punto, la iglesia de Cristo Jesús. Si olvidamos que hay imperfecciones en la iglesia en la tierra, podríamos decidir no unirnos a la iglesia, pero eso sería contrario a Hebreos 10:24-25, que dice: "Y considerémonos unos a otros para estimularnos al amor y a las buenas obras; no dejando de congregarnos, como algunos tienen por costumbre, sino exhortándonos; y tanto más, cuanto veis que aquel día se acerca".

Sin embargo, las palabras de Cristo a las iglesias en Apocalipsis 2 y 3 dejan en claro que, tanto al buscar la membresía de la iglesia como al cumplir con las responsabilidades de la membresía de la iglesia, debemos buscar la pureza, la verdad y la fidelidad por la causa de él.

Las marcas de la verdadera iglesia

Que la verdadera iglesia de Cristo *puede* ser encontrada en el mundo es evidente por la promesa de Cristo: "edificaré mi iglesia; y las puertas del Hades no prevalecerán contra ella." (Mt. 16:18). Pero ¿Cómo y dónde encontramos esa iglesia verdadera para poder unirnos a ella en obediencia a Hebreos 10:25?

La cuestión de la membresía es urgente a la luz del hecho de que la iglesia verdadera no está representada por una sola iglesia o denominación, como hemos demostrado. Con la abundancia de diferentes iglesias y denominaciones disponibles hoy, ¿a cuál debemos unirnos? La respuesta es que debemos unirnos a la iglesia que es más fiel a Cristo y, por lo tanto, la más pura (aunque nunca perfectamente pura) en doctrina, vida y práctica.

Así, hablamos de las *marcas de la verdadera iglesia*. Estas son marcas que indican hasta qué punto una iglesia es fiel a Cristo y a su Palabra. En la medida en que una iglesia tenga estas marcas, es parte de la verdadera iglesia de Cristo. Cualquier supuesta iglesia que carezca de estas marcas se ha convertido en una iglesia falsa, una "sinagoga de Satanás" (Ap. 2:9).

Existe cierto debate sobre el número y la naturaleza de estas "marcas". La Confesión de fe Belga menciona la predicación pura de la Palabra, la administración de los sacramentos de acuerdo con el mandato de Cristo y el fiel ejercicio de la disciplina cristiana en la iglesia[39] (Mt. 16:18-19; Mt 28:19-20; 1 Cor.11: 23-34). Algunos agregarían más a la tercera marca o la reemplazarían por la adoración bíblica.

Sin embargo, es evidente que todo esto se suma en una marca: que *todo* en la iglesia se hace en obediencia a Cristo. Como dice la Confesión Belga, la verdadera iglesia es donde "se observa una conducta de acuerdo con la Palabra pura de Dios, desechando todo lo que se opone a ella, teniendo a Cristo Jesús por la única Cabeza".[40]

Ya sea que hablemos de una o varias marcas, ciertas cosas son marcas de la iglesia verdadera porque son marcas de la *presencia de Cristo* en la iglesia. Eso es lo que importa. Si Cristo no está presente (Ap. 1:12-13; Ap. 2:5), todo lo que la iglesia hace es en vano, y la membresía no tiene sentido. Ni siquiera se le puede llamar *iglesia* a aquello si Cristo no está allí.

Debemos recordar esto al criar a nuestros hijos. Si las marcas de la presencia de Cristo apenas se encuentran en una iglesia en particular, ¿qué esperanzas tenemos para nuestros hijos? Solo Cristo, por su presencia, es capaz de salvarlos y mostrarles el camino.

Que las marcas de la verdadera iglesia muestran la presencia de Cristo es especialmente evidente en relación con la predicación del evangelio. Realizada correctamente, la predicación es *Cristo mismo hablando en la iglesia* (Jn. 10:27; 1 Cor. 1:23-24; Ef. 2:17). La predicación bíblica pura es prueba, por lo tanto, de la presencia de Cristo. Lo mismo es cierto de los sacramentos y la disciplina.

---

[39] La confesión belga, artículo 29.
[40] ibid

Se debe enfatizar que estas son marcas de la presencia *de Cristo*. No nos unimos a la iglesia por los miembros, por su conducta piadosa o amistad, tan importantes como esas cosas son. Nos unimos a la iglesia para seguir a Cristo, el único Salvador y Obispo de nuestras almas.

El evangelio

La gran vocación de la iglesia —realmente la *única* vocación de la iglesia—, es predicar el Evangelio. Esta es ciertamente la intención de la "gran comisión" en Mateo 28:19. Sin embargo, pocas personas parecen saber qué es el evangelio.

La palabra *evangelio* significa literalmente "buenas noticias", o en las palabras del ángel que anunció el nacimiento de Cristo, "buenas nuevas". De hecho, el contenido del evangelio es la mejor noticia que se haya escuchado en este mundo lleno de pecados. Es una buena noticia porque habla de la salvación por la gracia libre y soberana de Dios.

Sin embargo, hay muchos que cambian el mensaje del evangelio para que ya no sea una *buena* noticia. Por sus errores, el evangelio llega a ser una noticia no mejor que las que leemos en los diarios. Esto es especialmente cierto para aquellos que pervierten el evangelio al hacer que la salvación dependa de las propias obras del hombre. La salvación por obras es una mala noticia, ya que la Biblia nos asegura que todas nuestras obras son malas (Sal. 14:1) y nuestras justicias como trapos de inmundicia (Is. 64:6).

El evangelio ya no es una buena noticia cuando se sugiere, ya sea en el mensaje mismo o en la forma en que se presenta ese mensaje, que la salvación depende de la voluntad, la elección y decisión del pecador. Esa es una noticia horrible para criaturas cambiantes, indecisas, indispuestas y desobedientes como nosotros (Jn. 5:40; Jn. 6:44; Jn. 8:44).

Una noticia igualmente inquietante, a menudo publicada como el evangelio, es la enseñanza de que Cristo murió por todos y que Dios ama y quiere salvar a todos sin excepción. La enseñanza de que Cristo murió por todos no es una buena noticia si algunos por quienes supuestamente Cristo murió, terminan en el infierno. La enseñanza de que Dios ama a todos y quiere salvarlos tampoco es una buena noticia cuando implica un Dios que no puede hacer, o que no hace, lo que quiere. Si algunos por quienes Cristo murió van al infierno, esto destruiría toda nuestra confianza en Cristo. Si Dios desea salvar a todos, pero no puede hacerlo, esto destruiría toda nuestra confianza en Dios.

También es incorrecto la práctica de evitar ciertas verdades como inapropiadas para la predicación del evangelio. Hay varios problemas con esta práctica. *Toda* la Escritura es el evangelio. No hay diferencia entre enseñar las verdades de la Escritura y predicar el evangelio. Mateo 28:19, "id, y *haced* discípulos a todas las naciones", nos muestra esto, así como también el ejemplo de los apóstoles en Hechos capítulos 2, 7, 13 y 17, donde la historia de la Biblia, la doctrina, la poesía y todas las profecías son predicadas como el evangelio y donde toda doctrina desde la soberanía de Dios sobre los impíos, hasta la doctrina de la creación y la providencia es incluida. *Cualquier* verdad de la Escritura es una buena noticia para el pueblo de Dios, porque habla del Dios de su salvación.

No menos inquietante es la práctica de reducir el evangelio a unas pocas verdades, generalmente predicadas una y otra vez en un servicio evangelístico vespertino, empleando un texto diferente cada semana y dirigidas a los no salvos que pueden o no estar presentes.

Dirigir un sermón exclusivamente a los no salvos no es bíblico. Toda la gente de Dios necesita escuchar *todas* las verdades de la Escritura. Mientras estén en este mundo, los creyentes deben ser llamados al arrepentimiento y a la fe tanto como los no salvos. Deben ser consolados por las promesas de la Escritura, amonestados por sus advertencias e instruidos por sus preciosas verdades. Que Dios restaure tal predicación en las iglesias.

La predicación

¿Qué es la predicación? ¿Es sólo otra forma de enseñanza, la única diferencia es que la Biblia es enseñada? Si es solo otra

PARTE 5 LA IGLESIA Y LOS SACRAMENTOS

forma de enseñanza, ¿por qué la Escritura enfatiza tanto su importancia? De hecho, la predicación es algo único.

Para entender por qué la predicación es de vital importancia, debemos entender qué es y cómo es única. La Biblia nos dice mucho sobre la predicación, especialmente en las palabras griegas que el Nuevo Testamento usa para "predicar".

Una palabra nos dice cuál es el *contenido* de la predicación. En realidad, esa palabra es una palabra de la cual proviene la palabra en español evangelizar, que significa "traer buenas noticias". La otra palabra, en la que nos enfocaremos, nos muestra de qué se trata la predicación misma. Traducida, la palabra significa "ser un mensajero". Sin embargo, la referencia no es a cualquier mensajero, sino al tipo que alguna vez fue llamado "heraldo". Un heraldo era un mensajero comisionado, generalmente por un rey o un gran gobernante, para llevar un mensaje específico a las personas *en palabras del propio rey*. A un heraldo no se le permitía agregar nada, dejar nada fuera o "interpretar" el mensaje. Simplemente tenía que decir: "¡Así dice el rey!" Era, entonces, muy similar a un embajador (2 Cor. 5:20; Ef. 6:20).

Aplicada a la predicación, la palabra *heraldo* nos enseña que cualquier persona que predica debe ser *comisionada* o enviada por el Rey de reyes, Cristo Jesús. Nadie tiene derecho a designarse predicador ni a hacerse cargo del trabajo por su cuenta. Ni siquiera Cristo hizo eso (Heb. 5:5). Si una persona se establece a sí misma como un predicador, su mensaje no tiene peso oficial, y nadie está obligado a escucharla.

Una ilustración puede ayudar aquí. Como ciudadano privado, puedo tener algún conocimiento de cuáles son los planes de mi gobierno, y al visitar un país extranjero, podría encargarme de informar a ese gobierno sobre los planes de mi propio país. Incluso si mi información es correcta en cada detalle, lo que diga no tiene autoridad y nadie está obligado a prestarle atención. Solo si un embajador o algún otro representante oficial de mi gobierno trae el mensaje, el gobierno extranjero está obligado a escuchar.

Así, la Escritura nos dicen que los que predican deben ser *enviados* (Rom. 10:15). Si no son enviados, nadie debe prestar atención a lo que dicen. Este envío lo realiza el *Espíritu Santo a través de la iglesia* por medio de la ordenación o la imposición de manos, como lo demuestra Hechos tan claramente en el caso del mismo apóstol Pablo (Hch. 13:1-3).

Esto también implica que el ministro es responsable no solo ante Dios, sino también ante la iglesia o las iglesias que lo envían (Hch. 14:27). Un llamado siempre significa responsabilidad. Así como Cristo usa la iglesia para enviar un ministro, también usa la iglesia para llamar al ministro a rendir cuentas con respecto al mensaje que trae.

Por estas razones, creemos en un ministerio ordenado, y no creemos que la "predicación laica" sea bíblica. Los hombres que no son enviados por nadie y que no rinden cuentas a nadie no son verdaderos embajadores o heraldos de Cristo.

Cristo y la predicación

Lo más importante que dice la Biblia acerca de la predicación es que en ésta el pueblo de Dios escucha la voz de Cristo mismo. En Juan 10:27 Jesús nos dice que debemos escuchar su voz.

Que escuchamos su voz en la *predicación* es claro de pasajes como (Rom. 1:16-17; Rom. 10:13-14; 1 Cor. 1:18, 23-24; Ef. 2:17). Observe, por ejemplo, en Efesios 2:17, que es *Cristo* quien viene y predica la paz, tanto a los judíos como a los gentiles. Incluso en el Antiguo Testamento fue el Espíritu de *Cristo* quien habló a través de los profetas (1 P. 1:10-11).

Esto es de suma importancia. Si Cristo no habla a través de la predicación, nadie será salvo por la predicación del evangelio. La voz de *ningún* hombre es capaz de convencer a los pecadores y llevarlos al arrepentimiento. Solo la voz de Cristo puede hacer eso. Nadie tiene poder para convertir a los pecadores y llevarlos a Dios sino a Cristo (Jn. 10:27).

Debido a que Cristo habla a través de la predicación y hace que se escuche su voz, el evangelio es "poder de Dios para salvación" (Rom. 1:16). De hecho, el evangelio es "*Cristo* poder de Dios, y sabiduría de Dios" (1 Cor. 1:23-24).

PARTE 5 LA IGLESIA Y LOS SACRAMENTOS

Que Cristo hable a través del evangelio también explica que el evangelio siempre tiene un efecto de dos partes. Salva, pero también endurece. Es un sabor de vida, pero también de muerte (2 Cor. 2:14-16). Nadie puede acercarse tanto a Cristo como para escuchar su voz y ser neutral. O bien, por la gracia de Dios, amará esa voz y deseará escucharla siempre, u odiará su sonido y le cerrará los oídos y el corazón (Is. 6:9-10).

Cuando las personas tropiezan con la incredulidad, por lo tanto, tropiezan con Cristo. Él es la piedra de tropiezo y la roca de ofensa, no el predicador, al menos no si el evangelio se predica correctamente.

Sin embargo, para que Cristo sea escuchado a través de la predicación del evangelio, varias cosas deben ser ciertas. Primero, *solo la Escritura* debe ser predicada. Ellas, y solo ellas, son la Palabra de Cristo para su pueblo. Las anécdotas, los chistes, el entretenimiento y los propios pensamientos del predicador, por valiosos que sean, no sirven para predicar. La *Palabra sola* debe ser predicada.

Segundo, la predicación debe ser *expositiva*. Esa es otra forma de decir que es la *Palabra* la que se debe predicar. En nuestros días, hay tanta predicación *no* expositiva. Algunos buenos pensamientos son impuestos en un texto de la Escritura, pero la Escritura misma nunca se explica, ni se expone el pasaje elegido.

Tercero, el predicador, como dijimos anteriormente, debe ser *enviado* (Rom. 10:15), es decir, autorizado y ordenado por la iglesia de Cristo (Hch. 13:1-4. Tenga en cuenta que el envío por parte de la iglesia se equipara con el envío del Espíritu Santo en el versículo 4). Si el predicador *no* es enviado, ni él ni su audiencia tienen ninguna garantía de que Cristo lo usará y hablará a través de él. ¿De qué sirve predicar entonces?

Que Dios conceda que la voz de Cristo se escuche una vez más en las iglesias.

La necesidad de la disciplina cristiana

La disciplina bíblica de la iglesia está casi completamente desaparecida en la iglesia hoy. Raramente escuchamos que alguien haya sido excomulgado de la iglesia, excepto por un pecado grave, e incluso la gente no siempre es disciplinada por eso. Las personas que viven vidas no cristianas pueden permanecer en la iglesia como miembros. Los no creyentes sirven en los oficios de la iglesia. A los ministros se les permite predicar cualquier cosa, sin importar cuán no-bíblica sea. El pecado, la incredulidad, la reincidencia y la desobediencia rara vez son reprendidos.

Esto es especialmente cierto en muchas cosas que son consideradas como "pequeños" pecados, pero que son especialmente destructivos cuando se les permite permanecer sin represión ni control en la iglesia. Sería algo inusual que los pecados, como hablar mal de los demás y chismear, fueran reprendidos, o que los pecados como la envidia, el odio o la contienda fuesen señalados como pecado, pero son destructivos tanto para la iglesia como para el servicio a Dios (Prov. 26:17–28; Mt. 5:21-24). Son los pequeños zorros los que estropean la viña (Cnt. 2:15).

El resultado de esta falta de disciplina es que el pecado en todo su poder ruinoso florece y crece en la iglesia, por lo que eventualmente la iglesia es arruinada. Tal como la Palabra nos recuerda al hablar del pecado en la iglesia de Corinto, "¿No sabéis que un poco de levadura leuda toda la masa?" (1 Cor. 5:6). Incluso la falta de primer amor, aunque todo lo demás estaba en su lugar, trajo a la iglesia de Éfeso la amenaza de que se le quitaría el candelero (Ap. 2:1–7).

La disciplina cristiana llega a su conclusión en la censura y la excomunión. A pesar del hecho de que tal acción no es placentera, es de suma importancia para la seguridad y el bienestar de la iglesia, y por eso la Escritura habla de ella con frecuencia (Mt. 18:15-17; 1 Cor. 5:1–13; 2 Tes. 3:14-15; 1 Tim. 1:19–20; Ap. 2:2).

En la Escritura, la excomunión se describe en términos de entregar a una persona a Satanás (1 Cor. 5:5; 1 Tim. 1:20) y de excluirla de la comunión (Mt. 18:17; 2 Tes. 3:14), especialmente de la comunión de la Cena del Señor (1 Cor. 5:11, 13). En algunos casos, involucra una prueba real de aquellos que han pecado (Ap. 2:2).

La disciplina cristiana implica medidas tan extremas que esta es probablemente la razón principal por la que rara vez se lleva a cabo. Sin embargo, es vital no solo para el bienestar de la iglesia, sino también para la salvación del pecador. Habiendo descrito la disciplina en los términos más fuertes posibles, 1 Corintios 5:5 insiste en que el propósito principal de la disciplina es la "destrucción de la carne" y la salvación del espíritu en el día del Señor Jesús (ver también 2 Tes. 3:14). Una de las confesiones reformadas, por lo tanto, se refiere a la excomunión como "el último remedio".[41]

Sin embargo, la disciplina no significa solo excomunión. Implica *vigilancia y represión* por parte de *todos* los miembros. 18 enseña que la iglesia en su conjunto ni siquiera ha de ser llevada al asunto a menos que el pecador, siendo confrontado con su pecado, se niegue a arrepentirse. Estamos convencidos de que habría poca necesidad de disciplina formal y exclusión de la iglesia si los miembros cumplieran fielmente con estas responsabilidades.

El modo de la disciplina cristiana

Debido a que la disciplina cristiana es una cosa tan seria, en la Palabra se ponen reglas cuidadosas para ella, especialmente en 18. Estas reglas son esenciales.

Por un lado, como lo hemos notado, la disciplina comúnmente empieza con *amonestación privada*. Cuando alguien ha pecado contra nosotros o nos ha ofendido, se nos requiere que vayamos a él y le señalemos su pecado, y no que traigamos *primero* el asunto a la iglesia.

Varios aspectos de esta disciplina privada requieren nuestra atención. Primero, cuando enfrentamos el pecado de

---

[41] Fórmula de excomunicación, en *Confessions and Church Order*, 276.

manera privada, es al pecador mismo a quien se le deben decir, *no a todos los demás*. Decir a todos los demás los pecados de otros, es en sí mismo el pecado de cuentear o chismear y es un mal mortal en la iglesia (Prov. 26:20-26). Esta es la razón por la que Jesús dice en 18:15, "repréndele estando *tú y él solos*".

Segundo, es la persona contra la que se peca quien tiene la obligación principal de ir con el que pecó (v. 15). Muchas veces en nuestro orgullo y enojo esperamos que la persona que ha pecado venga a nosotros, y el resultado es que no nos reconciliamos con él.

Tercero, la represión del pecado debe ser hecho con humildad y amor. En Mateo 18 Jesús llama "hermanos" a nuestros santos compañeros pecadores. En 2 Tesalonicenses 3:15 se nos dice que aún quien ha sido excomulgado debe ser amonestado "como hermano". Muy frecuentemente nuestra falla en ganar a un hermano se debe al *modo* en el cual le señalamos sus pecados.

Solo si el pecador no recibe la amonestación ni se arrepiente, el asunto es traído al conocimiento de otros, pero *no* a modo de chisme. Al pecador se le debe de aproximar en presencia de testigos (Mt. 18:16, Num. 35:30), quienes también tiene la obligación, si están convencidos de que ha pecado, de amonestarle (Mt. 18:17).

El asunto es traído a la iglesia, funcionando mediante sus ancianos ordenados, solo si el pecador continúa sin arrepentirse. Entonces, eventualmente, es excomulgado, tanto por el pecado que ha cometido como por su rechazo a arrepentirse. Esta excomunión, como la misma palabra lo sugiere, implica el ser excluido de la mesa del Señor, y finalmente de la membresía y del compañerismo en la iglesia.

Es bueno notar, también, que la Escritura habla de *amonestaciones*, no de una sola amonestación. El amor demanda que se den todas las oportunidades para el arrepentimiento. En el amonestar, tanto como sea posible, el pecador debe ser salvado, especialmente si se arrepiente (2 Cor. 2:5-8). Así la Escritura dice que el amor cubre pecados, no para ocultarlos para no lidiar con ellos, sino para evitar que el pecador sufra vergüenza y reproche, si es posible (Stg. 5:19-20).

PARTE 5 LA IGLESIA Y LOS SACRAMENTOS

Sin embargo, en unos pocos casos la escritura indica que el pecado debe ser inmediata y públicamente reprendido. Así Pablo se enfrentó a Pedro (Gal. 2:11-14), probablemente debido a la posición prominente de Pedro en la iglesia. En 1 Timoteo 5:20 se dan dos casos: donde la persona ha pecado ante todos, esto es, ha pecado públicamente; y donde esa persona es un líder en la iglesia (Pablo está hablando aquí especialmente de los ancianos).

Los pecados deben ser afrontados en la iglesia de este modo y no la destruirán. Nuestro santo Dios no será burlado, sino glorificado en la iglesia, y los pecadores serán salvados.

Los sacramentos

Habiendo hablado de la predicación y la disciplina, venimos ahora al difícil tema de los sacramentos. Por un lado, es algo problemático que los sacramentos, señalados por Cristo como marcas de la unidad de la iglesia, sean la causa principal de divisiones en la iglesia. Por otro lado, casi todo lo que la iglesia cree viene a enfocarse en los sacramentos, así que no es sorpresivo que marquen las divisiones entre las iglesias y entre los cristianos. Hablamos de los sacramentos no para promover divisiones, sino con la esperanza y la oración de que pueda haber unidad en la verdad.

¿Qué son los sacramentos? La palabra *sacramento* viene de una palabra en latín que significa "juramento", y aunque no se encuentra en la Escritura, la usamos porque cada sacramento es una promesa o juramento visible, tangible (palpable), de Cristo para su iglesia.

La palabra *sacramento* se usa para referirse a ciertos ritos especialmente dados por Cristo a su iglesia para confirmar sus promesas a la iglesia. Estos ritos deben ser usados en la iglesia hasta que Cristo regrese (Mt. 28:19-20; 1 Cor. 11:26).

Estos ritos o ceremonias son símbolos o señales. Esto es evidente por el hecho de que Jesús llama al pan de la cena del Señor "mi cuerpo" y a la copa "el nuevo pacto en mi sangre" (Lc. 22:20). Ya que el pan y la copa no pueden ser estas cosas de manera literal, como esperamos mostrar, deben ser señales del cuerpo y la sangre de Cristo.

Vemos esto mismo en el bautismo. La Escritura llama con el mismo nombre tanto al agua del bautismo como al lavamiento de los pecados por la sangre de Cristo. Ambos, la señal y la realidad espiritual tienen el mismo nombre: *bautismo* (compare Hch. 2:41 y 1 P. 3:21).

Estos símbolos y señales son dados para ayudar a nuestra fe (Jue. 6:36-40; Lc. 1:18-20, Lc. 2:12). Ayudan a nuestra fe de dos maneras: representando las realidades espirituales e invisibles; y señalando a Cristo como el completo Salvador. Los necesitamos porque muchas veces nuestra fe es débil, y debemos creer sin ver (Jn. 20:29; 2 Cor. 5:7).

Confiando que hay continuidad entre la circuncisión y el bautismo, y entre la pascua y la cena del Señor, vemos a los sacramentos también como *sellos* (Rom. 4:11). De hecho, si hay señales, también debe de haber sellos, ya que las señales siempre confirman o sellan algo.

Como sellos, los sacramentos funcionan no solo al representar las realidades espirituales a los creyentes y al enseñarnos ciertas cosas, sino también al *fortalecer y confirmar nuestra fe*. Los sacramentos fortalecen nuestra fe al asegurarnos en el bautismo que tan cierto como el agua lava nuestros cuerpos, así la sangre de Cristo lava nuestras almas, y en la Cena del Señor, tan cierto como el pan y el vino nos nutren y refrescan, así Cristo es diariamente la comida y bebida y vida de nuestras almas.

Los sacramentos, entonces, son un testimonio maravilloso y notable de la bondad y misericordia de Dios, quien no nos desprecia, sino nos apoya en nuestra debilidad. Por esa razón los sacramentos son necesarios, y nuestro uso de ellos es una evidencia de nuestra confianza en Dios.

Dos sacramentos

¿Por qué es que hay dos sacramentos y solo dos? Esta pregunta necesita una respuesta debido a los errores del

PARTE 5 LA IGLESIA Y LOS SACRAMENTOS

Romanismo con sus siete sacramentos, y debido a la tendencia de algunos grupos protestantes de exaltar, cosas tales como el lavado de pies, el manejo de serpientes, y otros ritos, a un lugar en la iglesia donde son igualadas a los sacramentos.

¿Cómo sabemos que algo es un sacramento? La respuesta es que debe ser un *ritual simbólico* mandado por Cristo mismo y confirmado por el mandato o práctica de los apóstoles. Nosotros nos referimos a esto como la "institución" de los sacramentos. Esto excluye el lavado de pies, el cual, aunque lo hizo Cristo, ni está mandado por él como un rito de la iglesia, ni está confirmado ya sea por el mandato o el ejemplo de los apóstoles.

Es claro que los sacramentos añadidos por Roma no llenan estos criterios más que el lavamiento de los pies. La confirmación de los niños, la penitencia y las órdenes religiosas no son símbolos de nada, y prácticas tales como los últimos ritos ("la extrema unción") y las órdenes religiosas, no están ordenadas por Cristo o por los apóstoles. Ni siquiera el matrimonio, aunque es un símbolo, es requerido por Cristo o por los apóstoles como sacramento de la iglesia (1 Cor. 7:1, 6-8, 25-27, 32-34).

Sin embargo, todo esto no responde la pregunta, ¿Por qué dos sacramentos? Y más particularmente, ¿por qué estos dos —el bautismo y la cena del Señor—? Estas preguntas deben ser respondidas de manera que se haga un uso más provechoso de los sacramentos.

La razón por la que hay solo dos sacramentos se encuentra en los sacramentos mismos. Juntos simbolizan la *totalidad* de nuestra vida cristiana. El bautismo simboliza nuestra *entrada en* el pacto y la salvación de Dios y *la manera* en la que entramos. La cena del Señor simboliza nuestra vida *dentro* de ese pacto al disfrutar y vivir la salvación que Cristo nos ha dado libremente. No hay necesidad o lugar, por lo tanto, para otros sacramentos, porque no hay nada más que simbolizar.

Lo maravilloso de los sacramentos es que, al representar estos dos aspectos de nuestra vida cristiana, dan un testimonio unido a Cristo. Juntos dicen que todo lo que tenemos es de él, a través de él, por él, y en él —que sin él no somos nada y no tenemos nada—. Juntos dicen lo que Pedro dice en Hechos 4:12: "Y en ningún otro hay salvación; porque no hay otro nombre bajo el cielo, dado a los hombres, en que podamos ser salvos". El testimonio de ellos es el de Pablo en Efesios 1:3: que tenemos "*toda* bendición espiritual" *en Cristo*.

Los sacramentos hablan del hecho de que la muerte y la sangre de Cristo son centrales. El bautismo nos recuerda que por su sangre y su sacrificio entramos en la vida cristiana. La cena del Señor agrega que, por la sangre y el sacrificio de Cristo, vivimos y nos movemos y tenemos nuestro ser espiritual, fortaleza y alimento, una vez que hemos entrado en la comunión con Dios. El sacrificio de Cristo es todo para nosotros.

¡Qué maravillosos dones nos ha dado Dios en los sacramentos! No los usemos descuidadamente o sin fe.

El símbolo del bautismo

Comenzamos nuestro estudio del bautismo con cierto temor, sabiendo las diferencias que existen entre los cristianos sobre este importante asunto. A pesar de eso, y aunque no tenemos ningún deseo de ofender a los que son de una postura Bautista, creemos que el testimonio de la Escritura es muy claro al respecto. Sólo pedimos que escuchen lo que tenemos que decir.

La primera cuestión a ver es, entonces, el *simbolismo* del bautismo. No creemos que las aguas bautismales en sí tengan ninguna eficacia o poder como lo creen y enseñan el romanismo, el anglicanismo y el luteranismo. Su valor radica más bien en el hecho de que es un *símbolo*.

Todos estarían de acuerdo, estamos seguros, de que el agua del bautismo simboliza la sangre de Cristo, y que la aplicación del agua (dejamos de lado por el momento la cuestión de *cómo* este es aplicado) representa el lavamiento de nuestros pecados por la sangre preciosa de Cristo.

En otras palabras, el bautismo representa la aplicación de la salvación en la justificación (la eliminación de la culpa de nuestros pecados) y en la santificación (la eliminación de la suciedad y la contaminación de nuestros pecados). Por lo tanto, el bautismo representa el perdón de nuestros pecados mientras recibimos ese perdón en nuestra justificación y a través de la fe, como también la obra de Dios por la cual somos hechos santos en la regeneración y en la santificación.

En la medida en que el bautismo representa la aplicación de la salvación —el lavamiento de nuestros pecados en la justificación y la santificación— el agua no sólo representa la sangre de Cristo sino también el *Espíritu* de Cristo. Él es el único en quién y por quien uno es lavado (bautizado) tanto en el la remisión como en la limpieza del pecado.

Esta es la razón de porque la Escritura describe el don del Espíritu como un bautismo (Mt. 3:11; Hch. 1: 5, Hch. 11:16; 1 Cor. 12:13). Es un bautismo, pero no por ninguna otra razón sino por aquella de que el Espíritu tiene una función importante en la purificación del pecado. él es el quien aplica a nosotros la sangre de Cristo tanto para nuestra justificación como para nuestra santificación, y ya que él hace esto entregándose a nosotros, podemos decir que somos bautizados no sólo *en la sangre* de Cristo sino también *en* o *con el Espíritu* cuando somos salvados.

Esto tiene muchas consecuencias importantes. Por un lado, es la respuesta al error del pentecostalismo que enseña que el bautismo en el Espíritu Santo es algo adicional y posterior a la salvación. El bautismo en o con el Espíritu de Cristo no es otra cosa que la salvación. Esto es claro en la Escritura (Hch. 2:38, 39; Rom. 5:1-5; Rom. 8:9; 1 Cor. 12:13 comparados con Jn. 7:37-39; Gál. 3:2; Ef. 1:13,14).

Todo esto tiene consecuencias también para el *modo* del bautismo. Si las aguas bautismales representan *tanto* la sangre como el Espíritu de Cristo, debe ser bien observado que la Escritura invariablemente describe la aplicación de ambos en términos de derramamiento o rocío. Este es un punto que vamos a explicar bajo el encabezado de "El modo de bautismo". El punto aquí es que el bautismo bellamente simboliza la limpieza y el removimiento de los pecados *por la sangre y por el Espíritu de Cristo Jesús*, y así se muestra el cómo entramos en el pacto de Dios: Solo por gracia y sólo a través de Cristo.

La señal y la realidad del bautismo

Es de suma importancia cuando se habla del bautismo darse cuenta de que el Nuevo Testamento utiliza la palabra *bautismo* de dos maneras diferentes. La falta de reconocimiento a esto a menudo conduce a malentendidos y errores.

A veces cuando el Nuevo Testamento usa la palabra *bautismo* se refiere al sacramento o rito: a lo que podríamos llamar el *bautismo en agua* (Mt. 3:7; Mt. 28:19; Hch. 2:38, 41; 1 Cor. 10:2). El bautismo en agua no es realmente un *bautismo*, propiamente hablando, sino la *señal* del bautismo, un símbolo que apunta a una realidad espiritual invisible.

A diferencia del símbolo o señal, la *realidad del bautismo* es el lavamiento de los pecados por la sangre y por el Espíritu de Cristo. Esa es la realidad de la que el bautismo en agua es solo una representación. Hablando del bautismo en este sentido espiritual, es enteramente apropiado decir que el bautismo nos salva (1 P. 3:21).

Muchos pasajes en el Nuevo Testamento hablan de esta realidad espiritual salvífica y no de la señal del bautismo en agua. Los más notables de ellos son Romanos 6:3-6, 1 Corintios 12:13, Gálatas 3:27, Efesios 4:5, Colosenses 2:12, y todos aquellos pasajes que hablan del bautismo en o con el Espíritu Santo.

Ninguno de estos pasajes habla del bautismo en agua. A menos que nos demos cuenta de esto podemos caer en todo tipo de errores y llegar a conclusiones muy equivocadas, como el *agua* salva (1 P. 3:21) o el *agua* nos lleva al compañerismo y a la comunión con Cristo (1 Cor. 12:13).

La diferencia entre la señal y la realidad es evidente en el hecho de que no todos los que son bautizados con agua reciben la *realidad* del bautismo. Tampoco aquellos que permanecen sin ser bautizados con agua por esta razón perderán la realidad espiritual del bautismo por la cual somos salvos.

Sin embargo, los dos están relacionados. El uno es la señal o la imagen del otro, y eso no puede ser olvidado. Una señal de transito que diga "Chicago" pero apunte a Houston solo confundiría y engañaría. La señal debe siempre apuntar a

PARTE 5 LA IGLESIA Y LOS SACRAMENTOS

la realidad si va a ser de ayuda para nosotros. Así, la señal debe coincidir con la realidad y la realidad debe coincidir con la señal.

Por ejemplo, la cuestión del modo de bautismo en *agua* puede en cierta medida ser contestada examinando el modo de bautismo *espiritual*. Si nos preguntamos, "¿Cómo somos bautizados por la sangre y el Espíritu de Cristo?" la respuesta de la Escritura es, "por el derramamiento o aspersión". Sería extraño, por no decir engañoso, si la señal y la realidad no coinciden en ese punto.

Del mismo modo la realidad también debe coincidir con la señal. No serviría de nada el *comer* del pan y *beber* del vino, aunque ellos también representan la muerte de Cristo, como símbolos de la *purificación* del pecado por el sacrificio de Cristo. La señal debe sugerir la limpieza también.

De hecho, Cristo nos ha dado la señal para ayudarnos a entender y creer la realidad. Tal vez diga, "¿Puede algo realmente *lavar* mis pecados —lavarlos por *completo*—? Creo que eso es demasiado para creerlo. Mis pecados son muchos demasiado grandes y demasiados". Entonces así la señal del bautismo dice, "Tan cierto como el agua lava la inmundicia del cuerpo, así también lo hace la sangre de Cristo verdaderamente al lavar el pecado", y así anima a mi fe en Cristo y en su sacrificio.

El significado del bautismo

A menudo se ha afirmado que la palabra *bautismo* del Nuevo Testamento significa sólo "sumergir" o "inmersión". Sin entrar aquí en toda la cuestión del modo del bautismo, un pequeño estudio sobre las palabras mostrará que este no es el caso.

Tal estudio mostrará que hay una serie de pasajes en el Nuevo Testamento en los cuales la palabra *bautismo* no puede y no tiene el significado de "sumergir" o de "inmersión". Pedimos por tanto con quienes creen lo contrario de escuchar el lado nuestro de la cuestión y no acusarnos ciegamente como quienes siguen tradiciones humanas al no practicar el bautismo por inmersión. Bautismo no significa "inmersión" en ninguno de los siguientes pasajes de la Escritura.

Marcos 10:38-39: "Pero Jesús les dijo: No sabéis lo que pedís. ¿Podéis beber la copa que yo bebo, o ser bautizados con el bautismo con que soy bautizado?" Aquí se habla del bautismo, pero entender el bautismo como inmersión en este pasaje no tiene sentido alguno. Jesús se refiere, por supuesto, a su sufrimiento y muerte en estos versículos (véase también Lc. 12:50). Decir que él debía ser inmerso en sufrimiento o muerte no es el punto aquí.

1 Corintios 10:2 "y en Moisés todos fueron bautizados en la nube y en el mar". Este versículo habla de que los israelitas fueron bautizados en Moisés. Ellos *no* fueron bautizados en la nube o en el mar, pero literalmente, en el griego, "en" Moisés mismo, "por" la nube y el mar. ¿Puede el versículo posiblemente estar diciendo que ellos se sumergieron en Moisés? Entonces la palabra *bautismo* debe significar algo más.

1 Corintios 1:13: "¿Está dividido Cristo? ¿Acaso fue Pablo crucificado por vosotros? ¿O fuisteis bautizados en el nombre de Pablo?" Aquí Pablo usa un lenguaje similar al de 1 Corintios 10:2 y Jesús mismo habla de manera similar en Mateo 28:19. ¿Qué podría significar estar *inmerso* en el *nombre* del Padre, del Hijo y del Espíritu Santo, o de Pablo o en cualquier otro nombre?

1 Corintios 12:13: "Pues por un mismo Espíritu todos fuimos bautizados en un solo cuerpo, ya judíos o griegos, ya esclavos o libres, y a todos se nos dio a beber del mismo Espíritu". ¿Puede la Palabra de Dios estar diciendo que somos *sumergidos* en un cuerpo? Es difícil ver cómo podría ser este el significado apropiado. De hecho, la misma palabra aquí no habla de inmersión, ¡sino de beber!

Los versículos que hablan del bautismo en o con el Espíritu Santo no se refieren a una inmersión, sino más bien a la efusión, derramamiento o rociar del Espíritu (Hch. 1:5, Hch. 2:17, 18). No somos inmersos en el Espíritu Santo.

Entonces, ¿Qué significa la palabra *bautismo*? Significa "traer dos cosas en el contacto cercano para que la condición del uno sea cambiada por el otro". La Palabra no dice nada al respecto de *cómo* este contacto ocurre: ya sea por aspersión, derramamiento, inmersión, o cualquier otro modo.

Por lo tanto, ser bautizados en Moisés, como dice 1 Corintios 10:2, significaba que Israel se puso en contacto con él como el mediador figurativo y designado por Dios. De esa manera Israel cambió su condición de estar en esclavitud a estar en libertad. Que Cristo haya sido bautizado con muerte no significa que él haya sido sumergido en ella, sino que él fue puesto en contacto cercano con ella para su condición fuera cambiada de ser contado como culpable ante Dios por nosotros, a ser justificado en nuestro nombre.

Cuando Romanos 6:1-6 dice que somos bautizados en la muerte y resurrección de Cristo, no está diciendo que de alguna manera estamos siendo inmersos en esos acontecimientos (cualquier cosa que eso significaría). Se refiere más bien al hecho de que nosotros por la fe somos traídos en contacto con su muerte y resurrección de tal manera que nuestra condición totalmente y eternamente cambiada. Este es el significado y la realidad del bautismo de los creyentes.

El modo del bautismo

Al hablar del modo de bautismo, no deseamos antagonizar con nadie o promover división dentro de la iglesia de Cristo. Es nuestro deseo más profundo ver la unidad en estos asuntos, especialmente con aquellos que en otros temas están en acuerdo con nosotros.

A menudo escuchamos decir que no hay ninguna base bíblica para rociar agua a infantes y que tal práctica no es más que un remanente del Catolicismo Romano. De hecho, hay un número de libros anti-calvinistas en el mercado que simplemente asumen que, si una iglesia bautiza infantes, también debe de estar equivocada en otros asuntos doctrinales.

En lo que se refiere al modo de bautismo, no sólo creemos que hay una sana, base bíblica para la práctica de la aspersión de agua, pero que es el *único* modo de bautismo reconocido por la Escritura. Echemos un vistazo más de cerca a este asunto.

En cuanto a la acusación de que la aspersión es simplemente una remanencia del Romanismo, cabe señalar que esto no es un argumento en absoluto. Si todo lo que Roma enseña y que es encontrado en el Protestantismo debe ser descartado, incluso la doctrina de la Trinidad tiene que irse. Por otra parte, la liturgia Romana, para el bautismo de los niños en sus instrucciones para las personas que realizan el bautismo, dice, "Él debe de sumergir al niño o verter el agua en él". Roma, también, sumerge. Por lo tanto, los llamados argumentos sobre el Romanismo pueden ser dejados de lado.

En cuanto al fundamento bíblico para rociar o derramar, la evidencia nos parece ser inequívoca. Señalaremos los siguientes hechos: Todos los bautismos ceremoniales del Antiguo Testamento eran por aspersión o rocío. Que estos eran realmente bautizos se desprende de Hebreo 9:10, donde la palabra del Nuevo Testamento para *bautismo* se utiliza, pero se traduce en la Reina Valera 1960 como "rociar" (ver también He. 9:13, 19, 21).

El bautismo del Espíritu Santo, simbolizado por el bautismo en agua, siempre se describe en relación al rocío o derramamiento (Is. 44:3; Ez. 36:25; Jl. 2:28, 29; Mal. 3:10; Hch. 2:17, 18; Hch. 10:44, 45).

Del mismo modo, la aplicación a nosotros de la sangre de Cristo, simbolizada por el agua del bautismo, siempre se describe en la Escritura como aspersión o rocío (Is. 52:15; He. 10:22; He. 12:24; 1 P. 1:2).

Los grandes bautismos típicos del Antiguo Testamento, llamados bautizos en el Nuevo Testamento (1 Cor. 10:2; 1 P. 3:20, 21), no fueron por inmersión. De hecho, los únicos que estaban siendo *sumergidos* en estos bautismos eran Faraón y sus ejércitos y el mundo de los impíos en el tiempo de Noé. Así como también los impíos serán sumergidos en el lago de fuego. La inmersión es una imagen, creemos, de juicio, no de la salvación.

Los bautismos del Eunuco Etíope y de Jesús

Continuando con nuestro estudio del modo del bautismo, deseamos ver los bautismos del eunuco etíope (Hch. 8) y de

PARTE 5 LA IGLESIA Y LOS SACRAMENTOS

Jesús (Mt. 3, Mr. 1). Generalmente son los ejemplos más claros en la escritura del bautismo por inmersión.

El bautismo del eunuco. Generalmente se asume que las palabras "descendieron ambos al agua" y "subieron del agua" en Hechos 8:38-39 describen el *bautismo* del eunuco y que el debió de haber sido sumergido. Hay dos problemas con este punto de vista.

Un problema son las preposiciones usadas —"al" (*eis* en griego) y "del" (*ek*) no implican inmersión en absoluto. Ni siquiera implican necesariamente que alguien estuvo en el agua. La palabra *al* en el Nuevo Testamento se traduce de diferentes maneras, incluyendo: "a", "en", "al", "para", "hacia", "hasta". Esto se puede comprobar con una buena concordancia. Las palabras *"del"* también se traducen de varias maneras: "de", "desde", "fuera de". Sustituir estas traducciones diferentes en los dos versículos mostrará inmediatamente la diferencia que esto hace. El punto es que estas dos palabras no están describiendo al bautismo en absoluto, sino lo que sucedió inmediatamente antes y después del bautismo.

Las dos preposiciones usadas en Hechos 8 obviamente no pueden describir el bautismo ya que ambas son aplicadas al eunuco y a Felipe. Si están describiendo un bautismo por inmersión, entonces Felipe también se bautizó a sí mismo por inmersión. él también "descendió al" y "subió del" agua. Estas palabras, o describen el bautismo por inmersión de ambos — Felipe bautizándose a sí mismo y al eunuco— o no describen al bautismo para nada.

Finalmente, y más importante, el bautismo de Jesús, cuando se ve a la luz de la Escritura, no pudo haber sido por inmersión. Veamos algunos hechos acerca del bautismo de Jesús que son dados en Mateo 3 y Marcos 1.

En Marcos 1 son usadas las mismas palabras en griego que en Hechos 8. En Mateo 3:16 se usa una preposición diferente, la palabra griega *apo*. Esta palabra se ha traducido como "desde" y "fuera de".

Hay una consideración posterior en la historia del bautismo de Jesús. No se debe pasar por alto que fue bautizado a los treinta años (Lc. 3:23), por un sacerdote (Jn. el bautista era sacerdote como su padre, Zacarías, Lc. 1:5, 13), y con agua. Al momento de su bautismo, Jesús dijo de estas cosas, "así conviene que cumplamos toda justicia" (Mt. 3:15).

Que Jesús cumplió con "toda justicia" mediante su bautismo solo puede referirse al cumplimiento de todas las justas demandas de la ley. ¿Qué ley? Era la ley para la consagración de un sacerdote. Un sacerdote no estaba consagrado sino hasta los treinta años (Núm. 4:3, 47). En ese momento era consagrado por otro sacerdote (Ex. 29:9; Núm. 25:13), y era consagrado por *rociamiento* con agua (Núm. 8:6-7).

Al cumplir la ley, por lo tanto, Cristo no pudo haber sido bautizado de ninguna otra manera que, por rociamiento, si no habría estado quebrantando la ley, no cumpliéndola. El bautismo de Cristo, por lo tanto, no es prueba de que la inmersión sea el modo apropiado del bautismo, sino exactamente lo opuesto. Les rogamos a los que creen de otro modo que consideren esto cuidadosamente.

El bautismo de infantes en el Nuevo Testamento

Una objeción común a la práctica del bautismo de infantes es que supuestamente no hay en la Escritura del Nuevo Testamento textos que hablen de bebés siendo bautizados. Esto simplemente no es verdad. Hay de hecho, dos de ellos.

Uno de ellos es 1 Corintios 10:2, el cual ya hemos visto anteriormente: "y en Moisés todos fueron bautizados en la nube y en el mar". Este pasaje describe el paso de los israelitas a través del Mar Rojo como un bautismo, un bautismo que claramente incluía a infantes (Éx. 10:9, 12:37). De hecho, sería difícil negar que había niños entre los israelitas en ese momento pues más de dos millones de israelitas salió de Egipto (Éx. 12:37, 38).

El punto es que el cruce del Mar Rojo es un bautismo según la definición y uso de esa palabra en el Nuevo Testamento. La palabra del Nuevo Testamento *bautismo* es utilizada para describir este evento en 1 Corintios 10:2. La objeción Bautista de que esto ocurrió en el Antiguo Testamento no puede cambiar ese hecho. El uso de la palabra *bautismo* en este versículo muestra

PARTE 5 LA IGLESIA Y LOS SACRAMENTOS

que esta palabra del Nuevo Testamento no siempre significa "inmersión", como ya lo hemos demostrado anteriormente. Los Israelitas no fueron sumergidos en el mar Rojo.

Por otra parte, el hecho de que el cruce por el Mar Rojo haya ocurrido en el Antiguo Testamento realmente subraya el punto importante de que el bautismo *no* es algo nuevo en el Nuevo Testamento. Hubo muchos bautismos en el Antiguo Testamento como, Hebreos 9:10 muestra claramente: "Consistiendo sólo en viandas y en bebidas, y en diversos lavamientos, y ordenanzas acerca de la carne, impuestas hasta el tiempo de la corrección." La palabra *lavamiento* es en realidad la palabra *bautismo*. Y que estos fueron realmente bautismos es evidente por las referencias del Nuevo Testamento de ellos como tales. Uno de estos bautismos se describe en el versículo 19 como siendo aplicado a "todo el pueblo" y sabemos por la Escritura que esto incluía también a niños (Éx. 20:12).

La objeción Bautista de que esto se trataba de bautismos *típicos* no cambiar nada en absoluto. *Todos* los bautismos de agua son simbólicos y representan algo. De hecho, los del Antiguo Testamento, así como los del Nuevo simbolizan *exactamente la misma cosa*: el lavamiento de los pecados por la sangre y el Espíritu de Cristo Jesús (1 Cor. 10: 2; especialmente He. 9:13, 14, 22 y 1 P. 3:21).

Estos versos son significativos porque muestran que los bautismos tanto del Antiguo Testamento tenían exactamente el mismo significado como los del Nuevo Testamento. Ambos significaban la purificación y el perdón de los pecados por el derramamiento de sangre (He. 10:22, 23). Ser bautizado en el Antiguo Testamento tenía exactamente el mismo significado que en el Nuevo Testamento, la única diferencia es que en el Antiguo Testamento miraba hacia adelante; desde la muerte de Jesús, este mira hacia atrás.

Por lo tanto, no existe una diferencia fundamental entre los dos testamentos incluso en el asunto del bautismo. Pensar de otra manera es ir en la dirección del dispensacionalismo y separar el Antiguo Testamento del Nuevo.

El bautismo no era algo nuevo e inaudito a los israelitas cuando Juan comenzó a bautizar en el río Jordán. El pensamiento del bautismo de infantes en el Antiguo Testamento no debiera ser ninguna sorpresa para nosotros tampoco. Hay solo un pueblo de Dios, solo un pacto, un solo camino de salvación y una sola señal del pacto tanto en el Antiguo como el Nuevo Testamento.

Bautismo familiar

Preferimos describir al bautismo como "familiar" o "de familias" en vez de bautismo "de infantes". Hay varias razones para ello.

Primero, nadie bautiza infantes solamente. Los que se convierten más tarde en la vida y nunca han sido bautizados son bautizados como adultos, incluso en iglesias que bautizan infantes.

Segundo, el bautismo familiar o de familias es el tipo de bautismo que la Escritura describe cuando habla de aquellos que debían ser bautizados.

Tercero, el "bautismo familiar" sirve como un recordatorio de cómo y por qué tales pasajes como el de Hechos 16 son prueba de la práctica del bautismo tanto de infantes como de adultos.

Es muy claro que la Escritura habla del bautismo familiar. En Hechos 16 tanto las familias de Lidia como la del carcelero de Filipos fueron bautizadas por Pablo (vv. 15, 33). Pablo habla en 1 Corintios 1:16 de haber bautizado a la familia de Estéfanas. Leemos en Hechos 10:48 del bautismo de la casa de Cornelio por Pedro. Entonces, éste es el patrón del Nuevo Testamento para el bautismo.

Por lo tanto, estos pasajes son usados para apoyar la práctica de bautizar a los *hijos* de los creyentes. Por supuesto, es verdad que no sabemos si había hijos pequeños en alguna de esas familias, pero es poco probable que no hubiera infantes para nada entre esas cuatro familias. Sin embargo, si el bautismo familiar o de familias es el patrón puesto en la Escritura, es imposible que se practicase de ese modo sin bautizar también infantes, ya que la mayoría de las familias los incluyen.

Añadiríamos que si la regla de la Escritura fuera solamente el "bautismo del creyente", que enseñan los bautistas, entonces el bautismo familiar o de casas sería una imposibilidad. Incluso si sucede que diferentes miembros de la misma familia se convierten y bautizan al mismo tiempo en una iglesia bautista, no son bautizados como miembros de una casa o familia, sino como individuos, cada uno como resultado de su propia profesión de fe.

El bautismo de casas y familias se deriva de la creencia en el pacto de Dios con la familia: que él promete salvación a familias y casas de forma soberana, por gracia e inmutablemente, prometiendo ser el Dios de los creyentes y de sus hijos (Gen. 17:7, Hch. 2:39).

Sin embargo, la práctica no significa que se suponga que todos los miembros de un hogar sean necesariamente salvos. Sin embargo, el bautismo de aquellos que profesan la fe como adultos tampoco puede ser una garantía. El bautismo *nunca* prueba ni asegura que la persona bautizada es ciertamente salva.

La práctica de bautizar familias o casas, siguiendo el claro ejemplo de la Escritura misma, es un memorial del hecho de que Dios mismo es una familia —Padre, Hijo y Espíritu Santo— y que él magnifica su gracia y se revela a sí mismo al enviar salvación a las familias. En verdad, él es el Dios de las familias (Sal. 107:41).

El bautismo y la entrada en el reino

Un pasaje a menudo utilizado por los que practican el bautismo infantil como prueba de lo que ellos creen es Marcos 10:13-16, que describe la bendición de Jesús sobre los pequeños niños. Aquellos que sostienen el así llamado "bautismo de creyentes" encuentran el uso de este pasaje algo desconcertante ya que no habla del bautismo en absoluto.

Marcos 10 es, sin embargo, un texto evidente que *puede* utilizarse para apoyar el bautismo de infantes. Esto es verdad por varias razones, pero antes, hay que ver desde el principio que estos niños mencionados en Marcos 10 eran de hecho *infantes* (Lc. 18:15).

En primer lugar, los niños en este pasaje fueron recibidos por Jesús, quien también los tomó en sus brazos y los bendijo.

El ser recibido en los brazos de Jesús y ser bendecido por él es nada más y nada menos que la salvación misma. Que estos infantes fueron salvos por Jesús es evidente en los versículos 14 y 15 donde se habla de ellos recibiendo el reino.

De esa salvación y de la recepción del reino, el bautismo es una *representación* o *señal* que nos muestra cómo entramos al reino. El argumento, entonces, es el siguiente: Si estos niños pueden recibir la *realidad* a la que el bautismo apunta, ¿Por qué entonces no pueden recibir la *señal*? Para decirlo de otra manera, si ellos pueden recibir la mayor bendición, ¿Por qué no recibir la menor de ellas? Nosotros creemos que, dado que ellos pueden y reciben la realidad de la salvación, ellos *deben* también recibir la señal. La salvación es prometida a ellos, así como es prometida a los adultos en el pacto de gracia.

En segundo lugar, Jesús nos dice en el versículo 15 que nadie puede recibir el Reino de Dios excepto en la forma que un infante lo recibe, es decir, de forma pasiva, sin conocimiento y solo por el poder de la gracia. Recibir el reino como un pequeño niño, por lo tanto, es recibirlo sin obras —sin ningún esfuerzo de nuestra parte—. Esa es la única forma en la que un niño *puede* recibir el reino.

En verdad, esta es la única manera de que *alguien* puede recibir el Reino. Inicialmente, cuando la salvación llegó a nosotros, nosotros no estamos ni buscándola ni deseándola. Estamos, después de todo, muertos en delitos y pecados, y es sólo cuando Dios por gracia nos *da* la salvación y el reino al regenerarnos que también comenzamos a buscar y saber lo que él ha hecho. Por lo tanto, Jesús nos dice que sólo hay una manera de recibir el reino —como un niño pequeño—. Si nosotros no lo hemos recibido de esa manera entonces no lo hemos recibido en absoluto.

Ahí está otra razón para bautizar infantes. Con eso nosotros no estamos diciendo que todo infante bautizado es necesariamente salvo, pero sí vemos en el bautismo de cada niño una imagen de cómo la salvación es posible para un niño según la promesa del pacto de Dios, es decir, por el poder de la gracia soberana.

De hecho, en cada bebé bautizado tenemos una imagen de cómo todos y cada uno de nosotros hemos sido salvos —no por disposición o esfuerzo, sino por omnipotencia poder de la gracia soberana, la cual llegó a él cuándo él ni siquiera lo estaba buscando. Dios nos da nueva vida y nuevo nacimiento.

El propósito entonces, entonces, del bautismo de infantes es mostrar *cómo* somos salvados, no para probar la salvación del infante que es bautizado (solo el bautismo con aguas *nunca* puede hacer eso). El bautismo muestra el único camino de salvación y nos recuerda que Dios promete salvar a los hijos de los creyentes por la misma la gracia soberana que salvó a los padres. Qué triste que muchos no ven ese testimonio en el bautismo de infantes impotentes.

El bautismo y la circuncisión

Uno de los argumentos a favor del bautismo familiar o de infantes es la correspondencia entre la circuncisión y el bautismo. Esto no es tan fácil de ver ya que los signos externos parecen ser completamente diferentes entre sí.

Hay que señalar, sin embargo, que a lo que nos referimos como circuncisión y bautismo son sólo las *señales*; y en cuanto al significado de estas señales se refiere, ellos son *exactamente* lo mismo. La *realidad* de la circuncisión es exactamente la misma que la *realidad* del bautismo.

La verdadera circuncisión y el verdadero bautismo son salvación en sí mismos, es decir, la eliminación del pecado por el sacrificio de Cristo en la cruz. En el caso de la circuncisión esto es claro en Deuteronomio 30:6 y Colosenses 2:11, y en el caso del bautismo en Romanos 6:1-6 y 1 Pedro 3:21. Las señales son exactamente lo mismo en lo que se refiere a la realidad espiritual, y aunque las señales mismas puedan parecer muy diferentes, simbolizan la *misma* verdad espiritual.

Decir que los dos son completamente diferentes es caer en el error del dispensacionalismo y afirmar que hay *dos formas diferentes de salvación*; una manera en el Antiguo Testamento y otra en el Nuevo. La mayoría de los bautistas tratan de evitar esto insistiendo que, a pesar de Deuteronomio 30:6 y Colosenses 2:11 la circuncisión en el Antiguo Testamento no era una señal de salvación sino sólo una especie de marca para identificar a los miembros de la nación de Israel.

Esto Pablo rechaza en Romanos 2:28, donde el insiste que la circuncisión externa no es la realidad en absoluto y que ser un Judío exteriormente no es nada; la única circuncisión que importa es la del *corazón,* y el único Judío es aquel que lo es en el *interior.* Todos aquellos que deseen sostener que hay algo especial en ser un descendiente natural de Abraham debería leer este verso.

Entonces, ¿Por qué existe una diferencia entre las señales externas de la circuncisión y el bautismo? Esto puede ser visto a la luz de la diferencia principal entre el Antiguo y el Nuevo Testamento. En el Antiguo Testamento todas esas cosas que apuntaban a Cristo involucraban el derramamiento de sangre (He. 9:22), pero una vez que la sangre de Cristo fue derramada, no puede haber más derramamiento de sangre (He. 10:12), ni siquiera en la circuncisión.

Esta es la *única* diferencia real entre las señales de la circuncisión y el bautismo. En el sentido y la realidad son exactamente lo mismo. La Escritura misma los identifica en Colosenses 2:11-12. Tal vez porque este es un enunciado largo en dos versículos, nos inclinamos a perder el punto que Pablo está haciendo. Él dice ahí que ser circuncidado *es* ser bautizado. Este es uno de los puntos principales de Colosenses 2. Hablando a los creyentes gentiles, Pablo les dice que ellos están *completos* en Cristo (vv. 10, 11), ¡*incluyendo la circuncisión*! A ellos no les faltaba nada en Cristo, en quien habita la plenitud de la Deidad corporalmente (v. 9).

El hecho de que la circuncisión y el bautismo no sólo tienen el mismo significado, sino que también son lo mismo en lo que se refiere a la *realidad espiritual,* es la razón de que sus señales externas deben ser administrados (bajo el único pacto eterno de Dios) al pueblo de Dios, incluyendo a los infantes, tanto en el Antiguo como en el Nuevo Testamento.

PARTE 5 LA IGLESIA Y LOS SACRAMENTOS

Los incrédulos y el pacto

Una de las objeciones de los Bautistas al bautismo de niños es que algunos que son bautizados no son salvos y nunca lo serán. Ellos constantemente les recuerdan a los que practican el bautismo de infantes que, al bautizar a los infantes, ellos bautizan a los que no se han arrepentido ni profesaron la fe. Para los Bautistas esto parece totalmente arbitrario.

En respuesta a esta objeción, nos gustaría señalar que es *imposible*, ya sean iglesias bautistas o reformadas, bautizar *solo* a las personas que han sido salvas. Porque los secretos del corazón son desconocidos a nosotros, incluso las iglesias bautistas pueden bautizar a aquellos que solo hacen una *profesión* de fe y de arrepentimiento.

Cuando hemos señalado esto a varios amigos y conocidos bautistas, su respuesta usualmente ha sido, "Pero nosotros bautizamos menos personas no salvas que ustedes". La verdad es que si un Bautista bautiza sola a una persona no salva, el ya no es la practicando el "Bautismo de creyentes", sino algo que podría ser llamado "bautismo de profesantes".

Más sobre este punto, sin embargo, es que, en la Escritura, tanto la circuncisión y el bautismo son aplicados deliberadamente a los no creyentes. Abraham circuncidó a Ismael después de haber sido dicho que Ismael no tenía parte en el pacto (Gén. 17:18-19), e Isaac circuncidó a Esaú después de haber sido dicho que Esaú era reprobado (Gén. 25:23-24).

El Bautista argumenta en este punto que la circuncisión era sólo una marca de identidad nacional. Esto simplemente no es cierto, sin embargo, a la luz de lo que la Escritura dice acerca de la circuncisión. Siempre fue un signo de "echar fuera el cuerpo carnal mediante la circuncisión [la muerte] de Cristo" (Col. 2:11; Ver también Deut. 10:16; 30:6; Jer. 4:4).

Lo mismo puede decirse del bautismo. El bautismo en el Mar Rojo (identificado como un bautismo en 1 Cor. 10:1-2) fue aplicado por Dios a muchos con los que no estaba "muy complacido", y que posteriormente fueron destruidos por

Satanás (vv. 5-10). Cam también fue "bautizado" (1 P. 3:20-21) con el resto de la familia de Noé.

La única pregunta entonces, es esta: "¿Por qué Dios, tanto en el Antiguo Testamento como en el Nuevo Testamento, se agradó de poner la señal del Pacto y de la salvación a personas no salvas como salvas?" Ya se trate de adultos o niños, no hace ninguna diferencia. Incluso el Bautista debe responder a esta pregunta.

La respuesta a la pregunta está en el propósito eterno de Dios. Sólo alguien que cree firmemente que Dios ha ordenado para siempre todas las cosas, incluyendo la salvación de unos y no de otros, puede dar una respuesta clara e inequívoca a esto.

La respuesta es que la circuncisión en el Antiguo Testamento y el bautismo en el Nuevo, como la predicación del evangelio, son un poder y un testimonio tanto de la salvación como *del endurecimiento y la condenación,* y estos lo hacen de acuerdo al propósito de Dios (2 Cor. 2:14-16). Por consiguiente, nosotros bautizamos a infantes y a adultos entendiendo que Dios va a usarlo para la salvación de unos y la condenación de otros, de acuerdo con su propósito, como en el caso de Ismael o Esaú o Cam.

Fe y bautismo

Ahora deseamos abordar el importante argumento bautista de que la fe *necesariamente* debe preceder al bautismo. Así, los bautistas hablan del bautismo como "bautismo del creyente".

Lo primero que debe decirse es que la posición bautista es una imposibilidad. Tal como hemos señalado, los bautistas pueden, en el mejor de los casos, bautizar solo a aquellos que hacen una *profesión* de fe. Debido a que nadie puede conocer el corazón, no hay manera de asegurar que todas las personas bautizadas sean realmente creyentes.

La respuesta bautista habitual es que bautizan a muchos menos incrédulos que aquellos que practican el bautismo familiar o infantil. Esto, por supuesto, está más allá de toda prueba, pero si una iglesia bautista bautiza incluso a un solo hipócrita o incrédulo, ya no practica el "bautismo del creyente".

PARTE 5 LA IGLESIA Y LOS SACRAMENTOS

Sin embargo, ese no es el punto principal. Las palabras de Jesús en Marcos 16:16 dicen: "El que creyere y fuere bautizado, será salvo; más el que no creyere, será condenado". Este versículo necesita explicación, especialmente porque sus palabras constituyen el mandamiento y la garantía para que la iglesia del Nuevo Testamento bautice.

Primero, el versículo no dice (aunque cada Bautista lo lee de esta manera), "El que cree y *luego* es bautizado será salvo". Solo dice que, tanto la fe como el bautismo, son necesarios para la salvación.

Segundo, solo porque la fe y el bautismo se *enumeran* en ese orden no significa que necesariamente deben *suceder* en ese orden. En 2 Pedro 1:10 el llamamiento es puesto antes de la elección, pero el llamamiento no viene antes de la elección, como todo Calvinista sabe.

El orden que vemos en Marcos 16:16 es simplemente el orden de importancia. La fe se pone antes del bautismo porque es mucho más importante. Vemos esto en la última parte del versículo donde el bautismo ni siquiera se menciona de nuevo, aunque la fe sí.

Si el orden que vemos en Marcos 16:16 es el orden temporal, o el orden en que las cosas deben tomar lugar, entonces el orden es fe, bautismo, *salvación*: "El que crea y sea bautizado será *salvo*". ¡Nadie quiere esa orden!

Además de eso, hay pasajes en el Nuevo Testamento que sugieren que, al menos en algunos casos, la fe *no* precedió al bautismo. Hechos 19:4 nos cuenta sobre el bautismo de Juan y cómo Juan le dijo a la gente cuando *los bautizó* que debían creer en el que venía tras él. Él *no* los bautizó porque *ya* habían creído en Cristo.

Con respecto al versículo 4, el Bautista tiene dos opciones. él puede decir que el bautismo de Juan no fue un verdadero bautismo del Nuevo Testamento, aunque más de la mitad de las referencias al bautismo en el Nuevo Testamento *son* al bautismo de Juan (por lo que no se puede sacar ninguna conclusión de ello para la práctica del Nuevo Testamento), o puede admitir que la fe no siempre tiene que preceder al bautismo.

Arrepentimiento y bautismo

Otro argumento de los bautistas para el llamado "bautismo de creyentes" es que no solo la fe, sino también el arrepentimiento, deben preceder al bautismo. Hasta cierto punto, hemos respondido a este argumento, pero hay algunas cosas que aún deben señalarse.

Miremos primero a Marcos 1:4, que habla del bautismo de arrepentimiento: "Bautizaba Juan en el desierto, y predicaba el *bautismo de arrepentimiento* para perdón de pecados." Muchos concluyen de este versículo que el arrepentimiento debe preceder al bautismo.

Sin embargo, esto de ninguna manera es evidente. La palabra *de* podría significar "el bautismo que tiene su origen en el arrepentimiento" y podría estar sugiriendo que el bautismo debe *seguir* al arrepentimiento. Las palabras *de arrepentimiento* también pueden significar que el bautismo y el arrepentimiento pertenecen el uno al otro, sin referencia sobre el orden en que ocurren.

Creemos que la frase no dice nada sobre el orden en que ocurren los dos, sino que significa que el arrepentimiento y el bautismo siempre van de la mano —el bautismo exige arrepentimiento (ya sea antes del bautismo, o después, o ambos)—.

Si hay algún orden entre el bautismo y el arrepentimiento, la Escritura enseñan que el bautismo es *seguido* por el arrepentimiento. Mateo 3:11, un pasaje paralelo, muestra esto. Allí leemos de un bautismo *para* (literalmente "hacia") arrepentimiento, donde la palabra *para* tiene la idea de "movimiento hacia algo". La idea es que el bautismo es administrado con el fin de que el arrepentimiento venga *después*, o incluso como una especie de llamado al arrepentimiento.

Al sugerir que el bautismo mira hacia adelante y no hacia atrás al arrepentimiento, Mateo 3:11 identifica una diferencia importante entre los puntos de vista Bautista y Reformado acerca del bautismo. El punto de vista Bautista es que el bautismo es una señal o marca *de lo que hemos hecho* al arrepentirnos y creer.

PARTE 5 LA IGLESIA Y LOS SACRAMENTOS

La posición Reformada es que el bautismo es la señal o la marca *de lo que Dios ha hecho* al regenerarnos. Este no marca nuestra respuesta a la gracia, sino la obra de la gracia misma.

El bautismo, en la naturaleza misma del rito, es una imagen del lavado de los pecados por la sangre de Jesús. Esto es lo que Dios hace al salvarnos, y lo hace primero. Lo hace cuando aún somos incapaces de responder a su obra de gracia. El arrepentimiento viene después.

Si entendemos esto, el bautismo infantil no parecerá algo extraño, sino apropiado. Después de todo, no hay ni uno de nosotros, salvado ya sea como adulto o infante, que no ingrese al reino de los cielos *como* un bebé, es decir, por una obra de pura gracia que precede a toda actividad y respuesta de parte suya. Esa obra de gracia es lo que el bautismo infantil marca y conmemora.

Discipulando y bautizando a las naciones

Mateo 28:19 es el mandato de Cristo autorizando el bautismo en la iglesia del Nuevo Testamento: "Por tanto, id, y haced discípulos a todas las naciones, bautizándolos en el nombre del Padre, y del Hijo, y del Espíritu Santo". También establece al bautismo como un rito universal y no simplemente uno judío.

Hay dos cosas que deseamos señalar sobre este importante versículo. En lugar de ser una prueba contra el bautismo infantil, este versículo es todo lo contrario —una prueba muy fuerte a su favor. Los bautistas argumentan que Jesús nos manda primero enseñar (discipular) a las naciones y luego bautizar. Los bebés, dicen, no tienen la edad suficiente para ser enseñados o discipulados y, por lo tanto, no pueden ser bautizados. Esto, sin embargo, pierde de vista varios puntos importantes.

Primero, como ya hemos mostrado en relación a Marcos 16:16, la palabra *entonces* no está en el versículo. Jesús *no* dice: "Enseñen a todas las naciones y *entonces* bautícenlas". Si lo hubiera dicho, los bautistas estarían en lo correcto al enseñar el bautismo solo para creyentes.

Segundo, el versículo habla de naciones, no de individuos. En la naturaleza misma del caso, por lo tanto, estas dos actividades de discipulado y bautizo deben llevarse a cabo simultáneamente. Uno no puede esperar hasta que se enseñe a toda la nación antes de comenzar a bautizar, o no habrá bautismo.

La gramática del texto está en contra de la visión bautista. El texto debe ser entendido literalmente como diciendo, "Enseñen a todas las naciones *cuando* les bauticen" o "Enseñen a todas las naciones *después* de bautizarlas". No puede significar "Enseñen a todas las naciones *antes* de bautizarlas". El pasaje, de hecho, no dice *nada* sobre el orden en que se lleva a cabo la enseñanza y el bautismo.

Además, las naciones incluyen niños. Es imposible discipular y bautizar naciones sin también discipular y bautizar a los niños que pertenecen a esa nación.

Tampoco se puede olvidar que Mateo 28:19 es un cumplimiento de Isaías 52:15: "Empero él rociará muchas gentes" (RVA). En Mateo siempre debemos buscar las profecías del Antiguo Testamento que se cumplen, porque ese es uno de los grandes temas de este Evangelio. Mateo siempre muestra a Jesús como el cumplimiento del Antiguo Testamento (ver capítulos 1 y 2 especialmente). La elección más obvia para la profecía cumplida en este caso es Isaías 52:15.

Este rociamiento de las naciones en el versículo de Isaías se encuentra después de la obra de Cristo en el sufrimiento y la muerte por el pecado. En la manera en que "fue desfigurado de los hombres su parecer" (v. 14), él rocía a muchas naciones. Vemos que esto sucede en el Nuevo Testamento en obediencia al mandato de Cristo de Mateo 28:19.

Y no solo Isaías 52:14 identifica el bautismo de las naciones con el rociamiento, sino que, a lo largo del libro, el profeta habla de estas naciones reunidas *con sus hijos* para esta aspersión. Cuando ellos vienen a Cristo para la aspersión y salvación, traen consigo a sus hijos e hijas e incluso a sus hijos lactantes (Is. 49:22; Is. 60:4). Este prometido rociamiento de las naciones, cumplido en la obra salvadora del Señor Cristo

Jesús, es representado y conmemorado en el bautismo. No en imitación del catolicismo romano o por mera tradición, sino en obediencia a la Palabra de Dios, los reformados practican el bautismo infantil.

La Cena del Señor

Bajo el encabezado "Dos Sacramentos", hemos dicho que la diferencia entre los dos sacramentos radica en el hecho de que el bautismo representa nuestra entrada al pacto y a la comunión con Dios, mientras que la cena del Señor representa nuestra vida en ese pacto una vez dentro. Los dos juntos, por lo tanto, representan la totalidad de nuestra vida cristiana y muestran que esto es solo por gracia.

El testimonio único de los dos sacramentos es que Cristo y su sacrificio lo son *todo*. El agua del bautismo muestra que entramos en el pacto de Dios por la muerte y la sangre de Cristo, mientras que la cena del Señor dice que una vez que hemos entrado en el pacto y el reino de Dios, la misma muerte, cuerpo y sangre de Cristo son nuestra vida, nutrición y fortaleza.

La cena del Señor simboliza lo que significa vivir en el pacto de Dios. Nos muestra sentados a la mesa del Señor como miembros de su familia y habla de cómo Dios, nuestro Padre, nos cuida y cubre todas nuestras necesidades. De hecho, la cena del Señor, como veremos, no solo representa estas cosas, sino que también es un medio por el cual disfrutamos de esa comunión y ese cuidado.

El simbolismo de la cena del Señor tiene varios elementos diferentes, todos ellos enfatizan la comunión y provisión de Dios, así como lo que significa vivir en el pacto de Dios.

Primero, está la misma *mesa*. Este elemento es lo suficientemente importante como para que el sacramento sea llamado "la mesa del Señor" (1 Cor. 10:21). La mesa simboliza nuestro lugar en la familia de Dios y el hecho de que el Señor nos ama como Padre y suple todo lo que necesitamos.

Segundo, está *el pan y el vino*. Quebrado y derramado, ellos simbolizan el cuerpo quebrantado y la sangre derramada de Cristo como nuestro alimento y bebida espiritual diaria, nuestro nutrimento y refrigerio, y los medios por los cuales nuestra vida espiritual es alimentada y sostenida, crece y se desarrolla, y es preservada para vida eterna. Tomemos nota de eso. El sacrificio de Cristo no es solo el pago de nuestros pecados y la forma en que somos restaurados al favor y la comunión con Dios, sino que es también nuestra fortaleza diaria, nuestro alimento y ayuda hasta que dejamos esta vida y entramos en nuestro hogar eterno. La cena del Señor dice que Cristo es todo, y en todo.

Tercero, *el comer y beber*. Esto representa nuestra fe y nos muestra la importancia y la necesidad de la fe. La comida y la bebida son sin ningún beneficio sin nuestra comida y bebida. El cuerpo quebrantado y la sangre derramada de Cristo no nos benefician sin fe. No hay, como enseña el catolicismo romano, ninguna bendición automática al comer y beber el pan y el vino de la cena del Señor. La Confesión belga, uno de los credos reformados, llama a la fe "la mano y la boca de nuestra alma".[42] Así, comer y beber en la cena del Señor nos recuerda que, de la manera como tomamos y comemos nuestro pan diario y así lo recibimos en nuestros cuerpos, así también por fe realmente recibimos a Cristo, quien por fe mora en nosotros y es nuestra fuerza y vida.

¡Qué hermoso panorama!

La Presencia de Cristo en la Cena del Señor

Es de lamentar que la cena del Señor, que simboliza la unidad de la familia de Dios, sea objeto de tanta división y debate entre las iglesias. Sin embargo, los problemas involucrados no son importantes.

La pregunta principal, por supuesto, tiene que ver con si Cristo está presente y cómo está presente en y durante la cena del Señor. Nuestros puntos de vista acerca de este asunto tienen mucho que ver con la forma en que usamos la cena: supersticiosamente o con fe, descuidadamente o con cuidado.

---
[42] Confesión belga, artículo 35.

PARTE 5 LA IGLESIA Y LOS SACRAMENTOS

Los diferentes puntos de vista son los siguientes.

La visión del *Catolicismo Romano*, llamada *transubstanciación*, enseña que el pan y el vino de la cena del Señor son "transformados en" el cuerpo y la sangre de Cristo cuando son bendecidos por el sacerdote. Esta visión deja de lado la fe, porque todo lo que uno debe hacer para recibir a Cristo es comer el pan y beber el vino. También sienta las bases para la doctrina de la misa, porque cuando el pan, que supuestamente ya no es pan sino cuerpo, se parte, entonces el sacrificio de Cristo se repite una vez más. Misa incluso significa "sacrificio."

El punto de vista de los *Luteranos* enseña que el cuerpo físico y la sangre de Cristo están presentes *con* el pan y el vino. Esta visión, llamada *consubstanciación*, está abierta a la misma crítica que la visión del Catolicismo Romano, aunque no incluye la doctrina de la misa. Ambas enseñan una presencia física de Cristo.

La opinión de la mayoría de los *evangélicos* de hoy, según se dice, era también la opinión del reformador suizo del siglo XVI Ulrich Zwinglio. Esta es que Cristo no está presente de ninguna manera en la cena del Señor, pero que la cena es solo un *memorial o un recuerdo* de la muerte de Cristo. Aunque claramente evita los errores del romanismo y el luteranismo, este punto de vista, sin embargo, no es bíblico, como veremos; y no explica por qué la cena del Señor debe usarse con tanto cuidado. Si la cena es solo un recuerdo, no hay necesidad de autoexamen ni razón para temer a la "condenación" (1 Cor. 11:29).

El *punto de vista Reformado* de la cena del Señor es que Cristo si está *realmente* presente, pero no *físicamente* sino *espiritualmente*. En otras palabras, él está presente en la fe del pueblo de Dios y tiene comunión con ellos y los alimenta consigo mismo a través de la fe. él usa el pan y el vino para dirigir la fe de ellos hacia él.

Este punto de vista Reformado se enseña claramente en 1 Corintios 11:29, que habla de "discernir el cuerpo del Señor" en la cena del Señor, y también está implícito en las propias palabras de Jesús en la institución de la cena del Señor: "Este es mi cuerpo". Solo debido a que Cristo está presente en la cena puede una persona comer o beber juicio para sí cuando come o bebe sin un autoexamen adecuado. Solo porque Cristo está presente puede haber alguna bendición en la cena. El punto de vista Reformado, que también es el bíblico, le da mucho más significado y beneficio a la cena del Señor. Así, en el sacramento, nos encontramos con Cristo y disfrutamos de él en toda su plenitud, como nuestro Salvador y Redentor. ¡Tomémoslo!

El pan y el vino en la Cena del Señor

Una pregunta que podemos hacer en relación con la cena del Señor es: "¿Por qué hay dos elementos (pan y vino) en este sacramento cuando solo hay uno (agua) en el sacramento del bautismo?" Esta es una pregunta bastante significativa en lo que respecta al significado de la cena del Señor.

Si estudiamos la Escritura, encontraremos que el pan simboliza las necesidades básicas de la vida. Por esta razón, comúnmente nos referimos al pan como "el sustento de la vida" y pedimos por nuestro "pan diario" en la oración del Señor, orando por todas nuestras necesidades terrenales. El pan de la cena del Señor, por lo tanto, representa el sacrificio de Cristo como la necesidad absoluta para nuestra vida espiritual. No podemos vivir sin Cristo, el pan de vida, más de lo que podemos vivir sin el "pan de cada día".

Pero ¿por qué el vino?

El vino en la Escritura simboliza lujo, abundancia, gordura, prosperidad, gozo, alegría y banquetes (Deut. 28:51; Sal. 104:15; Is. 55:1; Joel 3:18). Esto representa lo que está más allá de las necesidades de la vida, lo que hace que la vida sea más que la mera existencia, lo que da alegría y regocijo.

El vino de la cena del Señor, por lo tanto, simboliza que Cristo es no solo la necesidad básica de nuestra vida espiritual sino también la gordura, la prosperidad y la alegría de la misma. O, para decirlo de otra manera, el vino nos recuerda que Dios, en Cristo, nos da lo que *necesitamos*, pero además de eso, siempre nos da "mucho más abundantemente de lo que pedimos o entendemos" (Ef. 3:20). Dios es realmente rico en misericordia y lleno de amorosa bondad hacia su pueblo.

Estos dos elementos de la cena del Señor, tomados en conjunto, nos recuerdan una vez más que Cristo lo es todo. El testimonio principal de la cena del Señor es que Cristo es el Alfa y la Omega de nuestra salvación; que no tenemos nada sin él, y con él lo tenemos todo; y que él y solo él es aquel a quien vale la pena desear, buscar, amar y servir.

Que nosotros, disfrutando el don de Dios de la cena del Señor, lo busquemos con corazones no divididos y lo disfrutemos en toda su plenitud, no confiando en nosotros mismos ni buscando nada aparte de él, sino alimentándonos de su plenitud y siendo refrescados por su gracia, disfrutando un adelanto de lo que tendremos cuando finalmente dejemos esta vida y vayamos a estar con él en el hogar que nos ha preparado en la casa de nuestro Padre.

Autoexamen y la Cena del Señor

La Escritura ordena un autoexamen diligente en relación con la cena del Señor (1 Cor. 11:28-29): "pruébese cada uno a sí mismo, y coma así del pan, y beba de la copa. Porque el que come y bebe indignamente, sin discernir el cuerpo del Señor, juicio come y bebe para sí". Dado que este es nuestro deber no solo cuando se administra la cena del Señor, sino siempre (Lm. 3:40; 2 Cor. 13:5), debemos saber en qué consiste la auto examinación.

Observemos, primero, que estamos hablando de un *auto* examen. No estamos llamados a examinar las vidas de *otros*, sino las nuestras. El examinar a los demás conduce a la auto justificación. El examen de uno mismo conduce al verdadero arrepentimiento y la fe en Dios. Examinar a los demás suele ser nuestra forma de *evitar* el autoexamen.

Segundo, el autoexamen es examinarse *a* uno mismo, pero no *por* sí mismo. Si nos juzgamos a nosotros mismos, no seremos juzgados (1 Cor. 11:31). Dios mismo y su Palabra deben ser los examinadores (1 Crón. 28:9; Sal. 26:2; Sal. 44:21). Nuestra oración debe ser la del Salmo 139:23-24: "Examíname, oh Dios, y conoce mi corazón; pruébame y conoce mis pensamientos; y ve si hay en mí camino de perversidad, y guíame en el camino eterno". El autoexamen es someterse a la examinación que Dios hace de nosotros.

En tercer lugar, el propósito del autoexamen *no* es ver si *somos* salvos o si *tenemos* fe. Eso sería imposible. Aquellos que no tienen fe no pueden realizar un autoexamen, y quienes la tienen no deben dudar ni alentar la duda en sí mismos al cuestionar su salvación. La duda es pecado. Más bien, el propósito del autoexamen es determinar si estamos *en* la fe (2 Cor. 13:5), o sea, viviendo con toda piedad y honestidad y andando por fe ante Dios.

Con ello en mente, la auto examinación implica el escrutinio de tres cosas: nuestra propia pecaminosidad, la obra de gracia de Dios en nosotros y para nosotros, y nuestro llamamiento a vivir en obediencia y santa gratitud hacia Él. Miramos hacia nuestra propia pecaminosidad para recordar la profundidad de nuestra propia depravación y asegurarnos de que nuestros propios corazones no nos hayan engañado —que no estemos encubriendo nuestros pecados (Prov. 28:13)— y para que podamos odiar y abandonar más y más nuestros pecados, huyendo a la cruz. Examinamos la obra de gracia de Dios en nosotros para que podamos estar más convencidos de que es solo por gracia que vivimos, nos movemos y tenemos nuestro ser espiritual, para que podamos estar más agradecidos por todo lo que Dios ha hecho por nosotros, y para que podamos depender más de la sola gracia. Nosotros examinamos nuestro llamamiento para que podamos ser persuadidos de él, nos esforcemos más en cumplirlo y así permanezcamos en el camino de Dios. Somos, entonces, llamados a examinar la totalidad de nuestra vida cristiana, conducta, y experiencia a la luz de la Palabra de Dios.

Donde nuestra vida y experiencia no coinciden con el patrón establecido para nosotros en la Palabra de Dios, debemos arrepentirnos, correr a Cristo y orar por gracia. Entonces, el autoexamen se convierte en auto reforma y es muy fructífero para la gloria de Dios y para nuestro crecimiento en gracia y conocimiento.

parte 6

EL REGRESO DE CRISTO Y LAS ÚLTIMAS COSAS

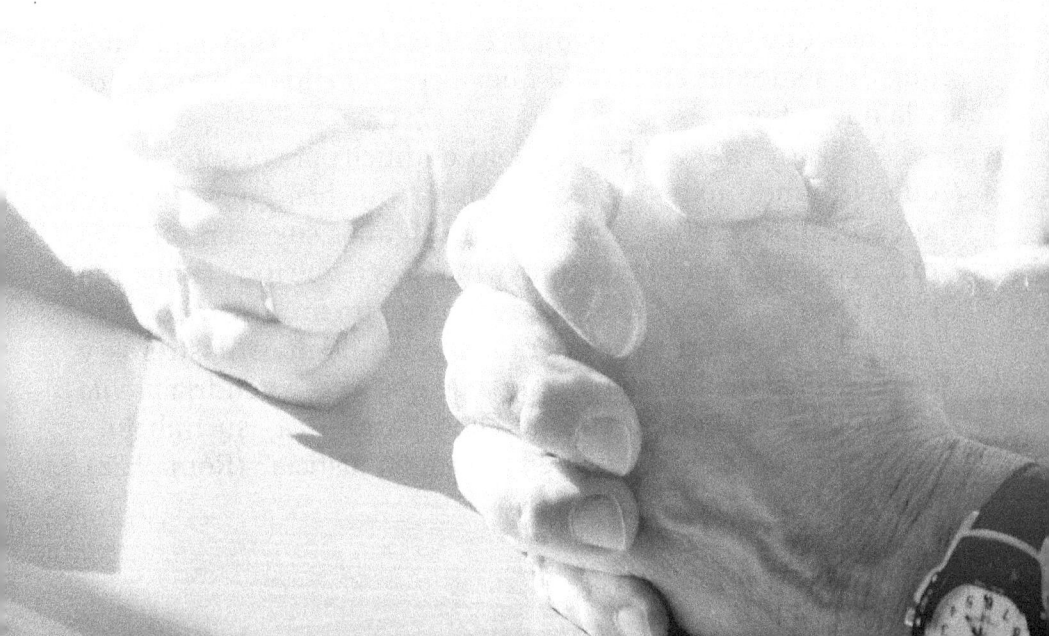

Los últimos días

La Escritura habla a menudo del día postrero o postreros días y de los postreros tiempos (Gén. 49:1; Is. 2:2; Mi. 4:1; Jn. 6:39; Hch. 2:17; 2 Tim. 3:1; He. 1:2; Stg. 5:3; 1 P. 1:5; 1 Jn. 2:18; Jud. 18). También hablan del fin del mundo o del fin del siglo (Mt. 13: 39-40; 1 Cor. 15:24; 1 P. 4:7; Ap. 2:26).

¿Cuándo son estos postreros días —estos postreros tiempos—? ¿Están cerca o lejos en el futuro? ¿Tienen alguna relevancia para nosotros hoy? ¿Qué significa que el mundo "terminará"? Estas son preguntas que deben ser respondidas.

La Escritura es clara en decir que *toda la era del Nuevo Testamento* es el tiempo postrero, el fin. Vemos esto en 1 Corintios 10:11, donde Pablo refuerza su enseñanza diciéndoles a los creyentes corintios y a nosotros que los fines de los siglos nos *han alcanzado*. Del mismo modo, Hebreos 9:26 dice que fue en la *consumación de los siglos* cuando Cristo vino a quitar el pecado por medio del sacrificio de sí mismo (véase también Heb. 1:2; 1 P. 1:5, 20; 1 P. 4:7; 1 Jn. 2:18).

Aunque no es antibíblico referirse a la segunda venida de Cristo y al gran juicio como el "fin" del mundo (Mr. 13:7) y a los días inmediatamente anteriores a su venida como "los últimos días" (2 Tim. 3:1), esto no es una era especial y separada, sino parte de la misma era del Nuevo Testamento. La era en que vivimos, este "día", este tiempo, es el *postrero*. No hay nada más que deba suceder excepto la nueva creación, los nuevos cielos y la nueva tierra.

Si hoy ya es el final del siglo, es difícil para nosotros creer que el mundo todavía pudiera durar muchos miles de años antes de que el Señor regrese, como algunos sugieren. ¿Será el final más largo que el principio y más largo que toda la historia que lo ha precedido? Ese sería realmente un final extraño.

La Escritura ve esta era como los tiempos postreros y como el final debido a la promesa de que Cristo vendría *pronto* y porque es el tiempo en que Dios "terminará" su trabajo y "ejecutará su sentencia sobre la tierra en justicia" (Rom. 9:28).

Las dos cosas están relacionadas. Que Cristo venga rápidamente no debe medirse tanto en número de años; más bien, Dios está terminando su trabajo y enviará a Cristo tan pronto como ese trabajo esté completamente acabado.

La verdad de que toda la era actual es el fin de los tiempos tiene una enorme importancia práctica. Significa que todos estamos viviendo en el final y experimentaremos hasta cierto punto los eventos del fin (Mt. 24:34); que todos debemos vivir con la expectativa del fin y no como si estuviera lejos en el futuro sin ninguna relevancia inmediata para nosotros (1 Cor. 10:11); y que nuestra esperanza debe estar en lo que está por venir y no en este mundo ni en las cosas de este mundo. Estas ya están llegando a su fin.

Qué cosa tan aterradora pero maravillosa es saber que vivimos en los últimos días. Siempre estamos, por así decirlo, teniendo a la vista tanto el juicio final como la venida de nuestro Salvador. Los ministros predican *conociendo* el terror del Señor. Todos vivimos como peregrinos y extranjeros, sabiendo que nuestro viaje debe terminar pronto y que pronto tendremos nuestra primera visión de la ciudad eterna. Reconocemos que vivimos en tiempos peligrosos. Sabemos que el final está sobre nosotros, pero no tenemos miedo, porque vemos que nuestra redención se acerca.

Diferentes venidas de Cristo

Hemos explicado que toda la era del Nuevo Testamento es el tiempo *postrero*, según la Escritura. El día postrero o la consumación de los tiempos —el fin—, no es solo algo futuro, sino algo presente, algo que cada uno de nosotros debe reconocer, sin importar cuándo uno viva.

La venida de Cristo debe entenderse a la luz de este hecho. Este es, por supuesto, *el* gran evento de la historia a través del cual todas las cosas son conducidas a su fin designado. No es solo algo futuro, sino también algo presente.

La venida de Cristo se describe en la Escritura como *un evento* que incluye su nacimiento en Belén, su regreso en juicio y todo lo que sucede entre estos dos. Es por eso que los profetas en el Antiguo Testamento parecían mezclar eventos que para nosotros están separados por miles de años de historia. Lo vieron todo como un evento, y no se equivocaron.

Tanto desde el punto de vista del propósito de Dios como desde el punto de vista de la eternidad misma (2 P. 3:8), la venida de Cristo es un evento que concluye la historia, cumple el propósito soberano de Dios y marca el comienzo del reino eterno y celestial de Dios (Dan. 9:24). Eso es lo que vieron los profetas del Antiguo Testamento bajo la inspiración del Espíritu.

La verdad de que todo esto es, en realidad, un solo evento, significa que Cristo esta *ya viniendo*. Esa es la manera en la que la Escritura hablan. Aunque ellas también hablan de su venida como de un evento futuro, mirando hacia adelante a su retorno personal y corporal, hablan con mayor frecuencia en tiempo *presente* como mostrando que él *está* viniendo a lo largo de toda la historia. Él está en camino, y su apariencia personal al final es solo la etapa final de algo que comenzó en Belén.

La Escritura, por lo tanto, habla no solo del nacimiento de Cristo como parte de su "venida", sino que también habla de varios otros eventos como parte de la "venida" de Cristo. Hay especialmente tres de estos eventos.

Cristo viene a través el Espíritu (Jn. 14:16-18). Debido a que el derramamiento del Espíritu es parte de la venida de Cristo, incluso el apóstol Pedro en su sermón de Pentecostés no hace una distinción clara entre el derramamiento del Espíritu y aquellas cosas que conectamos con el fin del mundo: sangre y fuego, humo y oscuridad (Hch. 2:16-21).

Cristo viene por los creyentes al morir. él mismo viene, aunque no personalmente y corporalmente. Nos asegura esto en Juan 14:2–3: "En la casa de mi Padre muchas moradas hay; si así no fuera, yo os lo hubiera dicho; voy, pues, a preparar lugar para vosotros. Y si me fuere y os preparare lugar, vendré otra vez, y os tomaré a mí mismo, para que donde yo estoy, vosotros también estéis". Este, por supuesto, es nuestro consuelo al morir. Incluso si Cristo no viene personal y visiblemente en el tiempo de nuestras vidas, sin embargo, escuchamos su voz en el evangelio y lo seguimos (Jn. 10:27). Creemos, también, que Cristo viene a nosotros por medio de su Espíritu, el Consolador, y que cuando morimos, él viene y nos toma hacia él mismo (Jn. 14:3) para que lo veamos y disfrutemos de él para siempre.

Cristo viene a través de la predicación del evangelio. Que Cristo mismo habla a través del evangelio es evidente (Jn. 10:27; Ef. 2:17). Por lo tanto, a través del evangelio, él viene y está presente. Este es el punto en Mateo 28:19-20. En la predicación del evangelio, debemos considerar la venida de Cristo.

Todo esto significa que la venida de Cristo no es solo un evento futuro sin ninguna relación inmediata con nosotros, sino también algo presente que nosotros *siempre* debemos considerar. De hecho, en uno u otro de estos sentidos, Cristo viene todos los días y ciertamente vendrá en nuestras propias vidas cuando venga a tomarnos hacia sí mismo.

El regreso de Cristo

Hemos dicho que la venida de Cristo tiene muchos aspectos diferentes, incluyendo su venida por medio de su nacimiento, por medio del don del Espíritu, por medio de la predicación del evangelio y por medio de nuestra muerte. Todas estas, como hemos mostrado, no son más que diferentes aspectos de la *única* venida de Cristo para juicio y salvación.

Sin embargo, eso no quiere decir que no podamos hablar en un sentido especial de la venida de Cristo al final del mundo y referirnos a ella como su *segunda* o *última* venida. Esta venida final será uno de los grandes eventos de la historia, como su nacimiento y crucifixión, porque provoca el fin de la historia y de todas las cosas como las conocemos ahora.

En varios sentidos, esta venida es única, y es el centro de todas nuestras esperanzas.

La venida final de Cristo será *personal* (Mt. 24:30; 1 Tes. 4:16). En lugar de venir por medio del Espíritu o por predicadores como sus representantes, Cristo mismo regresará. Todo ojo *lo* verá (Ap. 1:7), y en él toda la plenitud de la Divinidad será revelada *corporalmente* (Col. 2: 9). Como representante personal de Dios, Cristo juzgará al mundo con justicia (Hch. 17:31) y recibirá a su pueblo en la gloria eterna. Esta venida personal es el foco de nuestra esperanza, porque es a *él* a quien anhelamos ver.

La venida final de Cristo será *visible* (Hch. 1:11). De hecho, en su venida final *todo ojo* le verá, lo verán incluso aquellos que lo traspasaron (Ap. 1:7). Así, la Escritura se refieren a su venida final como una *revelación* o una *aparición* de Cristo (2 Tes. 1:7; 1 Tim. 6:14; 1 P. 1:7). Jesús debe ser visible para nosotros, porque no podemos tener esperanza de estar delante de Dios sin él. Debe ser visible para el mundo como a quien crucificaron y mataron. La Escritura se refiere a esta aparición final como la *segunda* venida de Cristo (Heb. 9:28), no porque no haya otros aspectos de su venida, sino porque es solo en Belén cuando era un bebé y al fin del mundo que él "viene" personal y visiblemente.

Finalmente, la venida de Cristo al final de todas las cosas será *con poder y gloria* (Mt. 24:30; Mt. 25:31). Su segunda venida es diferente de la primera, porque al principio él vino en forma de siervo y en semejanza de carne de pecado (Rom. 8:3; Fil. 2: 7). Después vendrá en la gloria de su Padre (Mt. 16:27). Su poder y gloria, al final de todas las cosas, será el terror de los impíos (Ap. 1:7; Ap. 6:15–17) pero también el deleite y deseo de los suyos (Ap. 1:3; Ap. 22:20)

El día y la hora del regreso de Cristo (y el mes y el año también) son desconocidos para nosotros. Tampoco sería bueno que lo supiésemos, porque entonces seríamos descuidados y mundanos o perderíamos la esperanza. Sin tener este conocimiento, velamos y oramos, somos sobrios y perseveramos en santidad y piedad. (Mt. 24:42-51; 1 Tes. 5:1-8; 2 P. 3:10–12). Sin embargo, creemos que Cristo *vendrá*, porque él lo ha prometido. E incluso si él no viene personal y visiblemente en el tiempo de nuestras vidas, esperamos que escucharemos su voz en el evangelio y lo seguiremos (Jn. 10:27); que el vendrá a nosotros por su Espíritu, el Consolador; y que cuando muramos, él vendrá y nos recibirá a sí mismo (Jn. 14: 3).

PARTE 6 EL REGRESO DE CRISTO Y LAS ÚLTIMAS COSAS

Una venida final de Cristo

Hay quienes creen en más de una venida personal y visible del Señor Cristo Jesús antes del fin del mundo. Tanto el premilenialismo como el dispensacionalismo enseñan *múltiples* venidas de Cristo, en contra del claro testimonio de la Escritura. Explicaremos estos puntos de vista con más detalle más adelante.

El *premilenialismo* enseña una venida de Cristo *antes del* establecimiento de su reino milenario, es decir, unos mil años *antes* del fin del mundo; de ahí el nombre *pre*-milenialismo (*antes* de los mil años). Esta venida se conoce como "el rapto." Se dice que esa venida premilenial es seguida, mil años después, por otra venida personal y visible de Cristo para juicio, en la cual Cristo creará los nuevos cielos y la nueva tierra.

El *dispensacionalismo* no solo cree en un rapto, sino que también sostiene una *tercera* venida personal y visible de Cristo, llamada "la revelación". Esta venida, según sus defensores, es "con sus santos." Los dispensacionalistas usan como textos de prueba 1 Tesalonicenses 3:13 y Judas 14, y dicen que la revelación sigue al rapto por varios años. Según esta enseñanza, Cristo, en el momento de la revelación, establecerá un reino en Jerusalén con los judíos.

Nosotros creemos que la Escritura enseña solo *una* venida visible y personal de Cristo después de su encarnación y antes del fin del mundo. Los pasajes que se supone que prueban un "rapto" premilenial y una "revelación" dispensacional no hablan de nada más que de la venida de Cristo al fin del mundo.

Judas 14 y 15, un pasaje que habla de la venida de Cristo *con sus santos*, de hecho, está hablando de la venida de Cristo para el juicio en el fin del mundo. Leemos allí que "vino el Señor con sus santas decenas de millares, *para hacer juicio contra todos*". Que este juicio es el juicio final de todas las criaturas es claro en Judas 6 y 7, que hablan tanto del "juicio del gran día" como de la destrucción de Sodoma y Gomorra por fuego, que es una imagen del juicio final (véase también 2 P. 2:6).

El otro pasaje que habla de la llegada de Cristo con sus santos (1 Tes. 3:13), así como la referencia principal de la Escritura utilizada para el rapto (1 Tes. 4:15-18), están muy claramente hablando del final de todas las cosas. La venida del Señor, como se describe en estos pasajes, está acompañada por el sonido de una trompeta, conocida en otros lugares como "la final trompeta" (1 Cor. 15:52). Ésta no es seguida por mil años de historia, otras trompetas y otros fines.

Así también, 1 Tesalonicenses 3 y 4, hablando de la venida del Señor, aclaran que esto es seguido por la gloria eterna de los santos con Cristo: "y así estaremos siempre con el Señor" (1 Tes. 4:17; ver también Ap. 21:3; Ap. 22:4). La llegada de Cristo en 1 Tesalonicenses 3 y 4 *no* es seguida por mil años de gobierno en la tierra y, solo hasta después de eso, seguida por la vida del cielo.

Finalmente, hay una serie de pasajes que vinculan el rapto con el juicio final, y no con eventos mil años antes del juicio final. Nos referimos especialmente a Lucas 17:28-37. Noten las referencias a Sodoma, y comparen este pasaje tanto con Judas 7, que deja claro que Sodoma es un tipo de juicio *final*, es decir, de "fuego eterno", como con Mateo 24: 37-41.

Solo una venida —para juicio y para salvación—. ¡Que sea pronto!

Las señales de la venida de Cristo

La Escritura dice que la venida de Cristo siempre está acompañada de *señales*. Así fue con su venida en la carne (Lc. 1:18-20, 41-45; Lc. 2:12). Así será con su regreso (Mt. 24:3, 30; Lc. 21:11, 25). Estas señales son importantes y deben entenderse correctamente.

Las señales se dividen en varias categorías diferentes. Hay señales en la creación (Mt. 24:7, 29), en la historia (vv. 6-7) y en la iglesia (vv. 10-16). Algunas son solo "el comienzo de los dolores" (vv. 5-8); otras hablan más claramente del final (vv. 14-16); y algunas realmente acompañan la venida visible de Cristo (vv. 29-31).

PARTE 6 EL REGRESO DE CRISTO Y LAS ÚLTIMAS COSAS

Hay varias cosas que deseamos enfatizar acerca de estas señales en relación con la maravillosa verdad bíblica de que Jesús *está* viniendo. Recuerde, la Escritura hablan de su venida como de algo que *ya está sucediendo*. Él ya está en camino.

El que Cristo ya este viniendo significa que todas las señales de su venida no son como las señales a lo largo de una carretera, que simplemente hacen un anuncio o apuntan a algo a la distancia. Estas señales de la llegada de Cristo son como el silbido de un tren y el zumbido de sus rieles. Tales sonidos son *parte del* tren viniendo y son *causados por* esa venida del tren.

Podríamos, por lo tanto, describir estos signos de la venida de Cristo como el sonido de sus pasos mientras se acerca. Del mismo modo en que el resonar de los pasos de una persona se escucha con mayor fuerza y claridad en la medida en que ésta se acerca, así se ven y se escuchan estas señales de la llegada de Cristo con mayor claridad a medida que se acerca su aparición final.

Este, creemos, es el significado de la progresión en el libro de Apocalipsis. Los sellos, trompetas y copas afectan, progresivamente, *un cuarto* de la tierra (Ap. 6:8), luego *un tercio* de la tierra (Ap. 8: 7-12; Ap. 9:18), y finalmente *toda* la tierra (Ap. 16: 3-4, 17). En otras palabras, los sellos, trompetas y copas mencionados en Apocalipsis representan las *mismas* señales y juicios, pero estas señales y juicios aumentan en intensidad y se ven más claramente a medida que avanza la historia y Cristo se acerca.

Sin embargo, hay un sentido en el que estas señales son más que solo el sonido de los pasos de Cristo. La verdad es que estas señales son causadas por la venida de Cristo, así como la venida del tren hace que se escuche el silbido y las ruedas. Estas señales son causadas por la venida de Cristo porque él gobierna toda la historia y la creación, así como también la iglesia.

Como Rey soberano y Señor de todos, Cristo es el que hace que todo suceda y causa que todo acontezca en el cielo, así como en la tierra (Mt. 28:18). Ese es el consuelo de los creyentes, que saben que nada sucede por casualidad o aparte de su voluntad.

Podríamos pensar, entonces, en esas señales como evidencias de la mano y el obrar de Cristo en la creación y en la historia. Son señales de que no está trabajando al azar, sino que día a día lleva todas las cosas a su fin designado.

Qué perspectiva tan diferente que abarca todo lo que nos pasa y todo lo que nos rodea. En lugar de tener miedo y desesperación, esperamos y aguardamos, pues todas las cosas hablan de su poder y de su venida. En medio de guerras, desastres y apostasía, mientras los corazones de los hombres desfallecen por miedo y mientras los poderes del cielo se agitan, podemos mirar hacia arriba y poner la frente en alto, porque nuestra redención se acerca (Lc. 21:25-28).

El rapto

La palabra *rapto* no está en la Escritura, pero puede emplearse sin problema para describir la aparición repentina y visible de Cristo en los cielos en la que sus santos serán arrebatados en las nubes para encontrarse con el Señor en el aire. La Palabra de Dios habla de ello en 1 Tesalonicenses 4:15-17. Sin embargo, rechazamos como algo no-bíblico, aquella enseñanza de que este rapto es secreto, que tiene lugar antes de la gran tribulación final para que el pueblo de Dios no pase por esa tribulación, y que se producirá mil años antes del fin del mundo (un rapto *premilenial*). Estas ideas no tienen apoyo en 1 Tesalonicenses 4, ni en el resto de la Escritura.

El rapto no es secreto. Los eventos descritos en Tesalonicenses son todo menos secreto. Leemos de un grito, de la voz del arcángel y de la trompeta de Dios. Podría decirse con seguridad que este será uno de los eventos más ruidosos y menos secretos de toda la historia.

Otros pasajes que hablan del evento dan el mismo testimonio. Mateo 24:30-31 está describiendo lo mismo que 1 Tesalonicenses 4. Ambos mencionan ángeles, una trompeta y la reunión de los elegidos en Cristo. Mateo 24:30–31 agrega que las tribus de la tierra llorarán cuando vean al Hijo del hombre. No hay nada secreto acerca de eso.

PARTE 6 EL REGRESO DE CRISTO Y LAS ÚLTIMAS COSAS

1 Corintios 15:51-52 indudablemente describe lo mismo que 1 Tesalonicenses 4:15-17: que habrá dos grupos de santos que serán raptados: los que ya murieron y los que no. Estos últimos se describen en Corintios como aquellos que "no están dormidos" y en Tesalonicenses como aquellos que están vivos y permanecen hasta la venida de Cristo. Los versículos de Corintios también describen un evento que es público y no secreto.

Estos mismos pasajes dejan claro que el rapto ocurre al final de todas las cosas y después de la tribulación final. Mateo 24:29 dice: "Inmediatamente después de la tribulación de aquellos días..." Y cuando leemos sobre el duelo de las tribus de la tierra, ese duelo hace referencia a la segunda venida de Cristo para juicio en el fin del mundo, como lo demuestra una comparación del pasaje de Mateo con Apocalipsis 1:7 y Apocalipsis 6:12-17.

Mateo 24:37-41 y Lucas 17:26-37 también describen este rapto como algo que ocurre justo antes del juicio final. El tomar y dejar de personas descritas en estos pasajes se comparan con los días de Sodoma y los días de Noé; en otras palabras, los que quedan son dejados para un juicio exactamente como el de Sodoma y Gomorra (véase también Jud. 7) y como el del mundo en los días de Noé (2 P. 3: 3-7).

Además, 1 Tesalonicenses 4 habla de la resurrección de nuestros cuerpos, algo que en todas partes de la Escritura se dice que tendrá lugar en el último día (Jn. 6:39-40, 44-54; Jn. 11:24). Seguramente el último día no es seguido por otros 365,000 días. Entonces, también, se nos dice específicamente en Juan 12:48 que el último día es también el día del juicio.

Por lo tanto, no buscamos un rapto secreto mil años antes del final y antes de la gran tribulación, sino un rapto público de santos al final de todas las cosas, cuyo resultado será nuestra presencia continua en la gloria con el Señor (1 Tes. 4:17).

La venida repentina e inesperada de Jesús

Si el rapto será un evento ruidoso y público, ¿por qué leemos de la venida de Cristo como de algo repentino e inesperado (1 Tes. 5:1-9)? él viene, dice la Escritura, como "un ladrón en la noche" (Mt. 24:43; 2 P. 3:10; Ap. 3:3; Ap.16:15).

La verdad es que Cristo viene como un ladrón inesperado *solo en relación a los impíos e incrédulos*. Esto se aclara abundantemente en 1 Tesalonicenses 5:1-9. Allí Pablo habla de los impíos como "ellos" y "los demás" en distinción de "vosotros" y "nosotros". él les dice a los creyentes en Tesalónica que la destrucción inevitable vendrá sobre "ellos" (v. 3) y agrega: "Mas *vosotros*, hermanos, no estáis en tinieblas, para que aquel día *os* sorprenda como ladrón." (v. 4).

Los malvados no esperan el juicio final y la venida de Cristo. Aunque muchos de ellos han oído que él viene y saben que Dios juzgará al mundo, ellos sostienen esta verdad en la injusticia (Rom. 1:18). Ellos son los burladores de quienes Pedro habló (2 P. 3:1-8). Debido a que Dios no derrama su ira sobre ellos de inmediato, concluyen que no los juzgará en absoluto. Tampoco reconocen los juicios que él les *envía* ahora (SIDA, terremotos, hambruna y guerras).

Tales personas se encuentran incluso en la iglesia. Están allí representados por las cinco vírgenes insensatas de Mateo 25:1-13. Cuando llega el novio, están profundamente dormidos y sin aceite para sus lámparas; Por lo tanto, están *excluidas* de las fiestas de las bodas. Pertenecen a la iglesia y tienen el nombre de creyentes (*vírgenes*), pero en realidad son hipócritas e incrédulos.

El pueblo de Dios, representado en la parábola por las cinco vírgenes prudentes, *no* es tomado completamente por sorpresa (prueba adicional de que el rapto no es secreto). Aunque siempre de manera imperfecta, está observando y esperando la venida de Cristo, creyendo que Cristo ciertamente vendrá como lo ha prometido. Ser tomado por sorpresa por la venida de Cristo es ser hallado con incredulidad. El pueblo de Dios no está en la oscuridad de la incredulidad y el pecado tal como nos recuerda 1 Tesalonicenses 5:4. Sin embargo, incluso los creyentes desconocen el día o la hora de la venida de Cristo (Mt. 24:36, 42; Mat. 25:13; Mar. 13:32). A ellos también les dice Cristo: "el Hijo del Hombre vendrá a la hora que no pensáis". (Mt. 24:44).

Por esta razón tenemos el llamamiento urgente de observar atentamente, aguardar y orar. Mateo 25:13 habla de ese llamamiento. Lo mismo hace 1 Tesalonicenses 5: "Por tanto, no durmamos como los demás, sino velemos y seamos sobrios... habiéndonos vestido con la coraza de fe y de amor, y con la esperanza de salvación como yelmo" (vv. 6, 8).

Esta advertencia es necesaria. Las cinco vírgenes prudentes también yacían dormidas cuando llegó el novio (Mt. 25: 5). Ellas tienen aceite (el símbolo bíblico del Espíritu de Dios) en sus lámparas, pero ellas mismas estaban durmiendo. Con ello en mente, Jesús dice en otro lugar: "Pero cuando venga el Hijo del Hombre, ¿hallará fe en la tierra?" (Lc. 18:8). Esto se dice como un llamamiento a la oración ferviente y frecuente.

Que necesitamos esta advertencia debería ser evidente por el hecho de que a menudo somos descuidados y vivimos como si Cristo nunca fuese a venir. De hecho, la idea de que Cristo venga —*ahorita mismo*—, la mayoría de las veces nos llenará de desaliento. Observemos y oremos, entonces, para que *no* entremos en la tentación.

La pronta venida de Jesús

¿Qué quiere decir Cristo cuando él dice: "He aquí yo vengo *pronto*" (Ap. 22:7, 12, 20)? Esta pregunta es especialmente urgente cuando recordamos que han pasado más de dos mil años desde que Cristo hizo esa promesa.

Los impíos y los burladores ven este largo tiempo como evidencia de que él nunca vendrá (2 P. 3:3-4). Sin embargo, creyendo que es el Hijo de Dios que no puede mentir, continuamos velando y orando por su venida. Sin embargo, para que no nos desanimemos, es bueno examinar lo que quiso decir cuando habló de su pronta venida.

Hay un sentido, como hemos visto, en que Cristo viene pronto, en que él está *siempre* viniendo: a través de los juicios, mediante la predicación del evangelio, mediante la obra y la presencia del Espíritu Santo, y personalmente, por cada hombre, mediante la muerte. En todas estas diferentes formas, su recompensa está con él, y él da a cada hombre según sus obras (Ap. 20:12; Ap. 22:12).

Sin embargo, como Apocalipsis 22 deja muy claro, Cristo se refiere especialmente a su venida final, personal y visible cuando habla de venir pronto. También en ese sentido él mantiene su promesa hacia nosotros.

Esa promesa de una pronta venida significa, en primer lugar, que no se tardará ni se demorará ni un momento más de lo necesario para atraer a su gente a sí mismo. En el mismo momento en que todo esté listo, él vendrá con toda la gloria de su Padre para hacer nuevas todas las cosas.

La línea de tiempo de este evento debe considerarse a la luz del propósito de Dios. Dios ha predestinado soberanamente todas las cosas, incluyendo el tiempo de la venida de Cristo. En armonía con eso, también ha preordenado que todas las cosas alcancen su fin designado en el mismo momento. En aquel momento de la historia, el propósito de Dios para con sus elegidos estará concluido, y el último de ellos será reunido (2 P. 3:9). Su propósito con los impíos e incrédulos también acabará entonces. En el mismo momento, todos los elegidos habrán sido salvados, entonces también los impíos e incrédulos habrán cumplido la medida de su maldad y estarán listos para el juicio de Dios (Gén. 15:16; Sal. 75:8; Ap. 14: 10, 15-20).

En ese momento también vendrá Cristo. No llegará un momento antes, porque sería demasiado pronto, pero tampoco llegará un momento después. Incluso en esto, su comida y bebida es hacer la *voluntad* de su Padre celestial.

Cristo también viene pronto en este sentido: viene al *final* de la historia, y la historia del mundo no es larga, especialmente en comparación con los años eternos de Dios. Los impíos hablan de billones de años pasados y futuros, pero sabemos que unos pocos miles de años son todo lo que pertenece a la historia de este mundo.

PARTE 6 EL REGRESO DE CRISTO Y LAS ÚLTIMAS COSAS

Finalmente, Cristo viene pronto en el sentido de que llega demasiado pronto como para que los malvados logren *todos* sus malvados designios. Siempre, a lo largo de la historia, su trabajo ha sido interrumpido y sus propósitos derrotados por la venida de Dios en juicio, y esto será cierto también al final.

¡Que su llegada nunca sea demasiado pronto para nosotros!

La maravilla de la venida de Cristo

Nunca debemos olvidar que la venida de Cristo al final del mundo es una maravilla y un milagro —lo último que este mundo verá—. Es una obra de Dios, maravillosa a nuestros ojos y algo que trasciende nuestro entendimiento. De hecho, todo lo que pertenece al fin del mundo es obra maravillosa de Dios, un milagro.

Las señales de la venida de Cristo, la resurrección de los muertos, el levantamiento de los santos para estar con Cristo, la destrucción de la vieja tierra y cielos por medio de fuego, el juicio final y la glorificación de los creyentes: todo pertenece a aquellas cosas que son completamente inexplicables en términos de lo natural y terrenal. Todas ellas pertenecen al reino de lo sobrenatural y, por lo tanto, solo recibidas por fe.

Hay varios pasajes de la Escritura que aclaran que esto también es cierto para la venida de Cristo. En primer lugar, Apocalipsis 1:7 testifica que "todo ojo le verá, y los que le traspasaron" (véase también Mt. 24:27, 30). Esto no solo indica que la resurrección general ya ocurrido para cuando Cristo regrese, sino también muestra que la venida de Cristo es una obra milagrosa de Dios.

Es imposible explicar cómo es que todo ojo le verá cuando aparezca, pero no tenemos ninguna duda de que la Palabra de Dios habla con la verdad. De hecho, todo ojo *debe* verlo, porque viene como la revelación de Dios, tanto para salvación como para juicio. Toda criatura, viva o muerta, será juzgada —salvada o condenada—, en relación a *él*.

Otro pasaje que revela la venida de Cristo como una obra milagrosa y maravillosa del Dios Todopoderoso es 2

Tesalonicenses 2:8, que dice que el hombre de pecado, "el inicuo", será destruido por el mismo resplandor de la venida de Cristo. De nuevo, es difícil saber exactamente cómo debemos entender esto, pero nos recuerda que su venida no es un evento natural.

La venida de Cristo es nuestra esperanza, porque, aunque nosotros también debemos comparecer ante el tribunal y dar cuenta de nuestras obras, Cristo estará allí con nosotros en el juicio. él será nuestro Juez. Incluso el pensamiento del juicio, entonces, no puede destruir la maravillosa esperanza que tenemos en él. Nuestra salvación en y a través del juicio es parte de su obra salvadora.

Es por esta venida, por lo tanto, que aguardamos y nos mantenemos vigilantes, esperando. Toda nuestra vida como creyentes puede ser descrita desde este punto de vista: todo tiene como meta y propósito la aparición de Cristo Jesús. Ninguna otra cosa debería importarnos tanto como eso.

En suma, todo esto apunta a la verdad de que la venida de Cristo *es parte del milagro y maravilla de la salvación*. Desde el comienzo de la historia, Dios se ha revelado como el único Salvador en el sentido de que hace por nosotros aquello que se encuentra más allá del poder o la imaginación del hombre. él nos salva por el milagro de la gracia en Cristo Jesús. El regreso de Cristo es la revelación final de ese gran milagro de gracia y misericordia.

El milenio

El testimonio de la Escritura acerca de la venida de Cristo plantea la pregunta: "¿Cuándo y cómo vendrá él?" Es al responder a esta pregunta que surge el tema del "milenio" de Apocalipsis 20. Los diferentes puntos de vista del milenio —premilenialismo, postmilenialismo y amilenialismo—, tienen que ver con el *tiempo* y el *modo* en que Cristo vendrá.

Desde un punto de vista, es de lamentar que el milenio, algo mencionado solo unas pocas veces en la Escritura y sólo en un capítulo del Apocalipsis, un libro difícil y simbólico, se haya convertido en un tema de debate y desacuerdo entre los cristianos. Sin embargo, la diferencia entre estos puntos de vista acerca del milenio es importante y no deben descartarse como algo sin relevancia. El momento y el modo en que Cristo llegará *sí* importan.

Los diferentes puntos de vista acerca del milenio plantean interrogantes sobre la naturaleza del reino de Cristo —si es terrenal o celestial, presente o futuro, judío o cristiano—. Y estas preguntas también son importantes. Estamos llamados a buscar el reino y orar por su venida, y debemos saber qué es lo que buscamos si queremos cumplir con nuestro llamamiento.

Por lo tanto, no descartaremos el tema del milenio como algo no esencial, sino que intentaremos explicar los diferentes puntos de vista y mostrar a partir de la Escritura lo que se debe creer. Hacemos esto no para aumentar las divisiones entre los cristianos o para ofender a los que tienen puntos de vista diferentes, sino para mostrar *qué* es lo que la Palabra enseña y *porqué* lo enseña.

El término *milenio* significa "mil años" y se refiere a los mil años mencionados seis veces en Apocalipsis 20. Durante esos mil años, según la Palabra de Dios, Satanás está atado, y los que tienen parte en la primera resurrección viven y reinan con Cristo. Al final de ese período, cualquiera que sea el período de tiempo que pueda describir, Satanás es suelto por "un corto tiempo," y las naciones son engañadas por él y se reúnen para luchar contra la ciudad amada. Dios entonces interviene y el juicio procede. Estos elementos son claros en Apocalipsis 20. Sin embargo, lo que todo esto signifique ha sido objeto de mucha controversia.

Algunos creen que esto sucederá en el futuro, incluso los mil años en sí (premilenialismo); otros creen que ya ha comenzado, y que ya estamos en el período descrito por los mil años (amilenialismo). Aún otros enseñan que, si bien pudieron haber comenzado, su cumplimiento principal es todavía futuro y se verá sólo cuando un período de paz, bendición, y prosperidad sin precedentes sea experimentado por la iglesia (postmilenialismo).

Los *premilenialistas* creen que la próxima venida de Cristo es anterior a (*pre*) un milenio en el futuro, y enseñan que hay más de una futura venida de Cristo. Los *postmilenialistas* enseñan que la venida de Cristo es después (post) del milenio y tendrá lugar una sola vez. Tal como los postmilenialistas, los *amilenialistas* creen que la venida de Cristo, que será sólo una vez, ocurrirá después del milenio. Sin embargo, se distinguen tanto de los premilenialistas como de los postmilenialistas en que no ven el milenio como un período literal de mil años (*a-* es un prefijo que significa "no" o "sin"). En vez de eso, los amilenialistas ven los mil años como un número simbólico que representa toda la era del evangelio, comenzando con la muerte de Cristo.

El Premilenialismo y el Dispensacionalismo comparados

Estrictamente hablando, el premilenialismo y el dispensacionalismo pertenecen a la misma escuela en el sentido de que ambos enseñan que la venida personal y visible de Cristo será anterior a un futuro reinado de mil años de Cristo. Hay varias similitudes en sus puntos de vista. Ambos enseñan un reino literal de mil años (milenial). Ambos enseñan que este milenio y este reino son futuros. Ambos enseñan que el reino milenial de Cristo es terrenal, centrado en la ciudad de Jerusalén, y que allí Cristo reinará en la tierra de manera personal y visible. Ambos enseñan que las promesas de Dios a Abraham y a la nación judía con respecto a la tierra tienen un cumplimiento futuro, literal y terrenal para esa nación. Ambos creen que "Israel" en la Escritura siempre y solo se refiere a los descendientes físicos de Abraham: los judíos. Y ambos enseñan más de una resurrección y más de un juicio.

Sin embargo, existen importantes diferencias entre premilenialismo y dispensacionalismo. El dispensacionalismo enseña dos venidas de Cristo antes del milenio (mil años antes del fin de la historia), a saber, el rapto y la revelación (la venida de Cristo *por sus santos* y *con* ellos). El dispensacionalismo también enseña un *rapto secreto* que ocurrirá *en cualquier momento* antes de *la gran tribulación*, lo que significa que la iglesia no pasará por la tribulación, sino que estará con Cristo.

PARTE 6 EL REGRESO DE CRISTO Y LAS ÚLTIMAS COSAS

El dispensacionalismo enseña que la iglesia del Nuevo Testamento es un "paréntesis" en la historia, y que la nación judía por sí sola constituye el pueblo y el reino de Dios. De manera similar, la opinión de los dispensacionalistas es que el reino milenial de Cristo será un reino exclusivamente judío; es decir, los judíos y solo ellos son el pueblo del reino. Junto con todo esto, el dispensacionalismo enseña que el Espíritu Santo estará ausente de la tierra durante el tiempo entre el rapto y la revelación, las dos etapas de la venida premilenial de Cristo.

Para sumar a toda la confusión, el dispensacionalismo más antiguo de las notas en la *Biblia de estudio Scofield*[43] enseña diferentes formas de salvación para judíos y gentiles, negando que la salvación en el Antiguo Testamento fue solo por la sangre y el sacrificio de Cristo Jesús y por la fe en él. En contraste, el *premilenialismo histórico* enseña correctamente que el rapto y la revelación son *un* evento, no *dos*. El premilenialismo histórico también niega un rapto secreto, en cualquier momento, e insiste en que la iglesia *pasará* por la gran tribulación de los últimos días. En contra del dispensacionalismo, el premilenialismo histórico también enseña que la iglesia *tiene* una parte y un lugar en el reino de Cristo y no es un "paréntesis" en la historia entre los tratos pasados y futuros de Dios con los judíos. Finalmente, el premilenialismo histórico no tiene nada que ver con la enseñanza herética de las notas dispensacionales de la *Biblia de Estudio Scofield*, que dicen que hay diferentes formas de salvación en las diferentes dispensaciones, y que enseñan la noción extraña y no bíblica de que el Espíritu Santo omnipresente será retirado de la tierra por un período de tiempo.

Creemos que, aunque el premilenialismo histórico está libre de muchas de las falsas enseñanzas del dispensacionalismo, no se aleja lo suficiente. Como esperamos explicar, el premilenialismo tanto de la variedad más antigua como de la más nueva, no es bíblico.

---

[43] Scofield y Rikkers, eds., Scofield Study Bible [Biblia de Estudio de Scofield].

Los errores del Premilenialismo

El premilenialismo, a veces llamado "chiliasmo", es la enseñanza de que el regreso personal y visible de Cristo tendrá lugar mil años antes del fin del mundo. Dice que la apostasía y la maldad aumentarán y resultarán en la revelación final del anticristo. En ese momento comenzará un período de severa persecución, descrita en Mateo 24:21 como "la gran tribulación". Este reinado del anticristo y período de persecución terminará con la venida de Cristo, quien resucitará a sus santos, cambiará los cuerpos de los que aún viven, los juzgará, quitará la maldición de la tierra y establecerá en Jerusalén un reino que durará mil años.

Ese reino, dice el premilenialismo, será el resultado de una conversión masiva de los judíos, quienes serán restaurados a su propia tierra. Ellos, junto con los cristianos gentiles, conformarán el reino de Cristo, centralizado en Jerusalén, aunque los judíos tendrán la prioridad. Ese reino se caracterizará por la justicia, la paz y la prosperidad aquí en esta tierra y durará exactamente mil años. Al final de este período de gobierno terrenal de Cristo, el resto de los muertos resucitarán, y seguirá el juicio final y la creación de los cielos y la tierra nuevos.

Algunos de los puntos de vista del premilenialismo son muy extrañas. Por un lado, se supone que los ciudadanos del reino milenial son una mezcla de aquellos que han sido resucitados y glorificados y aquellos que todavía están en sus cuerpos terrenales actuales, lo cual se contradice con 1 Corintios 15:50. Por otra parte, el reino, supuestamente, estará en una tierra de la cual la maldición habrá sido quitada, pero que aún no está completamente liberada del pecado, la enfermedad y la muerte. En esa tierra, los santos resucitados vivirán junto con aquellos que todavía están sujetos al pecado y la muerte.

Sin embargo, hay objeciones más importantes a esta enseñanza. Primero, la Escritura contradice la enseñanza premilenial de que la venida de Cristo precede al fin del mundo por mil años, enseñando más bien que ésta es simultánea con el fin de este mundo presente (1 Cor. 15:23-24), la creación de los cielos y la tierra nuevos (2 P. 3: 9-10), la resurrección de *todos* los muertos (Ap. 20:12-13) y el juicio final (Mt. 24:37-41; Lc. 17:28-37; Jud. 6-7, 14-15).

En segundo lugar, la Escritura no enseña más de una resurrección y juicio (Jn. 5:25 - 29), ni una resurrección y juicio que preceda el fin del mundo por mil años (Jn. 6:39-40, 44-45; Jn. 11:24; 1 Cor. 15:51-52. Note el énfasis en "último" en 1 Cor. 15:52.)

En tercer lugar, la Escritura enseñan lo opuesto de un reino terrenal; insisten en que el reino es celestial (Jn. 18:36; Heb. 12:22-23).

En cuarto lugar, la Escritura enseñan que el reino de Cristo es eterno, no uno con mil años de duración (Dan. 4:34; Dan. 7:27; 2 P. 1:11).

En quinto lugar, la Escritura no enseña que *sólo* los descendientes *físicos* de Abraham son judíos, más bien dice que todos los creyentes, judíos y gentiles por igual, son los verdaderos judíos, el verdadero Israel de Dios (Rom. 2:28-29; Gál. 3:29; Fil. 3:3). Israel es la *iglesia*, y la iglesia es Israel. Así, también, el reino es la iglesia y la iglesia es el reino.

Especialmente por estas razones rechazamos la enseñanza premilenial.

Los errores del Dispensacionalismo

El Dispensacionalismo, alguna vez conocido como Darbyismo debido a John Nelson Darby (1800-1882), el originador tanto del dispensacionalismo como del hermanismo, es el más serio de todos los errores referentes al milenio. No solo es cierta enseñanza acerca del milenio y del futuro, sino también un sistema teológico completamente erróneo.

El nombre *dispensacionalismo* viene de la teoría de la división de la historia en diferentes "dispensaciones", en cada una Dios tiene una diferente relación de pacto con los hombres que termina cuando ellos fallan en cumplir con los requerimientos de Dios. Ahora estamos, según el dispensacionalismo clásico de Darby, en la "era de la iglesia", o dispensación de la gracia, con solo una era más por venir, la dispensación del reino.

Algunos de los errores del dispensacionalismo que ya hemos tratado son su enseñanza acerca de un rapto secreto, premilenial, pre-tribulación y su enseñanza referente a las múltiples venidas de Cristo.

Otras enseñanzas del dispensacionalismo que explicaremos más tarde son su creencia en múltiples resurrecciones y juicios y su interpretación literalista de la Escritura, especialmente Apocalipsis 20.

Unos pocos de los errores más flagrantes del dispensacionalismo tienen que ver con su uso incorrecto de la Escritura.

Primero, el dispensacionalismo tiene un método equivocado de interpretar la Escritura. El resultado de este método es que todo el Antiguo Testamento y algo del Nuevo Testamento se aplican a los judíos y se dice que no tienen aplicación para los cristianos del Nuevo Testamento, excepto tal vez como un objeto de curiosidad. Las notas de la *Biblia de Estudio de Scofield* enseñan, por ejemplo, que el Sermón del Monte no es cristiano sino judío. Frente a esto, la Escritura enseña que *toda la Escritura* es útil (y aplicable) a los cristianos del Nuevo Testamento (Jn. 10:35; 2 Tim. 3:16-17). Debido a que el dispensacionalismo niega esto, se le ha acusado de dividir *incorrectamente* la Palabra de verdad, aún y cuando reclama lo opuesto.

Segundo, el dispensacionalismo sigue un literalismo estricto, el cual, como un escritor señala, es realmente el literalismo de los Fariseos, quienes no querían y no podían ver que Cristo es un Rey *espiritual*, y por eso lo crucificaron. Este literalismo estricto (aunque inconsistentemente aplicado) y su oposición a lo que los dispensacionalistas llaman "espiritualización" también son contrarios a la Escritura (1 Cor. 2:12-15). En muchos pasajes la Escritura misma "espiritualiza" las cosas del Antiguo Testamento, notablemente en 1 Pedro 2:5-9 y en el libro completo de Hebreos. Señalaríamos que mientras que la Escritura debe ser interpretada cuidadosa y sobriamente, hay cosas que no *pueden* ser tomadas de manera literal, tales como la piedra blanca de Apocalipsis 2:17.

Es la oposición del dispensacionalismo a espiritualizar que lo lleva a su negación del reino celestial y espiritual de Cristo. Es esta visión errónea que el dispensacionalismo tiene de la Escritura lo que está en la raíz de todos sus errores.

Más errores del Dispensacionalismo

Hemos señalado lo que creemos que son los errores principales del dispensacionalismo. Otros errores son los siguientes.

La separación que el dispensacionalismo hace de Israel y la iglesia. Uno de los fundamentos del dispensacionalismo es que Israel es Israel, y la iglesia es la iglesia, y estos nunca deben ser confundidos. Esto es contrario a las enseñanzas de la Escritura que el "Israel" del Antiguo Testamento, tanto nacional como espiritualmente, *es* la iglesia (Rom. 2:28-29). En Hechos 7:38 Israel es llamado "la congregación en el desierto". En Hebreos 12:22-24 Jerusalén y Sion son identificados con la iglesia (ver también Gál. 3:29 y Fil. 3:3). En Apocalipsis 21:9-10 la novia, la esposa del Cordero, es identificada con la Jerusalén santa.

La separación que hay en el dispensacionalismo entre la obra de Cristo a favor de los judíos y su obra a favor de la iglesia. El dispensacionalismo enseña que Cristo es Rey de Israel, pero Cabeza de la iglesia. Las notas de la Biblia de Estudio de Scofield incluso enseñan que el pueblo del Antiguo Testamento fue salvo de otras maneras que por fe en la obra expiatoria de Cristo y que Dios tiene más de un plan de salvación. Esto es contrario a la clara enseñanza de la Escritura de que Cristo es el mismo Salvador, tanto en el Antiguo como el Nuevo Testamento (Gal. 3:28-29; 1 Tim. 2:5-6; Heb. 11:6).

La exclusión que el dispensacionalismo hace de los santos del antiguo Testamento del "cuerpo" y la "novia" de Cristo. Esto sigue, por supuesto, de la separación que hace entre Israel y la iglesia, y entre la relación de Cristo con Israel como Rey, y con la iglesia como Cabeza. También es contrario a la Escritura, en la cual se incluye a los santos del Antiguo Testamento en la "familia de la fe" y se les cuenta en el cuerpo de Cristo y como la novia de él

(Ef. 2:11-18, especialmente el v. 16, que dice que los judíos y los gentiles son reconciliados "en un cuerpo"; Ap. 21:9-10, donde "la novia, la esposa del Cordero" se identifica con la Jerusalén santa).

La enseñanza del dispensacionalismo de que el Espíritu Santo se va de la tierra durante el periodo de siete años entre el rapto y la revelación. Durante este período se supone que los judíos serán salvados y serán traídos a la fe en Cristo sin las operaciones soberanas y de gracia del Espíritu Santo. Esto, también, es contrario a la enseñanza de la Escritura de que la fe es el don de Dios mediante el Espíritu Santo, y es contrario también a la enseñanza escritural de que la regeneración, o el nuevo nacimiento, el cual es esencial para la salvación, es la obra única del Espíritu (Jn. 3:3-8; Ef. 2:8).

La enseñanza del dispensacionalismo referente al así llamado "misterio" de la iglesia. El dispensacionalismo clásico enseña que la historia de la iglesia en el Nuevo Testamento es un "paréntesis" y que la iglesia misma es un misterio del que nunca se ha hablado en el Antiguo Testamento. Esto contradice la enseñanza de la Escritura, la cual no solo profetiza de la iglesia, sino que en realidad ve al verdadero Israel como la iglesia y a la iglesia como Israel. En Hechos 15:13ss. Jacob aplica una profecía del Antiguo Testamento concerniente a Israel al establecimiento de las iglesias de los gentiles del Nuevo Testamento (compare esto con Hch. 7:38). De la misma manera, en la Escritura la iglesia no es vista como un "paréntesis", sino como la meta y el propósito de toda la obra de Dios en la historia. Es "la plenitud de Aquel que todo lo llena en todo" (Ef. 1:22-23), la "iglesia gloriosa" que él presenta a sí mismo por su obra salvadora (Ef. 5:25-27).

Por todas estas razones el dispensacionalismo debe ser rechazado.

PARTE 6 EL REGRESO DE CRISTO Y LAS ÚLTIMAS COSAS

Postmilenialismo

Hemos definido al postmilenialismo como el punto de vista de que, aunque el milenio pueda haber comenzado, su cumplimiento principal es todavía en el futuro y será visto solamente cuando un periodo de paz, bendición y prosperidad sin precedentes sea experimentado a través del evangelio y de la iglesia. Hay diferentes tipos de postmilenialismo, cada uno con su propia interpretación del milenio.

En primer lugar, está el postmilenialismo más antiguo de muchos de los Puritanos y de algunos escritores modernos, el cual espera una gran obra futura de Dios entre los judíos que llevará a la conversión de muchos, incluso a la mayoría de ellos. Algunos, en las mismas líneas, esperan un gran avivamiento al final de los tiempos, en la iglesia, previo a la venida de Cristo, cuando el evangelio una vez más dé fruto como lo hizo en el tiempo de los apóstoles y en el tiempo de la gran Reforma Protestante del siglo dieciséis.

Un postmilenialismo más radical se ha levantado en tiempos más recientes que es parte de lo que algunas veces se conoce como Reconstruccionismo Cristiano o "teología del dominio". Este postmilenialismo no solo espera un futuro glorioso para la iglesia, sino también enseña que toda la sociedad y la vida humana algún día vendrán bajo el dominio de los cristianos, y que esta sociedad "cristianizada" será el cumplimiento de las promesas escriturales concernientes al reino de Cristo.

Esta forma más reciente de postmilenialismo espera que la realización principal del reino de Cristo sea *en este mundo presente*, y llegue a cumplirse mediante la predicación del evangelio y el crecimiento de la iglesia, así como por la "acción" y el involucramiento cristiano en las diferentes áreas de la vida. La mayoría de los que tienen esta convicción insistirían que es esencial que los cristianos estén involucrados y, eventualmente "se hagan cargo" de varias áreas de la sociedad para entonces reclamarlas para Cristo, y así, como ellos dicen, coronar *Rey* a Cristo en todas las áreas de la vida.

La mayoría de los que tienen estos puntos de vista son también "preteristas" (la palabra griega *pretérito* significa "pasado"). Creen que Mateo 24:1-35 y la mayoría del libro de Apocalipsis ya se han cumplido o se encuentran en el pasado, que los eventos descritos fueron cumplidos en la destrucción de Jerusalén por los ejércitos romanos en el 70 d.C. La mayoría de ellos dicen que las profecías bíblicas referentes al anticristo y la gran tribulación ya se han cumplido. Su punto de vista de color de rosa del futuro de la iglesia y de la sociedad evita cualquier creencia en una tribulación al final de los tiempos y una revelación del anticristo.

Estas mismas personas son casi siempre teonomistas (*teonomía* significa "la ley de Dios"). Ellos creen que la ley de Dios, incluidas las leyes civiles del Antiguo Testamento, serán la base para esta sociedad cristianizada futura, un reino de Cristo aquí en la tierra. No el evangelio sino la ley será la fuerza principal de este reino porque, aunque no todos serán convertidos, todos serán llevados bajo la ley de Dios y bajo el "dominio" de la ley.

Aunque no estamos de acuerdo con el postmilenialismo más antiguo de los Puritanos y su contraparte moderna, tenemos mucho más problema con este postmilenialismo radical moderno. Consideramos que es un error tan serio como el dispensacionalismo.

Los errores del Postmilenialismo

Hemos comparado al postmilenialismo más antiguo con un postmilenialismo más reciente, siendo este último una parte integral del movimiento Reconstruccionista cristiano. Este tipo de postmilenialismo es muy diferente del postmilenialismo más antiguo de los Puritanos y mucho más peligroso.

Primero, este tipo de postmilenialismo devalúa la predicación del evangelio. De acuerdo con sus adherentes, la acción en la política y la economía es al menos tan importante para la venida del reino como lo es el evangelio. Para ellos, la victoria del reino no está tanto en la salvación de los hombres

PARTE 6 EL REGRESO DE CRISTO Y LAS ÚLTIMAS COSAS

mediante el evangelio como en el dominio de los cristianos sobre la totalidad de la sociedad.

Segundo, este postmilenialismo devalúa y trivializa la iglesia. Creyendo que el reino está más allá y es más grande que la iglesia, no ve a la iglesia como el objeto principal, junto a Cristo mismo, del afecto cristiano. Esto es refutado, sin embargo, por el Salmo 122:6 y por Efesios 1:17-23. En la visión del postmilenialismo, y en oposición a Salmos 122:9 y Efesios 1:17-23, La reunión y la preservación de la iglesia, tampoco es el objetivo final de la vida y obra cristiana. Para muchos, la iglesia es solamente un lugar de entrenamiento para el involucramiento cristiano en la política, economía y otras áreas de la vida social.

Esta trivialización de la iglesia lleva a un gran desinterés en asuntos de gobierno, adoración y doctrina de la iglesia, así como a un tipo de ecumenismo —una disposición a unirse con aquellos cuyas enseñanzas puedan ser no bíblicas—. Después de todo, el asunto principal no es la iglesia sino el reino, de acuerdo con ellos.

Aquellos que sostienen esta forma de postmilenialismo, por lo tanto, frecuentemente acusan a la iglesia de fallar en su llamado desde muy temprano en su historia porque, aunque la iglesia ha predicado fielmente el evangelio y ha buscado la salvación de los pecadores, no ha tomado dominio sobre toda la sociedad. En esto, ellos dicen, la iglesia ha fallado miserablemente.

Tercero, este tipo de postmilenialismo demerita un testimonio cristiano fiel. Con su énfasis sobre la necesidad de la acción política y sobre el involucramiento en varias áreas del esfuerzo social, subestima el testimonio del cristiano ordinario al vivir su vida honesta y fielmente en su propio lugar dado por Dios. Lo más importante, entonces, no es ser un buen testigo, incluso al cavar zanjas, con el fin de ser usados por Dios para la salvación de otros, sino hacerse cargo de la sociedad.

Cuarto, los proponentes de esta visión del postmilenialismo representan en muchos casos un nuevo tipo de legalismo con su énfasis sobre la ley. Aquellos que esperan que el reino se cumpla al traer a todos los hombres bajo el dominio de la ley realmente piensan que la ley hará lo que el evangelio falla en hacer. Olvidan la debilidad de la ley como se describe en

Romanos 8:3: "Porque lo que era imposible para la ley, por cuanto era débil por la carne, Dios, enviando a su Hijo en semejanza de carne de pecado y a causa del pecado, condenó al pecado en la carne".

Finalmente, el postmilenialismo de este tipo, con su énfasis en un reino milenial que tendrá su realización principal en *este* mundo, tiende a convertirse en una religión que "piensan en lo terrenal", algo que Pablo nos advierte en Filipenses 3:19: "el fin de los cuales será perdición, cuyo dios es el vientre, y cuya gloria es su vergüenza; que sólo piensan en lo terrenal". Así, uno encuentra entre sus adherentes hombre que niegan la resurrección corporal, al cielo como un lugar real y el hogar final de los creyentes, e incluso a la ascensión de Cristo al cielo, lo cual es, por supuesto, la garantía de todas las esperanzas celestiales de los creyentes.

Amilenialismo

La palabra *amilenial* significa literalmente "sin milenio". Hablando estrictamente, no es el caso de que el amilenialismo enseñe que *no hay milenio en absoluto*. La verdad es que el amilenialismo no cree en un *milenio literal, futuro*.

El amilenialismo enseña que el milenio de Apocalipsis 20 es *toda la era del Nuevo Testamento* desde la primera venida de Cristo hasta el fin del mundo. Los mil años de Apocalipsis 20 son, por lo tanto, comprendidos simbólica en vez de literalmente.

Esta enseñanza se basa, primero, en el hecho de que los números en la Escritura, incluyendo el número mil, son a menudo simbólicos más que literales. Un buen ejemplo es el Salmo 50:10, donde la Escritura en realidad no habla literal ni únicamente acerca de "un *millar* de animales" sino de *todos* los animales.

Ya que la atadura de Satanás es una de las características principales de este periodo de mil años (Ap. 20:1-3), el amilenialismo enseña que Satanás está atado durante toda la era del Nuevo Testamento. No está completamente atado, sino solamente está atado "para que no engañase más a las naciones" (Ap. 20:3). Está atado, en otras palabras, de manera que no pueda impedir que el evangelio sea predicado obteniendo su fruto en la conversión de las naciones gentiles.

Es claro en Mateo 12:29 que Satanás estaba atado *en el tiempo de la primera venida de Cristo*. Allí, en una obvia referencia a Satanás, Jesús usa la misma palabra griega para atar que se usa en Apocalipsis 20:2. él les dice a los fariseos que "el hombre fuerte [Satanás]" debe ser atado. En el contexto de esta declaración, Jesús está hablando de la venida del reino mediante la reunión de los gentiles por la predicación del evangelio (Mt. 12:14-21, 28-30). Mateo 12:29 interpreta Apocalipsis 20:2 y muestra que el resultado de la atadura de Satanás es el éxito del evangelio entre las naciones en el Nuevo Testamento.

Por lo tanto, el amilenialismo no busca un milenio que esté todavía por venir, sino que cree que estamos en medio del milenio ahora, y que cuando el milenio termine, el fin del mundo habrá llegado. Esta era del Nuevo Testamento es la última era del mundo.

Los amilenialistas no esperan un rapto mil años antes del fin, ni una venida de Cristo mil años antes del fin, ni esperan que la gran tribulación tenga lugar mil años antes del fin del mundo. Mas bien, enseñan que todos estos eventos tendrán lugar *al final* y serán seguidos del estado eterno.

El amilenialismo, entonces, enseña que la "trompeta" de 1 Corintios 15:51-52 es la *última*, y lo siguiente es el rapto (1 Tes. 4:16-17), los elegidos estarán por siempre con el Señor en la gloria celestial. De la misma manera, en la enseñanza amilenial la gran tribulación de Mateo 24:29 es seguida *inmediatamente* por la trompeta que anuncia la venida de Cristo en la aparición real de Cristo sobre las nubes y en la reunión de sus elegidos.

El amilenialismo no enseña un periodo de paz y prosperidad sin precedente para la iglesia antes del fin, sino que toma seriamente la verdad bíblica de que la gran tribulación de la iglesia precederá al fin de todas las cosas —que en aquellos días "vendrán tiempos peligrosos" (2 Tim. 3:1), tiempos en los cuales los "malos hombres... irán de mal en peor" (v. 13)—.

Debido a esto, algunos acusan al amilenialismo de pesimismo. Sin embargo, no es pesimista. Los amilenialistas creen que Cristo gobierna, y que con poder soberano él hace que todas las cosas obren para el bien de los suyos, incluso aquellas cosas dolorosas.

Literalismo y Apocalipsis 20

Como hemos visto, el amilenialismo no toma los mil años de Apocalipsis 20 literalmente, sino que los entiende como una referencia simbólica a la era completa del Nuevo Testamento. El simbolismo se encuentra en el hecho de que 1000 es 10 x 10 x 10, donde se entiende que 10 representa la integridad. Es esta comprensión no literal del milenio la que queremos defender.

Ya hemos señalado que "mil" no *siempre* debe ser tomado literalmente en la Escritura. Dios no solo es dueño del *millar* de animales, sino de *todos* ellos (Sal. 50:10). Otros pasajes en los Salmos donde "mil" no es literal, pero tiene el significado de "todos" o "el todo", son: Salmo 84:10, Salmo 91:7 y Salmo 105:8. Aquellos que dicen que el número *siempre* debe entenderse literalmente — incluyendo así a Apocalipsis 20— están equivocados.

También queremos señalar que hay otras cosas en Apocalipsis 20 que no se pueden tomar literalmente. En los versículos 1 y 2, Satanás no es literalmente un dragón, tampoco un espíritu, tal como él es, no puede ser atado con una cadena literal (ver también Lc. 24:39). La mayoría también entendería que la referencia al "pozo" en Apocalipsis 20: 3 es una referencia al infierno, la estancia de Satanás, no a un hoyo en el suelo. Más adelante en el mismo capítulo, el anticristo no es literalmente una "Bestia" (v. 10), ni el libro de la vida (v. 12) es un libro literal de papel y páginas impresas.

Numerosas cosas en el resto del libro de Apocalipsis no pueden tomarse literalmente. Ningún cristiano que conocemos, por ejemplo, espera que su recompensa sea en realidad una piedra blanca con su nombre escrito en ella (2:17), o que él se convierta en una "columna" en el cielo (3:12), o que Jesús en realidad tiene una espada por lengua (1:16).

Es sorprendente que aquellos que insisten más fuerte en una comprensión literal de los mil años y dicen que cualquier otra cosa es infidelidad a la Escritura, no estén dispuestos a tomar *literalmente* la referencia a las *almas* en Apocalipsis 20:4. Ellos insisten en que estas no son almas literalmente incorpóreas, sino personas completas.

Recordamos a nuestros lectores que la Escritura en sí no exige un literalismo estricto y riguroso; de hecho, ella implica que la espiritualización *es* necesaria para la interpretación de la Escritura. Se nos dice en 1 Corintios 2:14: "el hombre natural no percibe las cosas que son del Espíritu de Dios, porque para él son locura, y no las puede entender, porque se han de discernir espiritualmente". Hay muchos ejemplos de este tipo de espiritualización en la Escritura, siendo Gálatas 4:21-31 un ejemplo notable.

La forma correcta de interpretar la Escritura no es un literalismo rígido e *imposible*, sino permitir que la Escritura se interpreten a sí misma. Ella hace esto mostrándonos que "mil" a veces puede entenderse simbólicamente (Sal. 84:10); que la atadura de Satanás debe haber tenido lugar durante la encarnación de Cristo (Mt. 12:29); y que los mil años terminan con el fin del mundo (Ap. 20:7-15) La única conclusión posible, por lo tanto, *sobre la base de la Escritura misma*, es que los mil años se refieren a toda la era del Nuevo Testamento.

¿Importa todo esto? De hecho, sí. Si todavía queda una edad de mil años después del fin de esta era presente, la esperanza celestial de los creyentes y el juicio final se vuelven tan remotos que el llamado a velar, orar y prepararse para el regreso de Cristo no tiene sentido. La urgencia de nuestro llamamiento a esperar y buscar el fin de todas las cosas se basa en nuestra seguridad de que estas cosas vendrán *pronto*.

Una resurrección

Apocalipsis 20:5 habla de una "primera resurrección", lo que implica una segunda resurrección y quizás otras. Es este pasaje, por lo tanto, más que cualquier otro, el que se usa para apoyar la enseñanza de que habrá más de una resurrección *del cuerpo* antes del fin de los tiempos. El premilenialismo enseña dos de tales resurrecciones y el dispensacionalismo tres o cuatro.

Por ejemplo, el premilenialismo enseña una resurrección de santos antes del esperado milenio futuro y otra resurrección general al final del mundo —las dos separadas por mil años de historia—. Los premilenialistas dicen que los santos del Antiguo y Nuevo Testamento que son resucitados al comienzo del milenio reinarán con Cristo en la tierra por mil años.

Creemos que la Escritura enseña solo *una* resurrección general de los muertos, y que tiene lugar al final del mundo. Entonces *todos* serán levantados de entre los muertos para comparecer ante Dios en juicio y recibir en sus cuerpos resucitados el galardón de la gracia o el de las obras. Esta, estamos seguros, es la enseñanza de la Escritura como en Juan 5:28-29, donde la palabra *todos* aparece en el versículo 28. Hechos 24:15 también habla de una resurrección, tanto de justos como de injustos.

En Juan 6, Jesús declara *cuatro veces* que la resurrección de los creyentes tiene lugar *en el último día*, no mil años antes (vv. 39-40, 44, 54). Esas palabras "último día" en la Escritura *siempre* se refieren al final (ver también Jn. 6:40, Jn. 11:24 y Jn. 12:48).

¿Cuáles son, entonces, la primera y la segunda resurrección de Apocalipsis 20? Nosotros creemos que la primera resurrección es la de las almas cuando son tomadas para estar con Cristo *después de la muerte* y cuando reinan con él en ese estado incorpóreo hasta el fin del mundo, momento en el que sus cuerpos son resucitados en la *segunda resurrección*. Existen múltiples razones por las que creemos esto.

Primero, Apocalipsis 20:4 realmente habla de *almas*. Es interesante, por decir lo menos, que los premilenialistas y dispensacionalistas, que insisten con tanta fuerza en una interpretación estrictamente literal de Apocalipsis 20, se vean forzados, en defensa de sus puntos de vista sobre la resurrección, a decir que estas almas son *personas completas* cuyos cuerpos son resucitados mil años antes del fin, y que *luego* reinan con Cristo en sus cuerpos de resurrección en la tierra durante mil años.

Es cierto que la palabra *almas* se usa en la Escritura para denotar personas completas (Gén. 2:7; Gén. 46:26-27), pero en todos esos casos, la palabra personas puede sustituirse por la palabra *almas* sin cambiar el significado. Eso no es posible en Apocalipsis 20. No tiene sentido leer Apocalipsis 20:4 de esa manera: "Y vi las *personas* de los que fueron decapitados por el testimonio de Jesús."

Segundo, Apocalipsis 20 también habla de dos muertes (v. 14). La segunda muerte *no* es una muerte física, una muerte del cuerpo, sino el sufrimiento eterno del alma en el infierno. ¿Por qué ambas resurrecciones tendrían que ser resurrecciones del cuerpo?

Tercero, llamamos la atención a todos los pasajes que hablan de la nueva vida del alma en términos de una resurrección (Jn. 5:24-25; Jn. 11:25-26; Rom. 6:13; Ef. 2:5; Col. 2:12). ¿Por qué, entonces, debería considerarse extraño que la recepción por parte de Cristo de las almas de los creyentes en la muerte se describa como una "resurrección" en Apocalipsis 20?

Creemos, por tanto, en una venida de Cristo, una resurrección de la carne y una esperanza eterna.

La muerte

No hay duda de que la muerte es un enemigo —el último enemigo (1 Cor. 15:26)—. Tememos a la muerte, no simplemente porque sea desconocida. Nadie ha regresado para decirnos lo que es morir, pero nuestro temor a la muerte proviene especialmente del conocimiento de que la muerte es la *paga del pecado* (Rom. 6:23), el *juicio de Dios* sobre aquellos que se rebelaron contra él.

No es de extrañar que se haga todo lo posible por encubrir el horror y la corrupción de la muerte. Tampoco es de extrañar que, ante la muerte, la mayoría trate de ahogar sus penas en jolgorio y bebida. Incluso en el curso de su propia muerte, no quieren pensar ni hablar de la muerte, y en muchos casos simplemente niegan que se *estén* muriendo cuando es claro que no hay remedio ni ayuda.

Cuando los impíos ven la muerte en la creación, hablan de "la supervivencia del más fuerte"[44] y de "la naturaleza

---

[44] "La supervivencia del más apto", de Herbert Spencer Principios de biología (1864-1869), fue tomado por Charles Darwin para describir su teoría del evolucionismo.

enrojecida en diente y garra"[45] para encubrir el hecho de que la muerte *no es natural* y que la ira de Dios es evidente en ella. La muerte está en todas partes y siempre constituye el final de todas las esperanzas; el enemigo que viene demasiado pronto. En la muerte, por el juicio de Dios, todas las labores y esperanzas quedan incompletas e insatisfechas.

Es solo por la fe que un creyente puede enfrentar la muerte, y aun así no es fácil. Frente a la muerte, la fe debe luchar, batallar y sobreponerse, aunque siempre tuvo la victoria. Consciente de sus propios pecados, incluso el hijo de Dios, por la fe, debe buscar confiar en el sacrificio y la victoria de Cristo sobre la muerte y creer con todo su corazón que la muerte es absorbida en victoria.

La muerte es conquistada para el creyente. La muerte no pudo retener a Cristo (Hch. 2:24), porque el *aguijón* (el poder destructor) de la muerte es el pecado (1 Cor. 15:56), y Cristo no tuvo pecados propios. Los pecados que tomó sobre sí mismo como Mediador, los pagó hasta el último centavo. El, de buena gana se puso en el poder de la muerte y permitió que le hiciera lo peor, pero pudo vencer y conquistar, porque él es el Hijo de Dios, el Santo. Su muerte, como lo expresó tan bellamente John Owen, fue "la muerte de la muerte"[46] para todos aquellos que el Padre le había dado.

Esto plantea una pregunta: "¿Por qué deben morir los creyentes si la muerte es absorbida por la victoria?" O, como dice el Catecismo de Heidelberg, "Ya que Cristo murió por nosotros, ¿Por qué hemos de morir también?" La respuesta del Catecismo es la respuesta de la Escritura: "Nuestra muerte no es una satisfacción por nuestros pecados, sino una liberación del pecado y un paso hacia la vida eterna"[47] (ver también Jn. 5:24; Fil. 1:23).

¡Qué maravilla! Esa puerta oscura que solo se abría al

---

[45] "nature red in tooth and claw [la naturaleza enrojecida en diente y garra]", es de la estrofa 4 del poema In Memorium, Parte 56 de Alfred Lord Tennyson.
[46] La muerte de la muerte en la muerte de Cristo: un tratado sobre la redención y la reconciliación que es en la sangre de Cristo, con el mérito y satisfacción de las mismas Forjado de ese modo en Las obras de John Owen, editado por William H. Goold, vol. 10 en División 3: c Controversiel (Londres: The Banner of Truth Trust, 1967), 139–421. Publicado originalmente entre 1850 y 1853.
[47] Catecismo de Heidelberg, Día del Señor 16.

infierno y a la condenación ahora se abre para los creyentes a la gloriosa vida celestial. Quizás, por lo tanto, no sea incorrecto decir que debemos morir para mostrar cuán completamente Cristo ha vencido a nuestro favor. La muerte es el fin de todo pecado, sin duda, y una puerta a la gloria, pero también un testimonio del hecho de que la muerte es en verdad absorbida.

Y así, los creyentes dicen: "sea que vivamos, o que muramos, del Señor somos." (Rom. 14:8). ¿Será esa tu confesión cuando llegue la muerte?

La necesidad de nuestra resurrección

Hemos establecido que hay una sola resurrección *corporal*, tanto de los salvos como de los no salvos, en el fin del mundo; no varias como enseñan el premilenialismo y el dispensacionalismo. Para nosotros, esa resurrección es el centro de todas nuestras esperanzas, tal como la Palabra de Dios nos dice que debe ser (1 Cor. 15:12-19). Miremos la enseñanza de la Escritura con respecto a la resurrección de los creyentes en el último día.

Deberíamos ver que es un grave error no solo negar la resurrección de Cristo, sino también negar la resurrección de los creyentes. Si no hay resurrección de muertos para nosotros, tampoco *Cristo* resucitó. Existe una relación tan estrecha entre ambas cosas que una no puede tener lugar sin la otra. Esto se enseña en 1 Corintios 15:16-17.

Siempre ha habido quienes han negado la resurrección de Cristo. Muy a menudo, tal negación acompaña a la negación de la divinidad de Cristo, su nacimiento virginal, sus milagros y su sangriento sacrificio expiatorio. También ha habido quienes han negado la resurrección de los creyentes. Los hubo en la iglesia primitiva (1 Cor. 15:12; 2 Tim. 2:17-18), y los hay hoy en día.

Algunos, que se encuentran especialmente en el movimiento de Reconstrucción Cristiana, habiendo adoptado una visión preterista de la profecía, han resucitado los errores de Himeneo y Fileto, mencionados en 2 Timoteo 2:17-18. Estas personas creen que gran parte de la profecía bíblica, si no toda, ya se ha cumplido (el preterismo se refiere a la creencia de que el cumplimiento de la profecía ya pasó). Han comenzado a decir que la resurrección *también* ya ha ocurrido.

Pablo, sin embargo, nos dice que negar la futura resurrección de los cuerpos de los creyentes es negar la resurrección de Cristo y hacer que la fe sea vana, dejándonos en nuestros pecados. Por tanto, es un error muy grave. ¿Por qué es así?

Primero, la negación de una futura resurrección corporal es una negación de la resurrección de Cristo, porque la resurrección de los creyentes es *parte* de la resurrección de Cristo. Los creyentes pertenecen al *cuerpo* de Cristo, la iglesia, y tienen la vida de resurrección de Cristo en ellos. El resultado *debe* ser que ellos también resuciten de entre los muertos con Cristo. Si no es así, la única explicación posible es que la vida de resurrección de Cristo no existe —que Cristo no resucitó ni conquistó la muerte—. El poder y la victoria de Cristo sobre la muerte se prueban no solo por su resurrección, sino también por la resurrección de los creyentes.

Una negación de la resurrección también nos dejaría en nuestros pecados, porque la resurrección de Cristo es la prueba de nuestra *justificación* ante Dios. Cuando Jesús hizo expiación por el pecado, dijo: "Consumado es". Cuando Dios levantó a Jesús de entre los muertos, Dios como Juez también dijo, "Consumado es", de modo que la resurrección fue una declaración de nuestra justificación ante Dios. Esto es lo que quiere decir Romanos 4:25 cuando dice que Jesús nuestro Señor "resucitó para nuestra justificación".

Puesto que nuestra esperanza es del cielo, y puesto que "la carne y la sangre no pueden heredar el reino de Dios" (1 Cor. 15:50), esperamos y anhelamos la resurrección. Sin embargo, esa esperanza es vana si los muertos no resucitan y si nuestros cuerpos no son transformados en la resurrección. Por lo tanto, debemos creer no solo en la resurrección de Cristo en el tercer día, sino también en nuestra propia resurrección con Cristo, cuando nuestros viles cuerpos serán transformados a la semejanza de su cuerpo de gloria (Fil. 3:21).

PARTE 6 EL REGRESO DE CRISTO Y LAS ÚLTIMAS COSAS

El cuerpo de la resurrección

Hay muchas preguntas que no se pueden contestar ahora acerca de la resurrección de los muertos, acerca de los cuerpos que tendremos en la resurrección, y acerca del cielo, el hogar del pueblo de Dios en sus cuerpos resucitados. Sin embargo, la Escritura nos dan suficiente información para permitirnos creer en la resurrección del cuerpo y saber que es algo por lo que se debe esperar y orar.

La Escritura dice más sobre nuestros cuerpos resucitados en 1 Corintios 15. Allí se nos dicen cuatro verdades preciosísimas.

Primero, el cuerpo resucitado será incorruptible (vv. 42, 52). No sólo seremos libres de los efectos del pecado — la enfermedad, la muerte y la tumba—, sino que, nunca más existirá la posibilidad, como la hubo para Adán, de ser sumergidos en el pecado y la muerte. ¡*Incorruptible* significa "no poder ser corrompido"!

Segundo, el cuerpo resucitado será glorioso (v. 43). Su gloria será la gloria de Cristo mismo y de Dios en Cristo. "el cuerpo de la humillación nuestra", dice Pablo, será cambiado "para que sea semejante al cuerpo de la gloria suya" (Fil. 3:21). Esa es la gloria del cielo y la bendición de su vida.

Tercero, el cuerpo resucitado será poderoso (1 Cor. 15:43). Isaías 40:31 nos dice un poco acerca de eso. Poder correr y no cansarnos es casi inconcebible, pero eso es solo una pequeña parte de lo que tendremos a través de la resurrección. No solo se restaurarán las capacidades que Adán perdió, sino que además tendremos muchas más. Tendremos el poder de saber incluso cómo somos conocidos (1 Cor. 13:12). Sobre todo, tendremos la habilidad de amar, servir y obedecer a Dios sin pecado. ¡Qué cosa tan maravillosa será!

Finalmente, el cuerpo resucitado será espiritual (1 Cor. 15:44). Aquí, también, es difícil comprender todo lo que la Escritura quiere decir, pero ciertamente significa esto al menos: ya no seremos "carne y sangre", con cuerpos adaptados a esta tierra y su vida, pero podremos heredar lo que la carne y la sangre no pueden heredar (v. 50).

Los cambios que tendrán lugar en nuestros cuerpos cuando sean levantados del polvo de la muerte son tan grandes que la Escritura se ven obligadas a usar imágenes para tratar de darnos una idea de ello. El cambio entre un grano de trigo —una cosa dura y aparentemente sin vida—, y la planta verde y viva que crece de él es una pequeña imagen de la forma en que seremos transformados (1 Cor. 15:37).

Hay otras imágenes en la creación que nos ayudan a entender. La metamorfosis de una oruga en una mariposa es una de esas imágenes. La palabra griega *metamorfosis*, traducida como "transformará" en Filipenses 3:21, es una de las palabras que la Escritura usan para la resurrección. Desde un gusano que se arrastra por el polvo hasta una de las criaturas más hermosas de Dios, la oruga es cambiada, pero sigue siendo la misma criatura que antes.

Cuando pensamos en estas maravillas de la resurrección, esto se convierte en el centro de nuestras esperanzas. Entonces decimos: "¡Mi Señor Jesús, ven pronto! ¡Ven y cambia estos cuerpos viles, cargados de pecado, sujetos a la muerte y a la corrupción, y haznos a todos, en cuerpo y en espíritu, como tú!"

La maravilla de la resurrección

La resurrección de los muertos es un milagro, un milagro de Dios que se comprende y se recibe sólo por fe. Los incrédulos se burlan cuando escuchan de ella (Hch. 17:32), y los herejes la niegan (1 Cor. 15:12; 2 Tim. 2:18), pero para aquellos que creen en la promesa de la resurrección de los muertos, es una prueba más de que Dios es verdaderamente el Dios verdadero, el Todopoderoso, "El cual hace cosas grandes e inescrutables, y maravillas sin número" (Job 5:9).

No lo menos maravilloso acerca de la resurrección es que el cuerpo *propio* de cada persona será levantado. Los cuerpos de algunos se han convertido en polvo hace mucho tiempo, de modo que no se puede encontrar ni rastro de ellos.

PARTE 6 EL REGRESO DE CRISTO Y LAS ÚLTIMAS COSAS

Otros han sido devorados por las fieras y por los peces del mar. Algunos, como John Wycliffe, tienen cuerpos reducidos a ceniza y sus cenizas arrojadas por sus enemigos a los ríos y mares. Sin embargo, Dios, quién sabe todas las cosas, lleva la cuenta de cada cuerpo y lo devuelve a su dueño apropiado en la resurrección. La resurrección es un testimonio, por lo tanto, de la fidelidad de Dios, que no olvida ni siquiera nuestro polvo.

Que esto es verdad, está claro en Job 19:25-26, donde Job, confesando su fe en la resurrección, no dice: "Veré a Dios en *la* carne," sino "en *mi* carne". En 2 Corintios 5:10 también se nos recuerda esto. Allí leemos que cada uno recibirá, en *su* cuerpo, lo que ha hecho. Aunque la palabra *su* no está presente en el griego, como lo muestra la Versión King James (Autorizada), los ztraductores entendieron el pasaje correctamente cuando agregaron la palabra *su*.[48] Ciertamente, el pasaje significa que los hombres recibirán su castigo o recompensa en el cuerpo en el que hayan hecho el bien que será recompensado o el mal que será castigado.

Que la resurrección sea una resurrección *general* es parte de esta maravilla. La idea de que todos serán resucitados casi deja a uno sin aliento, porque hay miles de millones que han vivido y muerto. Pararse en un cementerio y creer que *todos* los que están enterrados allí saldrán de sus tumbas por el poder de Dios para estar ante él (Jn. 5:28-29) solo puede dejar a una persona asombrada por la grandeza de Dios y de todas sus obras.

Para los creyentes, lo más maravilloso de todo es que ya será visto en la resurrección que ellos pertenecen a Cristo y que irán con él a la gloria eterna. Ellos todavía habrán de pasar por el juicio, pero con un cuerpo *ya* resucitado incorruptible y glorioso (1 Cor. 15:42-44), que es *ya* cambiado a la semejanza del cuerpo más glorioso de Cristo (Fil. 3:21). ¡Qué gran esperanza les dará esto en el juicio!

Aquellos que creen en la resurrección lo hacen no solo porque está prometida en la Escritura y porque Cristo, en nuestra carne, ya ha resucitado (1 Cor. 15:19-20), sino también

---

[48] La versión KJV traduce el original como "that every one may receive the things done in his body [para que cada uno reciba las cosas hechas en su cuerpo]".

porque el poder de la resurrección ya ha sido revelado en ellos. Ya en alma y espíritu han sido *resucitados* de la muerte espiritual por el poder de la resurrección de Cristo Jesús, y ahora están esperando que Dios termine la obra de resucitarlos en alma y cuerpo. ¡La resurrección ya ha comenzado a sucederles! Viene la hora en la que los muertos oirán la voz del Hijo de Dios y vivirán (Jn. 5:28-29), pero *ya ha llegado* una hora en la que los muertos oyen su voz a través del evangelio y viven en él por fe (Jn. 5:25). Habiendo vivido por su voz a la hora de su resurrección espiritual, que es su regeneración, ahora esperan la hora de su resurrección corporal.

La inmortalidad del alma

Escuchamos a los cristianos hablar de la "inmortalidad del alma". Comprendemos que, por lo general, quieren decir que las almas de los hombres continuarán *existiendo* después de la muerte. Estamos de acuerdo en que la existencia continuada del alma después de la muerte es algo bíblico y debe enfatizarse en contra de la enseñanza de algunas sectas de que los malvados incrédulos son *aniquilados*, en cuerpo y alma, después de la muerte, en lugar de ser castigados eternamente en el infierno.

Llamar a la existencia continua de las almas de los impíos "inmortalidad" es, sin embargo, un uso un tanto descuidado y antibíblico de la palabra *inmortal*. La Biblia usa esa palabra para referirse *solo* a la vida eterna en el cielo con Cristo y a la bienaventuranza final de aquellos que creen en Cristo Jesús.

Inmortal significa "no ser capaz de morir". Adán no tuvo inmortalidad, ya que no solo *podía* morir, sino que *efectivamente* murió en cuerpo y alma cuando cayó en pecado (Gén. 2:17). La humanidad caída no es inmortal, ya que todos están muertos, en cuerpo y alma, en delitos y pecados. Jesús dice que los que no creen "no verán jamás la vida", porque la ira de Dios permanece sobre ellos (Jn. 3:36).

La Biblia nunca reconoce la mera existencia como "vida": "No sólo de pan vivirá el hombre, sino de toda palabra que sale de la boca de Dios." (Mt. 4:4); "su favor dura toda la vida." (Sal. 30:5); "Porque para mí el vivir es Cristo, y el morir es ganancia." (Fil. 1:21).

En 1 Corintios 15:53-54 la Palabra de Dios enseña que por naturaleza los hombres no son inmortales, sino mortales: "esto *mortal* se haya vestido de inmortalidad". Sólo por gracia son inmortales los que están en Cristo. La inmortalidad es un regalo de Dios para ellos. De Adán, la humanidad recibe la vida mortal. Solo a través de Cristo el pueblo de Dios recibe la inmortalidad, porque él es el Señor del cielo (vv. 45-47).

¿Estamos solo discutiendo por palabras? Nosotros no creemos que sea así. Por un lado, hablar del alma del hombre como inmortal tiende a oscurecer la verdad de que por el pecado ha caído, en cuerpo y alma, *en muerte eterna* y necesita ser salvado, en cuerpo y alma, de esta muerte por la muerte de Cristo Jesús en la cruz. Por naturaleza, el hombre está muerto, en cuerpo y alma, en delitos y pecados (Ef. 2:1).

Por otro lado, la enseñanza de que el alma de todo hombre es inmortal hace que los hombres piensen que el alma es más importante que el cuerpo —incluso que el cuerpo debe ser despreciado—. En la historia de la iglesia, especialmente en la iglesia primitiva y en el catolicismo romano, esa idea llevó a la práctica de abusar y afligir el cuerpo. La Escritura enseñan que, por la gracia de Dios en Cristo Jesús, nuestros cuerpos no deben ser despreciados ni abusados, sino que son templos del Espíritu Santo (1 Cor. 6:18-20).

Por lo tanto, ¿no sería mejor usar la palabra *inmortalidad*, como lo hace la Biblia, para referirse únicamente al maravilloso regalo de la vida eterna por medio de Cristo Jesús? Cuando por gracia recibamos la vida eterna, *entonces* la muerte es devorada por la victoria y no podremos morir jamás (Ap. 21:4).

El estado intermedio

En teología, la doctrina del estado intermedio tiene que ver con el estado del alma entre la muerte y la resurrección final. Esta doctrina responde a la pregunta: "¿Qué me sucederá después de la muerte?" Lo que la Escritura enseña es, por lo tanto, de vital interés para los creyentes: que después de la muerte el creyente entrará en la gloria celestial y será consciente de la gloria y de su estadía con Cristo. Cuán diferente es su experiencia de la de los incrédulos e impenitentes, quienes sufrirán conscientemente por su pecado en el infierno incluso antes de que resuciten (Lc. 16:22-28).

Hay muchos que lo niegan. Algunos enseñan el "dormir del alma": que las almas de los que están en el cielo o el infierno están durmiendo y no son conscientes de lo que les está sucediendo. De manera similar, algunos reconstruccionistas cristianos enseñan que el alma deja de existir al morir. Esta noción, como Calvino señaló hace mucho tiempo, es perversa y no debe ser soportada por el pueblo de Dios. Destruye su esperanza en Cristo, renueva los terrores de la muerte y lo deja sin consuelo ante el último de todos los enemigos.

Nuestra esperanza de gloria con Cristo se basa en las palabras de Jesús al ladrón moribundo: "Hoy estarás conmigo en el paraíso." (Lc. 23:43). ¿Alguien realmente cree que Jesús quiso decir, "Estarás allí pero no lo sabrás", o, "Tu paraíso será que dejes de existir hasta que hayan pasado muchos miles de años y finalmente llegue el fin"?

Con respecto a Filipenses 1:23, Calvino dice: "¿Piensan que él [Pablo] desea quedarse dormido para no sentir más ningún deseo de Cristo? ¿Era esto todo lo que anhelaba cuando dijo que sabía que tenía un edificio de Dios, una casa no hecha por manos propias, tan pronto como la casa terrenal de su tabernáculo fuera disuelta? (2 Co. 5:1). ¿Dónde está el beneficio de estar con Cristo si dejase de vivir la vida de Cristo? ¡Qué! ¿No se sienten intimidados por las palabras del Señor cuando, llamándose Dios de Abraham, Isaac y Jacob, él dice, 'Dios no es Dios de muertos, sino de vivos'? (Mt. 22:32; Mr. 12:27). Entonces, ¿tampoco será él un Dios para ellos, ni ellos un pueblo para él?".[49]

Pero, ¿qué hay de esos pasajes que describen la muerte de los creyentes como un *dormir* (Mt. 27:52; Hch. 13:36; 1 Cor.11:30;

---

[49] Juan Calvino, "Psychopannychia", en *Tracts and Treatises of John Calvin*, vol. . 3 (Grand Rapids, MI: William B. Eerdmans Co., 1958), 444.

1 Cor. 15:20, 51; Ef. 5:14; 1 Ts. 4:14)? A la luz de los pasajes ya mencionados, no pueden significar que exista tal cosa como el sueño del alma. Deben referirse a la muerte y disolución del cuerpo y al hecho de que la muerte de los creyentes, para quienes la muerte está vencida, no es más difícil que quedarse dormido. Tampoco es extraño que la muerte de los creyentes sea descrita como dormir, porque es a través de la muerte que entran en el *descanso eterno* de sus labores (Is. 57:1; Ap. 14:13).

La Escritura sugiere que, en el intervalo entre la muerte y la resurrección final, Dios hace una provisión especial, para que el alma sin el cuerpo pueda disfrutar de la gloria que ha prometido. "Si nuestra morada terrestre, este tabernáculo, se deshiciere, tenemos de Dios un edificio, una casa no hecha de manos, eterna, en los cielos." (2 Cor. 5:1). Por esta razón, estar ausente del cuerpo debe implicar estar *presente* (literalmente "en casa") con el Señor (v. 8). Por lo tanto, aunque otros no estén dispuestos, nosotros sí estamos dispuestos a estar ausentes del cuerpo, ¿no es así?

La gran tribulación

Algo muy discutido, y una fuente de muchas diferencias entre los cristianos, así como de gran preocupación para el pueblo de Dios, es el asunto de la tribulación del tiempo del fin. ¿La gran tribulación mencionada en Mateo 24:21 aún está por venir, o ya ha ocurrido? ¿Habrá tribulación cuando el fin venga? Si es así, ¿los miembros de la iglesia serán sometidos a esta tribulación, o se irán del mundo antes de que venga la última tribulación?

Preguntas como estas son vitales, porque afectan nuestra visión del futuro, de nuestra propia vocación y de la vocación de la iglesia con respecto al futuro. Estas preguntas pesan mucho en tanto y el final se acerca y en tanto y nosotros mismos y nuestros hijos debamos enfrentar la posibilidad de la persecución, si es que ésta se acerca.

Creemos que la persecución ha sido y seguirá siendo el destino del pueblo de Dios hasta el final de los tiempos. Ese es el testimonio de pasajes como Romanos 8:17 y 2 Timoteo 3:12. Por lo tanto, no creemos que la suerte del pueblo de Dios mejore a medida que llegue el fin de los tiempos, o que habrá un largo período de paz y prosperidad espiritual para ellos en el que cesará la persecución por causa de Cristo. Tampoco creemos que la iglesia será arrebatada y desaparecerá cuando llegue la última gran tribulación.

Creemos que la gran tribulación mencionada en Mateo 24:21 aún está por venir —que los tiempos no serán mejores sino peores para el pueblo de Dios—. Dejar toda la primera parte de Mateo 24, incluido el versículo 21, al pasado, como hacen algunos, es tirarlo a la papelera. Tampoco la noción de que el pueblo de Dios estará ausente, o que la persecución cesará antes del fin, armoniza con este versículo.

La persecución no es algo que simplemente debamos soportar. Es una parte integral de nuestra salvación. Mateo 5:10-12 ya lo indica cuando habla de la bienaventuranza y felicidad de aquellos que son perseguidos por causa de Cristo (ver también Hch. 5:41). Filipenses 1:29 nos dice que sufrir por Cristo es un regalo de Dios a través de Cristo, uno de los dones que se ganó para nosotros con su muerte en la cruz. Colosenses 1:24 dice que estos sufrimientos son parte de los propios sufrimientos de Cristo, que quedan atrás por causa de la iglesia (ver también 1 P. 4:13).

También sabemos que el sufrimiento, aunque nunca sea fácil o agradable, es para nuestro bien. No es la prosperidad y la paz lo que nos acerca a Dios y nos purifica, sino las ardientes pruebas de nuestra fe. Este es el testimonio del Salmo 11:5, de 1 Pedro 1:7 y de innumerables otros pasajes.

El viejo dicho de que "la sangre de los mártires es la semilla de la iglesia"[50] reconocía el valor de la persecución. No hay nada en toda la vida de la iglesia que dé tal testimonio del poder y la maravilla de la gracia de Dios como la voluntad de la gente a sufrir todas las cosas por causa de Cristo y del evangelio. No solo debemos esperar tal sufrimiento, sino que

---

[50] Este dicho se atribuye a Tertuliano: un teólogo que vivió aproximadamente entre 160 y 230 d.C.

debemos estar dispuestos e incluso felices de sufrir tales cosas para nuestra propia purificación, por la iglesia y por Cristo quién sufrió todas las cosas por nuestro bien.

El Anticristo

La enseñanza bíblica sobre el anticristo siempre ha sido de interés porque se le describe en la Escritura como uno de los grandes enemigos del pueblo de Dios. Sin embargo, hay mucho desacuerdo en cuanto a quién es y cuándo vendrá.

El Anticristo es descrito en 2 Tesalonicenses 2:4 como el que "se opone y se levanta contra todo lo que se llama Dios o es objeto de culto". Él es el *anti*-cristo, porque está "contra" Cristo, y se pone en el lugar de Cristo ("se exalta sobre todo lo que se llama Dios ").

El nombre *anticristo* se usa solo en 1 y 2 Juan (1 Jn. 2:18, 22; 1 Jn. 4:3; 2 Jn. 7) pero no se usa en 2 Tesalonicenses 2. Sin embargo, la correspondencia entre el nombre usado por Juan y la descripción dada en 2 Tesalonicenses 2 nos lleva a la conclusión de que ambos pasajes están hablando de la misma persona.

Note, también, que mientras Juan habla de muchos *anticristos*, Tesalonicenses nos lleva a creer que él es especialmente *un hombre*. Esto se comprende mejor a través de la imagen que se dibuja en Apocalipsis 13; allí tampoco se usa el nombre *anticristo*, pero una comparación del pasaje con 2 Tesalonicenses 2:4-10 mostrará que el tema es el mismo en ambos.

Apocalipsis 13, que describe una "bestia", nos muestra que esta bestia se revela a través de la historia. Las diferentes cabezas de la bestia representan diferentes reinos (Dan. 7:1-8, 15-28). Sin embargo, todos estos reinos representan un poder, finalmente y completamente revelado en un hombre, que es llamado en 2 Tesalonicenses 2 "el hombre de pecado" y "el inicuo" (vv. 3, 8).

Estos otros nombres son reveladores. Nos muestran que es en este hombre y en su reino donde los pecados de la raza humana y toda rebelión contra Dios llegan a su máxima manifestación. él es aquel en quien la mentira de Satanás:

"Seréis como dioses [Dios] "(Gén. 3:5) - está más cerca de ser realizado. Que él es descrito en Apocalipsis 13 como la bestia también lo asocia con Satanás y revela su verdadero carácter como enemigo de la iglesia.

Los argumentos acerca de cuándo viene el anticristo, quién es él, y si el papa es el anticristo, son hasta cierto punto desactivados por lo que se dice en 1 Juan 2:18: "*Ahora hay muchos anticristos*". La realización final del reino y el poder anticristiano puede ser futuro, como creemos que lo son, pero no debemos olvidar que los anticristos siempre están presentes.

Si bien no cabe duda de que el Papa y el papado en el momento presente se ajustan más claramente a la descripción dada de "ese hombre de pecado "en la Escritura, no podemos olvidar que hay muchos otros anticristos. Los líderes de los cultos y del movimiento carismático también se ajustan a la descripción dada. De hecho, todos los falsos profetas son anticristos de los cuales debemos tener cuidado (Mt. 24:24).

Sin embargo, lo más reconfortante para el pueblo de Dios es que el anticristo es solo un hombre. A pesar de toda su enemistad, odio y persecución de la iglesia a lo largo de los siglos, él no es nada en comparación con aquel a quien él imita y se opone: el Hijo de Dios. No puede haber ninguna duda, por tanto, quién vencerá. y cuyo reino perdurará para siempre (Ap. 19:11-16).

El juicio

El juicio final es el evento que concluye la historia de este mundo actual y que marca el comienzo del reino eterno de Cristo. Por tanto, la Escritura tienen mucho que decir sobre el día del juicio.

Ese juicio, debido a que será *un* solo día y *un* solo evento, será *universal. Todos* los hombres, ángeles y demonios se presentarán ante Dios para recibir de él la recompensa de la gracia o de la injusticia, la cual recibirán en el cuerpo en el que vivieron y en que obraron injustamente o con rectitud.

La universalidad del juicio se enseña claramente en

PARTE 6 EL REGRESO DE CRISTO Y LAS ÚLTIMAS COSAS

la Escritura. *Todos* serán juzgados (Mt. 16:27; Mt. 25:31-32; Jn. 5:28-29; Rom. 2:5-6; 2 Cor. 5:10; Ap. 20:11-14; Ap. 22:12). Si existe alguna excepción, será para la bestia, el falso profeta y el diablo, quienes aparentemente serán arrojados al lago de fuego sin juicio, porque su maldad ya es plenamente manifiesta (Ap. 19:20; Ap. 20:10).

Este juicio será *de acuerdo a las obras* (1 Cor. 3:13-15; 1 P. 1:17; Ap. 2:23; Ap. 20:12-13), aunque no *por* obras. Si fuese por obras, eso haría que el mérito fuese la base del juicio, y sobre esa base nadie podría sostenerse. En el juicio, las obras de cada persona mostrarán si están o no en Cristo. Sus obras serán la *prueba* de su justificación ante Dios (Stg. 2:14-20) o de su injusticia y demérito.

De acuerdo con esas obras, por tanto, todos recibirán la recompensa adecuada: la recompensa de las obras, que será la condenación eterna, o de la gracia, que será la vida eterna (Mt. 16:27; Rom. 4:4; Ap. 22:12). Esta recompensa revelará la justicia de Dios en la condenación y en la perdición de los impíos y la grandeza de su gracia para con su pueblo.

Tanto el juicio como la recompensa serán obra de *Cristo*. A él el Padre le ha dado todo juicio (Jn. 5:26-27; Ap. 22:12-13). Esto es necesario, porque todos, tanto justos como impíos, deben ser juzgados en relación con Cristo. él es a quien los impíos crucificaron y mataron (Heb. 6:4-6; Ap. 1:7). Él es quien ha proporcionado a los suyos una justicia justificativa.

A él le pertenece el libro de la vida. Ese libro (Lc. 10:20) garantiza la salvación de aquellos que el Padre le ha dado a Cristo. Es por ese libro que algunos reciben no lo que merecen, sino gracia por gracia.

Para el creyente, por tanto, el día del juicio no es un día de terror, sino el objeto de su esperanza y de sus anhelos. A pesar de que él también debe ser juzgado, su confianza está en Cristo y en la justicia de Cristo.

Ciertamente, hay una gran esperanza para los creyentes en el juicio. Cristo, quien es su Señor, su Hermano Mayor, su Justificador y su Redentor, será el que se siente como su Juez, y cuando aparezcan en el juicio, ellos aparecerán como son en él:

resucitados y glorificados con él. Que la resurrección preceda al juicio significa que cuando los creyentes comparezcan ante el tribunal de Cristo, *yacerán* a su semejanza (1 Jn. 3:2). Sus cuerpos viles *ya* habrán sido transformados a la semejanza del cuerpo glorioso de él (Fil. 3:21). ¡Qué consuelo y qué gran fundamento para nuestra esperanza! Confiamos en que también sea tuyo.

Un sólo juicio final

En cuanto a la enseñanza sobre las últimas cosas, la Escritura habla más del día del juicio final que de cualquier otra cosa. Observemos brevemente el testimonio bíblico.

En primer lugar, la Escritura enseña que habrá *un* sólo juicio. El juicio de las ovejas y los cabritos (Mt. 25:31-46), del gran trono blanco (Ap. 20:11-15), y otros juicios mencionados en la Escritura, no son juicios diferentes que tienen lugar en diferentes momentos de la historia, *sino que todos son el mismo juicio fina*l.

Por supuesto, existe un juicio que tiene lugar a lo largo de nuestras vidas y en el momento de nuestra muerte, pero aquí estamos hablando del que será el juicio final y público de cada hombre, ángel y demonio. Sólo hay un juicio de este tipo, no hay más, como algunos enseñan (los comentarios de la *Biblia de estudio Scofield* enseñan siete).

Nuestro propósito no es refutar en detalle los argumentos de los dispensacionalistas y premilenialistas sobre los juicios múltiples. Damos sólo un ejemplo para mostrar la inconsistencia del argumento utilizado para apoyar tal enseñanza.

Se dice que el juicio de Mateo 25:31-46 es un juicio que precede al fin del mundo por mil años y es un juicio a las *naciones vivientes* de entonces en relación con Israel. Estas naciones, dicen ellos, son juzgadas únicamente según el trato que dieron a Israel durante los tiempos que precedieron al juicio.

Sin embargo, la Escritura no habla de naciones *vivientes* en Mateo 25, sino de *todas* las naciones (v. 32), y muestra claramente que este juicio no es a las naciones, sino a cada individuo, y según las obras de cada persona, al igual que el

PARTE 6 EL REGRESO DE CRISTO Y LAS ÚLTIMAS COSAS

juicio de Apocalipsis 20, Mateo 25:46 habla del castigo eterno y de la vida eterna, del mismo modo en que otros pasajes hablan del juicio final.

Este juicio sigue a la venida del Hijo del Hombre en su gloria, una venida también descrita en Mateo 24:30-31, que tiene lugar al *sonido de una trompeta*. Esa trompeta es la trompeta final mencionada en 1 Corintios 15:51-52, 1 Tesalonicenses 4:14-17 y Apocalipsis 11:15-18. Según Mateo 24:29-30, esta venida de Cristo, anunciada por el oscurecimiento del sol y la luna, es sobre las nubes, y será visible para todos los ojos —todo lo anterior describe la aparición final de Cristo al fin de todas las edades (2 P. 3:10-17; Ap. 1:7; Ap. 6:12-17)—.

No obstante, la prueba más clara de la existencia de un sólo juicio final se encuentra en la enseñanza bíblica de que *todos* serán juzgados cuando Cristo regrese, no es que algunos primero y otros más tarde (Jn. 5:28), y que no hay sino un solo *juicio*, no *juicios* (Mt. 5:21-22; Mt. 12:41-42).

¿Es importante creer esto? Creemos que lo es, no sólo porque está relacionado con nuestro entendimiento de Israel, de la resurrección y de la venida de Cristo, sino también porque es para ese juicio, y para *ninguna otra cosa*, que debemos prepararnos en obediencia a 2 Pedro 3:10-18.

El propósito del juicio

¿Cuál es el propósito del juicio venidero? ¿Alguna vez te has hecho esa pregunta? No es una pregunta fácil de responder como podría parecer a primera vista.

De cierta manera, el juicio ya sucedió. Cuando la gente muere, va inmediatamente al cielo o al infierno. Eso no pasaría a menos que ya hayan sido juzgados por Dios. La mayoría de la gente ya estará en el cielo o en el infierno cuando llegue el día del juicio, y el juicio no cambiará eso. ¿Entonces, por qué es necesario el día del juicio?

También hay un juicio que tiene lugar en relación con la muerte de Jesús. Cristo habló de esto en Juan 12:31, cuando dijo del momento de su muerte: "*Ahora* es el juicio de este mundo".

Cristo por su muerte proporcionó la salvación eterna para algunos y no para otros (la doctrina de expiación limitada). Por su muerte algunos están excluidos de la salvación, su destino eterno está sellado, y su juicio determinado. ¿Entonces, por qué aún debe acontecer un día del juicio final?

La respuesta a esta pregunta la encontramos en una importante palabra teológica, la palabra *teodicea*. Esta palabra significa "la justicia de Dios" y describe el propósito más importante del día del juicio, con respecto tanto a justos e injustos.

El propósito del juicio final *no* es decidir el destino de los hombres y los ángeles, ni tampoco cambiar sus destinos. Esos ya están fijados en la predestinación y la cruz. En realidad, el propósito más importante del juicio es mostrar que Dios es Dios, justo y santo, tanto en la condenación de los injustos, como en la salvación de sus escogidos.

Hoy en día los juicios de Dios siempre están bajo cuestión. Su juicio de los justos es puesto en duda por Satanás, el gran acusador de nuestros hermanos (Ap. 12:10), y también por los impíos cuando acusan a los creyentes y dicen que son pecadores como todos los demás. Incluso es cuestionado por el pueblo de Dios cuando dudan de Dios en la obra de su propia justificación.

Los juicios de Dios sobre los impíos también son cuestionados. La posición de que Dios es amor y en consecuencia no puede condenar a la gente al infierno hace esto. Así sucede con todos los argumentos que se plantean contra la soberanía de Dios en la reprobación y condena de los pecadores.

Estas quejas no serán escuchadas en el juicio final. Entonces será evidente en la condenación de los impíos que Dios no es injusto al enviar a los pecadores al infierno. Sus propias obras los condenarán. Al abrir los libros y la revelación de la santidad de Dios, toda boca será cerrada y todo el mundo será declarado culpable (Rom. 3:19). Dios se habrá vindicado a sí mismo para siempre.

La justificación final del pueblo de Dios también será encontrada justa y equitativa. Será evidente en el juicio que Dios no ha negado sus propias exigencias y justicia al recibir a su pueblo en la gloria celestial.

En el centro de todo esto estará Cristo. La justicia de la condenación de los impíos se mostrará en sus negaciones y rechazos terrenales del *Hijo de Dios*, y de la misma forma, la justicia de los justos se revelará como la justicia de Cristo y no como la suya propia, y Dios será vindicado en ellos también.

¡Que el día de la gloria de Dios y nuestra salvación llegue pronto!

El infierno

Incluso la palabra *"infierno"*, estando sola como en el título de esta sección, tiene un sonido aterrador y nos hace temblar. No es de extrañar que muchos actualmente no quieran hablar de este tema.

Como la deidad de Cristo, la Trinidad, y la expiación, el infierno es una doctrina bíblica que siempre está bajo ataque en la iglesia del Nuevo Testamento. Ese ataque continúa hasta el día de hoy. No sólo viene de aquellos que son "modernos" y "liberales" en su enseñanza. Incluso el movimiento evangélico de hoy tiene a aquellos que atacan esta doctrina.

La Nueva Versión Internacional de la Biblia (NVI) ilustra esto, ya que es en gran medida un producto del movimiento evangélico. Ha eliminado por completo la palabra *infierno* del Antiguo Testamento. Y diez de las veintidós veces que la palabra *infierno* aparece en la KJV, la NVI la ha retraducido.

Especialmente, la eliminación de la palabra *"infierno"* en el Antiguo Testamento de la NVI es algo significativo. Esto no puede ser más que una concesión de parte de los traductores de la idea de que la gente del Antiguo Testamento no sabía realmente sobre el infierno, sino que creían únicamente en un lugar de los muertos al cual todos iban, tanto justos como malvados.

Dejar la palabra *infierno* fuera del Antiguo Testamento es una pésima traducción. Existen pasajes en el Antiguo Testamento donde *Seol*, la palabra normalmente traducida como "infierno" en la KJV, *debe* ser traducida como "infierno". Deuteronomio 32:22 y Job 26:6 son buenos ejemplos. También el Salmo 16:10, que se cita en el Nuevo Testamento, debe traducirse así, ya que en el Nuevo Testamento (Hch. 2:27, 31) el Seol es reemplazado por la palabra *Hades*, palabra griega que usualmente significa "infierno".

Por perturbadora que sea, la palabra *infierno* no puede ser eliminada de nuestras Biblias, nuestra doctrina o nuestro pensamiento. Es crítica para la predicación del evangelio. Sin la doctrina del infierno, el mandato del evangelio de arrepentirse o perecer pierde su urgencia completamente. Incluso la enseñanza de la "inmortalidad condicional" (castigo por un tiempo, y luego aniquilación), que es creída por algunos evangélicos, hace a un lado indebidamente la verdad de que debemos perecer si no nos arrepentimos, porque niega que los impíos sufrirán la ira de Dios *eternamente*.

Además, esa terrible palabra; *infierno*, está inseparablemente conectada con el temor de Dios. Jesús dice: "Temed más bien a aquel que puede destruir el alma y el cuerpo en el infierno" (Mt. 10:28). Si tan sólo los hombres creyeran en el infierno hoy, posiblemente habría más temor de Dios en el mundo y en la iglesia. Sin embargo, de manera triste este temor carece en la mayoría de los ámbitos, a pesar de que "el temor de Jehová es el principio de la sabiduría" (Prov. 9:10).

El castigo eterno

La doctrina del castigo eterno nunca ha sido popular. Sin embargo, es preocupante que el ataque a esta doctrina ahora viene desde dentro del evangelicalismo. Como acabamos de ver, la NVI casi ha eliminado la palabra *infierno* de la Palabra de Dios, y muchos líderes evangélicos están enseñando lo que se llama "inmortalidad condicional". Los promotores de esta falsa doctrina dicen que los impíos se van al infierno por un tiempo, pero eventualmente son destruidos, por lo que al final no habrá *nadie* en el infierno. Ahí existe un castigo, dicen; pero no es eterno. Un líder evangélico ha dicho que, aunque su humo suba para siempre, no habrá nadie ardiendo.

Creemos que la doctrina del castigo eterno no sólo es bíblica, también es una doctrina esencial. Que es bíblica está claro de pasajes como Apocalipsis 19:3, el versículo que habla del humo de Babilonia subiendo por siempre. La referencia es a *personas* impías, y se necesita una imaginación muy vívida para pensar cómo el humo de Babilonia podría subir para siempre sin que nadie se encuentre presente en el fuego del infierno.

Que la doctrina del castigo eterno es importante no debería ser algo difícil de ver. Por un lado, conduce a una comprensión adecuada del pecado. Que el castigo sea *eterno* acentúa el hecho de que el pecado se comete contra la eterna y altísima majestad de Dios. La negación del castigo eterno minimiza el pecado.

En estrecha relación con esto, la negación del castigo eterno pone en duda la justicia de Dios. Que Dios tuviera que enviar primero a la gente al infierno y después debiera finalizar ese castigo destruyéndolos no hablaría bien de su inmutabilidad, o su justicia y rectitud. Esto sugiere que él cambia de opinión sobre el castigo de ellos y hasta cierto punto el relaja su ira contra los pecados de ellos.

La negación del castigo eterno también destruye la urgencia del llamado del evangelio para el arrepentimiento y la fe. Los impíos no estarían tan aterrorizados del juicio de Dios si saben que serán aniquilados. Es el pensamiento del sufrimiento eterno lo que es tan aterrador para ellos.

Es en el interés de negar su propio miedo de castigo eterno que los hombres niegan la existencia continua del alma, la existencia del cielo y el infierno, y el juicio venidero. Posiblemente más que cualquier otra cosa es su miedo al castigo eterno lo que los lleva a negar la existencia misma de Dios, ya que admitir su existencia y su Santidad implica que vive como un Juez justo.

Esto no quiere decir que no habrá nadie que se salve por el *temor* de ir al infierno. Mas que nada, es el terror del castigo eterno lo que Dios a menudo utiliza para comenzar la gran obra por la cual atrae a su pueblo a sí mismo, y la doctrina del castigo eterno es una parte importante de la predicación del evangelio.

Por estas razones, debemos inclinarnos ante la enseñanza de la Escritura concernientes al castigo eterno, por desagradable que pueda parecer, incluso para los cristianos. Debemos hacerlo, creyendo que en Cristo no estaremos sujetos al castigo eterno.

El cielo

Al hablar del cielo, debemos ser cuidadosos de sujetarnos a lo que la Biblia enseña. Hay demasiadas cosas que la Biblia *no* nos dice, y por lo tanto es fácil crear especulaciones improductivas y desviarse de lo que sabemos.

Una razón de la falta de información sobre el cielo es que el cielo es tan maravilloso que no puede ser descrito adecuadamente en términos terrenales. Nos damos cuenta de esto cuando leemos algunas descripciones del cielo: no hay noche, ni sol o luna, ni mar, ni matrimonio, ni templo. El cielo pertenece a aquellas cosas que "ojo no vio, ni oído oyó, ni han subido en el corazón del hombre" para comprenderlas (1 Cor. 2:9).

Por esta misma razón, muchas de las cosas que la Biblia nos dice sobre el cielo se da en símbolos y figuras. Estas nos enseñan que el cielo será realmente maravilloso, pero no nos dicen exactamente cómo será el cielo. La descripción de la nueva Jerusalén en Apocalipsis 21 es un buen ejemplo. Si concluimos a partir de la ilustración presentada allí, que el cielo es en realidad una ciudad de mil quinientas millas de largo, ancho y alto, con calles de oro, puertas hechas de enormes perlas y cimientos de piedras preciosas, estamos equivocados. El mismo pasaje de Apocalipsis 21 nos dice que esa ciudad es "la novia, la esposa del cordero", es decir, la iglesia glorificada (ver también Ef. 5:25-32; Ap. 19:7-9).

No obstante, no queremos dar a entender que exista algo que necesitemos saber sobre el cielo que falte en la Escritura. La Biblia nos dice todo lo necesario, aunque no satisfaga nuestra curiosidad.

Algunas cosas que la Biblia dice sobre el cielo son muy reconfortantes para nosotros en este mundo. No habrá más lágrimas, dolor o muerte allí (Ap. 21:4). Tendremos descanso (Ap. 14:13), alegría (Mt. 25:23), y una gloriosa libertad (Rom. 8:21). Seremos semejantes a Cristo (1 Jn 3:2). Incluso nuestros cuerpos corruptos serán cambiados a la semejanza del cuerpo de Cristo (Fil. 3:21). El pecado, la tentación y todos los hombres malvados serán exterminados eternamente (Ap. 21:27). Estaremos en compañía de los santos y los ángeles (He. 12:22-23).

Pero incluso estas cosas no describen la verdadera gloria y bendición del cielo, que son la presencia de *Dios* y *Cristo* allí: "He aquí el tabernáculo de Dios con los hombres, y él morará con ellos; y ellos serán su pueblo, y Dios mismo estará con ellos como su Dios". De esto se trata el cielo (Ap. 21:3). La bendición del cielo para los creyentes es que "verán el rostro de Cristo; y su nombre estará en sus frentes" (Ap. 22:4).

Tantos pasajes hablan de esta bendición celestial que es imposible ignorarla (Job 19:26-27; Sal. 16:11; Sal. 17:15; 1 Cor. 13:12; Fil. 1:23). No *podemos* pasarlo por alto. Si no deseamos el cielo porque Dios está allí al igual que Cristo, no lo deseamos en *absoluto*. En la espera del cielo, nuestra oración debería ser la de Felipe: "Señor, muéstranos el Padre, y nos basta" (Jn. 14:8).

Los cielos nuevos y la tierra nueva

La Escritura hablan constantemente de los cielos y la tierra nueva como el hogar final del pueblo de Dios. El simple hecho de que sea un *hogar* es suficiente para que sea deseable para nosotros, ya que mientras estemos en este mundo, somos peregrinos y extranjeros. *Aquí* no tenemos un hogar, ni un país o ciudad que podamos llamar nuestro (He. 11:8-10, 13-16). Qué grandioso será finalmente volver a casa después de un largo y cansado peregrinaje, sabiendo que nuestro Padre, nuestro Hermano mayor, y toda nuestra familia estará allí, y que nunca más tendremos que irnos.

¿Cómo puede ser nuestro hogar, si nunca hemos estado allí? ¿Cómo podemos desearlo como un hogar? Como en un *verdadero* hogar terrenal, el lugar no es tan importante como las personas que están allí. Aquellos que conocemos y amamos. Nunca hemos visto el cielo, pero los que están allí son nuestra familia en Cristo, a quienes conocemos y hemos aprendido a amar.

Aunque, podríamos preguntarnos, ¿por qué debe haber

nuevos cielos? La respuesta descansa en la obra de Cristo. Creados para él (Col. 1:16), los cielos deben ser renovados en él y por él, de modo que sean un lugar adecuado para él y para los que están en él. El primer cielo fue afectado por la caída de algunos ángeles, así como la tierra lo fue por la caída del hombre. Satanás, la cabeza de esa primera creación celestial, cayó de lo alto (Is. 14:12) y arrastró a muchos ángeles con él (Ap. 12:4). Así que esa creación celestial debe ser restaurada en Cristo.

¿Por qué una tierra nueva? En primer lugar, porque Dios no abandona la obra de sus propias manos. La tierra que él creó no es desechada y abandonada a causa del pecado, sino preservada y al final restaurada. Y para que Cristo sea glorificado, no sólo se renueva hasta su primer estado, sino que se eleva a una gloria todavía mayor.

Parte de esa gloria es que la tierra nueva será unida a los cielos nuevos cuando el tabernáculo de Dios descienda de los cielos (Ap. 21:1-2). Pero la gran gloria de esa creación renovada es que la justicia habita en ella. Ella debe ser limpiada y renovada para que la justicia habite en ella, y para que todo el pecado y las obras del pecado sean destruidas. Nada puede quedar de aquello que las manos de los pecadores inmundos han logrado. La justicia que allí habita es la de Cristo, la justicia que tendremos en él.

Cuando hablamos de estas cosas y comprendemos lo *que* estamos esperando, verdaderamente consideramos todo lo demás como pérdida y basura (Fil. 3:8). Este mundo y la vida en este mundo, aun los más grandes placeres que el mundo puede ofrecer, son sólo polvo y ceniza si los comparamos con lo que esperamos. Una persona que sabe que el cielo es su hogar nunca se sentirá en casa en este mundo, y así debe ser (2 Cor. 5, 6-8). Así se despiertan nuestras esperanzas, y se nos anima a alzar la mirada, a esperar la promesa de nuestra redención, y a vivir como aquellos cuya vida ya está escondida con Dios en Cristo en los lugares celestiales.

PARTE 6 EL REGRESO DE CRISTO Y LAS ÚLTIMAS COSAS

La gloria celestial

En cuanto a la gloria del estado eterno, o el cielo, y del lugar que cada creyente tendrá allí, debemos entender que el lenguaje utilizado en la Escritura para describir el cielo y su gloria es en gran parte figurativo. Cuando leemos de una corona de vida, de nosotros siendo pilares en el templo de Dios, y de recibir la estrella de la mañana, debemos entender que en estas cosas no consiste la gloria del cielo.

Ciertamente, cosas literales como estas no tienen valor para aquellos que se han hecho como los ángeles y ya no son terrenales (1 Cor. 6:13). Apocalipsis 21 y 22 ayudan a aclarar esto cuando dicen que la ciudad ahí descrita es la iglesia glorificada (21:9-10) y que el árbol de la vida es Cristo mismo (Ap. 2:7; Ap. 22:2, 14).

¿Por qué la Escritura utiliza ese lenguaje? Lo hace así porque las cosas del cielo son cosas que "ojo no vio, ni oído oyó, ni han subido en corazón de hombre, son las que Dios ha preparado para los que le aman" (1 Cor. 2:9). En otras palabras, el cielo es tan glorioso y maravilloso que no podemos ni siquiera empezar a comprenderlo, excepto a través de imágenes y figuras.

Pero si la gloria y maravilla del cielo no son oro, perlas, y piedras preciosas, ¿Cuál será, entonces? Apocalipsis 21 y 22 responden a esta pregunta muy claramente. Es *Dios mismo*, y especialmente Dios como se revela en Jesús nuestro Salvador. Dios ha creado todas las cosas para él mismo (Ap. 4:11), y en el cielo que se convierte en una realidad viva para el pueblo de Dios.

La Escritura nos dicen que Dios y Cristo son la luz de esa ciudad, su templo, y sus ciudadanos (Ap. 21:23-24; Ap. 22:5). Estos capítulos nos relatan la verdadera gloria del cielo cuando hablan de Dios morando con su pueblo, y siendo su Dios (Ap. 21:3; Ap. 22:3-4).

Estar con todos los creyentes, ser exaltado y renovado a la semejanza de Cristo, teniendo cada lágrima limpiada, siendo liberado para siempre de la presencia, el poder y la posibilidad de pecar; todo esto es parte de las delicias del cielo. Pero lo mejor de la gloria del cielo no es ninguna de esas cosas. Es la presencia de Dios allí y no la de alguien más (Sal. 16:11; Sal. 17:15; Sal. 73:25).

Esto significa, por supuesto, que la gloria del cielo para nosotros; es el cumplimiento del pacto de la gracia de Dios. Este pacto siempre ha significado que Dios es nuestro Dios y nosotros somos su pueblo. En el cielo esto alcanzará su máxima gloria, porque entonces todo el pueblo de Dios vivirá en la presencia de Dios, verá su rostro, lo conocerá y lo disfrutará para siempre.

Por aquello nosotros esperamos, pero tiene aplicación para nosotros ahora. Aquellos que no desean realmente la gloria del cielo, no deben asumir que la desean. Aquel que no está interesado en Dios y su gloria, que no se deleita en la comunión con Dios, y que no desea por encima de todo ver el rostro de Dios, no está interesado en el cielo, a pesar de lo que pueda decir.

Así que examinémonos a nosotros mismos y nuestras vidas, y procuremos que Dios sea todo nuestro deseo y todo nuestro gozo. Entonces no sólo sabremos de qué se trata la gloria celestial, sino que estaremos seguros de nuestro lugar y porción en ella.

Si fuiste edificado por este libro, te recomendamos nuestro libro de devocionales titulado Preparándose para el noviazgo y el matrimonio, un devocional de 31 dias. Este libro contiene capítulos pequeños sobre el noviazgo y el matrimonio desde la perspectiva bíblica. Cuidando de mantenerse en la sana doctrina, el pastor Cory Griess desarrolla estos temas de manera pastoral y paternal. En estos tiempos de decadencia espiritual y de crisis de identidad de género, este libro tiene respuestas bíblicas para encaminar a nuestros hijos e hijas en la búsqueda de un esposo o una esposa cristiana.

Este libro esta diseñado para ser leído en devocionales familiares o como material para escuela dominical y de consejería matrimonial.

www.ingramcontent.com/pod-product-compliance
Lightning Source LLC
Chambersburg PA
CBHW050120170426
43197CB00011B/1649